LÁSZLÓ BEKE

IMAGINATION/ IDEA

IMAGINATION/ IDEA

The Beginning of Hungarian Conceptual Art
The László Beke Collection, 1971

TABLE OF CONTENTS

EDITOR'S NOTE

For the research on the history of exhibitions,[1] László Beke's collection is a pivotal source. For more than forty years, the collection has existed as an exhibition stored in folders. As Beke formulated in his call for participation, the concept of the project also reflected on the possibilities of how art could be exhibited at that time. Art experimenting with new forms could not be presented at "official" exhibition spaces, as these were sites available only for art that conformed to the state's cultural policy. At the same time, it is also compelling to realize that in 1971, alongside—or in spite of—the lack of institutional structure to support experimental forms of art, a parallel culture operated organically. All of the artists took the invitation seriously to send in materials according to Beke's concept: the WORK = the DOCUMENTATION OF THE IMAGINATION. Depending on their interpretations, the artists submitted projects that could have actually been realized, or projects that were utopic or that reflected on the "sheet of paper" as a medium. Some artists also developed Beke's idea further. Even though László Beke joined the international network of Conceptual art already in the 1970s, Conceptual artworks made at that time were presented mainly through self-organized networks, hence, they are still hard to access for international research. We hope this book also contributes to making this period more accessible to researches in Hungary and internationally.

tranzit.hu joined with pleasure in the publication of IMAGINATION as a book in Hungarian, at the initiation of artist Dóra Maurer and the Open Structures Art Society in 2008. We also found it important to publish the collection in English. Many of the artworks are text-based or they have related descriptions that are indispensable for understanding the concept of both the individual artworks and the project as a whole. During the translation from Hungarian to English, we had to face, however, the difficulties of terminology: several concepts are non-existent in English; their meanings are often tied to understanding the local cultural contexts. Such terms include Neo-avantgarde, forbidden, underground, progressive, experimental, or official. The interpretive editing of the texts, besides the translators, is the result of the meticulous work of co-editors László Zsuzsa and Eszter Szakács.

Dóra Hegyi
co-editor, director of tranzit.hu

[1] tranzit.hu started its research on the history of exhibitions in 2008, within the framework of an international and regional collaboration *Art Always Has Its Consequences.* The tranzit.hu project in this collaboration *Parallel Chronologies*, after several presentational formats, currently takes the form of an online archive of exhibitions: *Parallel Chronologies—An Archive of East European Exhibitions*, http://tranzit.org/exhibitionarchive.

PROLOG

After several fruitless endeavors, the time has come to create the intellectual and material conditions for the realization of the idea, or rather the publication of the IMAGINATION collection in an accessible facsimile format. I would like to thank all those who have given disinterested help to the publication, especially to Dóra Mauer and Balázs Czeisel, who prepared the first edition in Hungarian (Budapest, 2008). Today, it is evident that the collection compiled in 1971 is an important reference for current art history, since it is recognized as the starting-point of Hungarian Conceptual art. The 2008 exhibition entitled *Concept Conception, Extracts* in the Vasarely Museum in Budapest proved that the documents of the collection can withstand present-day scrutiny. They have not become out-of-date during the subsequent period of more than four decades and have proven to be both interesting and, in some cases, revelatory. I do not want to count percentages, but the majority of the participants, who were young at the time, are still at the cutting edge of Hungarian contemporary art. The material is significant not because it is full of masterpieces (that was not the aim then either!), but because it is a very sensitive document of the turn of the 1960s and 1970s, when fundamental changes occurred in art. Traditional painting, sculpture, and graphic arts were gradually replaced by a new system of media that could record light, witty, and provocative thoughts: typed texts, photos, montages, drafts, audio tapes. They represented intellectual freedom, rather than material values.

Some works had gone astray or were inaccessible, but—whenever it was possible—we tried to find reliable reproductions of these. In other cases, we reduced the over-extensive documentation of some works to the proportions of the rest of the collection. Accurate information on these changes (and all similar data) can be found at the end of the volume.

To facilitate a better understanding of historical correlations, I am also releasing some earlier texts. Both of them are from the samizdat periodical entitled *As Little Johnny Imagines.*

In a globalized, Post-Communist era, we, in Hungary, are very glad to offer our past for a wide audience in English.

Budapest, July 14, 2014

László Beke

INTERVIEW WITH LÁSZLÓ BEKE

IMAGINATION THEN AND NOW

Eszter Szakács: *In 1971 you initiated the project IMAGINATION (ELKÉPZELÉS, in Hungarian) with a call for participation, in which you state that the aim of the project is to create "an 'exhibition' that is only realized in thought, the material of which, however, is accurately documented."*[1] *31 artists sent in their works and participated in the project that indeed became a "conceptual exhibition," an exhibition realized in folders and, for several decades, only presented in your apartment. The English facsimile edition of the IMAGINATION collection has a double title: IMAGINATION/IDEA. Throughout the edition, however, you prefer to call the project itself IMAGINATION, rather than IDEA, even though the notion of "idea" has references to Conceptual art. What is the significance of the term "imagination?" What did you know about Conceptual art and dematerialized forms of art at the time of the project, in 1971?*

László Beke: In Hungarian the title *Elképzelés* is not exactly "idea;" it means something like a vision or fantasy. It is very important to know that at the time of the project, Conceptual art did not emerge in Hungary. Some people knew about it, like artist Dóra Maurer, but Conceptual art as such did not exist in Hungary in 1971. It was only later, and in retrospect, that we understood that Conceptual art was also created through this project. When I started to collect materials from the artists, my aim was to present not yet realized projects that were all based on visuality. There were also some reference points for this endeavor. One such example in the Hungarian context was the so-called "strip building" concept of architect Elemér Zalotay, which was a concept of concentrating all the necessary apartments of a city in one two-mile long and 50-story high building that would radically save land and building costs. This was documented in a film by András Kovács.[2] Zalotay worked on an apartment complex's plan from 1957 on, but it was never realized. Another inspiration was a 19th-century book by the German author Josef Ponten, *Architektur die nicht gebaut wurde* (Architecture that was never built), which was about fantasy architecture in the 19th century. The third inspiration came from Hungarian artist Ilona Keserü Ilona who used in her works the heart-like shapes of the baroque tombstones she found in the cemetery of a village, Balatonudvari, near the Lake Balaton in Hungary. Keserü planned a kind of arch to be built in this shape. These examples are all projects that were never realized, and they are all visual in character; they are fantasies. The visual thinking manifested in the submitted works are at the center of the project IMAGINATION, rather than the formulation of a concept or its linguistic side, on which Conceptual art is based. I understand that Conceptual art, in different contexts, overlaps with the notion of Idea art, but that is not always the case. For instance, when one of the participating artists, László Lakner, wrote the word "IMAGINATION" on a sheet of paper (101) that he submitted to my call, or when he wrote "imagery" on the photocopy of a museum index card (195) as a reply to Gyula Pauer's call (183); these are not interchangeable with "concept." Therefore, I prefer the word "imagination." The works in the IMAGINATION collection are not actual artworks, but documentations: former documentations of maybe later artworks. This, nonetheless, already attests to a kind of meta-thinking or conceptual thinking.

---

[1] See in this volume, László Beke: Call for Participation (1).

[2] Elemér Zalotay (Szentes, 1932– , lives in Switzerland) architect, working at that time on utopian urbanistic plans, he was featured in the documentary film *Nehéz emberek* (Difficult People) by András Kovács (1964).

ESz: *What were the possibilities of Conceptual and related art tendencies in Hungary around 1971, in terms of the state's Socialist cultural policy?*

LB: Very limited and at the same time endless. Let us take the example of Mail art. It was not clear, still at the beginning, that Mail art existed as a real movement. It did exist as a form of communication, since I wrote letters about artistic ideas. Obviously, it worked in the underground scene, because mails were censored and controlled by the secret police. We knew that all correspondence was observed, and very quickly we developed a sophisticated system, a game with the power. This is the self-reflective character of Conceptual art and Media art, which was already prepared by semiotics and structuralism. That is, in a message, during communication, several functions were working in parallel. One was the content of the message, the sign, but the self-referential and self-controlling character of the same message was also very important. Consequently, we had a model of an artwork, the aim of which was to self-refer or control itself or give information about the sign itself. Again, it can be considered a meta-language or meta-function; thus, we initiated a form of art theory and art practice which was conceptual. During these years I was working in this conceptual manner for a small subculture in Hungary and internationally. It is also interesting that through Mail art, the international scene was even more open and more accessible than the scene in Budapest, because the latter was controlled. Concerning the IMAGINATION collection, it became an exhibition in folders also because in 1971, it was impossible to present it to a larger public or at an official exhibition space—as the plan to present it at the István Király Museum in Székesfehérvár was not approved by the censors of The Office for Fine Arts and Crafts.[3] The first form to communicate this collection was a virtual exhibition. Namely, it was collected and presented in the form of 40-50 folders. I shared these folders with the public, which meant one or two visitors at a time, looking through the folders in the small apartment where I was living with my wife and two little kids. Altogether there were about 80 or 90 visitors. I considered this a form of exhibition at that time, and still today I think this was a kind of exhibition.

ESz: *After the Hungarian facsimile edition of IMAGINATION/IDEA was published in 2008, the project was also featured in contemporary art exhibitions. What were these presentations like? Also, in what ways is the publication of the collection in English significant for you?*

LB: Parts of the collection were presented at the Vasarely Museum in Budapest, in 2008,[4] also selections form it were displayed at the Ludwig Museum – Museum of Contemporary Art Budapest,[5] at the Gallery of Paks[6], as well as at the Gallery Nova in Zagreb by the curatorial collective What, How, and For Whom/WHW in 2009.[7] The whole collection, in its entirety, however, has never been presented at an art institution thus far, for different reasons. Due mainly to the fact that—and I think this is the justice of history—Gyula Pauer, one of the artist whom I invited to IMAGINATION, overwrote this project, making another project in my

---

[3] See in this volume László Beke: On IMAGINATION, p. XXII

[4] *Concept Conception, Extracts*, Vasarely Museum Budapest, 2008.

[5] *Site Inspection. The Museum on the Museum*, Ludwig Museum – Museum of Contemporary Art Budapest, 2011.

[6] *Conceptualism Today*, Gallery of Paks, Paks, 2013.

[7] *Second publicity.* Gallery Nova, Zagreb, 2009, within the framework of the project *Art Always Has Its Consequences* (2008-2010), an international collaboration between tranzit.hu, Budapest, Muzeum Sztuki, Łódź, New Media Centre_kuda.org, Novi Sad, and What, How and for Whom/WHW, Zagreb.

project, calling it "index cards of a pseudo-exhibition." Pauer also invited all of the artists whom I invited and asked them to fill in and send him museum index cards. His collection became a part of IMAGINATION under the letter P, a collection within a collection. Pauer's collection has been a very popular selection from IMAGINATION for contemporary art exhibitions. Today experts of Neo-Conceptual and Post-Conceptual art are interested in the origins of Conceptual art. This is also a symptom of the last period of the Post-Modern. I am working on the principles of the most recent trend, better to say, condition: *Post-Contemporary art.* With the English edition of the collection, there is a prospect of the project reaching an expanded audience. I feel I participated in globalization in a good sense. In 1971 this was already a major issue, which is interpreted today as Post-Colonialism, this traditional fear of Eastern European people from Western European supremacy. It was already a communicational issue at that time, to participate in Western Europe while living in Eastern Europe. Also, I follow the steps of Piotr Piotrowski who—and me also—step by step started to consider Eastern Europe as a ghetto, out of which one needs to step out. He argued that the next step is to accept globalization, and the fact that everybody speaks English, that artists speak English. The name of this phenomenon is Post-Communism. I accept it fully. Piotrowski does not say if it is beneficial or not, but I believe it is, because it allows also for keeping the local character, whatever that is. There are ups and downs in the course of history, sometimes the focus on Eastern Europe is on the downturn, but I think this region is now again getting attention. Periphery becomes central for a period.

LÁSZLÓ BEKE
TEXTS ON IMAGINATION

A z "E L K É P Z E L É S" - r ő l

1971 augusztus 4-én felhivást intéztem 28 magyar müvészhez, melynek célja volt:"1/helyzetkép felrajzolása a mai magyar müvészet néhány törekvésének pillanatnyi állásáról; 2/a közismert kiállitási, publikációs stb. nehézségek áthidalása." Emellett azonban más szempontok is vezettek: fel akartam mérni a reakciót egy viszonylag szokatlan "téma" /a MŰ = az ELKÉPZELÉS DOKUMENTÁCIÓJA/ kiirásával szemben; meg akartam alapozni egy viszonylag korszerü dokumentációs archivumot; kvantitative el kivántam érni azt a hatásfokot, amit egy szokványos, pár napig nyitvatartó klubkiállitás nyujtani szokott; kitágitani a "képző-" müvészet határait annyiban, hogy a felhivást költőknek is elküldtem; ösztönözni az akkortájt feltételezésem szerint már jelentkező magyar konceptuális törekvéseket. Ez utóbbira vonatkozott a mottóul választott hires L.Weiner idézet, sőt tulajdonképpen a kiirás "témája" is. Az, hogy meglepően hasonló cimmel jelent meg K.Groh első nagy könyve is /If I had a mind... - Ich stelle mir vor/, vagy az, hogy S.Sieglaub történeti jelentőségü koncept-kiállitása nagyon sokban analóg meggondoláson alapult, csak később tudatosult bennem. Hangsulyoznom kell, hogy nem kizárólag koncept-munkákat vártam. Ennél sokkal fontosabbnak látszott akkor mindenféle olyan gondolat, terv, ötlet összegyüjtése, amely egyébként nem valósulhatott vol-

na meg.
A 28 felkért müvész a következő volt: Attalai Gábor, Bak Imre, Balaskó Jenő, Baranyay András, Csáji Attila, Csiky Tibor, Donáth Péter, Erdély Miklós, Fajó János, Ficzek Ferenc, Gulyás Gyula, Haraszty István, Hencze Tamás, Jovánovics György, Keserü Ilona, Kismányoki Károly, Lakner László, Lantos Ferenc, Major János, Méhes László, Nádler István, Pauer Gyula, Pinczehelyi Sándor, Szentjóby Tamás, Szijártó Kálmán, Tandori Dezső, Tót Endre, Türk Péter.
Pótlólag még négy müvészt értesitettem: Gadányi Györgyöt, Kemény Györgyöt, Perneczky Gézát és Schaár Erzsébetet /ill. utóbbitól Gulyás Gyulával közösen irott filmvázlatát kértem el./. Bár felhivásomat az emlitett müvészek közül csaknem mindenki lényegesnek tartotta, a határidőt /szept. 31; tévesen megjelölve szept.3o helyett/ viszonylag kevesen tartották be, és jellemzőnek érzem, hogy néhányan csak decemberben szánták el magukat az anyaguk elküldésére. Nem kaptam munkát Balaskótól /levelem állitólag elkallódott; még fel akar készülni a feladatra/, Gadányitól /nem kapta meg levelemet; a kért müvet elfoglaltságai miatt csak ez évben tudta elkésziteni/, Nádlertől /többszöri sürgetés után is csak azt a választ kaptam, hogy müvét majd Franciaországból fogja küldeni/, Tandoritól /bár a feladat nagyon lelkesitette, december végéig még azt sem tudtam elérni, hogy a beérkezett anyagot megtekintse: elfoglaltságaira, készülő kötetére hivatkozott/. Velük szemben felkérés nélkül is jelentkezett Bálint István, Legéndy Péter és Korniss Dezső, akiknek munkáit természetesen örömmel fogadtam. Igy végső soron a résztvevők száma: 31.
Általánosságban elmondható, hogy a résztvevők többsége vagy valóban "elképzelését dokumentálta" /bár olykor gondolati többlet nélkül/ vagy pedig tiszta koncept müveket küldött /ha nem is mindig a concept art "képzelje el"-tipusának megfelelőt/. Viszonylag nagyon kevesen reagáltak negativan vagy már meglévő munkák reprodukcióival, de még az ilyen fajtáju munkák is kielégitették, ha mást nem is, legalább a kiirás dokumentáció-kivánalmát.
Kezdjük az utóbbi két tipussal. Keserü kettős levéllel válaszolt. Számára "a mü létrejötte egyet jelent tárgyi megvalósitásával", ezért nem fogadja el a koncepciómat. Beszámol Villányban készülő "tapasztott plasztikájáról" /amely viszont szerintem nem nélkülözi a land art bizonyos vonatkozásait, ti. felülnézetre is van komponálva/. A másik levélből azonban kiderül, hogy magát a kezdeményezést fontosnak tartja. Donáth először szabályos projektet küldött /"Wonderland - Monument of a Dead Man"/, egy giccses fotóba montált kisplasztikájával, és egy szép Freud-idézettel - későbbi leveléből azonban kiderül, hogy komoly kétségei vannak az ELKÉPZELÉS helyességét illetően. Logikai ellentmondásnak tartja, hogy egy mü elképzelése maga is mü lehessen, az akciót, ha megvalósul, csupán vágykielégitő szurrogátumnak tekinti, hangsulyozza az avantgarde müvészet mindenkori manipulálhatóságát, és - furcsa módon - azzal érvel, hogy a magyar avantgarde éppen az európai piacra igyekszik betörni ill. hazai piacot kivánna kialakitani, ami pedig nem téveszthető össze a "müvészet szabadságharcával". Az ELKÉPZELÉS nem leküzdése a nehézségeknek, csupán áthidalása; győzelem látszatát keltő kompromisszum. - Donáth persze látja, hogy a felsorolt ellenvetések tulajdonképpen a saját müvészeti tevékenységére is érvényesek, s ezt ugy kivánja feloldani, hogy az ELKÉPZELÉSt játéknak tekinti, amiben végső soron maga is szivesen részt vesz. Donáth érvei sulyosak, de nem kivédhetetlenek. Sajnos a vitára itt nem vállalkozhatom, legfeljebb egy megjegyzés erejéig: szerintem Donáth épp azokat a <u>sajátos</u> esztétikai és egyéb természetü lehetőségeket nem veszi észre, amelyek az elképzelés-müfaj lényegét képezik.

Bak és Baranyay nem feleltek meg a kiirásnak annyiban, hogy elkészült müveik dokumentációjával szerepeltetik magukat. Azonban Bak "folyamat objektje", mely egy esseni fachwerkes házfal ujjáalkotása, földre fektetése, majd dekomponálása hard-edge modorban, tökéletesen megfelel a "visualisierter Denkprozess" /= vizualizált gondolati folyamat/, tehát egyfajta koncept-törekvés müfaji kivánalmainak, Baranyay "kivágásai" pedig /lásd a Tót-Baranyay kiállitás elemzésénél/ a fotografikus látásmód problematikája miatt kerülnek közel a konceptualizmushoz.
A pécsiek /Ficzek, Kismányoky, Lantos, Pinczehelyi, Szijártó/ munkáiból az derül ki, hogy bár a kiirás formális követelményeinek nagyjából eleget tettek, mégsem gondolták át elég mélyen az ELKÉPZELÉS problematikáját, és nagyonis igyekeznek a "realitás talaján maradni". /Először arra gondoltam, hogy néhányuk igen terjedelmes anyagából szelektálni próbálok, később azonban rájöttem, hogy amennyiben dokumentumról van szó, ehhez nem lehet jogom./ Kivételt csak Pinczehelyi fotomontázsai képeznek, melyek amiatt, hogy egy konstruktiv plasztikai forma elhelyezését javasolják a városképben vagy természeti környezetben, egyaránt kapcsolatot tartanak mind a land- vagy project arttal, mind pedig a konstruktivizmus vagy a jelplasztika problémáival. Ha kifogás merülhet fel ellenük, ez csak annyi, hogy a sorozatba itt-ott felületesebb, a puszta dekorativitás felé elcsuszó megoldások is belekerültek. Szijártó ives és szögletes formák néha kissé tulbonyolitott variációit-kombinációit vonultatta fel, Kismányoky pedig bemutatta azt a folyamatot, melynek során a felvillanó elképzelésből a vázlatok hosszu során át megszületik a végleges zománc-kompozició. Nem tagadom, hogy értékes müvek születhetnek a két müvész munkája nyomán, előrelépésük lehetőségét mégis inkább abból a beküldött közös munkájukból olvasom ki, mely egy hosszu papirsáv tájban való mozgatásával foglalkozik. Egyelőre még csak vizuális kisérlet, de sok minden kijöhet belőle. Ficzek a sik és a plasztika látszólagos ellentmondásainak, érzéki csalódást eredményező szembesitésének problémájával foglalkozik, némileg Pauer és Türk korábbi kisérleteivel analóg módon. A felvetett gondolat jó és aktuális, csak az sajnálható, hogy Ficzek - éppugy, mint sok más fiatal müvész - nem hajlandó tudomásul venni azt a számos eredményt, ami a müvészet története folyamán e tárgykörben már létrejött. Maga akar rájönni mindenre, ami önmagában véve tiszteletreméltó szándék - de számos kerülőuttól megkimélhetné magát. Lantos hatalmas anyaga a négyzet és a kör kapcsolatából adódó variációs lehetőségeket vizsgálja, és nem tagadható, hogy a gondolatmenet számos olyan helyzetre is rátapint, ami élvonalbeli külföldi geometrikus müvészek munkáiban is jelentkezhetne. Azonban a beküldött anyag, jelenlegi formájában valami furcsa keveréke az ars poeticának, vázlatnak, önálló rajznak és didaktikai sorozatnak - tehát minden értéke mellett végülis nem az ELKÉPZELÉS által feltett kérdésekre válaszol.
Ez az elmarasztalás kissé érvényes Fajóra is, aki pontos tervdokumentációt küldött be egy szinlátásra oktató, rengeteg szinvariációt lehetővé tevő, gyermekek számára elképzelt "játékról". A hiba csak ott van, hogy a mü prototipusa már évekkel ezelőtt elkészült. /Megint más kérdés, hogy minden raffinériája és didaktikai előnye mellett sem valósulhatott meg a szériagyártás, igy tehát csakugyan ideáltervnek tekinthető./ Haraszty imaginárius "play art" kiállitásával némileg más a helyzet. Remek, jópofa, humoros és bizarr ötletek követik egymást, kissé göcsörtösen fogalmazott, de annál mulatságosabb müleirásokkal, szer-

kezeti magyarázatokkal bőségesen ellátva. /Gomb, Keljfeljános, Hozzányulni tilos!, Visszatérő álom üzem közben, Bejárati akadály/. Meglepő viszont, hogy Haraszty azóta már több, mindaddig fantasztikusnak tünő tervét realizálta. Az azonban már nem a müvek iróniája, hanem sokkal inkább a körülményeké, hogy Haraszty, azt hiszem, most dolgozott először "tervrajz"után, és hogy kiállitása, amit elképzelt, kis hijján meg is valósult.
A többi ironikus és kevésbé ironikus tervek is azt igazolják, hogy /csaknem/ mindenki hü maradt önmagához az ELKÉPZELÉS-müfajban is. Korniss 1:1oo-3oo léptékü térrácsával és monumentális szobor-épületével korábbi elképzeléseit idézte; a mozgatható fej-formáju torony-épitmény egyébként formailag valóban a korai szürrealista-konstruktivista festmények egyik motivumára emlékeztet. Tót továbbra is a "semmi" helyesebben az "eltünés" problémájával foglalkozik, amikor egy olyan 2 méteres kocka tervét késziti el, melynek fekete falain krétával meghuzott négyzetháló feszül, az egyik sarokban azonban szabályosan kimért területen a vonalak el vannak maszatolva, tehát mintegy megszünik a sarok tere. - A többi "projektek" ironikusak. Csáji olyan termet /hatalmas ládát/ javasol, melynek pneumatikus falai lassan felfujódnak, ha valaki benntartózkodik, és igy minden látogató előbb-utóbb menekülésre kényszerül. Előttem csak az nem világos, hogy miért hivatkozik a szerző egy német egyetem ládájára, ha pedig a berendezést itt készitették volna, mennyiben van Csájinak köze hozzá. Legéndy, aki tulajdonképpen itt szereplő "Egyszerü készülék az árnyékszéki trágya elhelyezésére" c. müvével debutált - még elsősorban remek stilusparodizáló képességeit csillogtatja. Készüléke, melyről egzakt müleirást, használati utasitást, müszaki rajzot ad - mind funkcionálisan, mind technikailag tökéletes, előnyei a hagyományos berendezésekkel szemben szinte felmérhetetlenek - csak éppen semmi értelme nincs. A mü irónaiértékeit pontosan az adja meg, hogy az "őrült feltaláló" stilus fordulatai teljesen elleplezik azt a tényt, hogy az angol vécé már régóta feleslegessé tette a különféle porlasztóberendezéseket. Kemény hasonlóan meghökkentő tervvel áll elő, de ő többé-kevésbé értelmetlen szimbólumainkat veszi célba: "Elképzelésem van a Lánchid oroszlánplasztikáinak uszkár-kutya plasztikákkal való kicserélésére"; ez a terv a továbbiakban minden oroszlánszobrunkra kiterjeszthető lenne. A változtatás előnyeit itt is részletes szöveg ecseteli, de Kemény munkáján alkalmunk van azt is lemérni, hogy a projekt müfajban mennyire nehezen léphet csak az irás a kép helyébe: bármilyen szellemes és sokatmondó is a leirás, ami mégis elementáris erővel hat, az a fénykép a hid pilonján trónoló pudlikkal. Gulyásnak szintén a manipulált fotó a fő fegyvere. A leirás szükszavu: "Az adott hely a villányi bányának a falrésze és azon keletkezett 15 méteres repedésének a bevarrása lenne, mely a hegynek látszólagos bedülését akadályozná meg." Az első fényképen a helyszint látjuk /és hogy ez "dramaturgiailag"mennyire jól kiszámitott, azon is lemérhető, hogy a nézők többnyire nem veszik észre, hogy még egy fénykép következik, igy tehát a leirás elolvasása után csak udvariasan mosolyognak a sziklafal láttán/, mig a második fényképen a repedés igazi zsinórral van összeöltve, a fénykép pedig valóságosan kilyukasztva. Hencze tetszőleges léptékü Undergroundprojektje jól ismert problémán alapszik: a betük plasztikus tárgyakká válnak, és a tájban megjelenő monumentális plasztika verbális jelentést hordoz. Hencze elfordulása a festett vászonaktól sokaknak problémát okozott /a hirtelen fordulat valóban nem pro-

blémamentes/, nagy hiba azonban csak szimpla vicceket látni e tervekben. Nem észrevenni, hogy az underground nemcsak "föld alattit" jelent, de magatartást is; hogy itt arról a paradox helyzetről is szó van, amikor az egész földgolyó undergrounddá változik, hogy az egyik lapon plasztikus, tehát "föld feletti" underground is megjelenik, és főleg nem méltányolni azt a remek szerigráfiát, mely az Underberg-sör reklámtábláját alakitja ugy át undergrounddá, hogy közben a táblához mellékelt ceruzát használja fel az átalakitáshoz, és ráadásul még magát a ceruzát is UG-emlékmüvé változtatja /a formai megoldások eleganciájáról nem is beszélve/.
Utóljára marad a tiszta koncept munkák méltatása. Helyesebben a koncepthez legközelebb állóké, ugyanis véleményem szerint Magyarországon a szó szoros értelmében vett fogalmi munkával még nem igen foglalkozott senki. Ezt Nyugaton egy speciális - pop-, minimal- és fluxus-utáni - helyzet ~~helyzet~~ hozta létre, és az irányzat uttörő müvelőinek tevékenysége erősen intellektuális, sőt már-már scientista jellegü. Kelet-Európában viszont elsősorban a koncept eszközeinek könnyedsége és sokfélesége rokonszenves a müvészek előtt, és a legnagyobb teljesitmények általában erős társadalmi problematikával átitatottak. Az ELKÉPZELÉS anyagában talán Türk áll a legközelebb, vizuális logikai munkájával, a külföldi prototipusokhoz. "F"-füzete azonban /F=fekete, fehér, fogalom?/ tulbecsüli a néző befogadóképességét, az általa javasolt logikai sor lépéseit - irásjelek szembesitése szinekkel, a szineké elvont fogalmakkal stb. - alig lehet követni. Az utólsó lap ~~azonban~~, mely mintegy összegezi a füzeten végigvonuló absztrakt megforditás- és fogalmi terjedelem-problémákat - kiválóan sikerült. /A kettéosztott lapon fekete alapon fehérrel "minden ami fekete" ill. "minden ami fehér" felirat, és a másik térfélen a megforditás: fehér alapon feketével "minden ami fehér kivéve a kutyákat" ill. "minden ami fekete"./ Attalai munkái a "képzelje el" alaptipushoz kapcsolódnak: "Ön találhat minden négyzethez különböző négyzeteket" ti. a milliméterpapirra irt 'négyzet' szavak körül. Vagy: "Tudja Ön azt, hogy az alábbiakból milyen mennyiség van a Földön?", majd végnélküli felsorolás következik revolverekből, torpedórombolókból, mindenféle fegyverből és olyan háborus kellékekből, mint "hadirokkant", "katonai temető", "kitüntetések" stb.stb., és minden tétel mellett az itt groteszkül ható mértékegységek üresen hagyott helye. A "fehér árnyék" leirása viszont - ami akkor áll elő, amikor a hó olvad, és éppen az árnyékban marad meg a legtovább - jó példa arra, hogy miképpen különül el a concept art szöveghasználata az irodalmitól. Itt a leirásnak nem tájfestés, expresszív vagy emocionális közlés a célja, hanem a gyorsan eltünő paradox érzéki jelenség dokumentativ rögzitése, amit festménnyel vagy fényképpel csak nagy nehézségek árán lehetne rögziteni. A "Fehér árnyékkal" szemben pl. Bálint "Emlékezetből III."-ja sokkal inkább irodalmi szöveg. Voltaképpen egy esemény leirásáról van szó /mult időben/, melynek során egy szobát, minden berendezésével együtt tetőtől talpig fehérre festenek. A részletező, tárgyilagos deskripció, a mult idő használata, a jelzős szerkezetek arra vallanak, hogy a szerző az elbeszélés /akár régi akár modern/ hagyományait akarja folytatni. Az ~~egész~~ egész ELKÉPZELÉS anyag spontánul, de nem véletlenül kialakult ~~elké~~ összefüggésébe Schaár-Gulyás filmvázlata ugyancsak nehezen illeszkedik bele. /Ez azonban szinte kizárólag az én hibám, hiszen a koncepcióm kidolgozása idején

még nagyon erősen élt bennem az a szándék, hogy objektiv okokból meg nem valósult müveket is nagy számban összegyüjtsek./. A "Máré" cimü filmvázlat ebben a formájában nem értékelhető. Bár nagyon bizom abban, hogy az esetleg realizálódó film jó lesz /jónak kell lennie/ - az itt szereplő vázlatot azonban most már nem tudom másnak tartani, mint Schaár jelképes értelemben vett névjegyének vagy szubjektiv jelentésü emlékeztetőnek. - Szintén szöveges munka, müfajilag nagyon nehezen besorolható, a Jovánovicsé. A müvész a nagy vállalkozásával fakadó járó elfoglaltságára hivatkozva, éppen hogy csak magnószalagra tudta mondani üzenetét /amit később legépeltem/, ami rövid tudósitás csupán nagy munkájáról: néhány Lenin-sakkjátszma rekonstrukciójáról. A finom iróniával elmondott beszámoló sokkal mélyebb annál, semhogy egyszerüen az elmult évforduló tulkapásait vegye célba. Az egész munka kulcsa a következő mondat: "A sakk az egyetlen objektiv játék, az un. sakkirás segitségével minden játszma maradéktalanul és tökéletesen megőrizhető, rögzithető és ujra lejátszható." Hogyan lehet tehát olyan játszmát rekonstruálni, amiről több feljegyzés is megemlékezik, de egy lejegyzés sem maradt fenn? A kérdésfeltevés már-már abszurdnak tünik, de hasonlóan kérdez Lakner is: létezik-e olyan cselekmény, amit senki sem tud megakadályozni? A válasz éppugy ironizálóan ellentmondásos, mint Jovánovicsé: XXXXXXXX "TUKTUKTUKTUK...ha ezt egy darabig hangosan ismétled, észreveszed, hogy a k és a t között is keletkezik egy hangzó...", ezt "nem akadályozhatja meg senki". Lakner többi három lapja, a vizuális költeménynek is tekinthető "levágott fejü" képzelet, az "anyag-vers orr- és nyelvnyelven" és a "regényemlékmü" is kettős problematikáju. Minden a nyelv közlésképtelensége körül forog, de ugyanakkor érezhető az is, hogy a müvész rendkivül komoly problémákat vált minduntalan /szándékosan/ aprópénzre. Ez a munkamódszer valamiképpen a legtöbb ELKÉPzelés szerzőnél megtalálható. Méhes fotósorozata, mely a bürokrácia fétisével foglalkozik, egy léggömb felfujásának, eldurranásának és az afelett érzett örömnek három fázisával semlegesiti a szorongást; Erdély a társadalmi diszkrimináció veszélyére és /másfelől/ a megoldhatatlan feladatállitásokban rejlő feszültségekre ugy hivja fel a figyelmet, hogy libazsirral átitatott vattát ragaszt egy papirlapra, és azt követeli, hogy helyezzék ezt a müvét, ugy, ahogy van, a többi müvész lapjai közé /vigyázat, ez még nem destrukció!/; Perneczky pedig, aki Magyarországon a legelsők között kezdett el foglalkozni koncept-problémákkal, "identification-program"-jában azon fáradozik, hogy különböző változékony és mulandó tárgyakat és jelenségeket /virágokat, hullámokat, a szerencsét, felhőket, a jó időt, és lélegzetvisszatartása által egy személyt/ számokkal azonositson. Az identifikáció, mely lassan-lassan már önálló müfajjá növi ki magát, mindig ironizál, mert banalitásokat azonosit, de a müvész csak igy hivhatja fel a figyelmet olyan általánosabb jelenségekre, hogy egyre kevésbé van módunk tudatunkkal uralni környezetünket, miközben minket nálunknál nagyobb erők éppen elszemélytelenitve hajtanak uralmuk alá. - Mig Perneczky a fotókon müveleteket hajt végre, addig Major számára a fénykép csak apropó, hogy roppant mulattató - valójában tragikus tételeit kifejthesse. "Itt nyugszik id.Kubista Lajos..." - olvashatjuk egy siremlék fényképén, de Major igy folytatja: "1 Kubista Lajos Budapesten a Farkasréti-temetőben lett eltemetve 2 A kubizmus nem Budapesten született", és a továbbiakban pontról pontra kiderül, ki mindenki született Magyarországon, de mi minden - ami e nevekhez füződik - nem születhetett meg nálunk. Csüggesztő és torzitó az a kép, amit Major egy remek pszeudo-logikai sorba ágyazva felvázol, de Majort nem is nevezi senki, aki ismeri, a hurrá-optimizmus képviselőjének. Ahogy Szentjóbyt sem. Tőle az anyagban /korábbi/ versek szerepelnek, és a különösen szép "Munkaterápia" a "Légyszives" ciklusból. "A mü = az elképzelés dokumentációja" témához tulajdonképpen csak egyetlen lap készült /Szentjóby saját rendszerezésében ez a "Paralell-kurzus"-okhoz tartozik/, a "be forbidden!" gondolat jegyében. A lapon egy ujságból kivágott fotó látható: egy utcai tüntetés során autót boritanak fel, majd a tanulmányozásra javasolt társadalmi jelenségek felsorolása következik. Szentjóby munkáit most csak nagyon felületesen tudom elintézni azzal, hogy egy részük poetikus-homályos, másik részük nyersen direkt hangon szólal meg /és ez a két tónus sokszor különösen össze is keveredik/ - remélem, még lesz alkalmam részletes elemzésükre. - Meglepetést okozott, hogy az eddig szemetgyönyörködtető szobrokat készitő Csiky is a keserüen ironikus, kritikai alapállásu"koncept"-re tért át. "Az objektiv valóság strukturái I-IV."-ben uralkodik még ugyan az az általános gondolat is, hogy a müvész nem teremtő módon alkot bizonyos esetekben /pop, dada stb./, hanem azáltal, hogy rámutat valamire, amivel semmi közösséget nem vállal /"kiemelés"/ - szignálja egy computer egzakt számitási eredményeit -, de ennek a magatartásnak már önmaga ellen forduló megnyilvánulásait is látjuk akkor, amikor Csiky a legszemélyesebb ügyeit /saját szobrát, saját tanári munkanaplójának lapjait/ idegeniti el magától. Legjobb, az idő-tényezőt is magába foglaló müve egy előre érvénytelenitett előfizetéses lottószelvény, mely több mint egy hónapig volt képes gondolati feszültséget teremteni.

Pauer munkájával kell az elemzések sorát zárnom. Nemcsak azért, mert Pauer egyike volt azoknak, akik a legjobban megértették kiirásom alapgondolatát, hanem azért is, mert az "ELKÉPZELÉS"-t egy lépéssel továbbfejlesztette s ugyanakkor sajátos módon kritikát is gyakorolt felette. Saját müveként "mügyüjteményét" küldte be, amire ugy tett szert, hogy "leutánozva" kiirásomat, körlevelet intézett 16 müvészhez. A körlevél lényege: "A kartoték az egyetlen olyan okmány, amely a mütárgy létezését, azonosságát hiteltérdemlően bizonyitja!". A gyüjtemény tehát nem mütárgyakból, hanem kitöltött muzeumi leirókartonokból áll. Az ironikus gesztus itt is nyilvánvaló és a körlevél önmagában is értékelhető, remek irás - de természetesen még érdekesebb a visszaérkezett kartotékokból álló pszeudo-kiállitás egésze. /A felhivásra egyedül Nádler nem válaszolt, viszont helyette érkezett kartoték a svájci Urbán Jánostól és a pécsi "mügyüjtőtárstól", Aknai Tamástól./ Mivel senki sem tudta, hogy az anyag Pauer müveként végülis hozzám fog kerülni, ezért néhányan - Donáth, Hencze, Csiky ide is, oda is ugyanazt a müvüket küldték. /Csiky azonban szerencsés módon továbbfejlesztette szobor-annihilációját, hiszen a karton rovataiból szinte spontán módon adódtak a jó ötletek./ Egyáltalán, mindazoknak, akik a kiirást szó szerint értelmezték, és már meglévő müvüket helyezték el a "kartoték-szituációban", sajátos helyzeti energiát kölcsönöztek a rubrikák. /Ez is a szituáció megteremtőjének, Pauernak az érdeme!/ Gulyás nagyméretü gipszplasztikáját, Bak az azóta már megsemmisitett esseni munkáját szerepeltette, Jovánovics a Fényes Adolf terem alaprajzát követő, és lényegében észrevétlen maradt nagy gipszkompozicióját. /Állapot: "fokozatosan tönkremenőben". Azóta ez a folyamat már elérte végkifejletét./ Urbán borsó nagyságu, béta-fénnyel kb. 2o évig világitó "szobrának" kartonját küldte. Attalai csavart filcplasztikájának értékéül habozás nélkül beirja a tizezer forintot, majd megjegyzi: "A

plasztika... azzal a célzattal jött létre, hogy választ kapjak a következő kérdésre. Lehetséges-e a négyzet illetve a kubus rendszerrel azonos öntörvényértékü formarendszer? A kisérlet az irányba mutat, hogy nem lehetséges." Tót a semmiről készitett leiró-kartont, fényképpel /semmi sem semmi/. Major legjobbnak tartott munkája "A kun-utcai tüzoltóság tornya" c. naturalista ceruzarajz. A rajzot többnyire jól ismerő nézők azonban nem vették észre, hogy most a változatosság kedvéért nem a fotó-szerü rajz, hanem a rajz modelljének a fotója szerepelt a kartonon. A "származás" rovat kitöltésével is adódtak Majornak problémái.
Elég világosan elválnak a többitől azok a kartonok, melyek nem kész müből indulnak ki, hanem a karton számára hoznak létre uj müvet, és ezáltal még egyszer ráduplááznak Pauer abszurd kiindulótételére. Ilyen Türk munkája, a "Bélyeggel hitelesitett pecsét", mely irásosan is, képileg is a megforditás logikai problémáját veszi célba /még szellemesebben, mint a már ismertetett füzetlapja/, és ide tartozik Szentjóby kartonja is, az egész ELKÉPZELÉS-anyag egyik legszellemesebb, legbonyolultabban felépitett munkája. Szentjóby észreveszi, hogy Pauer mesterségesen végrehajtott elidegenités-effektusa mennyire szimbolikus értelmü, és müvével "megmagyarázza" a szimbolikát. Ő maga már eleve egy kartotékot, a személyi igazolványt tekinti müalkotásnak, az igazolvány viszont az élő ember /mint müalkotás/ helyét tölti be. Egy kartoték mint müalkotás, konkrétabban: a Pauer által kiküldött kartoték mint ugyanerre a kartotékra rákerülő müalkotás tárgya - ez a tautológia érdekes módon többeknél is jelentkezik: Csájinál ugy, hogy a válaszboritékot irja le a kartonon, Laknernál a karton xerox-másolataként, melyen a"leirás" rovatban az "imagery" szó szerepel /sajnálatos módon valószinüleg tévedésből, az "imaginary" helyett/, Legéndynél pedig a karton méreteinek, rovatainak stb. őrjitően aprólékos leirása /és fényképe/ formájában. Méhes viszont, aki a speciális feladattal szemben sem akarta feladni hiperrealista elkötelezettségét, fantasztikusan hü másolatot készitett szinesceruzával a kartotékról.
Az ELKÉPZELÉS anyagát ezidáig nyolcvanan látták. /Többen azért nem, mert nem állt szándékomban a gyüjteményt direkt módon propagálni, másrészt hely- és időhiány miatt sem állt módomban több látogatót fogadni. Ez könnyen belátható, ha arra gondolunk, hogy a látogatók a legtöbbször egyesével vagy párosával érkeztek és átlag 2-3 órát töltöttek nálam; a 8o főbe pedig nincs is beleszámitva az ELKÉPZELÉSben résztvevő 31 müvész./ A közönség legnagyobb része rokonszenvvel közelitette meg az anyagot, ami természetesen még nem jelenti azt, hogy ne merültek volna fel kisebb-nagyobb problémák. A legsulyosabb vádak: a társadalmi problematika felületes megoldása ill. megkerülése; felszines ötletek; ez nem müvészet, hanem vicc; ez nem müvészet, hanem irodalom; /a szöveges munkák esetében/ elveszett a vizualitás; válságba jutott az egész müvészet stb. Most nem áll módomban részletesen foglalkozni ezekkel a kérdésekkel /több közülük valóban nem nélkülöz reális alapot, pl. azoknak a müvészeknek a további utja, akik most tértek át a konceptre/, csupán annyit füznék mindehhez, hogy magam az ELKÉPZELÉSt értékes dokumentumnak tekintem, a vállalkozást sikeresnek - a kvalitást azonban elég egyenetlennek. Az azóta beérkezett ujabb anyagból már az látszik, hogy az egyes törekvések letisztázódtak, a munkák szinvonala egyenletesen emelkedik. Kár, hogy az ujabb eredmények lemérésére tervezett kiállitást /a Székesfehérvári Muzeum szervezése/ a lektorátus nem engedélyezte: a felsorolt müvészek munkáinak ismeretében/?/ a kiállitást az önköltséges kategóriába utasitotta.
A magam részéről ezuton kérem az ELKÉPZELÉSben résztvevő müvésze-

[László Beke. "On 'IMAGINATION.'" Source: *Ahogy azt a Móricka elképzeli, levél barátaimhoz* (*As Little Johnny Imagines, Letter to my Friends*). Edited and written by László Beke. Budapest, 1972 (typescript)]

ON "IMAGINATION"

On August 4, 1971, I sent a call to 28 Hungarian artists with the aim: "1) to make a situation overview about the current state of a few tendencies in contemporary Hungarian art; 2) to find solution for the well-known difficulties of exhibiting, publishing, etc." In addition to these, I had other considerations: I wanted to test reactions to the announcement of a relatively unusual "topic" [the WORK = the DOCUMENTATION OF THE IMAGINATION]; I wanted to establish the foundation for a relatively up-to-date documentation archive; in quantitative terms I wanted to achieve the effect that could be accomplished with a typical "club" exhibition lasting a few days; to extend the borders of fine arts, in the sense that I sent the invitation to poets as well; and to encourage Hungarian Conceptual efforts, which, according to my assumptions, had already emerged at that time. The famous Lawrence Weiner quotation chosen as the motto referred to this last point, as did the "topic" of the invitation. I only realized later that Klaus Groh's first major book was published under a surprisingly similar title ("If I had a mind... —Ich stelle mir vor"), and that Seth Siegelaub's historically significant Concept exhibition was based on comparable considerations. I have to stress that I did not expect Concept works *exclusively.* It seemed more important then to collect every kind of thought, plan, idea that could not be realized otherwise.

The 28 artists invited were: Gábor Attalai, Imre Bak, Jenő Balaskó, András Baranyay, Attila Csáji, Tibor Csiky, Péter Donáth, Miklós Erdély, János Fajó, Ferenc Ficzek, Gyula Gulyás, István Haraszty, Tamás Hencze, György Jovánovics, Ilona Keserü, Károly Kismányoki, László Lakner, Ferenc Lantos, János Major, László Méhes, István Nádler, Gyula Pauer, Sándor Pinczehelyi, Tamás Szentjóby, Kálmán Szíjártó, Dezső Tandori, Péter Türk, and Endre Tót. I later notified four additional artists: György Gadányi, György Kemény, Géza Perneczky, and Erzsébet Schaár. (I asked from Schaár a film draft written together with Gyula Gulyás.) Although most of these artists regarded my invitation as important, only a few of them met the deadline (wrongly indicated as September, 31 instead of the 30th), and I find it typical that some of them only made up their minds to send their material in December. On the other hand, István Bálint, Dezső Korniss, and Péter Legéndy also applied without invitation. I did not get works from Balaskó (supposedly, my letter got lost; he wanted to prepare for the task), Gadányi (he did not get my letter; he could only complete the required work this year because of his engagements), Nádler (after pressing him further, I only got the answer that he would send his work from France), Tandori (though he was really enthusiastic about the task, I could not even make him look at the material that had been received until December: he pleaded pressing engagements and his volume of poems in progress). On the other hand, István Bálint, Dezső Korniss, and Péter Legéndy applied without invitation, and of course I received their works gladly. Thus, the eventual number of participants was 31.

It can be generally stated that most of the participants really "documented his/her imagination" (though sometimes without intellectual surplus), or sent a pure Concept work (even if not always corresponding to the "imagine"-type of Concept art). Relatively few of them rejected the invitation or sent a reproduction of an existing work, but even works of this character met, if nothing else, the documentation requirement of the invitation. Let's start with the two latter types. Keserü replied with two letters. For her, "the creation of a work of art is one and the same thing as the realization of an object," and for this reason she could not accept my concept. She reported on her "plastered sculpture" being made in Villány (which, in my opinion, is similar in certain respects to Land art, meaning that it is composed to be viewed from above). From her other letter we learn that she considers the initiative to be important. Donáth first sent a regular project (*Wonderland—Monument of a Dead Man*) with a small sculpture pasted on a kitsch photo and a nice quotation from Freud—however, it turns out from his later letter that he has serious doubts concerning the validity of IMAGINATION. He regards it to be a logical contradiction that the imagination of a work could itself be a work; this action, if it were to be realized, could only be regarded as a desire-satisfying surrogate; he stresses the permanently manipulable character of Avant-garde art, and—in a strange way—he argues that the Hungarian Avant-garde is trying to break into the European market, and to build a local market here, which cannot be mistaken for "a war of independence fought by art." IMAGINATION is not a triumph over difficulties, but merely an interim solution: a compromise creating the illusion of victory. Donáth of course can see that these objections apply as a matter of fact to his activity too, and he intends to resolve this in such a way that he considers IMAGINATION a game in which, in the end, he himself gladly takes part. The arguments of Donáth are serious, but not flawless. Unfortunately, I cannot start a debate here, except to remark that in my opinion Donáth does not grasp the *particular* aesthetic (and other) possibilities that form the essence of the imagination-genre.

Bak and Baranyay did not meet the criteria of the call in the sense that they participated with the documentation of an already finished work. However, the "process object" of Bak—in which he creates a remake in Hard-Edge style of the wall of a Fachwerk house in Essen and then lays it on the ground—perfectly meets the requirements of the "visualisierter Denkprozess" genre (= visualized thought process), that is, a certain tendency towards Conceptualism. The cut outs of Baranyay [see the analysis of the Tót–Baranyay exhibition in this volume] come close to Conceptualism on account of their photographic approach.

It is revealed from the works of the artists based in the city of Pécs (Ficzek, Kismányoki, Lantos, Pinczehelyi, Szíjártó) that they mostly met the formal requirements of the invitation, but still did not think deeply about the problematics of IMAGINATION, and tried to stay too much on the "ground of reality." (First I thought that I would select from the extremely extensive material some of them had produced, but later I realized that, insofar as we are talking about a document, I did not have the right to do so.) The only exceptions are the photomontages of Pinczehelyi, which, as they propose the placing of a Constructive sculptural shape within the cityscape or in the natural environment, are connected to the issues of both Land and Project art, as well as to the problematics of Constructivism and sign-sculpture. The only objection that can be mentioned is that here and there in the series a few superficial solutions tending towards sheer decorativism slipped in. Szíjártó regimented the sometimes excessively complicated variations of arched and square forms, and Kismányoki presented the process during which, out of flashes of imagination, through a long series of sketches, the final enamel composition is created. I do not deny that valuable works can be created by these two artists, though I would rather find the possibility of advancement in the work they submitted jointly, which is about the movement of a long strip of paper in the landscape. Right now it is only a visual experiment, but a lot of things can be derived from it. Ficzek deals with the apparent contradictions of the flat surface and sculpture, and with the problem of the sensual illusion caused by the encounter between the two in somewhat the same way as the earlier experiments of Pauer and Türk. The idea they have brought up is good and current, the only thing to moan about is that Ficzek—as well as other young artists—is not willing to acknowledge the many discoveries that have already been made on this subject during the history of art. He himself would like to find out everything, which is honourable in itself—but he could spare himself a lot of extra work. The huge material of Lantos on the relation of the square and the circle examines the possibilities of variation, and it cannot be denied that this line of thought touches upon numerous situations that could occur in the work of cutting-edge international geometric artists. However, the material as submitted in its current form is a strange mixture of ars poetica, sketch, autonomous drawing, and didactic series—so, in spite of its value, it ultimately fails to answer the questions raised by IMAGINATION.

This reproach applies to Fajó as well to some extent. He sent an accurate documentation scheme of a "toy" imagined for children that teaches color perception, making possible thousands of color variations. The only trouble is that the prototype of the work was made years ago. (It is another question that despite all the sophistication and didactic advantage of the work, the mass-production of it could not be realized; so, it can really be regarded as an ideal plan.) The imaginary "play art" exhibition of Haraszty creates a somewhat different situation. Excellent, funny, humorous, and bizarre ideas follow each other with an ample supply of somewhat unevenly phrased but very amusing descriptions and structural explanations. (*Button, Roly-Poly Toy, Do not Touch!, Recurring Dream in Operation, Obstacle at the Entrance.*) It is surprising, however, that in the meantime Haraszty has realized more, so far seemingly fantastic plans. It is, however, now not so much a question of the irony of the work, than of its circumstances, that Haraszty—I think—has worked for the first time according to a "schematic plan," and that his exhibition, what he imagined, has nearly been realized in practice. All the other ironic and less ironic works prove too that (just about) everyone remained faithful to themselves in the IMAGINATION-genre as well. Korniss evoked his earlier ideas with a 1:100–300 scale space-grid and a monumental statue-building; the movable, head-shaped tower-building—in its form—is really reminiscent of one of the motifs from his early Surrealist-Constructivist paintings. Tót is still preoccupied with the problem of "nothingness," or rather "disappearing," when he makes a plan for a 2-meter cube on the black walls of which a chalk-drawn grid is stretched, but in one corner of which, on a systematically measured area, the lines are smudged, as if the space of the corner disappeared.

The other projects are ironic. Csáji proposes a room (a huge box) the pneumatic walls of which inflate slowly if someone is inside, and thus all visitors are forced to escape sooner or later. The only thing that is unclear to me is why the author refers to a box in a German university, and if the equipment had been made there, what Csáji had to do with it. Legéndy, who, as a matter of fact, made his debut with the *Simple Machine for the Disposal of Toilet Excrement* appearing here, first of all shows his excellent skills of stylistic parody. His machine, of which he gives an exact description, providing a manual and a technical drawing—is perfect in both a technical and functional sense, its advantages compared to the customary equipment are almost inconceivable—only it has no point. The ironical qualities of the work are due to the fact that the phrases of the "crazy inventor"-style completely cover up the fact that the water closet had long made pointless the various combustion installations that he proposes. Kemény came up with a similarly astonishing plan, but he more or less aims at our pointless symbols: "I have an idea to replace the lion sculptures of the Chain Bridge with sculptures of poodles;" this plan could be extended in the future to all our lion sculptures. The advantages of the change are detailed in a long text, but we also have the chance to measure how difficult it is to replace image with text given the genre of the project: however witty and meaningful is the description, what has fundamental power is the photo with the poodles sitting on the pylons of the bridge. The manipulated photo is also the main weapon of Gulyás. The description is brief: "The location would be a wall of the mine in Villány and stitches running up a 15-meter long crack in it intended to prevent the impending collapse of the mountain." In the first photo we see the location (and the effect of its "dramaturgical" plotting can be seen when the viewers usually do not notice that another photo is coming and only smile politely after reading the description when they see the photo of the cliff-wall), whereas in the second photo the rift is stitched in with a *real* rope, with real holes pinched in the photo. The *Underground Project* of variable scale by Hencze is based on a well-known problem: letters become sculptural objects and monumental sculpture appearing in the landscape carries verbal meaning. Although Hencze's turn away from painted canvases caused problems to many (his sudden turn is in fact not without problems), it would be a great mistake to see only a simple joke in these plans: to fail to notice that underground not only means "under the ground" but a form of behavior as well; and that it is also about the paradoxical situation when the whole globe becomes underground, that on one page a sculptural, i.e., an "over ground" underground appears too—and moreover it means failing to appreciate the perfect serigraph that alters the billboard of the Underberg beer to underground using the pencil attached to a board; furthermore, he turns the pencil into a UG-memorial too (not to mention the elegance of the formal solutions).

The appraisal of the pure concept works comes last. More precisely, those closest to Concept, as in my opinion no one in Hungary has yet dealt with conceptual work in the strict sense of the term. In the West, Concept art was brought about by a special situation after Pop art, Minimalism, and Fluxus, and the activity of the pioneers of this movement was strongly intellectual or even scientific. In Eastern Europe, however, it was mostly the lightness and versatility of conceptual devices that was attractive to artists and its greatest achievements are usually permeated with massive social issues. Within the material of IMAGINATION, it is probably Türk who is the closest to the foreign prototypes with his visual-logical work. Yet his "F"-notebook (F = black, white, notion) [these words all start with "F" in Hungarian] overestimates the capacity of the viewer to comprehend: the steps of the logical series proposed by him—confrontation of punctuation marks with colors, colors with abstract concepts, etc.—are nearly impossible to follow. The last page, which summarizes the abstract concept swaps—is very successful. (In the split page on black background, there are two white captions: "everything that is black," and "everything that is white," and on the other side the opposite on white with black "everything that is white except for dogs," and "everything that is black.") Attalai's works are connected to the "imagine!" type: "You can find different squares for each square," i.e., around the words "square" written on squared millimeter paper. Or: "Do you know how many of the following there are in the world?," followed by an endless list of revolvers, destroyers, and all kinds of other weapons and military entities, such as "war cripples," "military cemeteries," "military medals," etc., etc., and after each item the space is left empty for the measurements, hereby creating a grotesque effect. The description of white shadows—which occur when the hoar frost melts, and it stays for longest in the shadows—is at the same time a good example of the distinction between the use of language in Concept art and literature. Here the purpose of the description is not the depiction of the landscape, or an expressive or emotional declaration but the documentary record of a rapidly vanishing and paradoxical perceptual phenomenon, which could be recorded only with much trouble with painting or photography. In contrast to the *White shadow,* Bálint's *From Memory III* is much more like a literary text. As a matter of fact, this is the description of an event (in the past tense), during which a room is painted completely white from top to bottom, including all the furniture. The meticulous, factual description, the use of the past tense and the attributive phrases bespeak the author's intention to follow the (old or modern) tradition of narration. The film draft of Schaár–Gulyás is quite hard to integrate within the spontaneously but not accidentally formed context of IMAGINATION. (This, however, is entirely my fault, since at the time of the formation of the concept I firmly intended to also collect a large number of works that could not be realized for objective reasons.) The film draft entitled *Máré* is very hard to evaluate in this form. Though I do believe that the film once realized would be good (it must be good), I cannot, however, take the sketch presented here as anything other than a signature of Schaár in a symbolic sense or a subjective keepsake. It is very hard to identify the genre of another textual work, that of Jovánovics. The artist, pointing out that he was occupied with a great project, could only deliver his message as an audiotape (which I typed up later). It is a short report of the following great enterprise: the reconstruction of some of Lenin's chess games. The report, narrated with subtle irony, does something much more profound than merely take aim at the excesses of the recent anniversary. The key to the whole work is the following sentence: "Chess is the only objective game in which, with the help of the so-called chess notation, every move can be entirely and perfectly recorded and replayed." How could you reconstruct such a game, of which there are many accounts, but of which no notational documentation is available? The question might seem absurd, but Lakner's inquiry is also similar: does there exist an action of a kind that cannot be prevented by anyone? Lakner's answer has the same ironic contradiction as Jovánovics's: "TUKTUKTUKTUK... if you repeat this aloud for a while, you will realize that a sound is created between "k" and "t" *which* cannot be prevented by anyone." The other three sheets of Lakner, the "beheaded" imagination, which can also be regarded as visual poetry, the "material-poem in nose- and tongue-language" and the "novel-monument" have a two-fold problematic. Everything revolves around linguistic miscommunication, and, at the same time, it can be sensed that the artist always squanders (on purpose) extremely serious problems for petty things. This method of work can be seen in some form in most of the authors of IMAGINATION. The photo series of Méhes, which is about the fetish of bureaucracy, neutralizes distress with the three phases of the inflation and bursting of a balloon, then the pleasure over the latter; Erdély calls attention to the dangers of social discrimination and (on the other hand) to the pressures inherent in the insoluble task by sticking a piece of cotton soaked in goose lard on a sheet of paper and demanding that this work be placed as it is amongst the pages of the other artists (be careful, this is not yet destruction!); Perneczky, who was the first in Hungary to deal with conceptual problems, endeavors in his "identification program" to identify various changeable and ephemeral objects and phenomena (flowers, waves, fortune, the clouds, good weather, and—by holding his breath—a person). Identification that slowly develops into an autonomous genre is always ironical because it identifies banalities, but the artist can only call attention in this way to more general phenomena, such as our ever-declining control over our environment, accompanied by our consciousness, that we are subjected to impersonal forces greater than us. While Perneczky performs operations on the photos, for Major the photo is only the appropriate manner of elaborating his greatly amusing—though actually tragic—thesis. "Here rests Lajos Kubista [Cubist] Snr. ..." — we read on a photo of a gravestone, but Major continues: "1. Lajos Kubista was buried in the Farkasréti cemetery in Budapest; 2. Cubism was not born in Budapest," and then step by step it turns out that various people were born in Hungary, but various things—that are linked to these names—were *not* born here. The daunting and distorted picture sketched by Major is imbedded in the lines of a perfect pseudology, but really no one who knows him calls Major a representative of hurray-optimism. Nor Szentjóby. From him we have (earlier) poems, and a most beautiful *Work-Therapy* from the *Please* cycle. Actually only one page was made for the "Work = the documentation of the imagination" topic (it is included in the *Parallel-Course* in Szentjóby's own system, in the spirit of "be forbidden!"). On the page, there is a photo cut out from a newspaper: during a demonstration a car is pushed over, there then follows a list of the social phenomena proposed for examination. [This page is no longer in the IMAGINATION collection.] I can only touch on the works of Szentjóby very superficially, with the comment that some of them speak with poetic vagueness, while others use a rough direct voice (and these two tones often get mixed up)—I hope I will eventually have the chance to analyze them in detail. It was a surprise that Csiky, who had so far made spectacular sculptures, has now switched to a bitterly ironic, critical "Concept." In *The Structures of Objective Reality I-IV,* the general thought prevails that in particular cases (Pop, Dada, etc.), the artist does not create in a productive mode but, rather, by drawing attention to something which he or she does not identify with ("highlighting")—in the way a computer signals the exact results of a calculation—though we can also see how manifestations of this behavior can turn in on themselves, such as when Csiky alienates his most personal belongings (for example his sculpture or the pages of his own teacher's diary). His best work that includes a temporal element so far is his invalidated pre-paid lottery ticket, which could maintain its intellectual pressure for more than a month.

I have to conclude the series of analyses with the work of Pauer. Not only because Pauer was one of those who best understood the essence of my invitation, but also because he developed IMAGINATION one step further, and, at the same time, exercised criticism over it in an idiosyncratic way. As his own work, he submitted his "collection," which he obtained by "copying" my invitation: he sent a call to 16 artists. The point of the call was: "The museum index card is the only document that reliably proves the existence and the identity of an art object." The collection, consequently, did not consist of artworks, but completed museum index cards. The ironic gesture is obvious here, and the call is a perfect, substantive piece of writing—but of course the whole pseudo-exhibition composed of the cards submitted is even more interesting. (Only Nádler failed to reply to the invitation, but instead a card was sent by János Urban from Switzerland and from the Pécs "fellow-collector," Tamás Aknai.) Because no one knew that the material would eventually end up with me as the work of Pauer, some artists—Donáth, Hencze, Csiky—sent the same works to both of us. Csiky, however, fortunately developed further his sculptural annihilation, since the headings of the card spontaneously generated good ideas. Generally to all those who interpreted the invitation literally and placed an existing work of theirs in the "index card-situation," the headings gave a special local energy. (This is the merit of Pauer, who created this situation!) Gulyás participated with his large-scale plaster sculpture, Bak with his—in the meantime destroyed—Essen work, Jovánovics with his huge plaster composition that follows the ground-plan of the Adolf Fényes Hall and that remained mainly unnoticed. ("Condition: gradually deteriorating." Since then this process has reached its *dénouement*.) Urban sent the card of his "sculpture" with a pea-sized beta-bulb, creating a light lasting 20 years. Attalai stated without hesitation that the value of his twisted felt sculpture was to be ten thousand forints then noted: "The sculpture ... was created with the aim of getting an answer to the following question: Is there a possibility that an autonomous, self-subsistent system that is identical to that of the square and the cube could exist? The experiment suggests that it is not possible." Tót made a card of nothing with a photo (nothing ain't nothing). Major's *The Tower of the Kun Street Fire Station*, a naturalistic pencil drawing, is widely-known as his best work. Even viewers who are quite familiar with the drawing did not notice that, for the sake of variety, not the photo-like drawing, but the photo of the model for the drawing was stuck on the card. Major also had problems filling in the heading "origin."

Those cards that are not derived from existing works are clearly distinct from the others, but in creating a new work for the file, they reduplicate the absurd initial thesis of Pauer. Such is the work of Türk, the *Postmark Validated by Stamp*, which both textually and visually aims at the logic of inversion (with even more wit than the already mentioned page from his booklet), and Szentjóby's card also belongs here. It is the wittiest work in IMAGINATION, with the most complicated structure. Szentjóby notices how symbolic Pauer's artificial alienation effect is and he "explains" this symbolism with his work. He himself inevitably considers a card, his ID, to be an artwork, the card, however, takes the place of the living person (as an artwork). A record card as an artwork, more precisely: the card sent by Pauer as the subject of an artwork put on the same card—this tautology appears interestingly in other places too: Csáji describes the return envelope in the card, Lakner uses the xerox-copy of the card, in which the "description" heading contains the word "imagery" (unfortunately probably by mistake, instead of "imaginary"), Legéndy describes (and includes a photo of)

the measurements, headings, etc. of the card in an outrageously meticulous way. Méhes, who did not want to give up his hyperrealist engagement, even in this special task he made a fantastically faithful copy of the card with colored pencil.
So far eighty people have seen the material of IMAGINATION. (No more than this, because I did not intend to disseminate the collection in a direct way, and also because of the lack of space and time, I could not receive more visitors. It is easy to understand this if we take into account that the visitors usually came in ones and twos and spent 2–3 hours on average at my place, and I did not include in the 80 the 31 artists participating in IMAGINATION.) Most of the audience approached the material with benevolence, which does not mean that there were no problems of a greater or lesser degree. The gravest accusations were: the superficial handling or avoidance of social problems; hasty ideas; this is not art but a joke; this is not art but literature; (in the case of the textual works) visual qualities played down, art in crisis, etc. I cannot at present deal with these criticisms in detail (many of them are not without a realistic basis, as it is demonstrated by the future careers of those artists who turned to conceptual work at that time), I would only add that I consider IMAGINATION a valuable document, and a successful enterprise—the quality is, however, uneven. The material submitted since then shows that some tendencies have been resolved and the standard of the work is steadily rising. It is a shame that the exhibition (planned by the Székesfehérvár Museum) to examine these new tendencies was not approved by the censorship [i. e., The Office for Fine Arts and Crafts that supervised all public art events]: knowing (?) the works of the artists listed, the exhibition was classified as self-financed [i.e., the participants would have had to pay all the costs].

For myself, I would ask the artists participating in IMAGINATION [here the text is broken, it was continued as follows: "and anyone else who is working in a similar direction to send me materials from time to time to make the documentation more complete"].

Baranyai András és Tót Endre kiállitása, Ferencvárosi Pincetárlat, 1972 április 14-28. Hosszu hónapok óta ez volt az első igazán rangos egyéni kiállitás Budapesten. Bojár Iván /Magyar Hirlap/ szerint - aki Baranyait még csak-csak tartja valamire, de Tótot már nem - azért volt érdemes bemutatni ezt az anyagot, hogy mindenki láthassa: a "semmi" mögött mennyire nem rejtőzik semmi, tehát nem kell félni tőle. Valójában a kiállitás mindkét müvész számára nagyon sokat jelentett: elmult dolgok összegezését és előrelépést. Baranyai több éven át csak araszolgatva haladt előre, fő tevékenységének a restaurálást tekintette, hogy önálló egzisztenciát teremthessen magának, de eközben kialakitotta saját müvészi problematikájának első körét is. Ezt a nagyon aktuális kérdést Alain Robbe-Grillet novellacime után "féltékenység rései"-nek nevezhetnénk, ugyanis a litográfiák köralaku, majd a zárt körivet hosszabb szakaszon megnyitó kivágásai hasonló módon láttatják a mögöttük lévő motivum részletét - ujjperceket, testfelületeket -, mint a francia "uj regény" leirástechnikája. A reális összefüggésekből kiemel egy részletet, amit tárgyilagosan leir, ezáltal az önmagában értelmetlen szegmentum uj, többnyire monumentalizált jelentést kap. Baranyainak ezek a lapjai több helyen szerepeltek külföldön is /Krakkó, Barcelona, Ljubljana/. Most a körök helyett a szó szoros értelmében "rések" jelentek meg, melyeken át már csak ujjakra, kezekre, kardarabokra tekinthetünk. A fehér lapon keskeny vizszintes vagy függőleges fekete sáv fut végig, benne egy-egy testszinü ujjperc látható /= fehér fal nyilásán a sötétbe nézünk ki/, másutt a fekete-fehér viszony megfordul /= fekete fal, napfény?/. Természetesen nem reális látványábrázolásokról van szó, a "fal" és a "kitekintés" csak sémaként fogható fel, annál is inkább, mert a reális térbeliségnek két dolog is ellentmond. A fekete fal pl. nem fut ki a lap széléig, igy a fehér sáv lényegében a papir fehér margójával azonosul. Továbbá a kezek, kézrészletek "foto-utáni" plasztikussága is ellentmondana a fekete-fehér felületek elvont sikszerüségének. Baranyai a testfelületeket valóban kitakart fotók után rajzolja meg, ugy, hogy a kivágás nyomán a plasztikus felület hiteles legyen, de az anatómiai összefüggés megszünjék - másrészt ugy, hogy a fotolátásmód bizonyos értékei még megmaradjanak, de a szinesceruzavonalak már meg is bontsák, továbbvigyék a fotó-hatást. Baranyai még valamivel tágitotta problémakörét: a kéz-motivumokhoz megfelelő igéket is kiválasztott, melyeket egyesszám harmadik személyü alakjukban a lapokra felirt/áld, fog, tart, üt stb./. Bár a szóanyag és kép kapcsolódásában egy müvön belül is éreztem néha egyenetlenségeket a fogalmi érintkezés szorosabb vagy lazább voltát illetően - Baranyai eddigi müvészetéhez képest mégis nagy tartalmi gazdagodást regisztrálhatunk az uj módszerben.

Tót Endre szintén élete talán legnagyobb fordulatát, helyesebben legjelentősebb átmeneti korszakát jelezte a kiállitással. Ennek lényege az ő fogalmazásában: A FESTÉSZETBŐL AZ IDEÁBA. A folyamat legfontosabb fázisait dokumentálták a müvek, először is a "2 szürke festmény" ill. a "4 szürke festmény" a megfestett képnek azt a végső stádiumát, melyben a motivum csaknem nullára csökken, a festékhordozó vászon egésze maga válik motivummá egy nagyobb szérián belül. Az ugyanebben az időben /197o-71/ keletkezett négy "trikolór" sajnos nem szerepelt a kiállitáson, pedig a fehér vásznak a felső szegélyükre festett vékony szinsávokkal egy, a szürke felületekétől eltérő, másik gondolati ut lehetőségét teremtették meg. A szürke alapon sárga-szürke sávok merőleges átmetsződéseinek tiszta vizualitása furcsa módon állitható párhuzamba Kenneth Noland festői fejlődésével: ugyanis legjobb tudásom szerint megelőzte a hard-edge müvész ilyentárgyu sorozatait. A hegyére állitott négy szürke négyzet viszont, közepén vizszintes irányu sárga hullámvonallal, más szempontból is értékelhető: az egyébként "labilis" egyensulyi helyzetben lévő szürke négyzeteknek ez a hullámvonal adja meg a "stabilitását" /horizontális helyzet/, de a hullámszegmentumok olyannyira "kivágások" csupán /egy hullámhegy-hullámvölgy egységből/, hogy a nézőnek kell gondolatban a négy ivet egységes hullámvonallá kiegésziteni. - Tót a szürke képek mellett egy sorozat szintén szürke papirlapot is kiállitott, ami nem más, mint a már emlitett szines sáv-kereszteződés problémájának plasztikus megfelelője. A sima papirlapokba ugyanis két-két párhuzamos él van belehajtogatva egy kereszt szárainak megfelelően. A szimpla manőver mögött tulajdonképpen egy paradox plasztikai probléma rejlik, bármennyire is egyenranguak a középütt kirajzolódó négyzet oldalai, ezek a vonalak sohasem jelölhetnek igazi négyzetet a térben, legfeljebb akkor, ha a papirlap többibrésze kilép a sikból. - A kiállitott többi munka már "hiányos vizuális információ" - ironikus viszonyban a megfestett képekkel. Tót csak a keretet jelöli ki, és megadja a pontos méretet. Ez a lépés történetileg annak a fordulatnak felel meg, amikor néhány amerikai müvész /pl. Lawrence Weiner/ felismerte, hogy a minimal plasztika információit nemcsak a realizált mü, hanem /legnagyobbrészt/ ennek irásban rögzitett adatai is közvetithetik. Hogy azonban Tótnál nem csak erről van szó, Mona Lisa-interpretációja is mutatja: a maximális formai tisztaság és elegancia mellett /amit a bekeretezett üres felület hordoz/, megjelenik az irónia is, a felületen elhelyezett "valahol itt a mosoly" felirat formájában. /dokumentáció: Baranyay András katalógusa 27 reprodukcióval; Tót Endre: katalóguslap, 2 db nyomat képekkel, Leonardo: Mona Lisa; kiállitási meghivó/.

[László Beke: "The Exhibition of András Baranyay and Endre Tót." Source: *As Little Johnny Imagines, Letter to my Friends*. Edited and written by László Beke. Budapest, 1972. (typescript)]

The Exhibition of András Baranyay and Endre Tót, Ferencvárosi Pincetárlat, April 14–28, 1972.
For many long months this has been the first really high ranking solo exhibition in Budapest. According to Iván Bojár (from the Hungarian newspaper *Magyar Hírlap*)—who esteems Baranyay a bit but Tót not at all—it was worth showing this material, so that everyone could see for themselves: behind "nothing" there is not anything at all, so you should not be afraid of it. Actually, the exhibition meant a lot for both artists: a summary of past activities and progress. Baranyay has been moving forward at a snails pace for a number of years and considers restoration his main activity, which allows him to make a living and, in the meantime, he has created the first circle of his own artistic concerns. This very current question could be called the "jalousie of the jealousy" after the title of Alain Robbe-Grillet's story, since the circle-shaped frames show behind them particles of the motif—phalanges, body surfaces—in a way reminiscent of the description technique of the French "nouveau roman." He extracts a detail from its real context, which he describes objectively, thus a segment that is unintelligible in itself gets a mostly monumentalized meaning. These works by Baranyay also appeared abroad in several places (Krakow, Barcelona, Ljubljana). Now, instead of circles, literal "interstices" appear through which we can only look at fingers, hands, pieces of arms. A narrow horizontal or vertical stripe runs across a white background and a nude colored phalanx can be seen in it (= we look into the dark through the gap of a white wall), elsewhere the black and white relation is reversed (= black wall, sunlight?). Of course, these are not realistic depictions of the view; the "wall," the "opening" can only be understood as a pattern, moreover, because two things contradict its actual spatial character, namely the black wall does not run up to the edge of the page, thus the white stripe is essentially identified with the white margin of the paper and the "photographic" plasticity of the hands and hand particles contradicts the abstract flatness of the black and white surfaces. Baranyay really draws the body surfaces after masked photos in such a way that the surface creates a genuine effect of three-dimensionality, but the anatomical connection is terminated at the same time, and in such a way that the values of the photographic view could be preserved to some extent, but the lines of the colored pencil would disrupt or continue the photo effect. Baranyay extended his circle of concerns to something else too: he chose verbs matching the hand-motifs (blesses, takes, holds, hits, etc.), and wrote them in the third person singular on sheets of paper. Though occasionally I felt some unevenness in the connection of the words and pictures within individual pieces, as well as regarding the tighter or looser conceptual connections—compared to Baranyay's art so far—still a great enrichment of the content could be noticed in this new method.
With this exhibition, Endre Tót signalled the greatest shift in his life, or rather his most significant transitory period. The essence of this is given in his own words: FROM PAINTING TO IDEA. The works documented the most important phases of the process, first the *2 Gray Paintings*, and the *4 Gray Paintings*, then the final stage of the painted picture when the motif is diminished to zero and the whole canvas carrying the paint becomes a motif within a bigger series. The three *Tricolors* made during the same period (1970–71) unfortunately did not appear in the exhibition, though the white canvases with narrow, colored stripes painted on their upper edge created another intellectual direction, different from the gray surfaces. The sheer visual quality of the intersecting yellow-gray stripes on gray background displays strange parallels with the painterly development of Kenneth Noland: since—as far as I know—they preceded a similar series by the Hard-Edge painter. The four gray squares standing on their tips with a horizontal yellow wavy line going across them in the middle can be evaluated from another angle: the wavy line gives "stability" (horizontal position) to the gray squares in an "unstable" balance, but the wave-segments are only cut outs (from the unit of a trough and peak of the wave), so the viewers have to fill in the four arcs to get a continuous wavy line. Tót exhibited a series of gray sheets of paper in addition to the gray pictures, which is the sculptural equivalent of the above mentioned stripe intersection problem. In the plain sheets of paper two parallel edges are folded according to the

legs of the cross. There is a paradoxical sculptural problem behind this simple manoeuvre: however equal the sides of the square formed in the middle, these lines can never mark a real square in space unless the other parts of the paper step out from the plane. The other works exhibited are already "incomplete pieces of visual information"—in an ironic relationship with the painted pictures. Tót only marks the frame and gives the exact size. This step is historically analogous with the turn that took place when a few American artists (Lawrence Weiner, for instance) realized that the information of a Minimal sculpture can be conveyed not only by the realized work, but (mostly) by its data recorded in writing. In the case of Tót, it is a more complex issue, as his interpretation of the *Mona Lisa* shows: in addition to the maximal purity of form and elegance (which is transmitted by the framed empty surface), irony also appears in the form of the "smile somewhere here" caption placed on the surface. (documentation: the catalogue of András Baranyay with 27 reproductions; Endre Tót: catalogue page, 2 prints with pictures, Leonardo: *Mona Lisa*; invitation card.)

IMAGINATION
THE SUBMITTED WORKS

1. The artist may construct the piece
2. The piece may be fabricated
3. The piece need not to be built

Lawrence Weiner

Kedves Barátom,

ezuton kérlek, vegyél részt az általam javasolt

E L K É P Z E L É S

cimü kisérleti, tanulmányi és dokumentativ jellegü munkában, melynek célja:

1/ helyzetkép felrajzolása a mai magyar müvészet néhány törekvésének pillanatnyi állásáról;

2/ a közismert kiállitási, publikációs stb. nehézségek áthidalása.

Az akció lényege: egy csupán gondolatban realizálódó "kiállitás" létrehozása, melynek anyaga mindazonáltal pontosan dokumentált. Bármilyen és tetszés szerinti számu müvészi megnyilvánulással lehet szerepelni /tárgyak, folyamatok, helyzetek stb./, egyetlen feltétel, hogy a müről olyan leirás készüljön, melynek alapján elképzelést nyerhetünk róla. Ezért kivánatos a leiráson tulmenőleg minél teljesebb dokumentáció beküldése /vázlatok, fotók stb./. Tehát:

a MÜ = az ELKÉPZELÉS DOKUMENTÁCIÓJA

A beküldött anyag előreláthatóan szabványméretü iratgyüjtő dossziékba kerül - müvésznevek szerint betürendben -, és minden érdeklődő számára megtekinthetővé válik.
A felkérő leveleket a következő müvészeknek küldtem meg:

attalay, bak, balaskó, baranyai, csáji, csiky, donáth, erdély, fajó, ficzek, gulyás, haraszty, hencze, jovanovics, keserü, kismányoki, lakner, lantos, major j., méhes, nádler, pauer, pinczehelyi, szentjóby, szijártó, tandori, tót, türk.

Amennyiben javaslatommal egyetértesz, kérlek, juttasd el anyagodat 1971 szeptember 31-ig cimemre /Bp.IX.Thaly Kálmán u.56.I/3a/.
Budapest, 1971 augusztus 4.

Üdvözlettel:

Beke Laci

/Beke László/

1 LÁSZLÓ BEKE

1 LÁSZLÓ BEKE

1. The artist may construct the piece
2. The piece may be fabricated
3. The piece need to be built

Lawrence Weiner

Dear Friend,

I hereby ask you to take part in an experimental, educational, and documentation project that I have initiated with the title

IMAGINATION

It has the following aims:

1) to make a situation overview about the current state of a few tendencies in contemporary Hungarian art;

2) to find a solution for the well-known difficulties of exhibiting, publishing, etc.

The point of the project: the creation of an "exhibition" that is only realized in thought, the material of which, however, is accurately documented. It is possible to participate with any kind of and any number of artistic comments (objects, processes, situations, etc.) the only condition is that the work should be described in such a way that we are able to get an idea of it. For this reason, it is highly advisable that you send—in addition to the description—the most complete documentation possible (sketches, photos, etc). Consequently:

the WORK = the DOCUMENTATION OF THE IMAGINATION

The materials submitted will probably be placed in a regular sized folder—in alphabetical order, according to the names of the artists—and will be accessible to anyone interested. I have sent invitations to the following artists:

attalai, bak, balaskó, baranyay, csáji, csiky, donáth, erdély, fajó, ficzek, gulyás, haraszty, hencze, jovánovics, kemény, keserü, kismányoki, lakner, lantos, major j., méhes, perneczky, pinczehelyi, szentjóby, szíjártó, tandori, tót, türk.

If you agree with my proposal, send your material to the following address by September 30, 1971. (Bp. IX. Thaly Kálmán u. 56. I/3a).
Budapest, August 4, 1971.

Kind regards,

László Beke

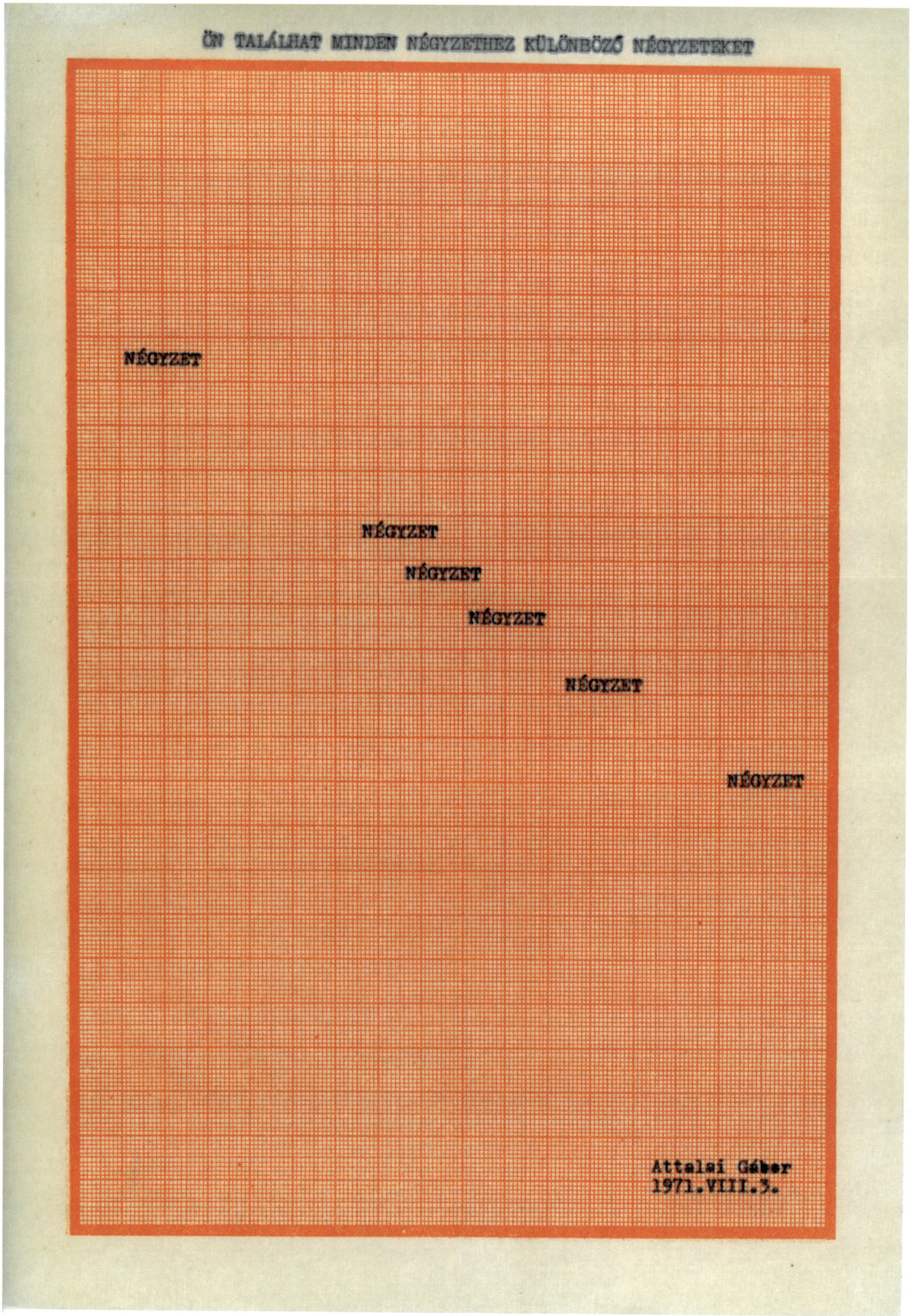

2 GÁBOR ATTALAI

2 GÁBOR ATTALAI

YOU CAN FIND DIFFERENT SQUARES FOR EACH SQUARE

SQUARE [repeated]

Attalai Gábor

/film/

CSILLAG /NEGATIV OBJECT/

Első akció lebonyolitva 1971 Januárjában. Budai Dunaparti lépcsőkön az Erzsébet-hidnál.

A csillag kb. 80 m^2 alapterületen a hóba van kiásva.

Méreténél fogva már Pestről is látható.

Filmezendő a kiásás folyamata, részletei. Az emberek reagálása, vagy nem reagálása.

3 GÁBOR ATTALAI

(film)

STAR (NEGATIVE OBJECT)

First action completed in January 1971. On the steps of the bank of the Danube at the Erzsébet bridge.

The star dug out in the snow at about an 80 m^2 surface.

Due to its size, it is visible even from Pest.

The process of digging out and its details are to be recorded. The reactions and non-reactions of people.

Attalai Gábor

A NÉGYZET VIZUÁLIS LEHETŐSÉGEI /film idea/

Variációs process. Kopott, nyers szinü tüzfalon játszódik.

A falra 5 – 7 drb 4ox4o cm négyzetet jelölünk ki egymástól egyenlő távolságra, egyvonalban.

Ezen az 5 – 7 drb négyzeten különböző minimel vizuális folyamatokat játszik el a müvész. Például: tüvel kikarcolja a négyzetet, szénnel felrajzolja, véső-vel kivési, celluxxal körbe ragasztja majd az elhatárolt felületet vörös festékkal kifesti, azután pedig a celluxot eltávolitja. Más négyzetfelületeket vizzel tölt ki. A viz beivodását és eltünését a film rögziti. A vizzel kitöltött négyzet melletti négyzet felületét ugyancsak szintelen folyadékkal pl. benzinnel tölti ki majd meggyujtja. Más négyzet helyére zöld filcet illeszt, amelyet szintén meggyujt. A kivésett negativ négyzet terébe sarat ken fel, majd a negativ térbe, amelyet a sár részint kitölt, a négyzet nagyságának megfelelő dobozt helyez el ugy, hogy annak kifelé eső sikja a fallal egyvonalban legyen. Ezután az egész falat az eredeti szinnek megfelelő szinnel lefesti. A továbbiakban a fekete szénnel körülhatárolt négyzet felületét teljes egészében feketére szinezi szénnel. A közben megszáradt vörös négyzetről a vörös szint visszakaparja, majd kéket fest rá, stb.

A film végül is tetszés szerint fokozható időben. A tökéletes megoldás az volna, ha a tevékenységet kb. 24óra hosszán keresztül rögzitenék. Ezzel mintegy körüljárva az összes lehetőségeket.

4 GÁBOR ATTALAI

4 GÁBOR ATTALAI

THE VISUAL POSSIBILITIES OF THE SQUARE (film idea)

Variation process. Happening on a worn, ecru colored blank wall.
On the wall 5-7 squares, each of 40 x 40 cm, are marked along one line at equal distances from each other.
On these 5-7 squares the artist acts out various minimal visual processes. For instance: Cuts the square with a needle, draws it with charcoal, gouges it out with a gouge, sticks a tape around and paints the demarcated surface with red paint, and then removes the tape. Other square surfaces are filled with water. The absorption and vanishing of the water is recorded on film. The square next to the one filled with water is filled with another colorless liquid, petrol for example, and then the artist sets it on fire. On the place of other squares the artist sticks green felt, which he also sets on fire. In the space of the gouged out negative square, mud is plastered, then into the negative space that is partly filled with the mud, a box of the same size is placed in such a way that its outer surface should be on a line with the wall. Then the wall is painted in its original color. Subsequently, the whole surface of the square demarcated with black charcoal is colored black with the charcoal. From the red square—which has dried in the meantime—the paint is scratched off and is painted over with blue, etc.

The film can eventually be continued in time as one wishes. The best solution would be if the activity could be recorded for approx. 24 hours. Thus, it would go through all the possibilities.

Attalai Gábor

/film idea/

BUDAPEST OBJECTEK

Az eredeti ötlet alapján kerülne kivitelezésre, amely, mint project 1969-ben bemutatást nyert az első "Plan and Project as Art" kiállitáson a berni Kunsthalléban.

Budapest különböző pontjain, melyek térileg a legizgalmasabb lehetőséget mutatják geometrikus emlékmüveket állitunk fel. Minden emlékmü vörös szinü. Óriási méretü.

A film lényege az volna, hogy ezek a projectek szines papir képekre természetszerüen be lennének festve. Majd autóból filmeznénk egy utvonalat, amely az object irányába halad. Az utvonal célja egy egy object megtekintése az adott helyen. A néző mintegy nem venné észre, ezek a müvek csak illuzionálva vannak. / A bemutatás technikai részét a TV. kell hogy megoldja/. A film minden objectet bemutatna /kb. 4 drb/, s az egész ügy, mint valami városi sétakocsikázás kerülne a néző elé.

A szines foto felvételek az általam megjelölt helyeken készülnének el, napfényes időben. Az objectek projectjeihez szükség lesz matt kb. 50x60 szines, kasirozott papir képekre a kiválasztott helyekről.

5 GÁBOR ATTALAI

(film, idea)

BUDAPEST OBJECTS

It would be completed according to the initial idea that was presented as a project in 1969 in the first *Plan and Project as Art* exhibition in the Kunsthalle Bern.

In various locations of Budapest, places that show the most exciting spatial possibilities, geometrical monuments are erected. The color of each monument is red. Their size is huge.

The point of the film would be that these projections would be painted naturally in colored paper pictures. Then the route would be shot from a car, going towards the objects. The aim of the route is to see each object in its location. The viewer would not notice that these works are only illusionary. (The technical part of the presentation should be solved by the TV.) The film would present each object (approx. 4 pcs.), and the whole thing would be displayed as an urban pleasure-drive.

The colored photographs would be taken at locations determined by me, in bright weather. To project the objects, matte, approx. 50 x 60, colored, mounted paper pictures will be needed of the chosen locations.

Attalai Gábor
Dec 5. 1971.

/film/

KINT - BENT

A sarok a tér legaktivabb része. Fogalmi variánsokban tág összefüggéseket tartalmaz.

A film a sarok egyik komplex szituáltságát mutatná be.

5x5 m-es négyzetekből /fehér vászon/ felépitjük az ábrán látható sarok objectet.
Az A, B, C, D, és E pontokon rögzitéseket eszközlünk, mégpedig oly módon, hogy az A-C, B-D pontok között a vászonba vasrudakat varrunk, amelyeket a földhöz fixen rögzitünk. Az X-Y pontok között szintén vasrud feszül, amely viszont az X ponton elmozdithatóan van rögzitve. Az E pont fixen a talajhoz van rögzitve.
Az akció az E pontról indul. A müvész besétál az X pont felé, ahol kiemeli a sarkot a helyéről, majd azzal együtt visszaindul az E pont felé, amelyen kissé tulhaladva rögziti azt. Ezzel a bentből máris kint vagyunk, egy teljesen uj térben, negativból pozitiv szituációban.
A cimben szereplő BENT ill. KINT szavak önálló képként is be lennének adva a film első ill. utolsó szakaszában. Az akció közben.
Azon a ponton az X és E pontok között, amelyen nem lehetne eldönteni hogy a tér pozitiv e vagy negativ megállna a kép, jelezve, hogy van a folyamatnak egy olyan bizonytalan szakasza, amelyről semmiféle érzékelési tapasztalatunk nincs. Ez a tér O pontja.

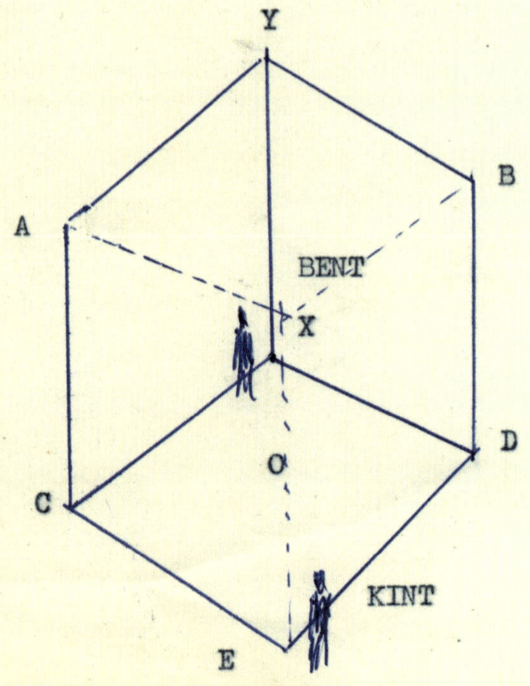

6 GÁBOR ATTALAI

(film)

OUTSIDE – INSIDE

The corner is the most active part of the space. It contains correspondences with broad conceptual variants.
The film would show one complex situational feature of the corner.
The corner object represented in the figure is built of 5 x 5 meter squares (white canvas).
At the A, B, C, D, and E point it is fastened in such a way that iron rods are sewed into the canvas between A–C, B–D, and solidly fixed to the ground. Between the X–Y point there is also an iron rod stretched, but that is fixed in such a way as to be moveable at point X. Point E is solidly fixed to the ground.
The action starts at point E. The artist walks in towards the point X, where he removes the corner from its place and then goes back to point E with it, and, slightly passing over E, fixes it.
Thus, from inside we immediately got outside, in a completely new space, from a negative into a positive situation.
The words INSIDE and OUTSIDE from the title would be inserted as individual pictures at the first and at the last section of the film.
During the action.
At that point between points X and E where it is impossible to decide if the space is negative or positive the picture would stop to indicate that there is such an uncertain segment of the process, of the kind of which we do not have any sensory experience. This is the point O of the space.

[typed in the figure] INSIDE, OUTSIDE

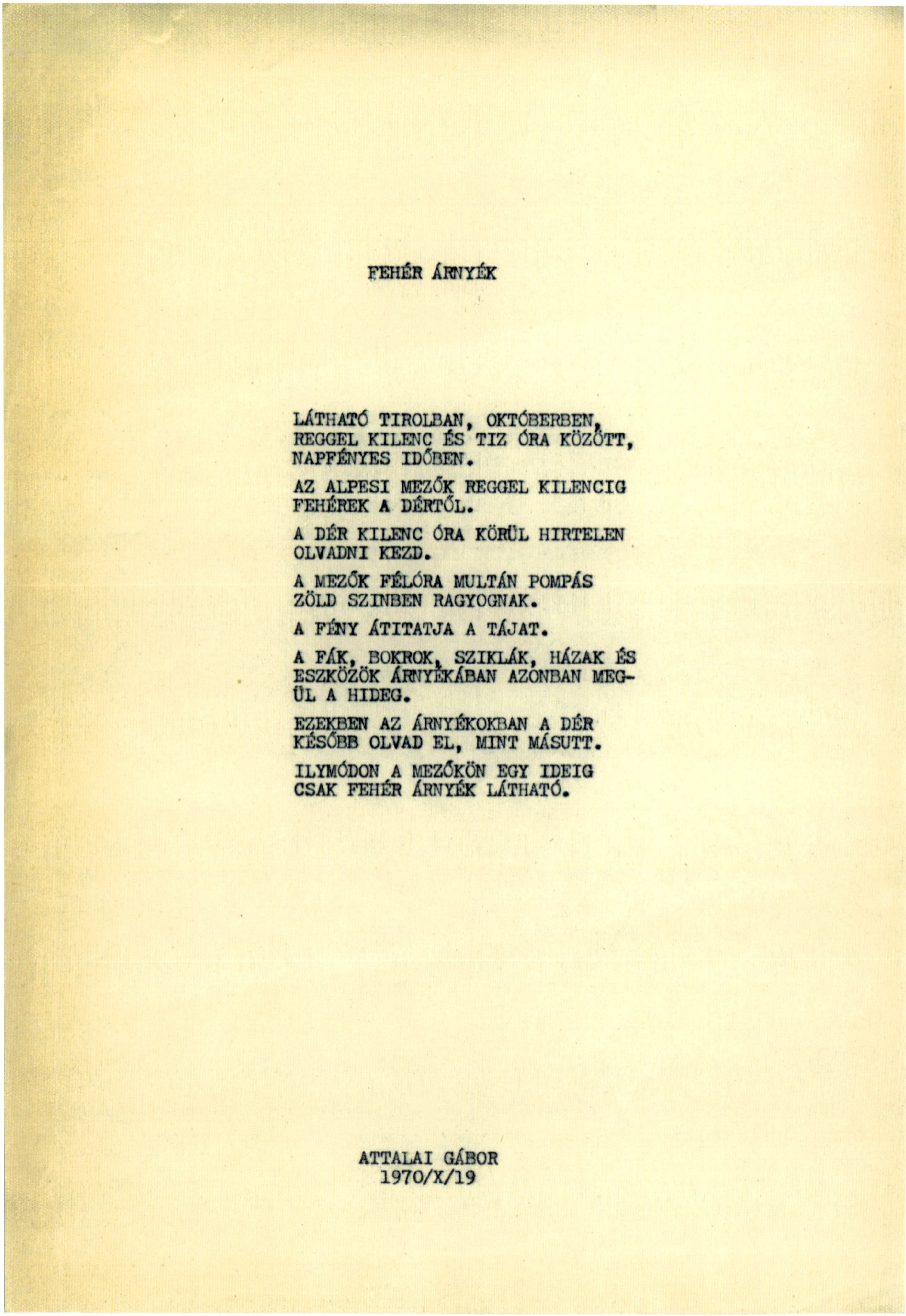

FEHÉR ÁRNYÉK

LÁTHATÓ TIROLBAN, OKTÓBERBEN,
REGGEL KILENC ÉS TIZ ÓRA KÖZÖTT,
NAPFÉNYES IDŐBEN.

AZ ALPESI MEZŐK REGGEL KILENCIG
FEHÉREK A DÉRTŐL.

A DÉR KILENC ÓRA KÖRÜL HIRTELEN
OLVADNI KEZD.

A MEZŐK FÉLÓRA MULTÁN POMPÁS
ZÖLD SZINBEN RAGYOGNAK.

A FÉNY ÁTITATJA A TÁJAT.

A FÁK, BOKROK, SZIKLÁK, HÁZAK ÉS
ESZKÖZÖK ÁRNYÉKÁBAN AZONBAN MEG-
ÜL A HIDEG.

EZEKBEN AZ ÁRNYÉKOKBAN A DÉR
KÉSŐBB OLVAD EL, MINT MÁSUTT.

ILYMÓDON A MEZŐKÖN EGY IDEIG
CSAK FEHÉR ÁRNYÉK LÁTHATÓ.

ATTALAI GÁBOR
1970/X/19

7 GÁBOR ATTALAI

7 GÁBOR ATTALAI

WHITE SHADOW

VISIBLE IN TIROL, IN OCTOBER,
BETWEEN NINE AND TEN O'CLOCK,
IN BRIGHT WEATHER.

THE ALPINE FIELDS ARE WHITE WITH HOAR
FROST UNTIL NINE IN THE MORNING.

THE FROST STARTS TO MELT SUDDENLY
AROUND NINE O'CLOCK.

THE FIELDS GLEAM IN MAGNIFICENT GREEN
AFTER HALF AN HOUR.

THE LIGHT SOAKES THE LANDSCAPE.

HOWEVER, IN THE SHADOW OF TREES, BUSHES,
CLIFFS, HOUSES, AND TOOLS THE COLD
LINGERS.

IN THESE SHADOWS THE FROST
MELTS LATER THAN ELSEWHERE.

THUS, IN THE FIELDS FOR A WHILE
THERE ARE ONLY WHITE SHADOWS.

TUDJA ÖN AZT, HOGY AZ ALÁBBIAKBÓL MILYEN MENNYISÉG VAN A FÖLDÖN ?

KÉREM ITT KITÖLTENI

céltábla	.... drb	.... m^2
revolver	.... drb	.... kg
revolver lövedék	.... drb	.... kg
puska	.... drb	.... kg
puska lövedék	.... drb	.... kg
ágyu	.... drb	.... kg
ágyu lövedék	.... drb	.... kg
tank	.... drb	.... kg
tank lövedék	.... drb	.... kg
aknavető	.... drb	.... kg
akna lövedék	.... drb	.... kg
akna-zár /földi/	.... drb	.... kg
akna-zár /tengeri/	.... drb	.... kg
csatahajó	.... drb	.... kg
torpedó	.... drb	.... kg
torpedó-romboló	.... drb	.... kg
tengeralattjáró	.... drb	.... kg
repülőgép-anyahajó	.... drb	.... kg
vadászrepülőgép	.... drb	.... kg
felderitőrepülőgép	.... drb	.... kg
bombázórepülőgép	.... drb	.... kg
ejtőernyő	.... drb	.... kg
bomba	.... drb	.... kg
rakéta-bomba	.... drb	.... kg
atombomba	.... drb	.... kg
hidrogénbomba	.... drb	.... kg

8 GÁBOR ATTALAI

harci rakéta	.... drb	.... kg
hadi-repülőtér	.... drb	.... m^2
rakétatámaszpent	.... drb	.... m^2
hadi rádiéberendezés	.... drb	.... kg
hadi radarberendezés	.... drb	.... kg
hadi rebbanóanyag		.... kg
baktériumfegyver	.... drb	.... kg
vegyifegyver	.... drb	.... kg
harci-gáz		.... m^3
hadianyag üzem	.... drb	.... m^3
hadianyag gyár	.... drb	.... m^3
melléküzemági gyárak	.... drb	.... m^3
laktanya	.... drb	.... m^3
barakk	.... drb	.... m^3
gyakerlótér	.... drb	.... m^2
bunker	.... drb	.... m^3
evóhely	.... drb	.... m^3
katenai kerház	.... drb	.... m^3
katenai minisztérium	.... drb	.... m^3
katenai hivatal	.... drb	.... m^3
katenai iskela	.... drb	.... m^3
katenai ruhaféleség	.... drb	.... kg
katenai kitüntetések	.... drb	.... kg
katenai dekumentáció	.... drb	.... kg
katenai temető	.... drb	.... m^2
háberus rem	.... drb	.... m^3
katena	.... drb	
özvegy	.... drb	
árva	.... drb	
háberus halett	.... drb	
hadi-rekkant	.... drb	

Attalai Gábor
1971/VIII/9

8–9 GÁBOR ATTALAI

DO YOU KNOW HOW MANY OF THE FOLLOWING THERE ARE IN THE WORLD?

	PLEASE FILL IN HERE
targets	.... pcs m2
revolvers	.... pcs .... kg
revolver bullets	.... pcs .... kg
rifles	.... pcs .... kg
rifle bullets	.... pcs .... kg
canons	.... pcs .... kg
canon bullets	.... pcs .... kg
tanks	.... pcs .... kg
tank bullets	.... pcs .... kg
mortars	.... pcs .... kg
mine bullets	.... pcs .... kg
mine barrage (ground)	.... pcs .... kg
mine barrage (air)	.... pcs .... kg
battleship	.... pcs .... kg
torpedo	.... pcs .... kg
destroyer	.... pcs .... kg
submarine	.... pcs .... kg
aircraft carrier	.... pcs .... kg
fighter plane	.... pcs .... kg
reconnaissance plane	.... pcs .... kg
bomber	.... pcs .... kg
parachute	.... pcs .... kg
bomb	.... pcs .... kg
rocket bomb	.... pcs .... kg
atom bomb	.... pcs .... kg
hydrogen bomb	.... pcs .... kg
combat rocket	.... pcs .... kg
military airport	.... pcs m2
rocket base	.... pcs m2
military radio set	.... pcs .... kg
military radar	.... pcs .... kg
war explosive	.... pcs .... kg
bacterial weapon	.... pcs .... kg
chemical weapon	.... pcs .... kg
military gas	.... pcs m3
war material plant	.... pcs m3
war material factory	.... pcs m3
supplementary industry factories	.... pcs m3
barracks	.... pcs m3
military quarters	.... pcs m3
parade grounds	.... pcs m2
bunkers	.... pcs m3
air raid shelters	.... pcs m3
military hospitals	.... pcs m3
ministries of war	.... pcs m3
military offices	.... pcs m3
military schools	.... pcs m3
military garments	.... pcs .... kg
military medals	.... pcs .... kg
military documentations	.... pcs .... kg
military cemeteries	.... pcs m2
war ruins	.... pcs m3
soldiers	.... pcs
widows	.... pcs
orphans	.... pcs
war victims	.... pcs
war cripples	.... pcs

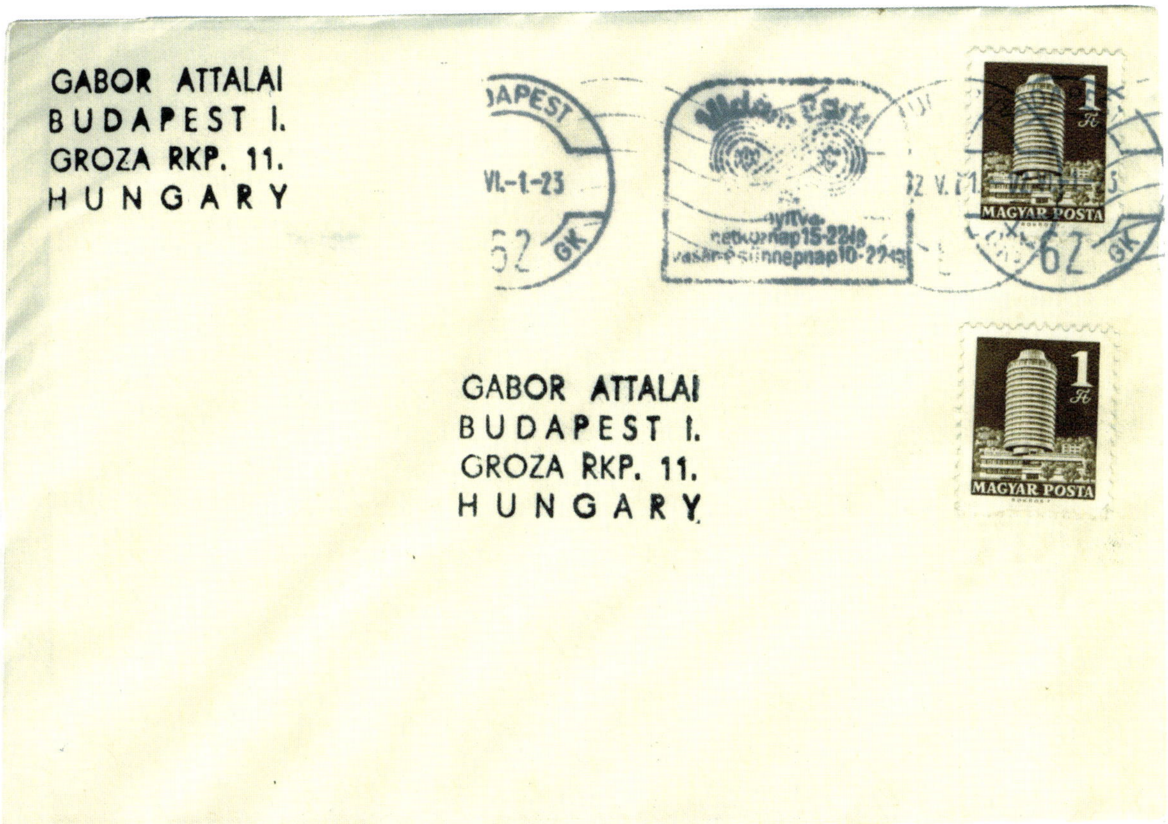
GABOR ATTALAI
BUDAPEST I.
GROZA RKP. 11.
HUNGARY
MAGYAR POSTA
GABOR ATTALAI
BUDAPEST I.
GROZA RKP. 11.
HUNGARY
MAGYAR POSTA

FOLYAMAT OBJEKT

Essen-Werdenben lévő középkori házfal motivumá-
nak feldolgozása/N.SZ.K./
Az objekt három darab egyenként 3X3 m-es elemből
áll,egy a falhoz támasztva,egy a földön fekve egy
a földön elemeire bontva.
A tárgy fa elemekre feszitett P.V.C. lakkfóliá-
ból készült./Intenziv tükrözési effektusokkal./

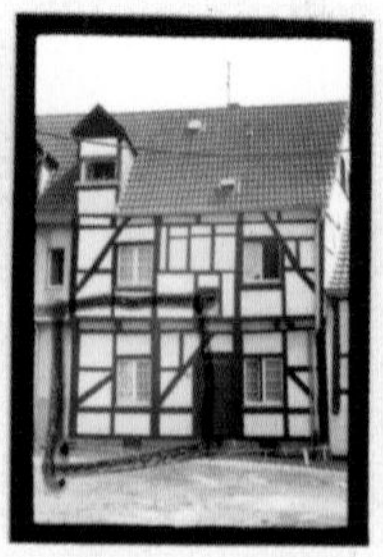

Kiállitva:Folkwang Museum Essen,1971 szeptember

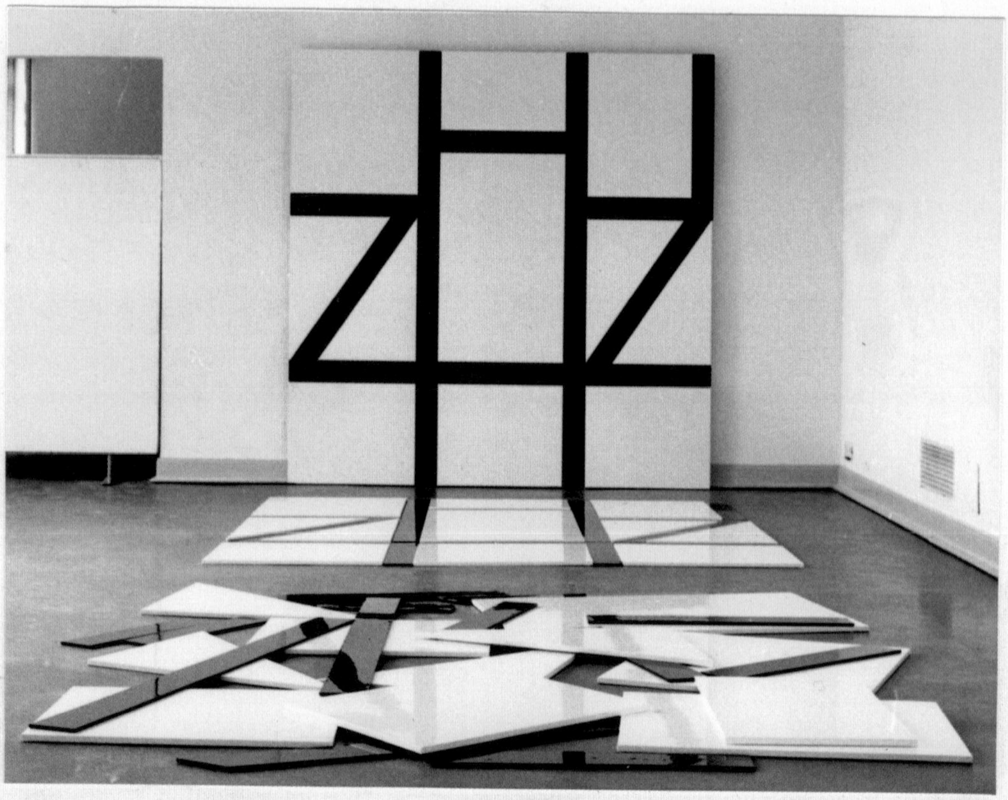

Bak 1971

11 IMRE BAK

PROCESS OBJECT

The adaptation of a motif from a medieval house-wall in Essen-Werden (West Germany).
The object consists of three, 2 x 3 meter pieces, one leaning against the wall, one lying on the floor, one broken up into sections.
The object was made of varnished PVC foil, stretched over wooden sections. (With intense reflection effects.)

Exhibited: Folkwang Museum Essen, September 1971

Emlékezetből III.

A legközelebbi munkatársak és a házigazda természetesen.

1. A vödör és a létra ott állt a szoba közepén, a vödörben széles ecset, bejöttek, a házigazda odalépett hozzá és a fülébe sugott, beleegyezően bólintott, a házigazda az ablakkal szemközt lévő falhoz vitte a létrát, széthuzta lábait, a vödröt is fölemelte, majd a létra mellé állitotta, azután a létra egyik ágán fölment a másik ágán a házigazda félutig a vödörrel, de föltette a kályha tetejére.

2. Kiemelte az ecsetet és elkezdte a mennyezetet mázolni ameddig a karja elért széles mozdulatokkal fehérre. A fehér festékből egy kevés kilöttyent a vödör szélére és lecsurgott az oldalán amikor visszadugta az ecsetet.

3. A házigazda mozgatta a létrát a kivánt irányba.

4. A faltól jó kartávolságra, majd a mennyezettől a kályha tetejéig fehér lett.

5. Neki nyomta a kályhának ugy,hogy a szálak szétnyomódtak és lassan utána csusztatta a csordogáló fehér festéknek a kályhán a vaslemezek mintáiba is behatolt és nehezen fért csak mögé, mert amikor kijött akig ismertünk rá,de az egyik kép, az ajtó és a kép alatti,valamint az ajtó melletti falrész is sorra került.

6. Az ablakkal szemben lévő fal teljesen fehér.

7. A fal lemezjátszóval, rádióval, könyvespolccal és könyvekkel.

8. A házigazda bejelentette: Arról,hogy a könyveket egyenként fessük fehérre technikai okok miatt lemondunk, de az eredeti elképzelés igy sem szenved csorbát

9. Fehér a kis asztal az asztali lámpa, még egy kép, a villanykapcsoló a konektor a hanglemezek és végül egy kétszemélyes kávéfőző

10. Majd fehérre festette /a házigazda aggódva nézett a vödörbe és kissé megkavarta a festéket/ az ágyat

12 ISTVÁN BÁLINT

From Memory III

The closest colleagues and the host of course.

1. The bucket and the ladder were standing in the middle of the room, with a wide brush in the bucket. They came in, the host stepped up to him and whispered to his ear, nodded approvingly, the host took the ladder to the wall opposite the window, stretched the ladder's legs out, lifted the bucket too, and put it next to the ladder, then climbed up on one leg of the ladder, the host on the other leg up to the middle of it with the bucket, but then he put it on the top of the stove.

2. He took the brush and started to wash the ceiling white as high as his arm could stretch, with wide strokes. Some of the white paint spilt on the edge of the bucket and dripped down on the side of the bucket when he put back the brush.

3. The host moved the ladder to the desired direction.

4. First a good arms-distance from the wall and then the area from the ceiling to the stove became white.

5. He pushed it to the stove, so that the brush spread out and slowly slid after the dripping paint on the stove soaked in the patterns of the iron plates and could hardly go behind, because when he came out, we could hardly recognize him, but one of the pictures, the door and below the picture, and the wall next to the door followed.

6. The wall opposite the window is completely white.

7. The wall with the record player, radio, bookshelf, and books.

8. The host announced: For technical reasons we give up the intention of painting individual books white, but the original idea is not spoiled, even so.

9. The side table, the table lamp, another picture, the light switch, the socket, the records, and finally a coffee maker for two are all white.

10. Then he painted the bed white (the host worriedly looked into the bucket and slightly stirred the paint).

11. A házigazda kérdőn nézett rá,de a padló következett

12. Választhattunk,hogy a fehér festék tönkre teszi a cipőnket, vagy az ajtóban zsufolódunk össze mindannyian, /A másik ajó az ágy mellett fehér már/

13. A negyedik fal fehér, a kis könyvszekrény könyvekkel fehér, a függöny fehér, az ablakkeret fehér

14. Rövid,halk párbeszéd után a házigazda kivitte a vödröt és az ecsetet,majd egy másik vödörrel jött vissza és két nagy ronggyal

15. Régóta mereven nézte az ablakot, most a házigazda adogatni kezte az ablaktáblákat és ő elöbb nedves, majd száraz ronggyal csillogó tisztára pucolta - a házigazda kivitte a vödröt és a rongyokat és a létrát - rövid szünet után jött csak vissza a szobába - majd fölrakta az ablakot.

Bálint István 71.VII.

11. The host looked at him wondering, but the floor came next.

12. We could choose whether to let the paint damage our shoes or to all crowd in the door. (The other door next to the bed is already white.)

13. The fourth wall is white, the small bookshelf with books is white, the curtain is white, the window frame is white.

14. After a short, quiet dialogue, the host took out the bucket and the brush, then came back with another bucket and two big rags.

15. He has been staring at the window for a long time, now the host starts to hand over the window panes and first he wiped them sparkling clean with a wet and then a dry rag—the host took out the bucket and the rags and the ladder—and only came back after a short break, then he put back the window.

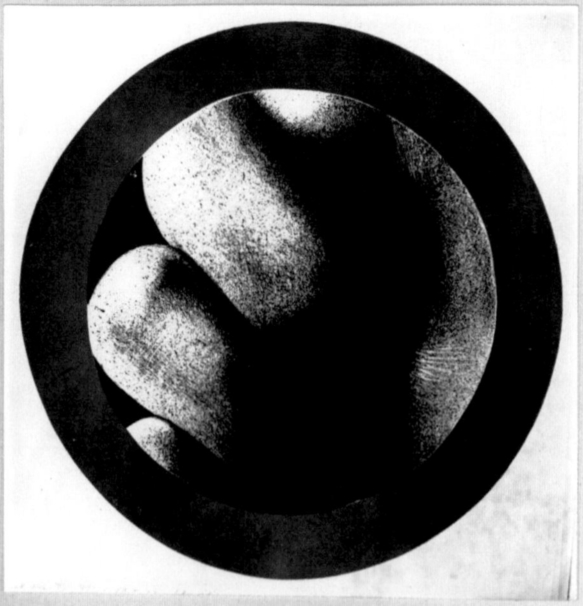

Kivágás egy kézből.
Litográfia
Ø 43 cm.
1969 VI 26
Fekete rajz, szürke keret.

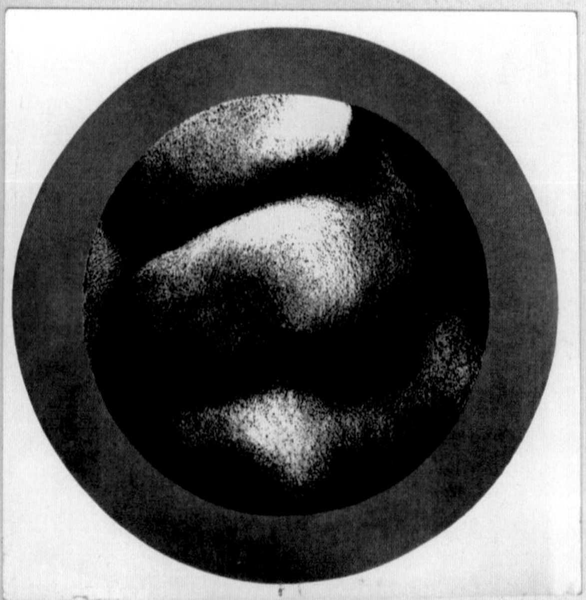

Kivágás egy kézből.
Litográfia
Ø 43 cm.
1969 VII 9
Fekete rajz, szürke keret, a raj-
zon áttetsző barnás szin.

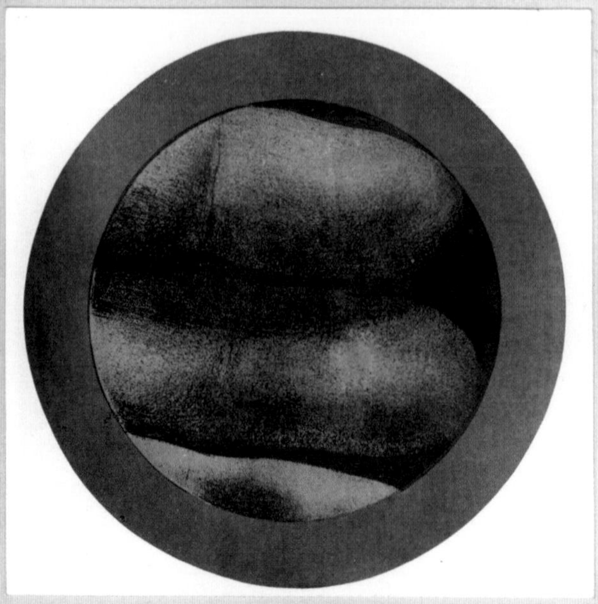

Kivágás egy kézből.
Litográfia
Ø 43 cm.
1969 VII 2
Kék rajz, szürke alapra nyomtat-
va, kék keret.

14 ANDRÁS BARANYAY

Cut out from a hand
Lithography
43 cm
1969 VI 26
Black drawing, gray frame

Cut out from a hand
Lithography
43 cm
1969 VII 9
Black drawing, gray frame, on the drawing there is a translucent gray color

Cut out from a hand
Lithography
43 cm
1969 VII 2
Blue drawing, printed on a gray base, blue frame

15

Cut out
Lithography
50 cm
1970 VI 1
The drawing is black, with a translucent brown color

Cut out
Lithography
37 cm
1970 VI 23-24
The drawing is black

Cut out
Lithography
38 cm
1970 VI 12
The drawing is black

16

Detail
Lithography
50 cm
1970 V 14
The drawing and the arc are black, on the drawing there is a translucent gray-green color

Detail
Lithography
50 cm
1970 V 7
The same colors as the preceeding one

17

Cut out
Lithography
75 x 50 cm (the drawing is 16.5 x 50 cm)
1971 V 25
The drawing is brown, with a light pink translucent color. The background is black

18

Lithography
90 x 58 cm (the drawing is 72 x 50 cm)
1969 IV 30
Black printed drawing, the background is gray, the two strips are black

19

Cut out
Color pencil
75 x 23cm
1971 III 12-24

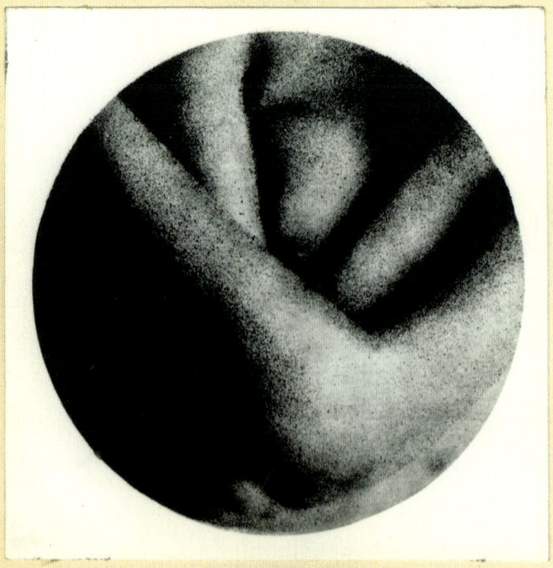

Kivágás
Litográfia
Ø 50 cm.
1970 VI 1
A rajz fekete,barnás áttetsző-
szinnel.

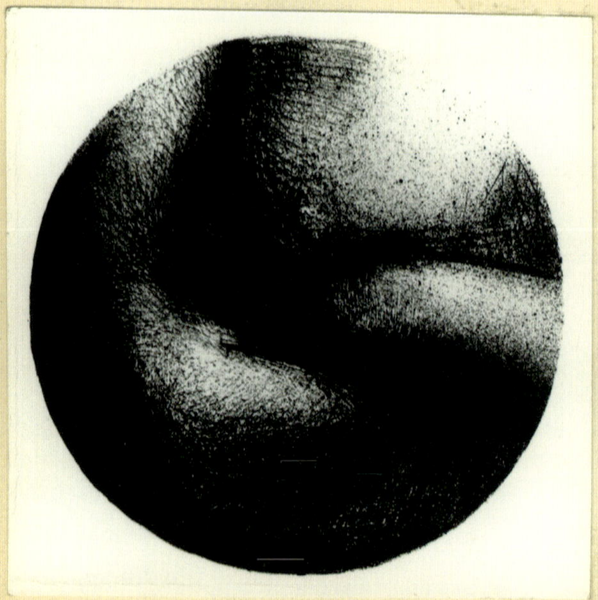

Kivágás
Litográfia
Ø 37 cm.
1970 VI 23-24
A rajz fekete.

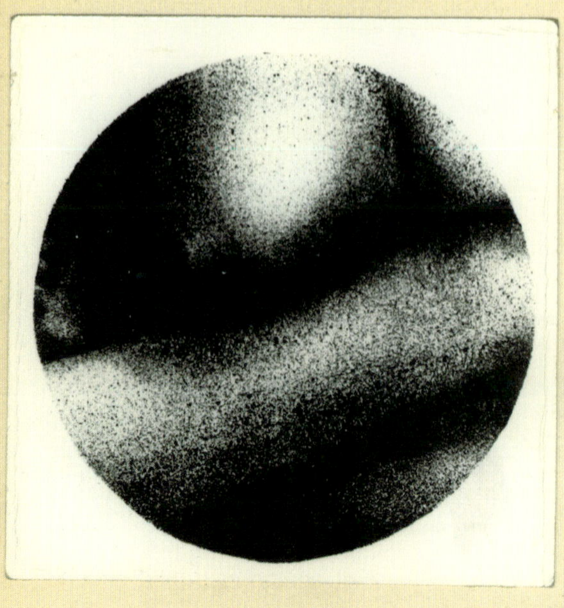

Kivágás
Litográfia
Ø 38 cm.
1970 VI 12
A rajz fekete

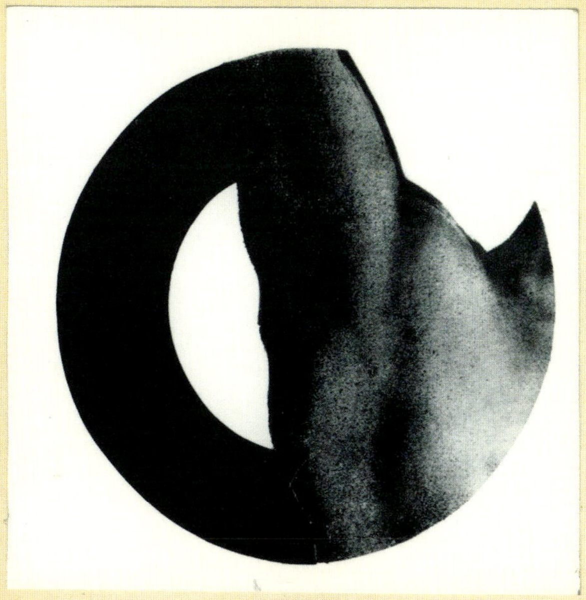

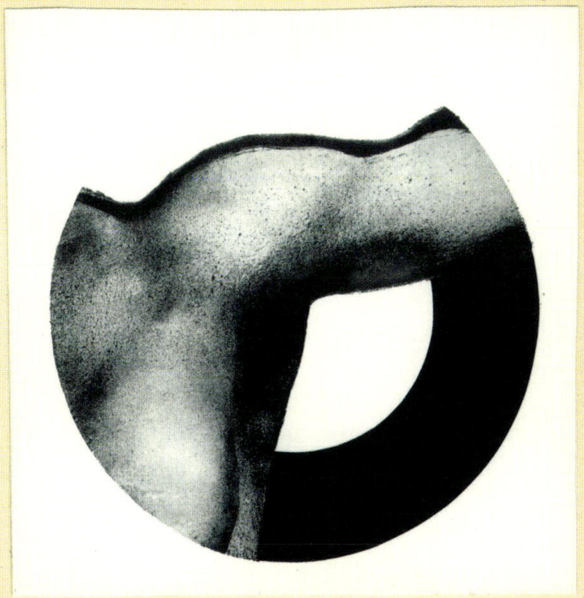

Részlet
Litográfia
Ø 50 cm.
1970 V 14
A rajz és a köriv fekete,
a rajzon áttetsző szürkészöld szin.

Részlet
Litográfia
Ø 50 cm.
1970 V 7
Ugyanolyan szinekkel mint az előbbi.

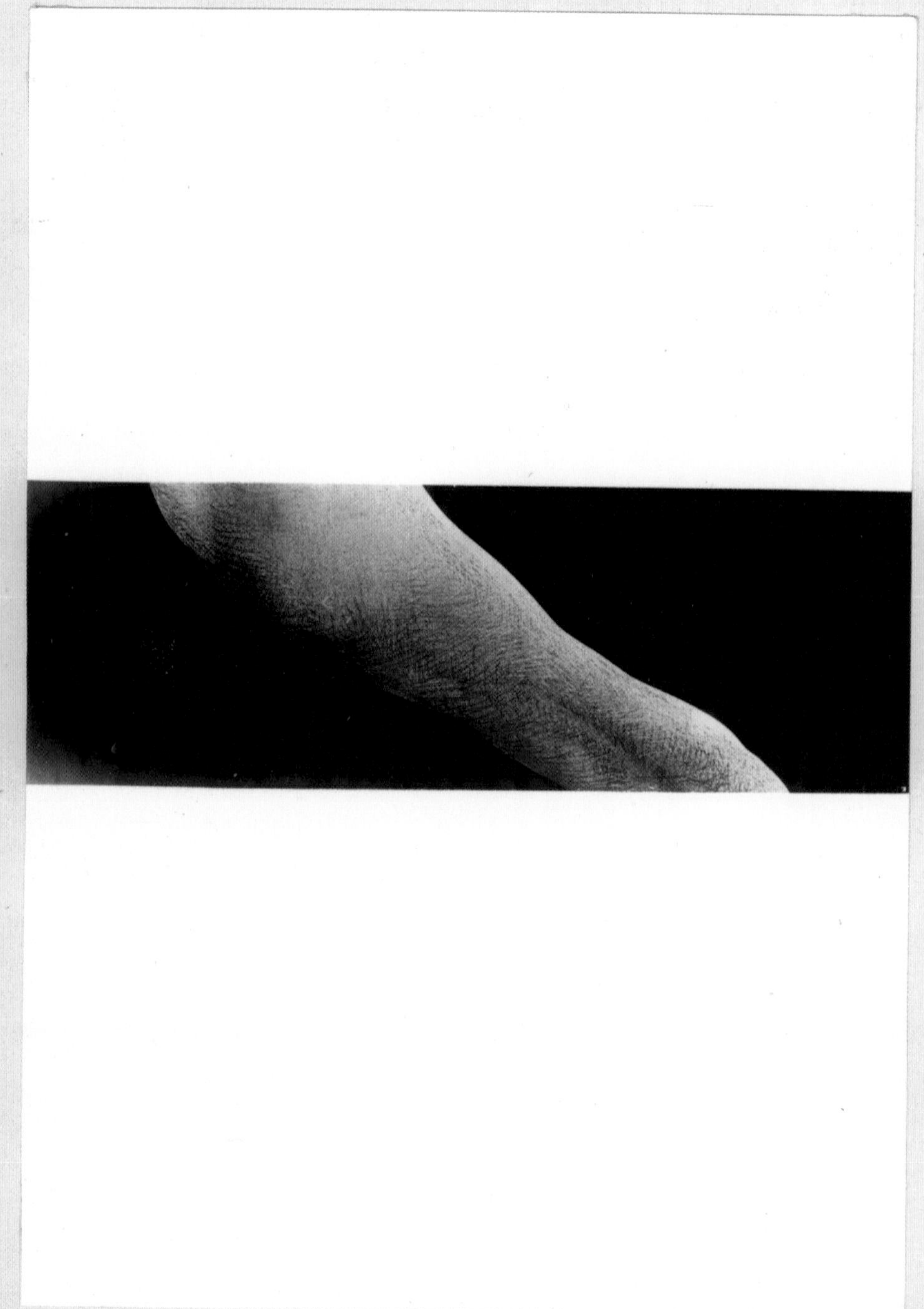

Kivágás
Litográfia
75 x 50 cm / a rajz 16,5x50 cm./
1971 V 25
A rajz barna, világos rózsaszin áttetsző szinnel. A háttér fekete.

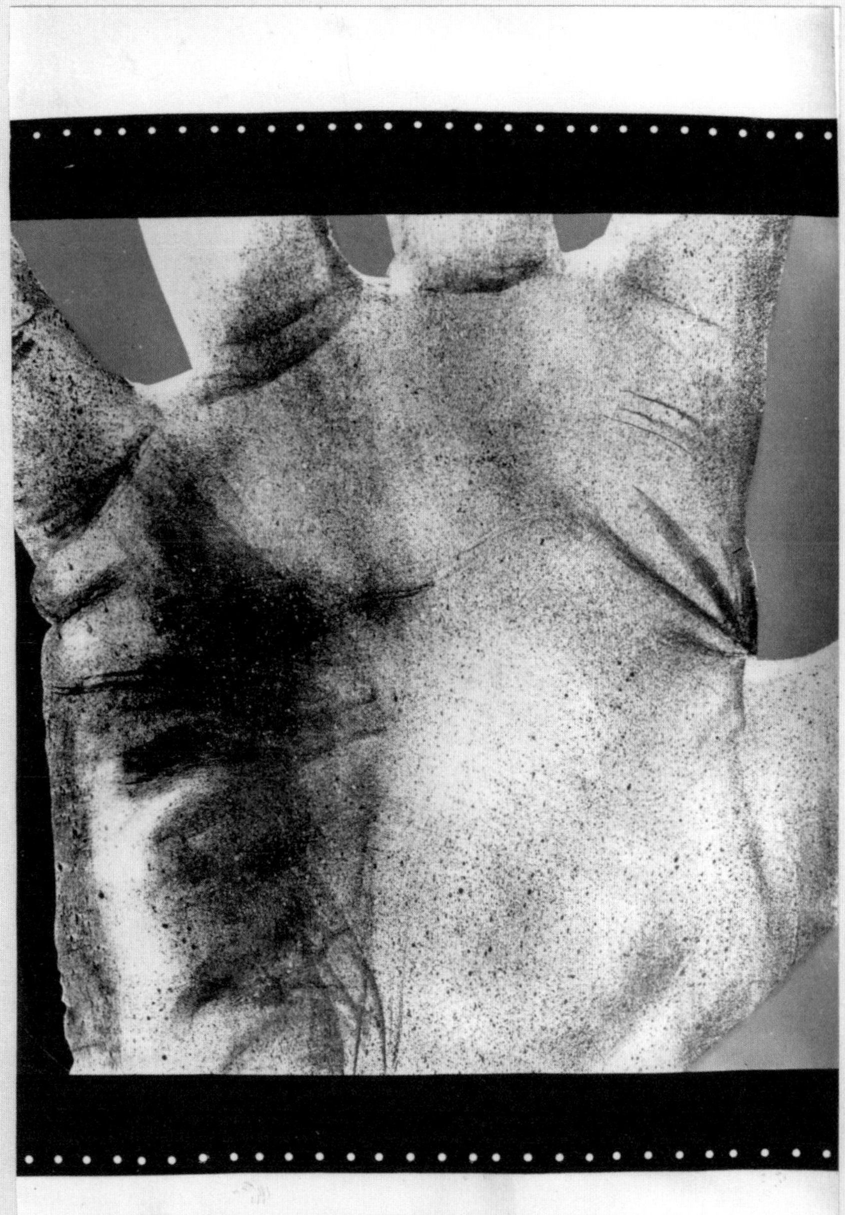

Litográfia
90 x 58 cm./A rajz mérete:72x58 cm./
1969 IV 30
Feketével nyomott rajz,a háttér szürke,a két csik fekete.

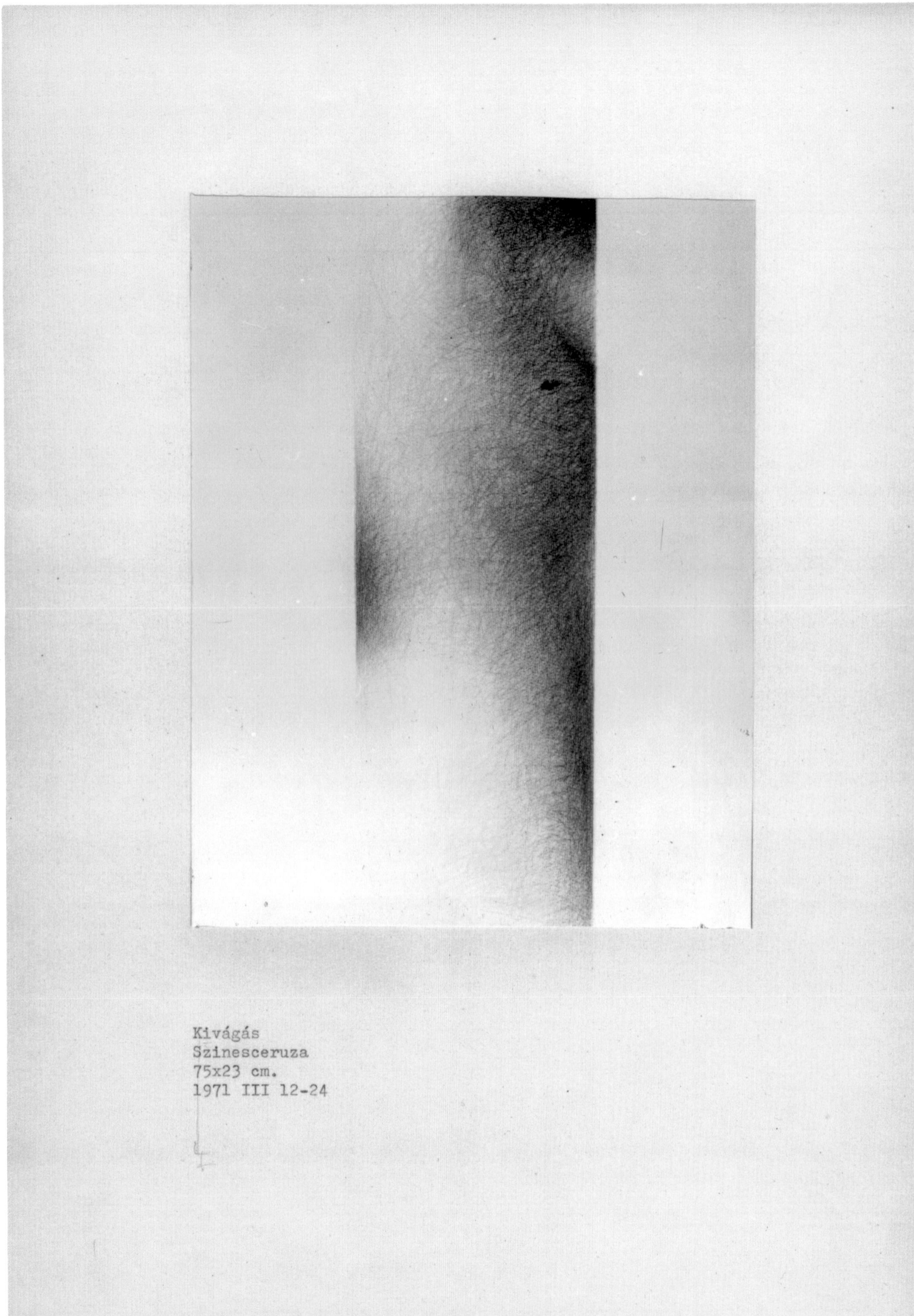

19 ANDRÁS BARANYAY

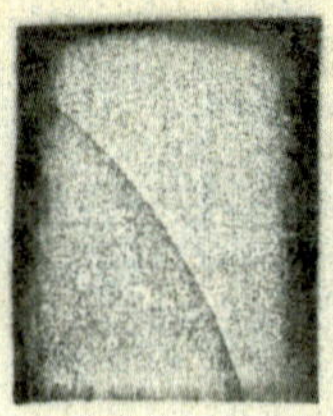 - pneumatikus objekt befelé terjeszkedéssel

1970 november 16.-án a Stuttgarti Építészeti Müszaki Egyetem részére egy 2m 30 cm x 2m x 2m 30 cm -es ládában egy " A r c h i t e k t u - r á l i s s i k á t i r ó " érkezett. A gép - komplexumot rendeltetési helyére az Építészet történeti tanszékre szállitották . A ládát kiselejtezték .

A láda adatai:

mérete:	szélesség :	2m 30 cm
	hosszuság :	2m
	magasság :	2m 30 cm

a láda felső , 2m x 2m 30 cm x 30 cm -es része lerekesztett.

anyaga: deszka, belül dupla, fekete müanyagfólia boritással

Az új feladatot ellátó láda, a közönséges látogatásra szánt helyiségben a 2m 30 cm x 2m -es lapjára van forditva . A függőleges irányu négyzetlapok közül az egyikről hiányzik két deszka / egy- kb. 190 cm x 30 cm -es / Ezen a nyiláson keresztül belehet lépni a láda fekete ,dupla müanyagfóliával boritott terébe . A müanyagfólián - a láda belső sarkában - az "Architekturális sikátiró "pontos müszaki adatai mellett a gép képességeinek "érzékletes" leirása szerepel /x!/ Röviden : Meghatározott fényképfelvételek letapogatásából a gép elkésziti az objektum pontos építészeti tervrajzát , amelynek alapján bármilyen meghibásodás után az rekonstruálható . Hosszasan sorolja a gép kitünő tulajdonságait. A pontosan programozott gép mellékessé teszi a kezelő elmélyült szaktudását stb. stb. Szállitásához nagy körültekintés és elővigyázatosság szükséges - ezért egy hatalmas légpárnázott ládába tették, amely maga egy kissebb szoba méretü, Stb.

20 ATTILA CSÁJI

pneumatic object with inward expansion

On November 16, 1970 an "Architectural surface transcriber" arrived in a 230 cm x 2m x 230 cm box for the University of Architectural Engineering in Stuttgart. The machine complex was transported to its destination, the Department of Architectural History. The box was discarded.

The measurements of the box:

size: width: 230 cm
length: 2 m
height: 230 cm

The upper 2 m x 230 cm x 30 cm part of the box is separated.

material: plank, with double plastic foil lining inside

The box with a new function is placed on its 230 cm x 2 m side in an ordinary room for visitors. From the vertical squares, two planks are missing (an approx. 190 cm x 30 cm piece) and through this opening you can enter into the space of the box with black double plastic foil lining. On the plastic foil—in the inside corner of the box—you can read, in addition to the exact technical data of the "Architectural surface-transcriber," the "sensuous" description of the skills of the machine (x!) Briefly: Scanning certain photographs the machine draws the exact architectural blueprint of the object, and relying on that, it can be reconstructed in the case of any breakdown. It lists extensively the excellent features of the machine. The exactly programmed machine makes the exhaustive expertise of the operator redundant, etc, etc. During transport, special care and caution is needed—for this reason, it was put in a huge air-cushioned box, which itself is the size of a small room, etc.

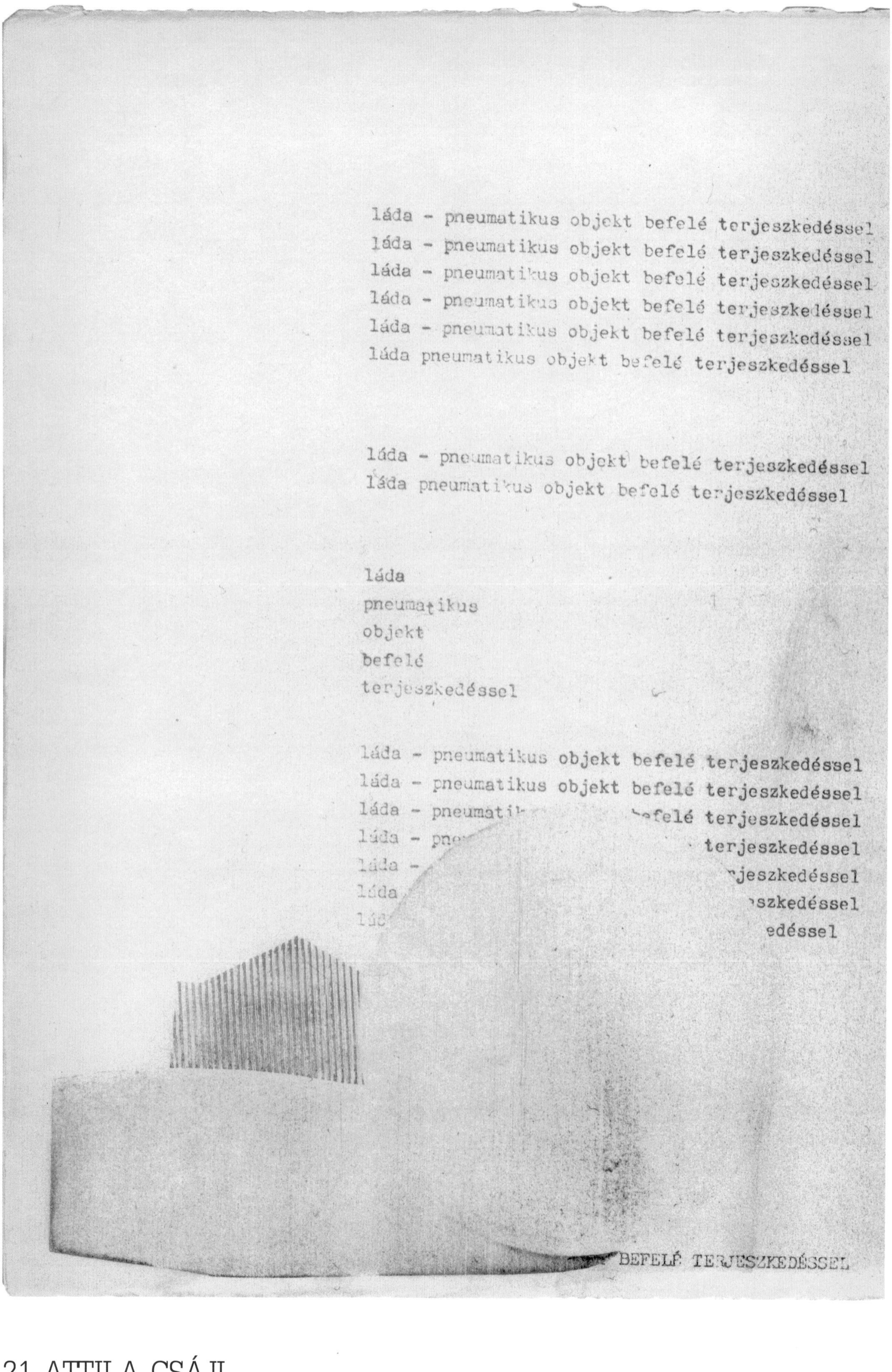

láda - pneumatikus objekt befelé terjeszkedéssel
láda - pneumatikus objekt befelé terjeszkedéssel
láda - pneumatikus objekt befelé terjeszkedéssel
láda - pneumatikus objekt befelé terjeszkedéssel
láda - pneumatikus objekt befelé terjeszkedéssel
láda pneumatikus objekt befelé terjeszkedéssel

láda - pneumatikus objekt befelé terjeszkedéssel
láda pneumatikus objekt befelé terjeszkedéssel

láda
pneumatikus
objekt
befelé
terjeszkedéssel

láda - pneumatikus objekt befelé terjeszkedéssel
láda - pneumatikus objekt befelé terjeszkedéssel
láda - pneumati felé terjeszkedéssel
láda - pne terjeszkedéssel
láda - rjeszkedéssel
láda szkedéssel
lád edéssel

BEFELÉ TERJESZKEDÉSSEL

21 ATTILA CSÁJI

21 ATTILA CSÁJI

box - pneumatic object with inward expansion [repeated]
[figure]

A belépő súlya hozza működésbe a láda felső , elrekesztett terében elhelyezett kompresszort ,amely először a bejárati nyilás melletti fóliákat fújja fel , melyek megduzzadva a bejáratot nagyrészt el is fedik . A ládában maradt semmi tovább agresszivizálódik . A három oldal és a tető dupla fóliái telitődnek fel ,egyre kisebbé téve azt a légteret amelybe a néző került . A láda támadása menekülésre készteti a szemlélőt , aki a légpárnák közt átpréselődve, vagy a bejárat ,alsó , 6o cm-es , szabadon maradt nyilásán távozik .

A müanyagfóliák optimális feszültség[illegible]tikusan kikapcsolja a kompresszort, mellyel egyid[illegible]leg a légpárnák ereszkedni kezdenek , hogy ujabb ingerlésre ismételten meginduljon az akció.

Csáji Attila

22 ATTILA CSÁJI

The weight of the person entering starts the compressor placed in the separated part of the box, which first inflates the foils next to the entrance, thus dilated, they mostly cover the entrance. The nothing remaining in the box keeps on getting aggressive. The foils of the three sides and that of the top fill with air, making smaller and smaller the air room in which the viewer is situated. The box's attacking makes the viewer escape, who presses through the air cushions or leaves through the 60-cm opening, down at the entrance door.

The optimal pressure of the plastic foils automatically switches off the compressor, and, at the same time, the air cushions start to deflate, so that at a new stimulus, the action should start again.

Attila Csáji

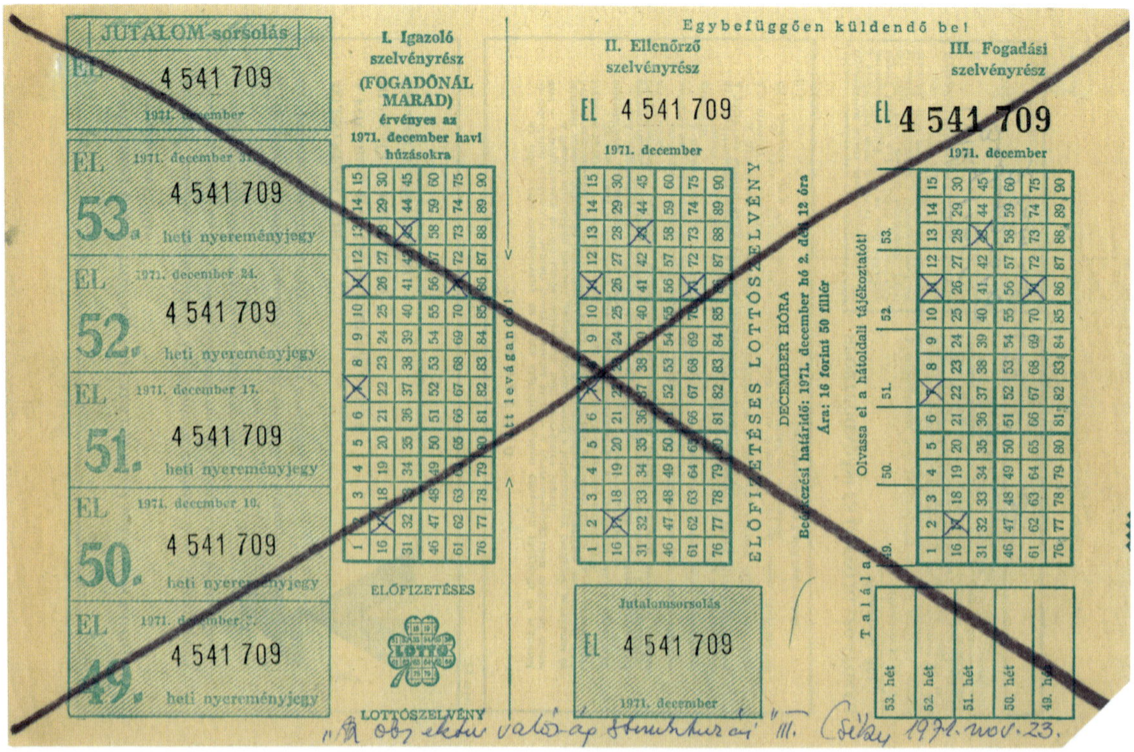

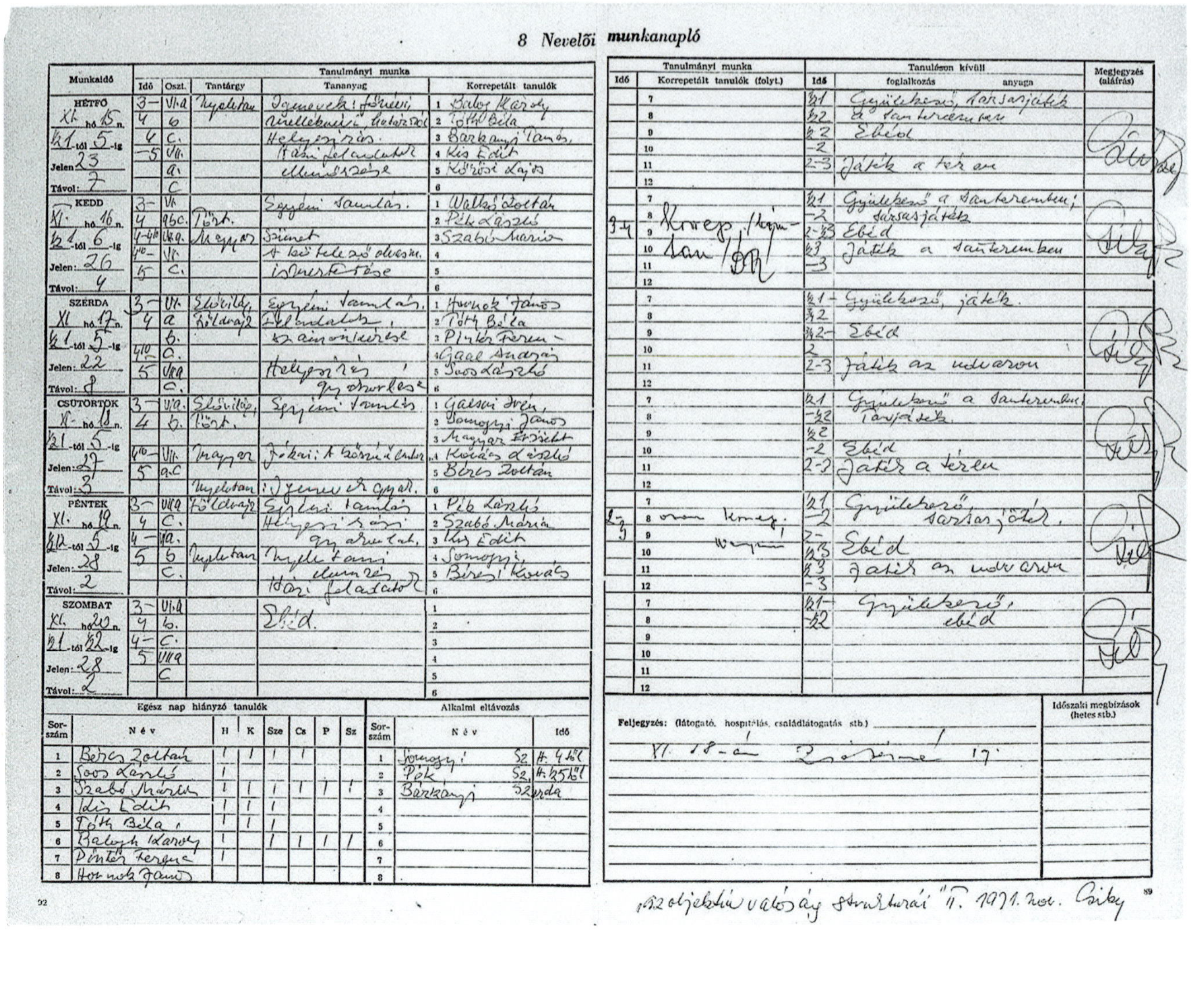

23–24 TIBOR CSIKY

23 TIBOR CSIKY

[a lottery ticket valid for December 1971, with a handwritten inscription]
The Structures of Objective Reality III Csiky Nov. 23, 1971

24

TEACHER'S DIARY

Working hours	Educational activity				
	Hours	Class	Subject	Topic	Coached students
Date: Present: Absent:					

Students absent all day								Temporary leave		
Nr	Name	Mo	Tu	We	Th	Fr	Sa	Nr	Name	Time

Educational activity		Extra educational		Notes (signature)
Hours	Coached students (cont.)	Hours	Subject of the activity	

Remarks: (visitor, trainee observer, family visit, etc.)	Temporary (weekly monitor)

The Structures of Objective Reality II Csiky Nov., 1971

```
USASI FORTRAN(2.0)/MASTER    INTEGER WORD SIZE = 1 , * OPTION IS  OFF , 0 OPTION IS   OFF     03/04/71         PAGE 001


  LN 0007         2 FORMAT (1H1,5X,3HM =,I4,13X,3HN =,I4)
  LN 0008           READ 3,(A(I),I=1,M)
  LN 0009         3 FORMAT (12I6)                                         014
  LN 0010           PRINT 4,(A(I),I=1,M)
  LN 0011         4 FORMAT (1H0,20X,1HA//(19I7))
  LN 0012           READ 3,(B(J),J=1,N)                                   017
  LN 0013           PRINT 5, (B(J),J=1,N)
  LN 0014         5 FORMAT (1H0,20X,1HB//(19I7))
  LN 0015       103 DO 7 I=1,M
  LN 0016           READ 3,(C(I,J),J=1,N)                                 021
  LN 0017         7 PRINT 6, I,(C(I,J),J=1,N)
  LN 0018         6 FORMAT (1H0,15X,3HROW,I3//(19I7))
  LN 0019           RETURN
  LN 0020           END

        USASI FORTRAN DIAGNOSTIC RESULTS FOR INPROC

              NO ERRORS

   UNREFERENCED STATEMENT LABELS

 00103
  LN 0001           SUBROUTINE OUTPROC(MN,F,H1,H2,HX)
  LN 0002           INTEGER H1(99),H2(99),HX(99),U,V
  LN 0003           INTEGER F
  LN 0004        30 L1=MN-1                                               254
  LN 0005           DO 92 IN=1,L1                                         255
  LN 0006           I=IN+1                                                256
```

„az objektív valóság struktúrái" II. Csiky, 1971. nov.

25 TIBOR CSIKY

25 TIBOR CSIKY

The Structures of Objective Reality II, IV, Csiky Nov., 1971

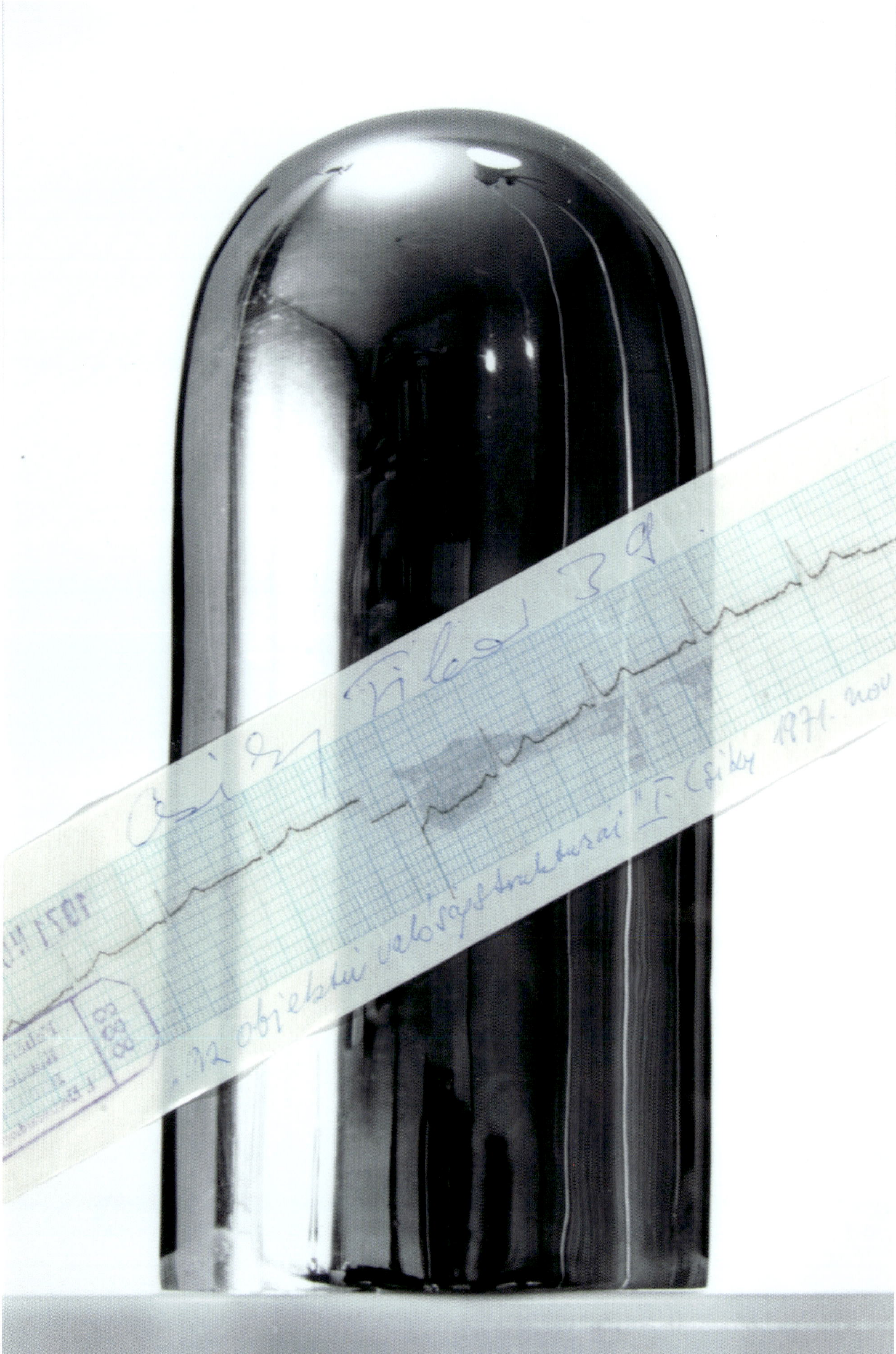

26 TIBOR CSIKY

26 TIBOR CSIKY

[EKG strip]
The Structures of Objective Reality I, Csiky Nov., 1971

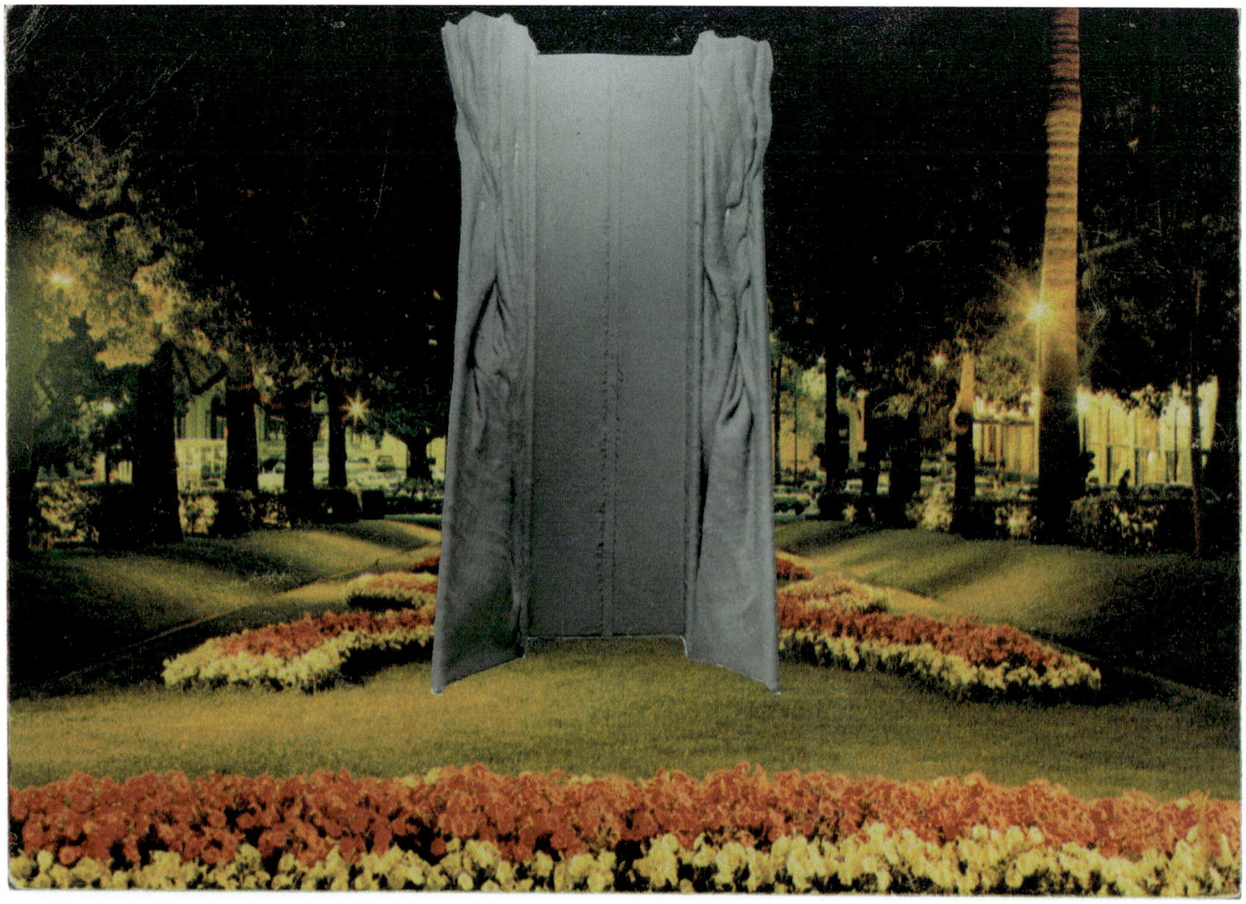

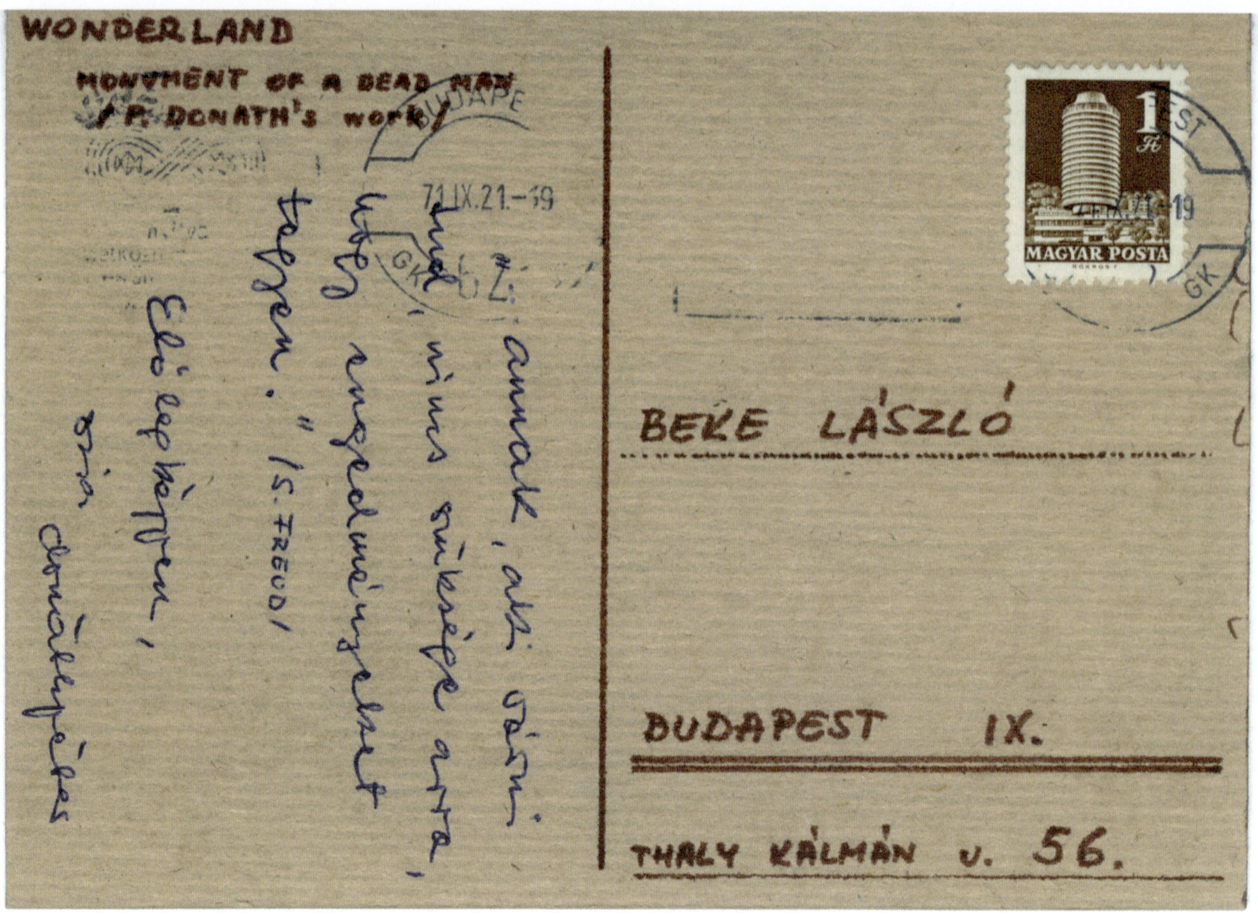

27 PÉTER DONÁTH

27 PÉTER DONÁTH

Wonderland Movement of a Dead Man
(P. Donáth's work)

"those who can wait, don't need to make allowances." (S. Freud)
In advance,

bye
péterdonáth

Kedves Laci -,

mindenek elött megköszönöm, hogy az általad javasolt ELKÉPZELÉS cimü kisérleti, tanulmányi, és dokumentativ jellegü munkába meghivtál. A levélben meghirdetett akció, mint a társak által igen magasra kvalifikált "kiállitás" rendkivül csábitó lehetőség az ismert nehézségek áthidalására, s minthogy a célja éppen ez, magam is érdekelt vagyok benne.

Nagy öröm és megtiszteltetés számomra a bizalmad, melynek azonban csak részben tudok megfelelni: a kitüzött cél első pontja értelmében képes vagyok dokumentálni a mai magyar müvészet egy törekvésének pillanatnyi állását, viszont nem vagyok képes "a közismert kiállitási, publikációs, stb. nehézségek áthidalására" a kitüzött cél második pontja értelmében.

A "magam mentségét" az alábbiakban adom elő.
/Bármilyen fölösleges is, előrebocsátom, tudatában vagyok annak, hogy " fejtegetéseim" nem tulságosan eredetiek és nem is tulságosan alaposak. Amellett, hogy mindannak, amiről irok, nem vagyok szakértője, nyilvánvaló, csak az általam lényegesnek tartott vonatkozásokat és azokat sem kimeritően fogom tárgyalni. Kevéssé valószinü, hogy ellenvetéseim komoly kivánnivalókat ne hagynának maguk után, már csak azért is mivel könnyen lehet: nem is az általam figyelembevettek a lényegesek. Hogy mégis veszem a bátorságot a véleménynyilvánitásra, az csupán annak a szándéknak tulajdonitható, hogy megkiséreljem átlátni az akcióban látott ellentmondásokat. Elemezéseimet minden esetben a képzőmüvészetre vonatkoztatom, mivel más müvészetekben a tézis állitása igaz lehet./
Kérlek vedd levelemet baráti elnézéssel, de egyben szigoru kritikával is.

Téma:
"Az akció lényege: egy csupán gondolatban realizálódó "kiállitás" létrehozása, melynek anyaga minadazonáltal pontosan doku-

mentált. ....

....

Tehát: a MÜ = az ELKÉPZELÉS DOKUMENTÁCIÓJA"

Bevezetés /tárgyilagosan/

Tudomásom van arról, hogy Amerikában és Europában már elterjedt egy képzőmüvészeti alkotásforma, alkotói magatartás, amely tervdokumentációkat hoz létre, mintegy „szubsztrátumát majdan kivitelezendő müalkotásoknak". Ezeknek kivitelezése rendszerint meghaladja a tervező lehetőségeit. A makettel, vázlattal /Karton/szemben ujdonsága abban áll, hogy e produktumok készitői eleve nem veszik figyelembe a kivitelezés anyagi társadalmi feltételeit, ezek nem szabhatnak gátat az alkotó képzeletnek. A reális tárgyalkotó aktust az elképzelések birodalmába transzponálják, ennek megfelelően e szabad müvészi megnyilvánulások elött nincsenek korlátok.

Tézis: a MÜ = az ELKÉPZELÉS DOKUMENTÁCIÓJA

Első ellenvetés /logikával/

1. Ha a tézis azt állitja, hogy egy müről alkotott elképzelés dokumentációja maga a mü, ez azt jelenti, hogy egy szimbolumot önmaga szimbolumával nevez azonosnak - ami képtelenség. /Szigoruan véve egy logikai objektum kizárólag önmagával lehet azonos. /

2. Ha a tézis azt állitja, hogy egy müről alkotott elképzelés dokumentációja maga is egy mü, ez azt jelenti, hogy két különböző szimbolumot azonosnak nevez - ez önmagában semmitmondó. /Ezt az azonosságot a szimbolumok tartalma szerint lehet értékelni igaznak vagy hamisnak/

A tézis logikailag vagy képtelen vagy semmitmondó, nélkülözi egy logikai azonosság objektiv igazságát.

Második ellenvetés /teoretikusan/

Miután eleve kérdéses, hogy emberi tevékenység logikával leirható-e, a tézis szimbolumait szerkezeteileg kell elemezni, /bár mint láttuk a logika is erre int/, hogy tartalmuk felől itélhessünk.

Világos, hogy emberi céltevékenységről van szó, művészi alkotótevékenyégről.

/Az emberi céltevékenység szerkezetét Hartmann a következő módon irja le:

" 1. Aktus: a cél kitüzése a tudatban, az időfolyam átugrásával, mint a jövőbelinek előlegzése;
2. aktus: az eszköz kiválasztása a kitüzött cél felől a tudatban /visszafelé ható determináció/;
3. aktus: realizáció a kiválasztott eszközök sora által; előrehaladó reális folyamat a tudaton kivül. " /

A tézis szimbolumai a cél-eszköz-realizáció egységében:

a MŰ esetében

1. A cél: mütárgy a maga tárgyi megjelenési formájában
2. Eszköz: minden anyag és szerszám, beleértve a müvész képességeit is, ami használatba kerül.
3. Realizáció: meghatározott szituációban zajló reális munkafolyamat.

az ELKÉPZELÉS DOKUMENTÁCIÓJA esetében

1. A cél:nemlétező tárgyi forma verbális-asszociativ megjelenitése.
2. Eszköz: minden anyag és szerszám, beleértve a müvésze képességeit is, ami használtba kerül.
3. Reaálizáció: meghatározott szituációban zajló reális munkafolyamat.

Az összevetésből kitünik, hogy a szimbolumok szerekezeti sémája megegyezik, csupán a kitüzött célt illetőleg különböznek. Mivel azonban céltevékenység esetében a cél maga döntően determináns, a két szimbolum között döntő különbség van, amely kizárja egyenlővé tételüket.

Harmadik ellenvetés / pszichológiával/

Mind a logikai, mind a teoretikus vizsgálat azt mutatja, hogy a képzőmüvészet területén a tézis nem helytálló, elvi alapként való felfogása hibás. Ennek ellenére minden jel arra vall, hogy valóságos jelenségről van szó, melyet az eddigi cáfolatokkal

egyetértve sem lehet tagadni, okkal és céllal rendelkező tényként kell felfogni.
Különösebb erőfeszités nélkül belátható, hogy a témánál jóval általánosabb jelenségről van szó, ok és cél meghatározása lélektanilag kézenfekvő, amennyiben ismeretes, hogy az ember számtalan vágykielégitő tevékenysége "pótcsatornákon" , behelyettesitésekkel bonyolódik. Azaz az ember képes és hajlamos olyan esetekben, mikor vágyai valamilyen oknál fogva nem kielégithetőek, e vágyakat más objektumra átvinni, illetve az eredeti objektum megtartásával magát a vágykielégitő aktust transzponálja szellemi közegbe, ily módon változtatva az objektumot mássá. /Gyakorlatiból elméletivé/. Ezek olyan helyzetek, amikor nem áll fenn a "reálisan lehetséges" esete /tudniillik, aminek minden feltétele adott, s szükségképp megvalósul. Minden más eset a "nem lehetséges" kategóriájába tartozik./ S az ember, lelki gyöngeségéből is adódóan a "lehetséges" -"valóságos" hamis ellentétpárját konstruálja meg.
Pszichikusan a tézis tehát megalapozott, amit fed lélektani tény, amely akkor is fennállhat, ha logikailag és teoretikusan egyaránt képtelenség. Azaz a tudatban a valóság egy quasi valósággal jól helyettesithető. Ez az aktus egy valós probléma quasi megoldását célozza.

E téren a tézist lehetségesnek kell elfogadni, mint nem-kóros téveseszmét, vagy másként a hamis tudat termékét /ahogy másfelől, mint társadalmi jelenséget megnevezhetjük./S mint ilyent az ideológiák fegyvértárába utalhatjuk.

Negyedik ellenvetés / a társadalmi gyakorlat felől/
Jogos kritka érvelésemre, hogy nem logikai törvényről, nem elvi teoretikus igazságról és nem is lélektani esetről van szó, hanem társadalmi-gyakorlati tényről, s minden más szempont elvetésével csakis efelől közelithető meg.
E társadalmi jelenség okai éppen azokban az anyagi, társadalmi viszonyokban rejlenek, amelyeket, mint korlátozó feltételeket e magatartás figyelmen kivül hagy. A müvészet szabadságharcában kivivott eszmei jogokért a mindenkori avantgarde finanaciális jogait adta cserébe, valóságosan függetlenedve ezzel a piac

törvényeitől, s az anyagi sikert a jövőben remélte elérni. Minthogy e remények rendre beteljesültek, századunkban már az avantgarde támogatása rentábilis üzletté vált. Ma a művésznek tudomásul kell vennie, hogy - miközben műveire nincs aktuális társadalmi igény - a piac megszabta műtárgy-manipuláció középpontjába került. Amikor reális tárgyalkotó tevékenységét az elképzelések birodalmába vetíti, célja az, hogy e magatartásával a manipuláció tárgyi alapját megszüntetve, magát a piactól függetlenné tegye. Csakhogy a műkereskedelmi apparátus eléggé rugalmas ahhoz, hogy követni tudja a művész manőverét - aligha kétséges, hogy már ezekre az elképzelésekre is kialakult a megfelelő piac /ugy gondolom jogos az a föltételezésem, miszerint magát az ujitást is a piac ideologiája sugalmazza, mint "uj áru bevezetését". /

Ezen az uton a manipulációból való kitörés nem sikerülhet. A művész csupán azt éri el, hogy miközben a maga számára megteremti a korlátlan lehetőségek autonomiáját, a társadalmi viszonyoknak, mint realitásoknak figyelembe nem vételével saját magát zárja ki e realitásokból; azaz önmagát, mint aktiv társadalmi tényezőt szünteti meg a művészet szabadságharcának ügyében. Minthogy a modern társadalom-irányitó ideologiáknak a művészettel pontosan ez a célja /tudniillik a hegemóniájukat veszélyeztető tényezők kiiktatása - az avantgarde pedig, ha valóban az, éppen e hegemoniát teszi kérdésessé a rezsim-művészetek tagadásával/, világos, hogy manipulációval van dolgunk, a válság-periodusokban fellépő l'art pour l'art pillanatnyi inkarnációjával.

A mi konkrét helyzetünket ezen felül egy rendkivül erős ideologiai-gyakorlati kontraszelekció is motiválja. A reális művészeti piac méreteiben és hatásában minimális, az e kontraszelekció teremtette álműkeresekedelem pedig az ideologiai követelmények közvetlen kiszolgálásán alapul. A mai magyarországi avantgarde ebből kifolyólag nincs abban a helyzetben, hogy a piacról kivonuljon. Éppen ellenkezőleg, fő törekvése arra irányul, hogy a kontraszelekció résein belopva magát, a piacot átformálja, s az őt megillető helyet elfoglalja. Ennek érdekében gyakran lemond eredeti avantgarde tartalmáról is, törekvéseit "elfogadhatóbbá" higitja vagy másrészt a divatos konjunktura hullámokat használja ki. S mindenek fölött: igyekszik az europai piacra betörni, az ott éppen időszerü áramlatokat követve /sokszor, igy az ELKÉPZELÉS akció esetében is - minden reális alap hijján - csupán ezen áramlatok formai megoldásait átvéve./ x

Az europai piacra való betörést vagy az itthoni piac megteremtését célzó törekvéseket csak helyeselni lehet, mint társadalmi harcot, de ezt nem téveszthetjük össze a müvészet szabadságharcával, amely éppen az ideologiai manipulációkkal szembeni küzdelmet jelenti a müvészet saját valóságkifejezési jogáért. Ebben a - müvész számára egyedül igazán fontos - harcban pedig képzőmüvész számára az egyetlen reális eszköz az adott valóság igaz kifejezése valóságos müvekben.

Egyébként az ELKÉPZELÉS akció müvészetpolitikailag is alapvetően hibás. Amikor ugyanis eleve nem a nehézségek leküzdését tüzi ki célul, hanem csupán áthidalását, ezzel a látszólagos tagadással e nehézségeket csak megerősiti: a kedvezőtlen helyzetet nem szándékozván megváltoztatni - szentesiti azt.

Ötödik ellenvetés /etikailag/

Egy harcban, mert arról van szó, többféle morálisan elfogadható magatartás is lehetséges. A maga módján mindegyik rejt kockázatokat, ám az ELKÉPZELÉS akció, amikor a vereséget győzelemnek, az engedményeket nyereségnek tünteti föl, kifejezetten veszélyesnek látszik. A müvészetek története, de saját tapasztalatunk is arra figyelmeztet, hogy a győzelem látszatát keltő kompromisszumok, a leplezett öncsalássugallta engedmények, az áthidaló megoldások a velük élő müvész etikai hitelének elvesztését eredményezi.

Antitézis: a MÜ ≠ az ELKÉPZELÉS DOKUMENTÁCIÓJA

Befejezés /személyesen/

Mint pillanatnyilag még aktiv mütárgy-termelő, persze tudom, egyetlen müvész sem ment jóadag öncsalástól. A saját társadalmi jelentőségét mindenki hajlamos eltúlozni, ezt teszem én is. Eléggé nyilvánvaló, hogy a magam pillanatnyi ideologiája erősen ludas abban, hogy a másét hamisnak itéljem. Már maga az a tény, hogy én olyan objektumokat állitok elő, amelyek nem irhatók le xxx egzakt pontossággal, nem nagyithatók lépték szerint, s amelyek végső formájáról "megtervezésük" idején nagyon keveset lehet tudni, biztosan meghatározza álláspontomat egy olyan kényes kérdésben, hogy mit lehet münek tekinteni. Mindenesetre igyekezetem arra irányult, hogy több oldalról és ne csak saját dogmatizmusom alapján itéljem a tézist hibásnak.

És persze lehet az egész ügyet játéknak tekinteni, ahogy azt előlegzett lapommal én is tettem.

A "helyzetképemet" mellékletként szivesen prezentálom, az áthidalást elutasitva maradok tisztelő hived az Urban,

1971. okt. 1.

s zia

donáthpéter

28–34 PÉTER DONÁTH

Dear Laci -,

first of all, thank you for inviting me to the experimental, educational, and documentation project titled IMAGINATION that you initiated. The project posted in a letter, as an "exhibition," very highly rated by our peers, is an especially tempting possibility to find a solution for the well-known difficulties, and as this is its aim, I am myself interested in it.

It is a great honour and delight for me that you place confidence in me, which, however, I can only partly be worthy of: I am able to document the current state of a tendency in contemporary Hungarian art in the sense of the first point of the aim assigned, however, I am not able to "to find a solution for the well-known difficulties of exhibiting, publishing, etc." in the sense of the second point of the statement of aims.

I present "my plea" as follows:
(However useless, I make the preliminary remark that I am aware of the fact that my "reasoning" is not very original and not even thorough. Although I am not an expert in what I write on, it is obvious that I will deal only with those aspects that I find important and then not even exhaustively. It is scarcely possible that my objections would not leave much room for improvement, simply because it can easily happen that: those I take into account are not the important ones. The reason I have the courage to state my opinion is only because of my intention of trying to get a comprehensive view over the contradictions I found in this project. I always focus my analysis *on fine art* as in other arts the statement of the thesis might be true.)
Please take my letter with friendly forbearance, but also with strict critique.

Subject:
"The point of the project: the creation of an 'exhibition' that is only realized in thought, the material of which, however, is accurately documented. ....
....
Consequently: the WORK = the DOCUMENTATION OF THE IMAGINATION"

Introduction (objectively)
I am informed of the fact that in America and Europe a form of art making, an artistic conduct has spread that creates scheme documentations, a kind of "substrates of putative art works." The realization of these is usually beyond the capacity of the designer. Its novelty in relation to scale-models and sketches (cardboard) lies in the fact that the makers of these products do not consider at all the material and social circumstances of the realization, these cannot restrict the creative imagination. The realist act of object-creation is transported to the land of imagination, and, consequently, there are no barriers to these free artistic manifestations.

Thesis: the WORK = the DOCUMENTATION OF THE IMAGINATION

First objection (logical)
1. If the thesis states that the documentation of an idea of an artwork is *itself the work*, this means that it identifies a symbol with its own symbol—which is nonsense. (In a strict sense, a logical object can exclusively be identical with itself.)
2. If the thesis states that the documentation of an idea of an artwork *is itself also a work*, this means that it identifies two different symbols—which in itself is meaningless. (This identity can be assessed as true or false according to the content of the symbols.)

The logical implication of the thesis is nonsensical or meaningless, it lacks the objective truth of the logical identity.

Second objection (theoretical)
Since it is in principle questionable whether human activity can be described with logical means, the symbols of the thesis should be analyzed structurally (though as we have seen, logic also suggests the same), so that we can judge them on the basis of their content.

It is obvious that we are talking about a purposeful human activity, the artistic creation.
(Hartmann defines the structure of purposeful human activity the following way:
"Act 1: setting a purpose in mind, by leaping the time flow, as to advance the forthcoming
Act 2: choosing a means in mind from the perspective of the purpose (determination with reversed efficiency)
Act 3: realization through the series of chosen means; a forwarding of real process, in the subconscious.")
The symbols of the thesis in terms of the purpose–means–realization unit:
In the case of the WORK:

1. Purpose: an artwork, in its manifestation as an object.
2. Means: all materials and tools which are used.
3. Realization: a real working process in a given situation.

In the case of the DOCUMENTATION OF THE IMAGINATION:

1. Purpose: a verbal-associative rendering of a non-existent object form.
2. Means: all materials and tools, including the abilities of the artist, which are used.
3. Realization: a real working process in a given situation.

It is apparent from the comparison that the structural scheme of the symbols is identical, they only differ in their set purpose. Since in a purposeful activity the purpose in itself is decisively determinant, there is a decisive difference between the two symbols, which excludes their identification.

Third objection (psychological)
Both the logical and the theoretical examination showed that the thesis is not valid in the field of fine art, its comprehension as a principal basis is mistaken. Nevertheless, experience suggests that it is an existing phenomenon, which, even if accepting the above objections, cannot be negated, but has to be acknowledged as fact with causes and purposes.
It can easily be understood that it is a much more general phenomenon than this topic, the determination of its causes and purposes has psychological proof, as long as it is taken into consideration that numerous human activities aiming at the satisfaction of desires are processed through surrogate channels and substitutions. Therefore, when one's desire cannot be satisfied, he or she can and is likely to transfer the desire to other objects, or to keep the object and transpose the act of the satisfactory desire to a conceptual level, thus changing the object to something else. (From practical to theoretical.) These are situations when there is no "real possibility" (Since, if the circumstances of something are given, then that is inevitably realized. All other cases belong to the category of "not possible.") And we, due also to our emotional weakness, construct the false binary of "possible" and "real."
The thesis, thus, has a psychological basis, what it designates is a psychological fact, which can be present even if it is a logical and theoretical nonsense. That is to say that in consciousness reality can easily be substituted with quasi-reality. This act aims at a quasi-solution of a real problem.

In this field the thesis should be accepted as possible, as a non-pathological fallacy, or a false product of consciousness (as it can be designated as a social phenomenon). And as such, it can be assigned to the arsenal of ideologies.

Fourth objection (from the angle of social practice)
It is right to criticize my arguments by saying that the issue here is not a logical rule or a theoretical truth, but not even a psychological case, but a social-practical fact, which can only be approached from this angle while disregarding all other factors.
The causes of this social phenomenon are derived from those financial, social circumstances that this behavior disregards as constraining conditions. For the ideal rights won in the war of independence fought by art

it gave in return the financial rights of the all-time Avant-garde, which by gaining real independence from the laws of the market, it hoped to achieve financial success in the future. Since these hopes got all fulfilled, in our century the support of Avant-garde became a profitable business. Today the artist has to acknowledge that—while there is no current social need for their artworks—they stand in the center of the market-based artwork manipulation. When the artist projects his or her real object-based activity to the domain of imagination, his or her goal with this attitude, by ending the object base of the manipulation, is to free him or herself form the market. Nevertheless, the art market apparatus is flexible enough to follow the maneuvers of the artist—undoubtedly, there is already a market for these imaginations (I think my assumption is correct that innovation itself is inspired by market ideology, as the "introduction of new goods.")
Escaping manipulation is not possible this way. While the artist creates for him or herself the autonomy of infinite possibilities, he or she only achieves, by disregarding social relations as realities, to exclude him or herself from these very realities. That is, the artist abolishes him or herself as an active social factor for the sake of art's war of independence. As the ideologies that govern modern society intend to do with art exactly this (i.e., to eliminate all the elements which are dangerous to its hegemony—and the Avant-garde, if it really is, questions precisely this hegemony with the denial of regime-arts), it is obvious that we are dealing here with manipulation, the momentary incarnation of *l'art pour l'art* in times of crises.
Our exact position—beyond all these—is motivated by an extraordinarily strong ideological-practical contra-selection. The real art market is minimal in its size and effect, and the fake-art-trade created by this contra-selection is based on the direct satisfaction of ideological requirements. Today's Hungarian Avant-garde is consequently not in a position to be able to withdraw from the market. On the contrary, its main effort is to reshape the market and take its due position by sneaking into the fissures of contra-selection. For this reason, it often abandons its original Avant-garde content as well, it dilutes its endeavors so as to be more "acceptable" or it takes advantage of the waves of fashion. And above all, it tries to break into the European market and to follow current European streams (often—as in the case of the IMAGINATION project—without any real basis—only borrowing the formal solutions of these trends). One can only welcome as a social struggle the attempts to break into the European market or to create a market here, but one must not mistake this for art's war of independence, which is a fight against the ideological manipulation, for art's own right for the expression of reality. In this fight—which is particularly important for artists—the only realistic means for the artist is to truly express a particular reality in real works of art.

Apart from this the IMAGINATION project is essentially mistaken on the level of art politics too. Since it does not set as an aim the overcoming of the difficulties, but only to bridge them over, this apparent negation only strengthens the difficulties: by not intending to change the adverse situation, it ends up sanctifying it.

Fifth objection (ethical)
In this war, which is what it is, more morally acceptable ways of behaving are possible. Each has its own risks, but the IMAGINATION project, when it presents failure as victory, allowances as benefits, seems utterly dangerous. The history of the arts, but also our own experiences, warn us that compromises which make the impression of a victory, the concessions made on the basis of *unveiled* self-deception, the workarounds, lead to the loss of the moral credit of the artist who exercises these.

Antithesis: the WORK ≠ the DOCUMENTATION OF THE IMAGINATION

Conclusion (personal)
As a currently active artwork-producer, I, of course, know that no artist is exempt from a good amount of self-delusion. Everyone is inclined to exaggerate their own social significance, I do the same. It is quite obvious that my current ideology is much to blame if I judge someone else's to be wrong. The very fact that I produce objects that cannot be described exactly, that cannot be blown up to scale, and

I know very little of their final form when I "plan" them, clearly determines my stand in such a delicate question: what can be considered a work of art.
All my efforts aimed at judging the thesis to be wrong are based not only on my dogmatism, but on other angles.

And, of course, it is possible to consider the whole thing as a game, as I did with my card sent in advance.

I am glad to present my "situation overview" as an appendix, in rejection of the bridging-over solutions yours sincerely in God,

Oct. 1, 1971

bye

péterdonáth

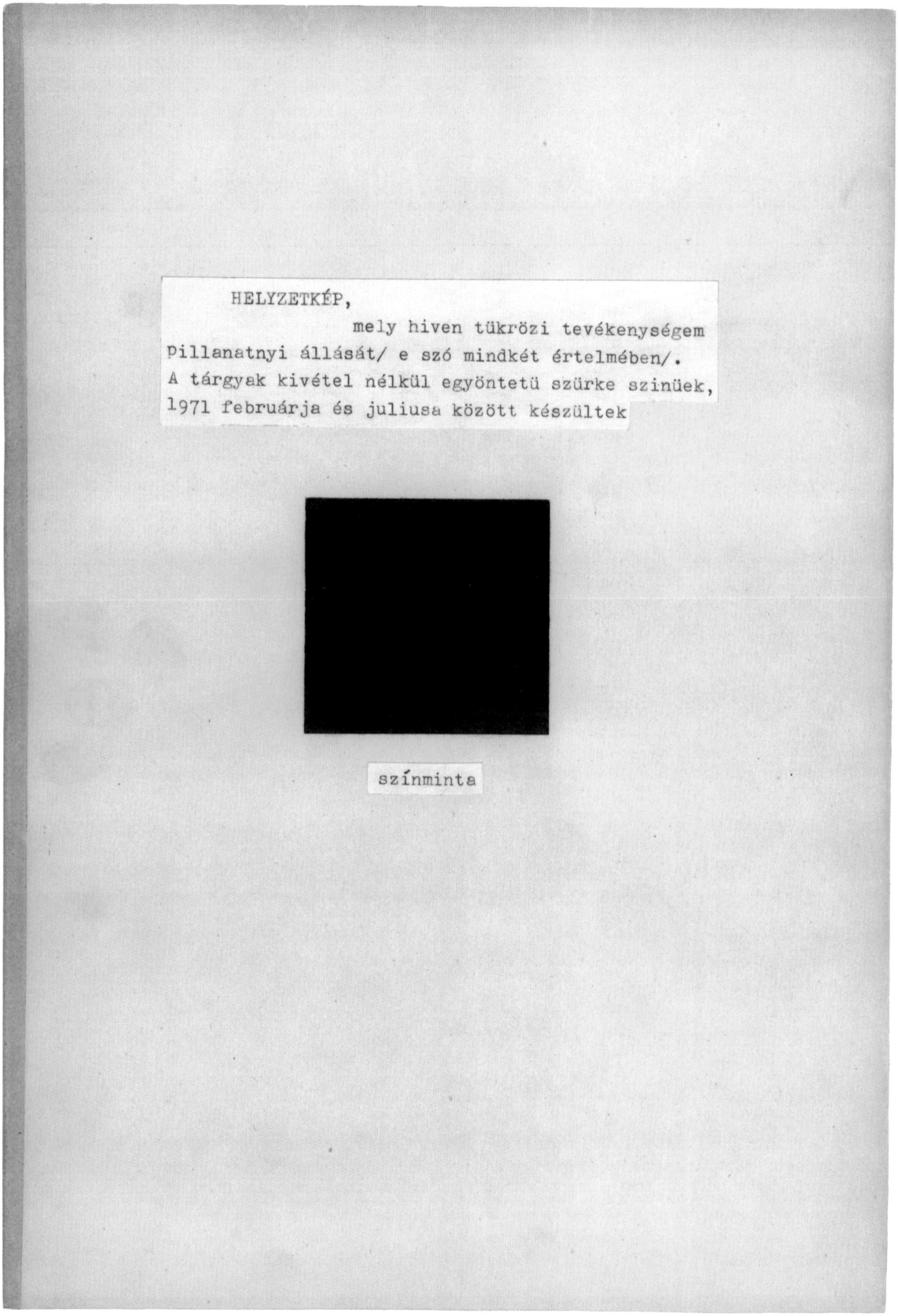

HELYZETKÉP,

mely hiven tükrözi tevékenységem
pillanatnyi állását/ e szó mindkét értelmében/.
A tárgyak kivétel nélkül egyöntetü szürke szinüek,
1971 februárja és juliusa között készültek

színminta

35 PÉTER DONÁTH

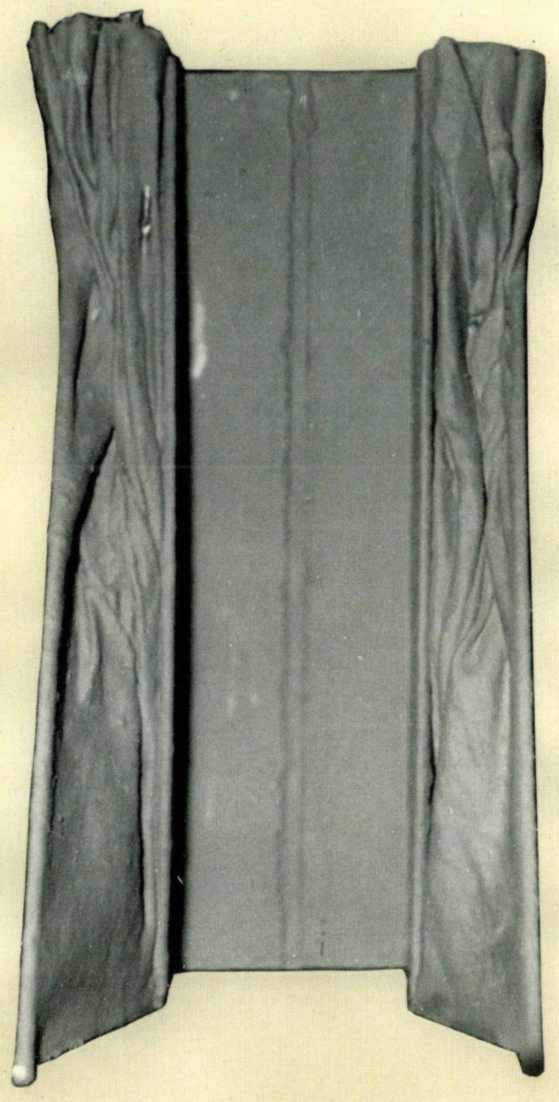

szürke téridom
méret:40•23•20 cm

Felhasznált anyagok
léc,farostlemez,durva vászon,enyves vakolat, valkyddal szinezett szórógitt.

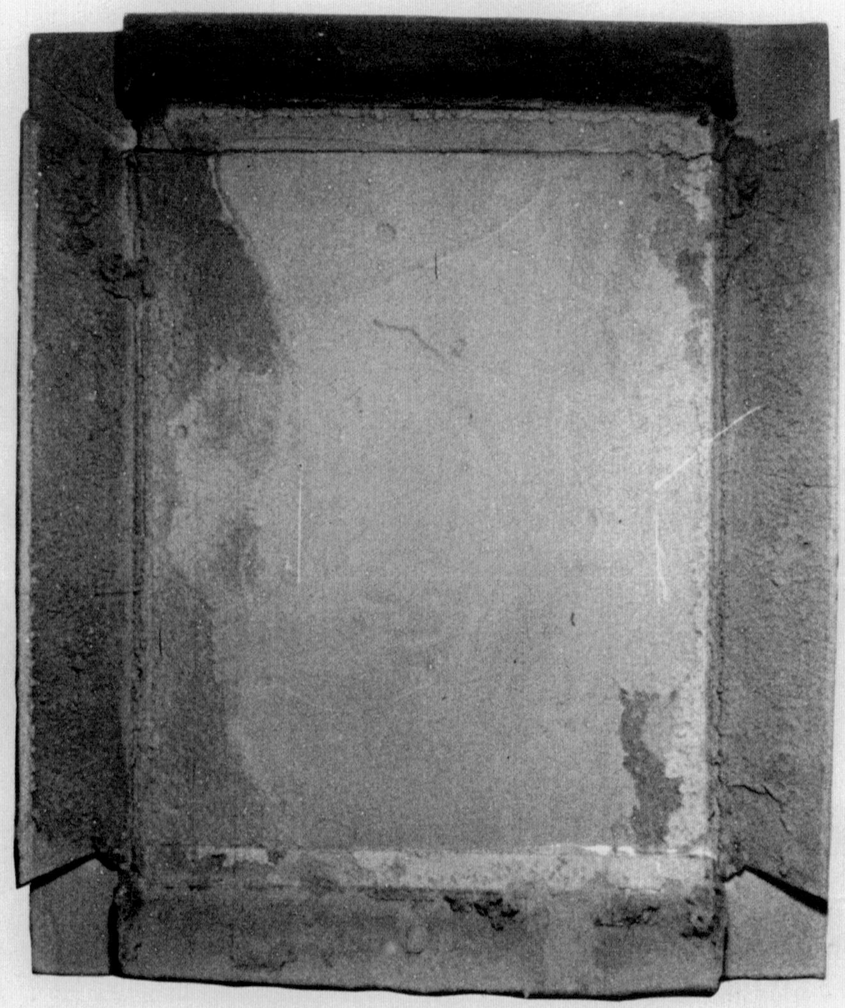

szürke téridom
méret: 23·20·3 cm.

Felhasznált anygok
farostlemez,papir,
homok,valkyd.

37 PÉTER DONÁTH

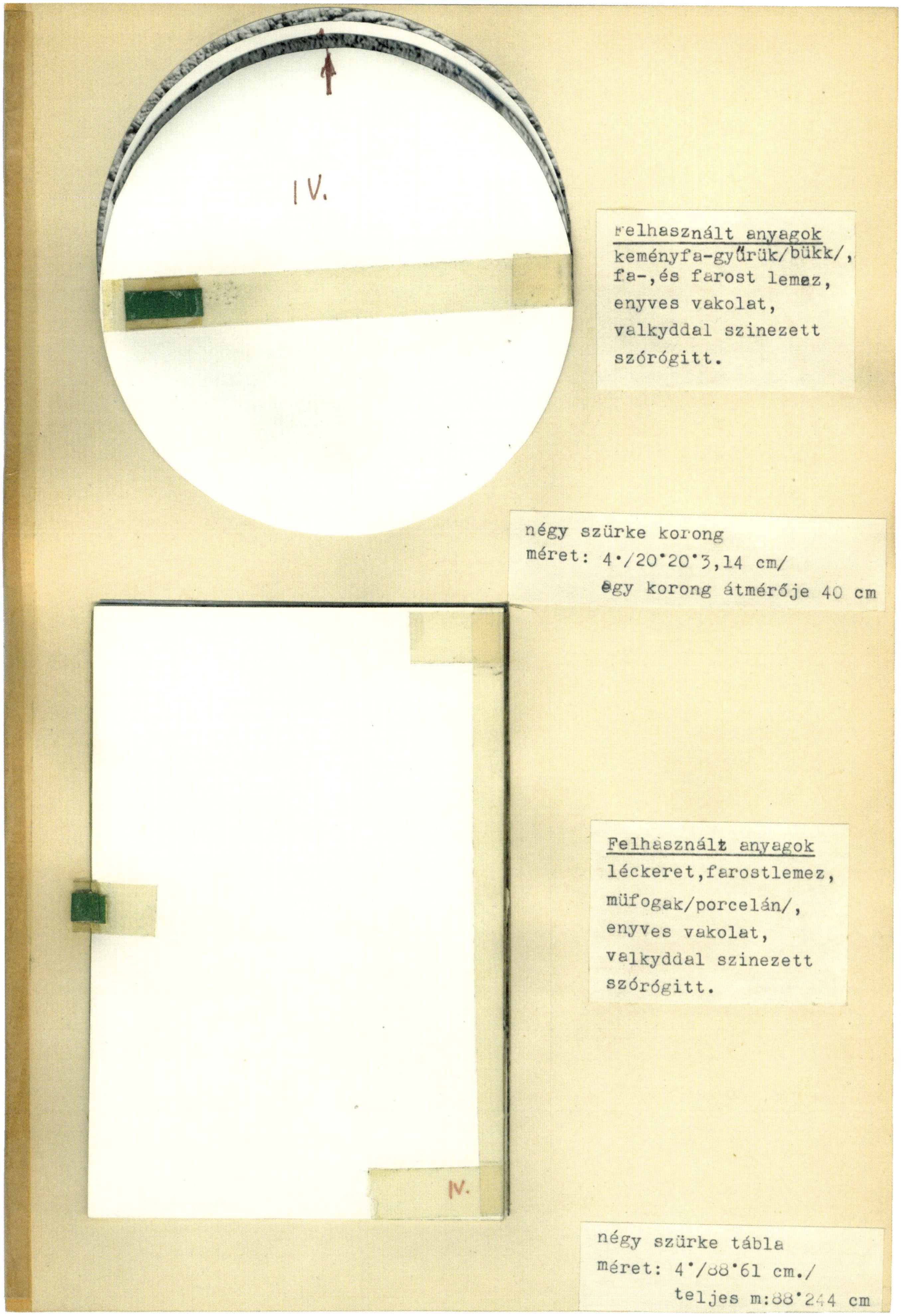

PÉTER DONÁTH 38

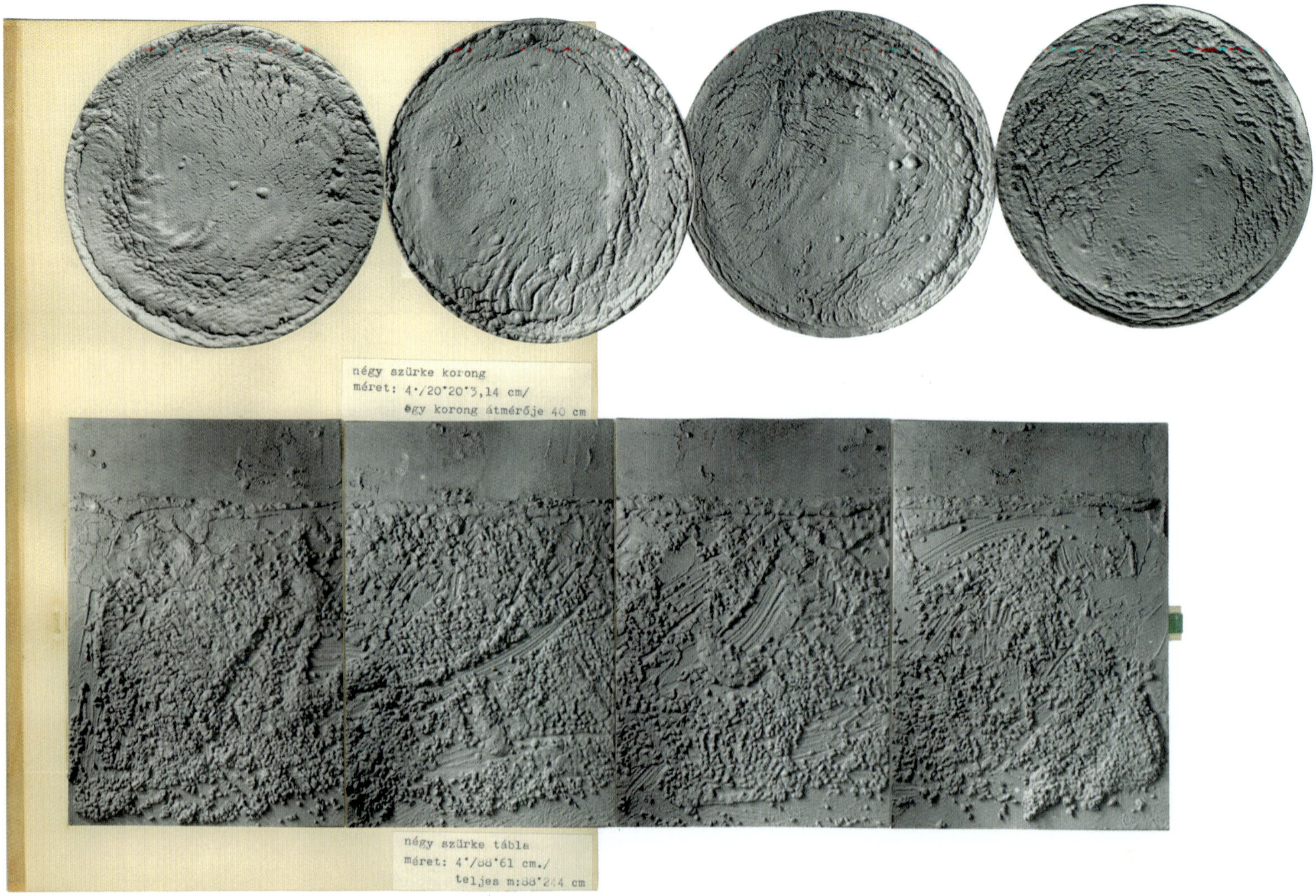

39 PÉTER DONÁTH

35 PÉTER DONÁTH

SITUATION OVERVIEW,
which reflects faithfully the current state of my activity (in both senses of the word). The objects without exception are all gray in color, and were made between February and July of 1971.

color-sample

36

gray space-structure
size: 40 x 23 x 20 cm

Materials used: stave, fiberboard, rough canvas, adhesive plaster, putty colored with resin

37

gray space-structure
size: 23 x 20 x 3 cm

Materials used: fiberboard, paper, sand, resin

38-39

Materials used: stave-frame, fiberboard, false teeth (porcelain), adhesive plaster, putty colored with resin

four gray discs
size: 4 x (20 x 20 x 3.14 cm)
diameter of a disc: 40 cm

Materials used: hardwood hoops (beech), wood, fiberboard, adhesive plaster, putty colored with resin

four gray plates
size: 4 x (88 x 61 cm)
whole size: 88 x 244 cm

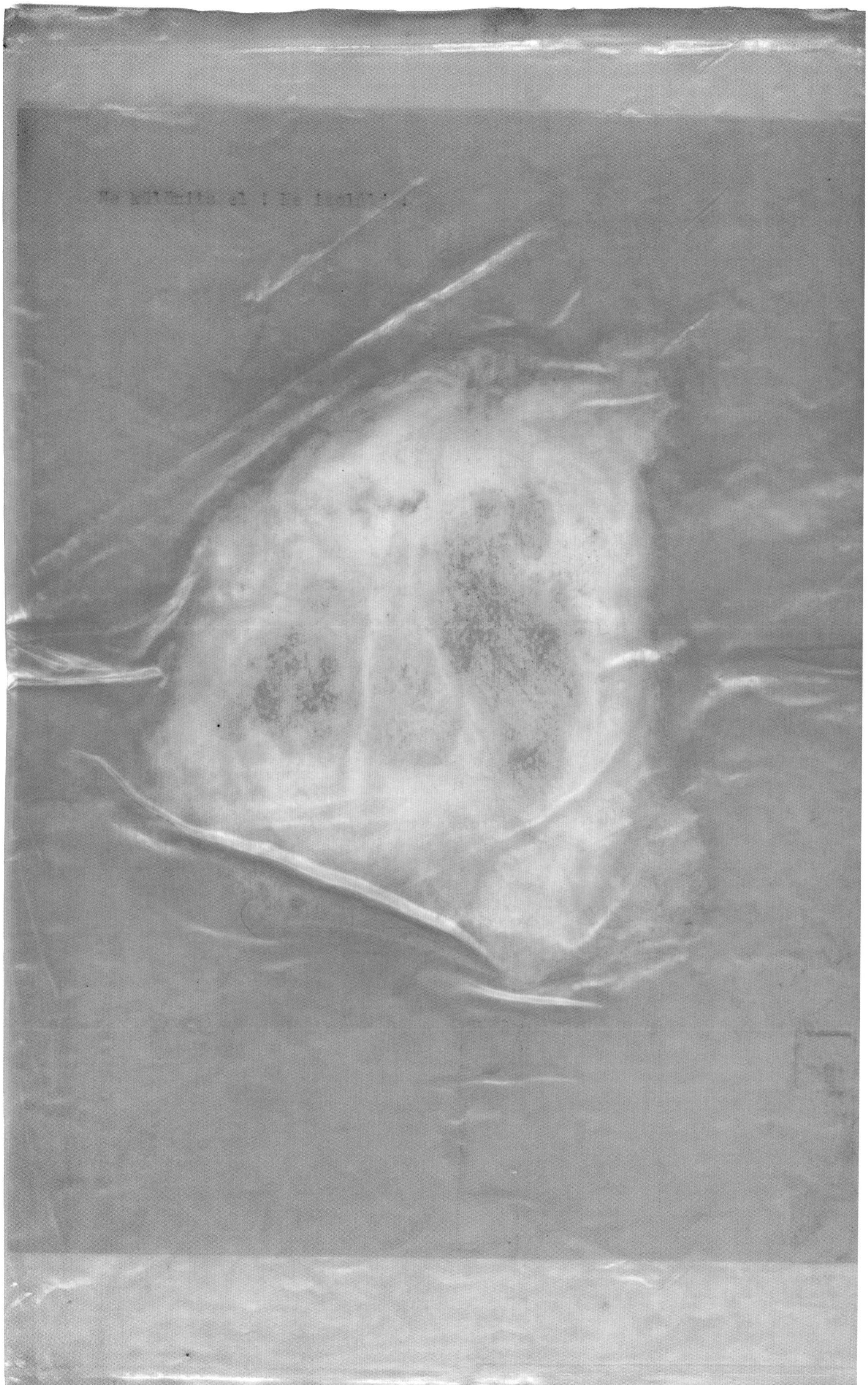

40 MIKLÓS ERDÉLY

Do not separate! Do not isolate!

NYITOTT MÜ.

Müleirás:

7 sor rögzitett; egyenként 10x70x3,5 cm-es profilformából. Minden profilforma saját területének megfelelő csuszókból /4 db 10x10 cm-es és 6 db 5x5 cm-es csuszóból; összesen 28 db nagy és 42 db kis csuszó ; 1-es ábra./

alkalmazott szinek:

1. fehér	4. zöld	7. narancs
2. sárga	5. kék	8. piros
3. citromsárga	6. nápolyi sárga	9. viola

A szinek kapcsolatai a fizikai szinkör xx strukturája szerint vannak besorolva ; 2-es ábra. A mobil csuszókkal alkalmas hideg és meleg monokron skálák létrehozására. 9 szinnek a csuszók segitségével akár egyenként 20-30 árnyalata is láthatóvá tehető /minél izgalmasabb az arány-számsor annál árnyaltabbak a szinek./

Tarka kirakást a müből nem lehet létrehozni, /ugy van konstruálva/ ezért feltétlen értéket jelent. Azok a szinek melyek a fizikai szinkörben egymás mellett helyezkednek el itt egymásba kapcsolódnak, mintegy összefogódznak, átszövik egymást.

A mü matematikai alapjai 10x70 ; 10x10 ; 5x10 többszörösökben rejlenek. Az arányok kimódoltak.

Anyaga: PVC /polivinylklorid/

Készitési mód: fröccs-öntés + ragasztás

Alkotó "játéknak" szántam. Eddig ismeretlen lehetőségeket rejt magában. Kivülről lépésről lépésre lehet felfedezni, ujra alkotni. ALKOTNI !

/ 1969-ben készitett "Nyitott mü" továbbfejlesztett variációja/

Budapest, 1971. október 16. /Fajó János/

41 JÁNOS FAJÓ

OPEN WORK

Description:

From 7 rows of fixed, 10 x 70 x 3.5 cm each profile-shapes. Each profile-shape is of sliders of same size area (4 of 10 x 10 cm and 6 of 5 x 5 cm sliders; altogether 28 big and 42 small sliders; figure 1)

colors applied:

1. white	4. green	7. orange
2. yellow	5. blue	8. red
3. lemon yellow	6. Naples yellow	9. violet

The connections of the colors are ordered according to the structure of the physical color scale; figure 2. With the mobile sliders, they are suitable for the construction of cold and warm monochrome scales. Even 20-30 shades of each of the 9 colors can be made visible with the help of the sliders (the more exciting the proportion-sequence, the more shaded are the colors).

It is not possible to make a gaudy set of this work (it is constructed in such a way), so this qualifies absolute value. The colors that are adjacent in the physical color-scale here get interlocked, as if they knit together and are intertwined with each other.

The mathematical basis of the work is in the 10 x 70; 10 x 10; 5 x 10 multiples. The proportions are sophisticated.

Material: PVC (polyvinylchloride)

Mode of construction: die-casting + adhesion

I intended it to be a creative "game." So far unknown possibilities lie in it. It can be discovered and recreated from outside step by step. CREATE!

(A version developed further from *Open Work* made in 1969)

Budapest, October 16, 1971 (János Fajó)

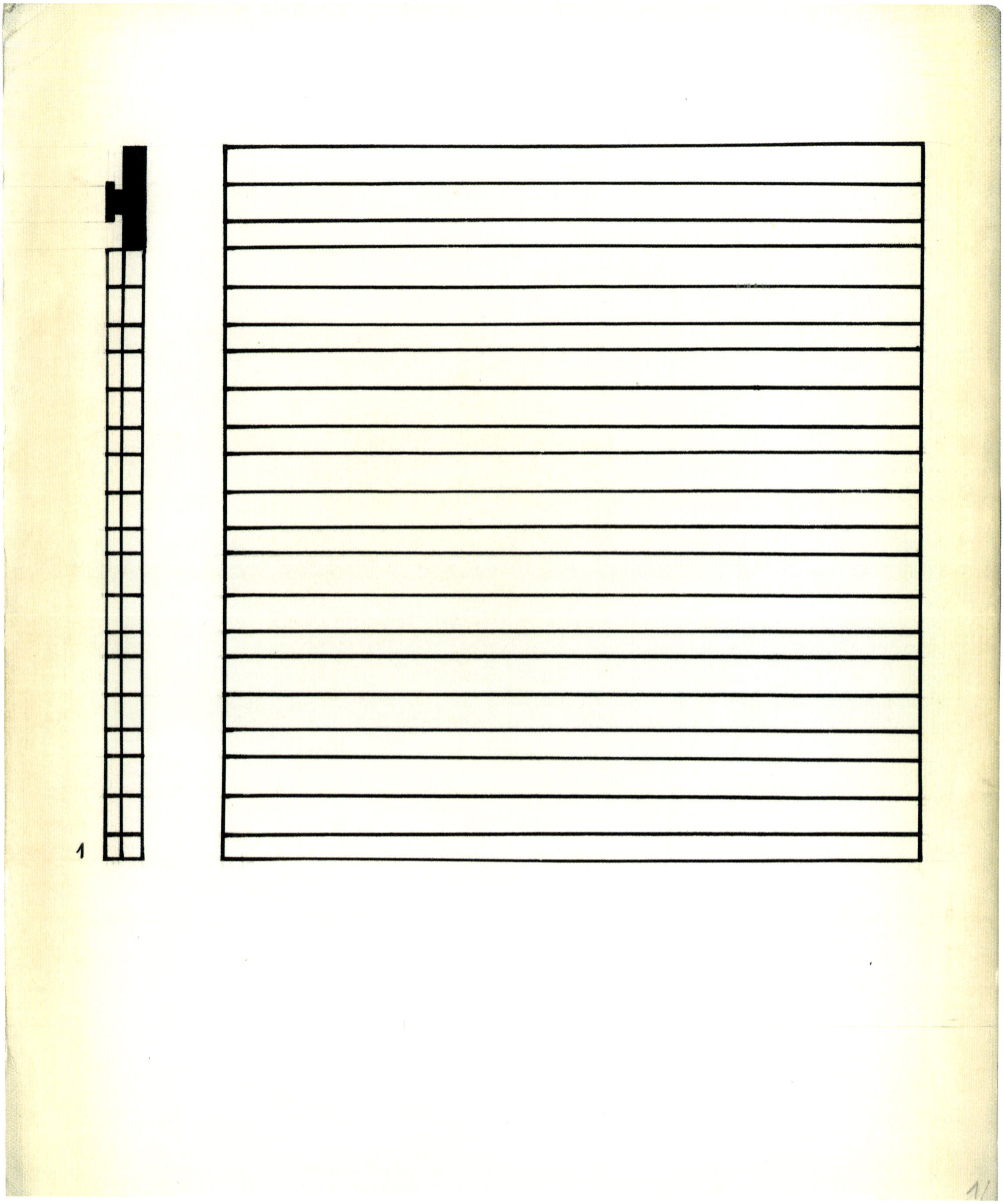

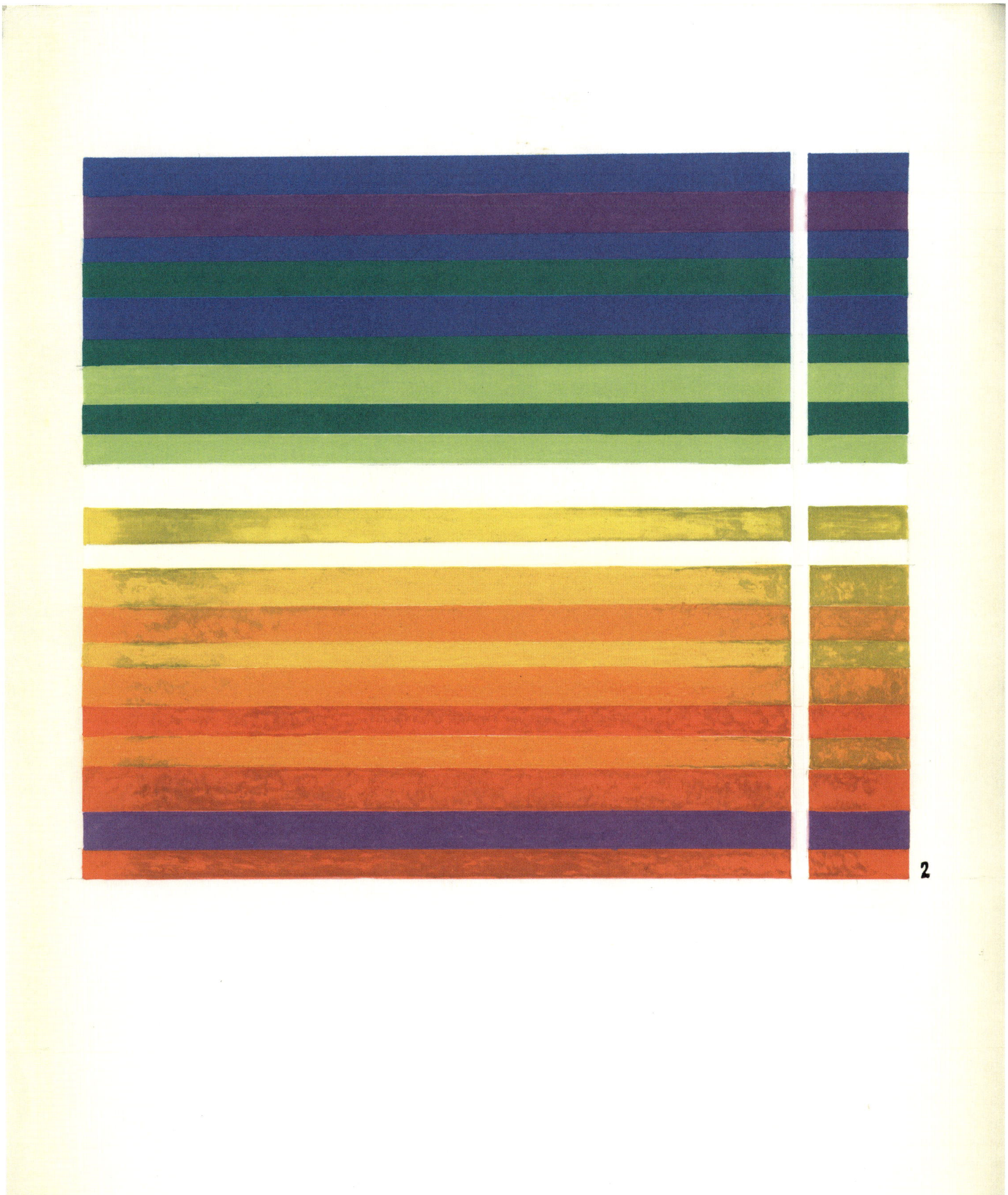

2

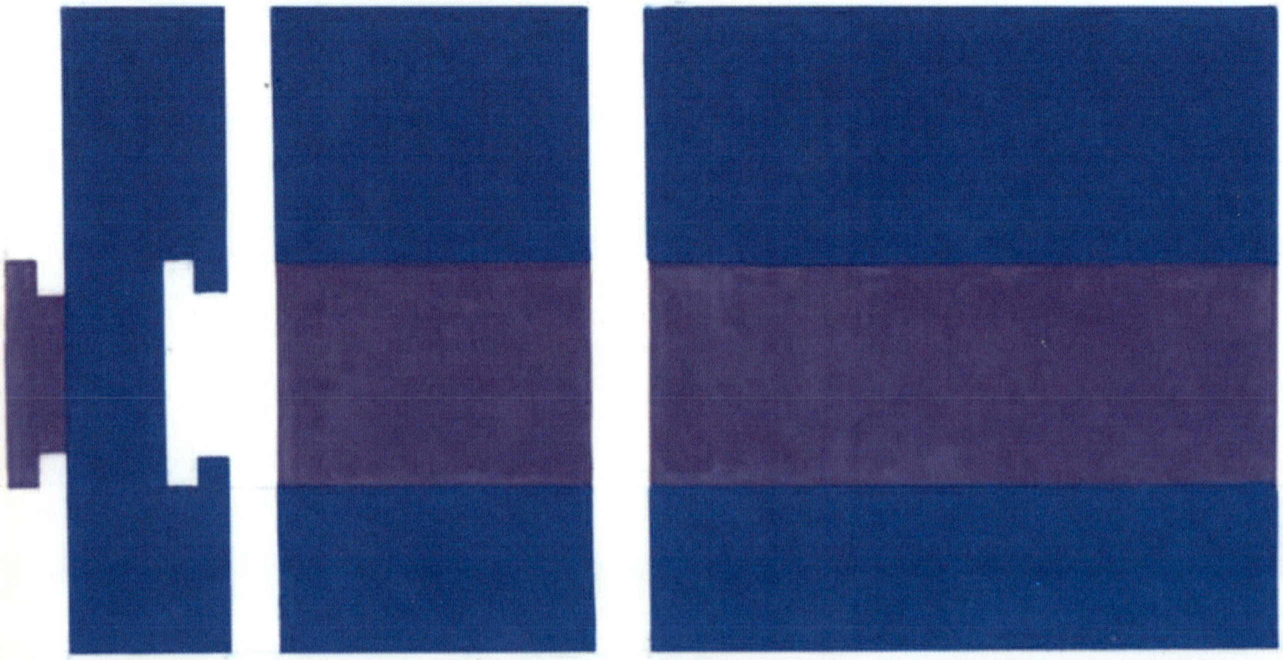

4

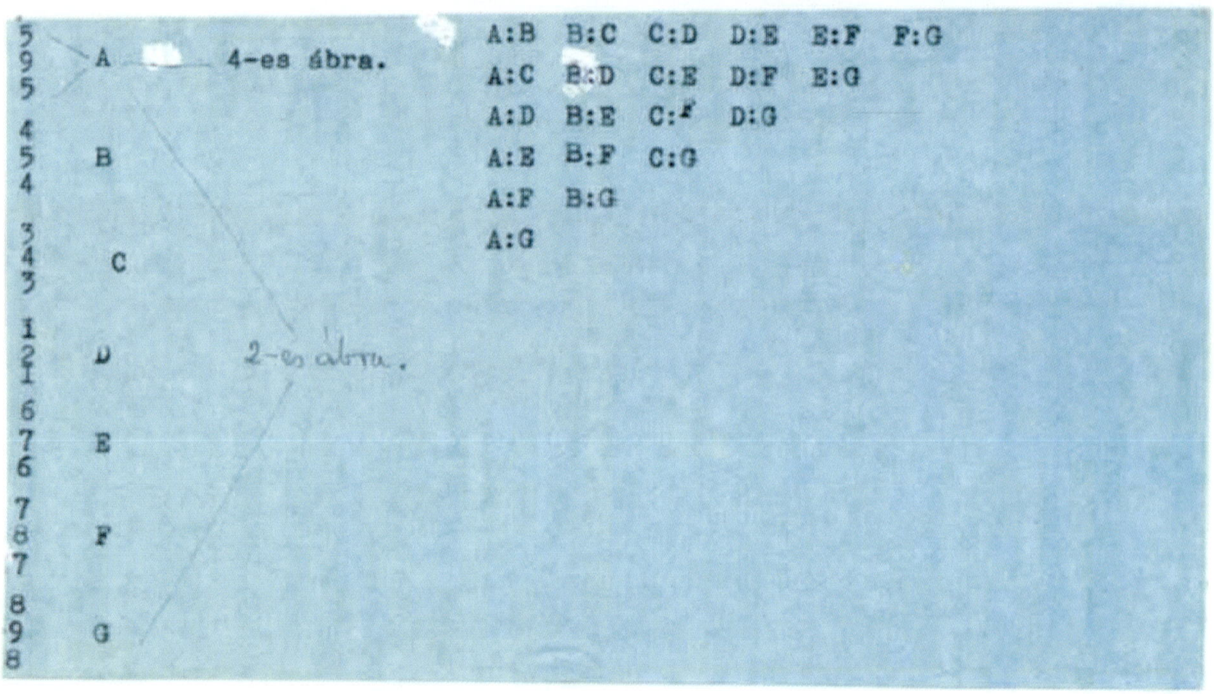

5
9 A 4-es ábra.
5

4
5 B
4

3
4 C
3

1
2 D 2-es ábra.
1

6
7 E
6

7
8 F
7

8
9 G
8

A:B B:C C:D D:E E:F F:G
A:C B:D C:E D:F E:G
A:D B:E C:F D:G
A:E B:F C:G
A:F B:G
A:G

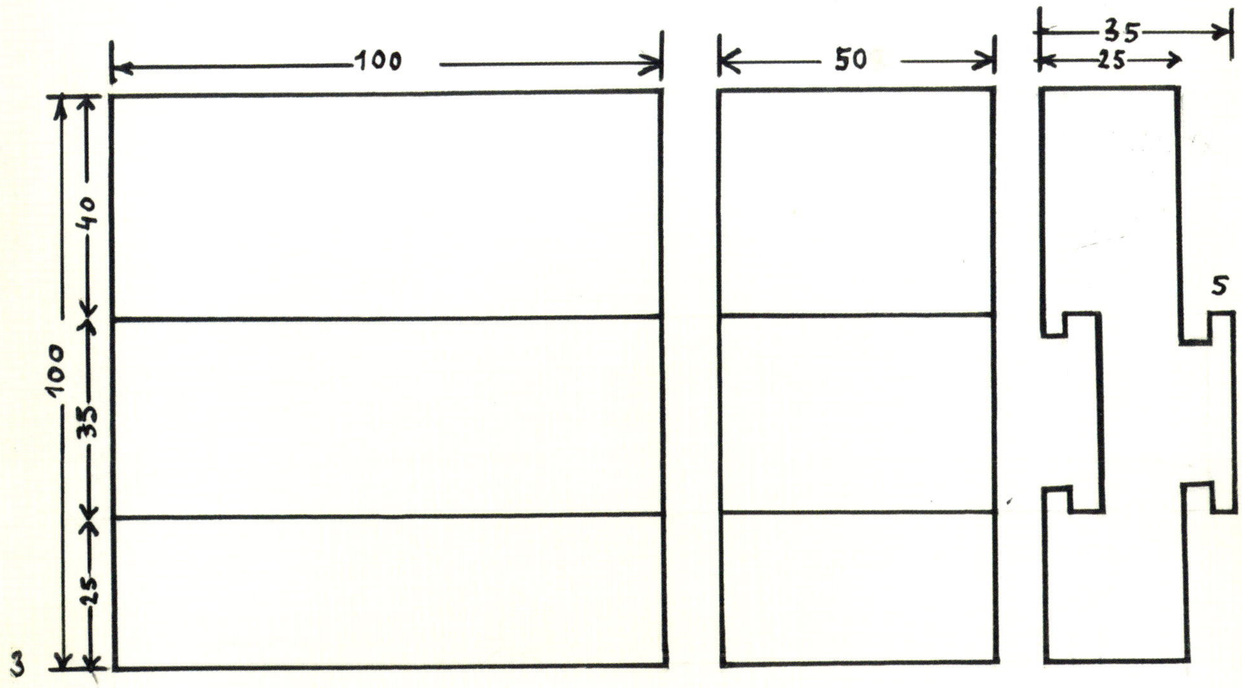
100
50
35
25
40
100
35
25
5
3

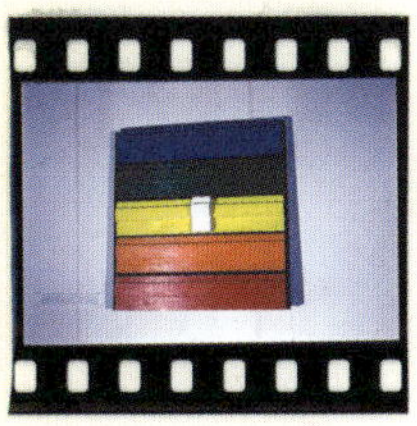

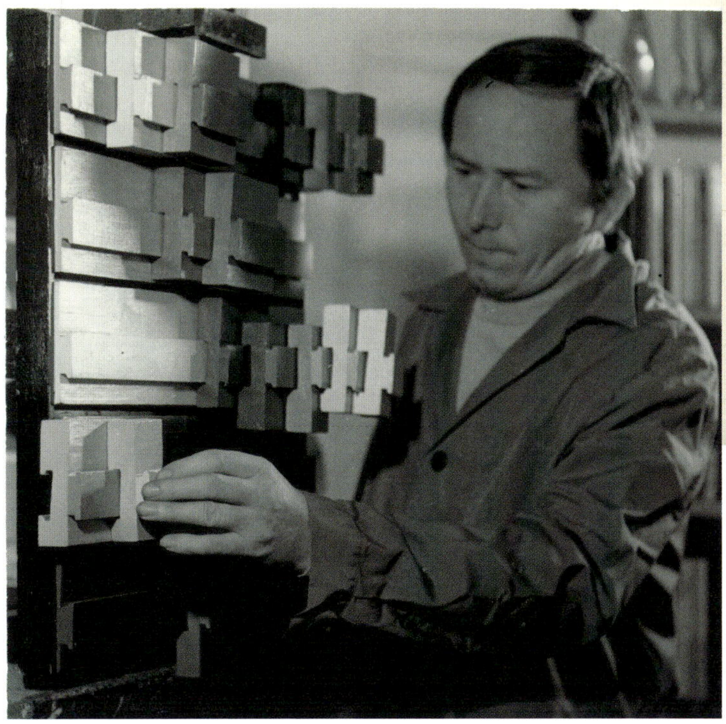

NEM "TÖMEGET" AKAROK ELHELYEZNI A TÉRBE

NEM TERET AKAROK ELFOGLALNI

tárgyaim ALAKITJÁK a teret
tárgyaim LÉTREHOZNAK teret
tárgyaim URALJÁK a teret
tárgyaim RENDELKEZNEK a térrel MEGHATÁROZZÁK azt

NEM MEGTÉVESZTENI AKAROK

TÁRGYAIM LÉNYEGE NEM A CSALÁS

SAJÁTOSSÁGUK:-hogy a kialakitott látszólagos tér
á t a l a k u l valós térkapcsolatokká

tárgyaimnak LÉNYEGE a szerkezetből adódik

tárgyaim ALAKULNAK /nézőpont változtatás/
tárgyaim TÁJOLÁST végeztetnek
tárgyaim KÉNYSZERITENEK
tárgyaim MEGSZERKESZTETT "álmok"

Elképzelhető egy olyan szerkezet; -ami a perspektiva törvényei alapján megszerkesztett de "formailag" szabálytalan elemekből áll.

A különböző nézőpontoknak megfelelően mégis szabályos geometrikus formákká válnak az adott ponthoz betájolt elemek.
aA nem létező szabályos "formai" rendszer a szemlélő tudatában válik élővé.

Elképzelek egy várost, melynek épületei koncepciom szerinti összefüggésben állnak.

Tárgyaimnak mérete akkor optimális ha a koncepcióm olyan távolságból érvényesül /néző és objektum távolsága méterben, néző és obj. mérete méterben/ amikor a szem már nem tesz kükönbséget az egymáshoz közel eső de nem azonos térlépcsőben elhelyezkedő tárgyak élességében -egy időben mindenhol éles a látható kép-

Nagy méretben, távoli nézőpontból az általam elképzelt konstrukciók igazán érvényesülnek, jellegük már nem csak egy pontból hat a szemlélő pár méteres körzetből, mozgásban is állónak látja képeiket. Igy a binokuláris látással kapcsolatos probléma is megoldva.

...

P é c s 1971 október

Ficzek Ferenc

46 FERENC FICZEK

PLACING "VOLUME" IN SPACE IS NOT MY INTENTION
I DO NOT INTEND TO OCCUPY SPACE

my objects SHAPE space
my objects CREATE space
my objects DOMINATE space
my objects have space AT THEIR COMMAND, they DETERMINE it

DECEPTION IS NOT MY INTENTION
MY OBJECTS ARE NOT ABOUT CHEATING
THEIR DISTINCT CHARACTERISTIC: the created illusory space
is t r a n s f o r m e d into real spatial relations

the SUBSTANCE of my objects is derived from structure

my objects ALTER (changes in vantage point)
my objects prompt ORIENTATION
my objects COMPEL
my objects are "dream" DESIGNS

It is possible to imagine a mechanism that is composed of elements, which are based on the laws of perspective, but which are also irregular in terms of "form." Nevertheless, in accordance with various vantage points, the elements oriented to the given points become geometric shapes.
In the mind of the viewer, an otherwise nonexistent regular system of "form" comes to life.

I imagine a city whose buildings are arranged according to my concept.

The size of my objects is optimal if my concept has its peak of effectiveness at a distance (the size of, and the distance between, the viewer and the object are given in meters) from which the eyes cannot distinguish between the sharpness of objects that are placed close to each other but in different planes, so that all parts of the image simultaneously appear sharp.

In a large size scenario, the structures I have formulated are especially effective from a greater distance. Their qualities have an impact not only from a single point; viewers perceive the images as stationary at a distance of a few meters, even while moving. The problem associated with binocular vision is also thus resolved.

...

P é c s , October 1971

Nagyméretü fekete-fehér-szürke vázlataimon /1.lap/ már jelentkezett illuzionisztikus térigény. Ezeken a vázlatokon megprobáltam olyan plaszticitást létrehozni amit valóságos térbeni konstrukciókkal elérni nem lehet. Vázlataimon kialakitott térrendszer megfogalmazása c s a k s i k o n l e h e t s é g e s .

...

Hasonló téma a fotókkal illusztrált folyamatoknál jelentkező probléma, ami már c s a k s i k o k k o m b i n á c i ó i - v a l o l d h a t ó m e g .

...

Problémaköröm kettös, egy renszeren belül. Első: s i k - t é r k a p c s o l a t vizsgálata;kockát jelenitő sikokból épitett szerkezet és az ebből származtatott"kockasor"segitségével/2-7 és a 10.lap/
Második:S i k o n jelölt formák, változásai és a sikból kifelé a t térre való utalások vizsgálata;négyzet-trapezoid/8.lap/ és kör--elipszis/9.lap/ formációk segitségével.

...

I
KIINDULÁSI ALAPOM MINDIG A S I K

Sikok egymáshoz viszonya és a sikra rajzolt térre utaló egyenesek /kocka esetében mint élek/ határozzák meg a "látszólagos" teret. Ez a tér betöltöttnek hat, közegnek, esetleg tömegnek.

A LÉTREJÖVŐ OBJEKTUM MINDIG A S I K O N ÉS S I K O K K A L VALÓ MANIPULÁCIÓ EREDMÉNYE

;..szin,perspektiva, megvilágitás, nem látható élek j e l ö l é s é n e k , előrehozásának,...alkalmazása több területen.

-a kocka alapelem mint legkönnyebben "kezelhető" geometrikus tömeg

-a kocka:három egymásra merőleges /3 tényleges élt adó/sik négyzetből konstruálva.

-a három sik által kiálakitott tér, mint kocka /test/ jelenik meg egy nézőpontból.

-a "kocka" elemek sorolhatók, összeépithetők.

...

II
A sikra rajzolt négyzet:négyszög, a kör:elipszis lesz a különböző nézőpontoknak megfelelően.

A megfelelően megszerkesztett négyszög bizonyos szögből nézve, négyzet, a torzult elipszis kör alakzatot vesz fel a sikon, ezáltal a sik is változik.
A sikon jelölt formák csak a sik térbehelyezésekor kapnak értelmet -azaz a sikot félkörben körül kell járni.

...

47 FERENC FICZEK

The need for illusory space did present itself in my large-scale black-white-gray sketches (p 1). In these sketches I have attempted to create a kind of plasticity that cannot be achieved through constructions in real space. Articulating the system of space that has been formulated on my sketches is only possible on a plane.

...

The problem that presents itself in connection to photo-illustrated processes constitutes a similar issue, as it can only be solved by a combination of planes.

...

This is a double problematic within a single system. First: examining the connection between plane and space; with the help of a structure built from planes that manifest a cube and the "cube series" derived from it (p 2-7 and p 10).
Second: examining the changes in form marked on the plane and references from a plane out into space; with the help of square-trapezoid (p 8) and circle-ellipse (p 9) formations.

...

I
THE PLANE IS ALWAYS MY STARTING POINT

"Apparent" space is determined by the relationship between planes and the straight lines (in case of the cube: the edges) referring to space drawn onto a plane. This space gives the impression of being filled, of having substance—even volume.

THE CREATED OBJECT IS ALWAYS THE RESULT OF MANIPULATION ON THE PLANE AND OF PLANES.

... the implementation of marking, bringing to the foreground,... color, perspective, illumination, invisible edges in a number of areas.
- the basic shape of the cube as the most "easy-to-handle" geometric volume.
- the cube: the construction of three perpendicular planes (with three real edges) from a cube
- the space created by three planes appears as a cube (body) from a certain vantage point.
- "cube" components can be lined up and built together.

...

II
In accordance with the various vantage points, a square drawn on a plane becomes a quadrilateral, a circle becomes an ellipse.
An appropriately constructed quadrilateral, viewed from a certain angle, takes on the shape of a square. A distorted ellipse becomes a circle on the plane, which, in turn, also alters that plane.
Forms marked on a plane only gain meaning when the plane is positioned in space—in other words, the plane must be "walked around" in a semicircle.

...

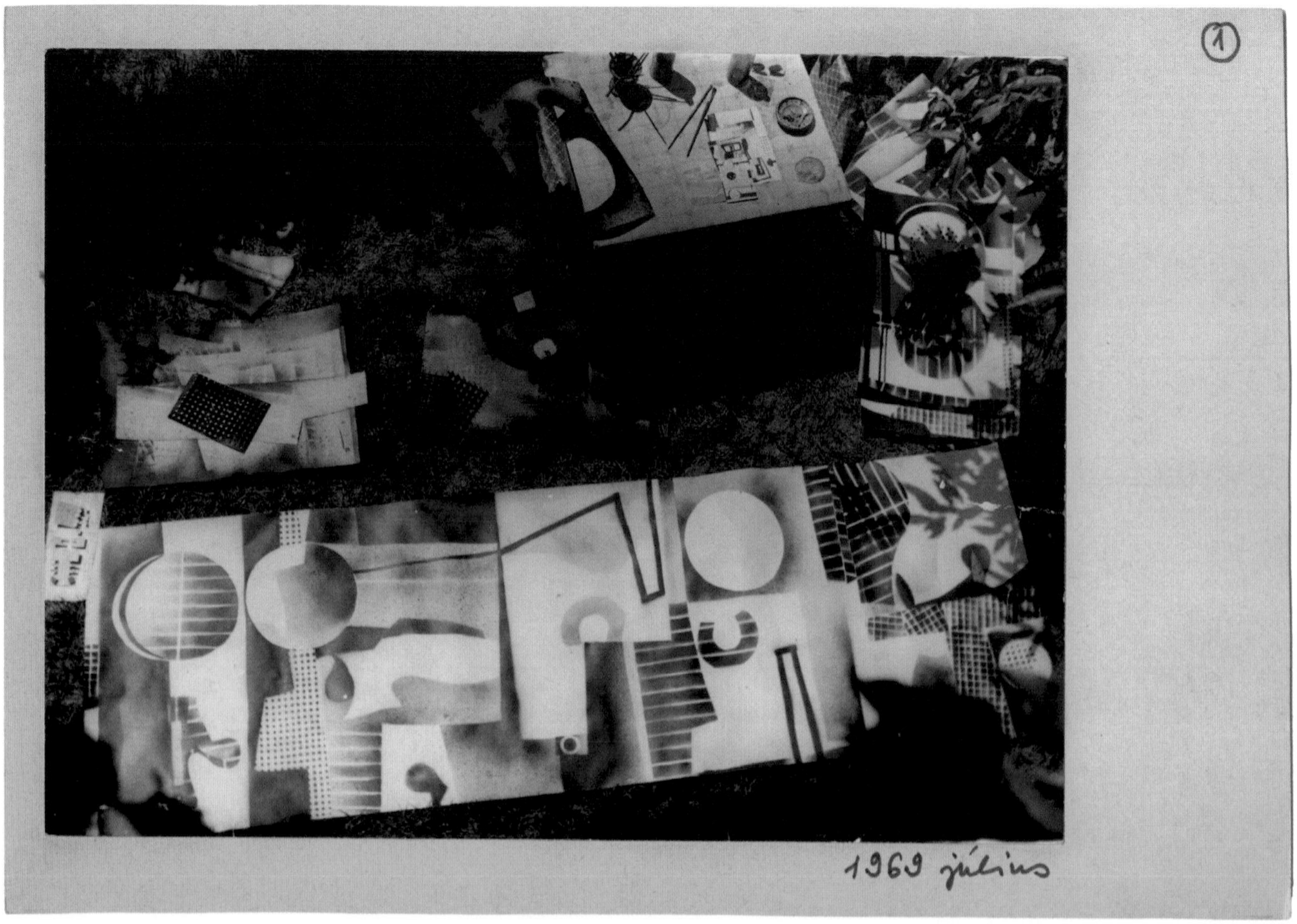

1
1969 július

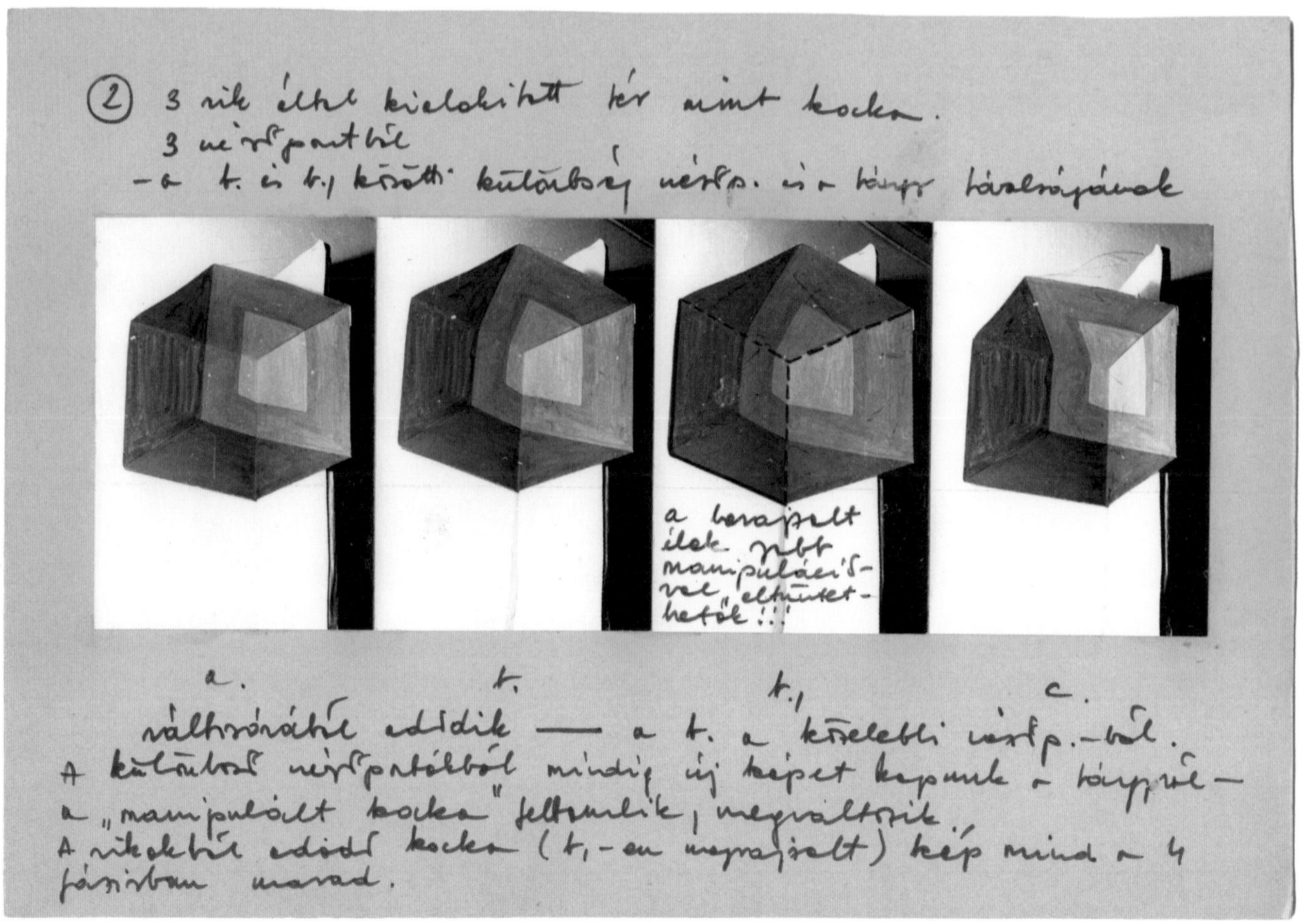

2 3 sík által kialakított tér mint kocka.
3 nézőpontból
– a b. és b.1 közötti különbség nézőp. és a tárgy távolságának
a berajzolt élek jobb manipulációval „eltüntethetők"!!!
a.
b.
b.1
c.
változásától adódik — a b. a közelebbi nézőp.-ból.
A különböző nézőpontokból mindig új képet kapunk a tárgyról –
a „manipulált kocka" feltűnik, megváltozik.
A síkoktól adódó kocka (b.1-en megrajzolt) kép mind a 4 fázisban marad.

48 FERENC FICZEK

1)
July, 1969

2)
Cube as space formed by three planes.
From 3 viewpoints the difference between b and b1 results from changes in the viewpoint and the distance of the object—b from a closer vantage point. Different viewpoints always provide us with different images of the object—the "manipulated cube" dissolves and changes.
The image of the cube created by the planes (as drawn in b1) is present in all four phases.

[note for b1] The marked edges can be rendered invisible through better manipulation!!!

49

3)
The "cube"
[first row] When moved in a vertical direction upward, the change in viewpoint is minimal.
[second row] When moved in a horizontal direction, of the marked edges, the vertical one changes.
[third row] When the viewpoint changes vertically upwards, the vertical edge is unaltered.
[fourth row] In both pictures, the viewpoint has shifted in a vertical and horizontal direction, the horizontal and vertical edges are both broken.

50

4)
The 2 images of the "cube"
The result of rotating the photos: the same "cube" evokes a different sense of space.

5)
Cube (real) and a "cube"-row combination formed by two planes
Cube
"Cube" derivation 1)
"Cube" derivation 2)

51

6)
Detail from the "cube-row"
[marked: a, b, c, d, e]
The white paper squares serve to indicate real spatial relations.
In b, d, and e, the position of each of the 3 planes is examined.
In a and c, the shifts and alterations of lighting conditions are illustrated.

8)
Trapezoid and square—changes depending on the viewpoint. Six images of one object.
[marked 1-6]
[in reference to the drawing by hand] the object and the position of the appropriate viewpoints

52

7)
Examination of space, indicated "space" and the object (material) placed in "indicated space."
"Cube-row" with an object placed inside it.
The problem is identical to that on plate 6, but, instead of the introduction of a plane, an object (of three dimensional volume) is used.

53

9)
Ellipse-circle distortions
[top image] The ellipse, in forming a vertical axis, has become distorted.
1) Ellipse
2) Circle
[middle image] The ellipse, in accordance with the position of the viewpoint, has changed into a circle. (Next to it, a circle of another plane.)
[bottom image] The plane of the ellipse is vertical to the imaginary straight line between the viewpoint and the plane.
(Parallel to front plane.)
ACTUAL IMAGE

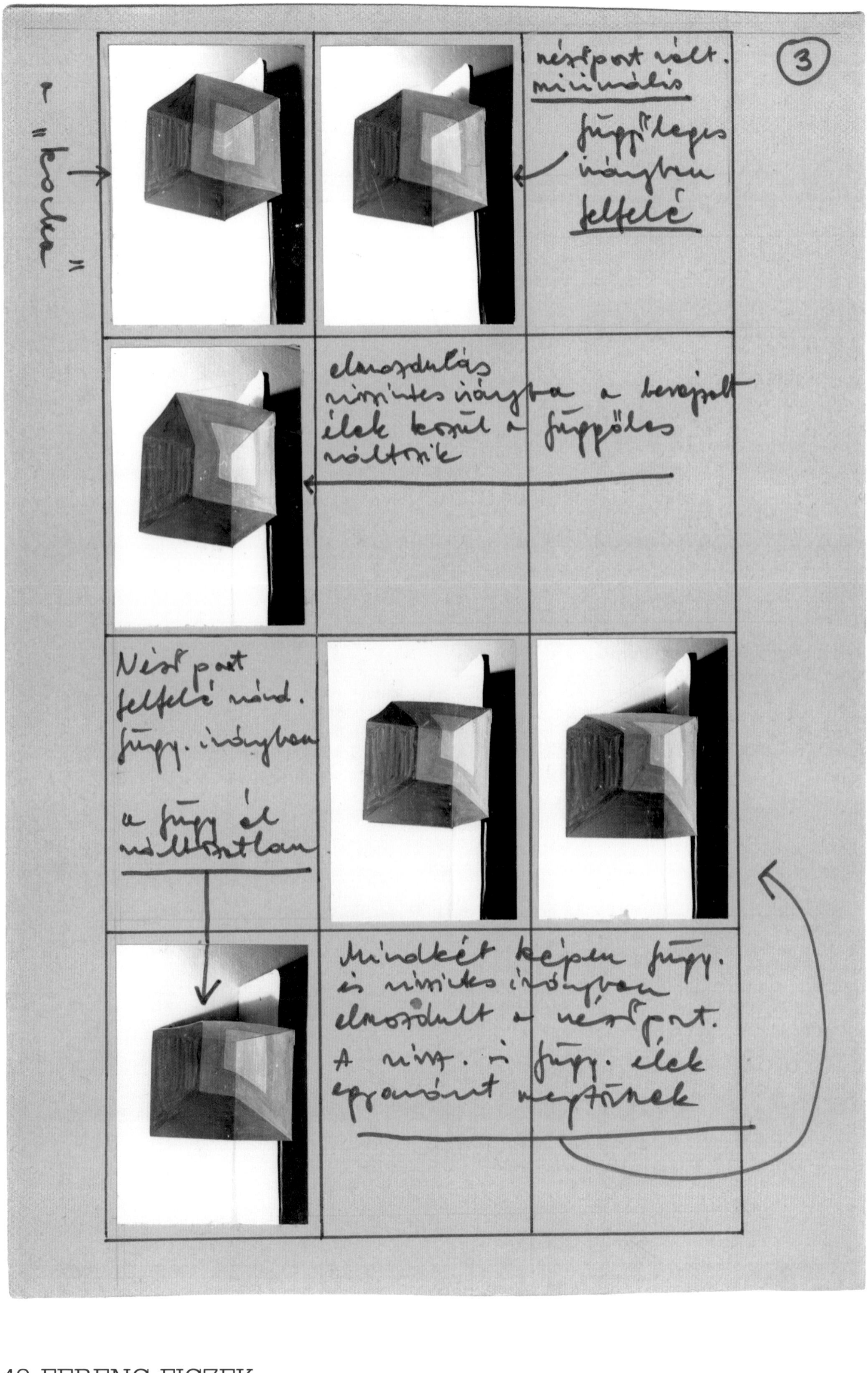

49 FERENC FICZEK

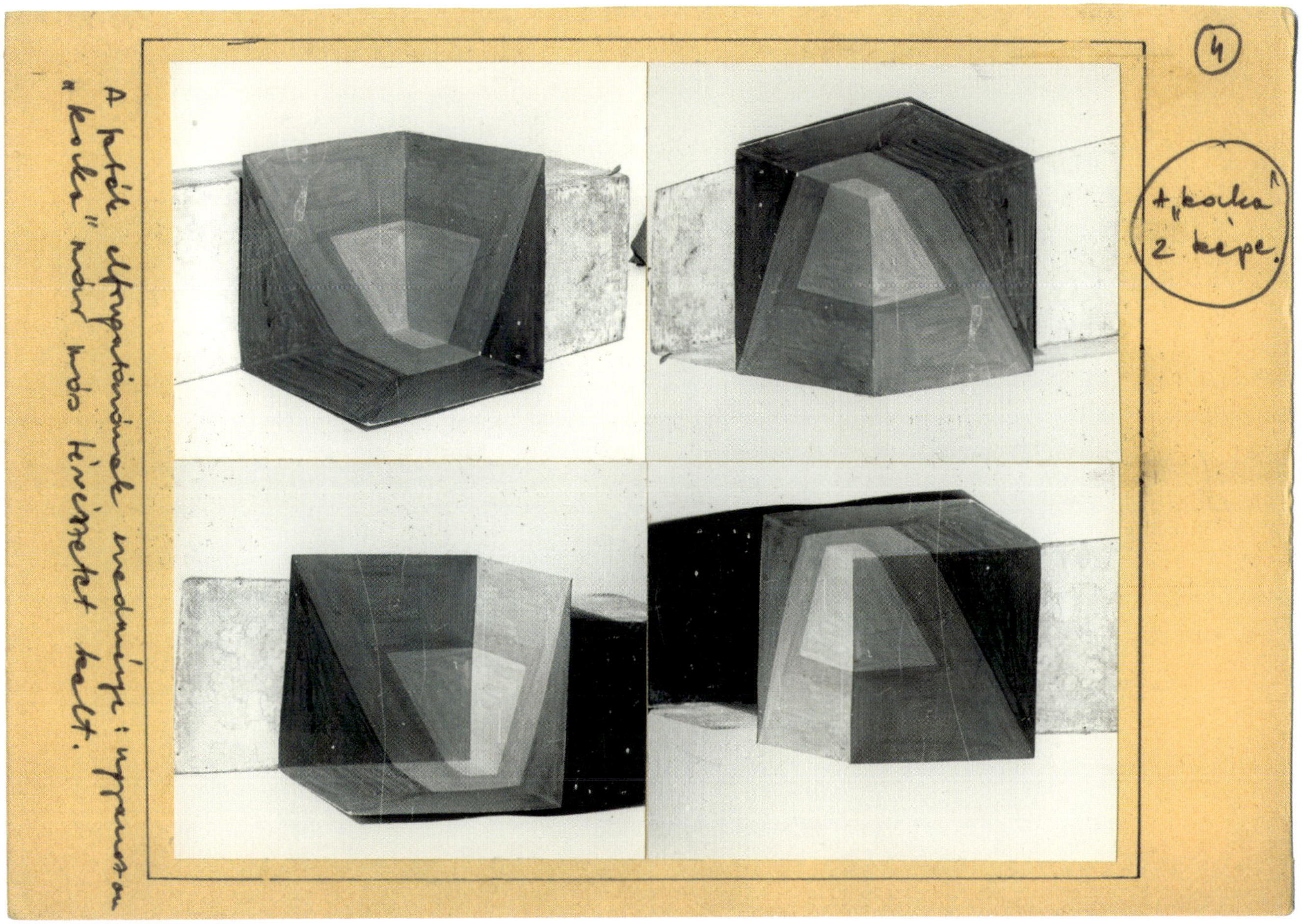
4
+ „kocka"
2 képe.

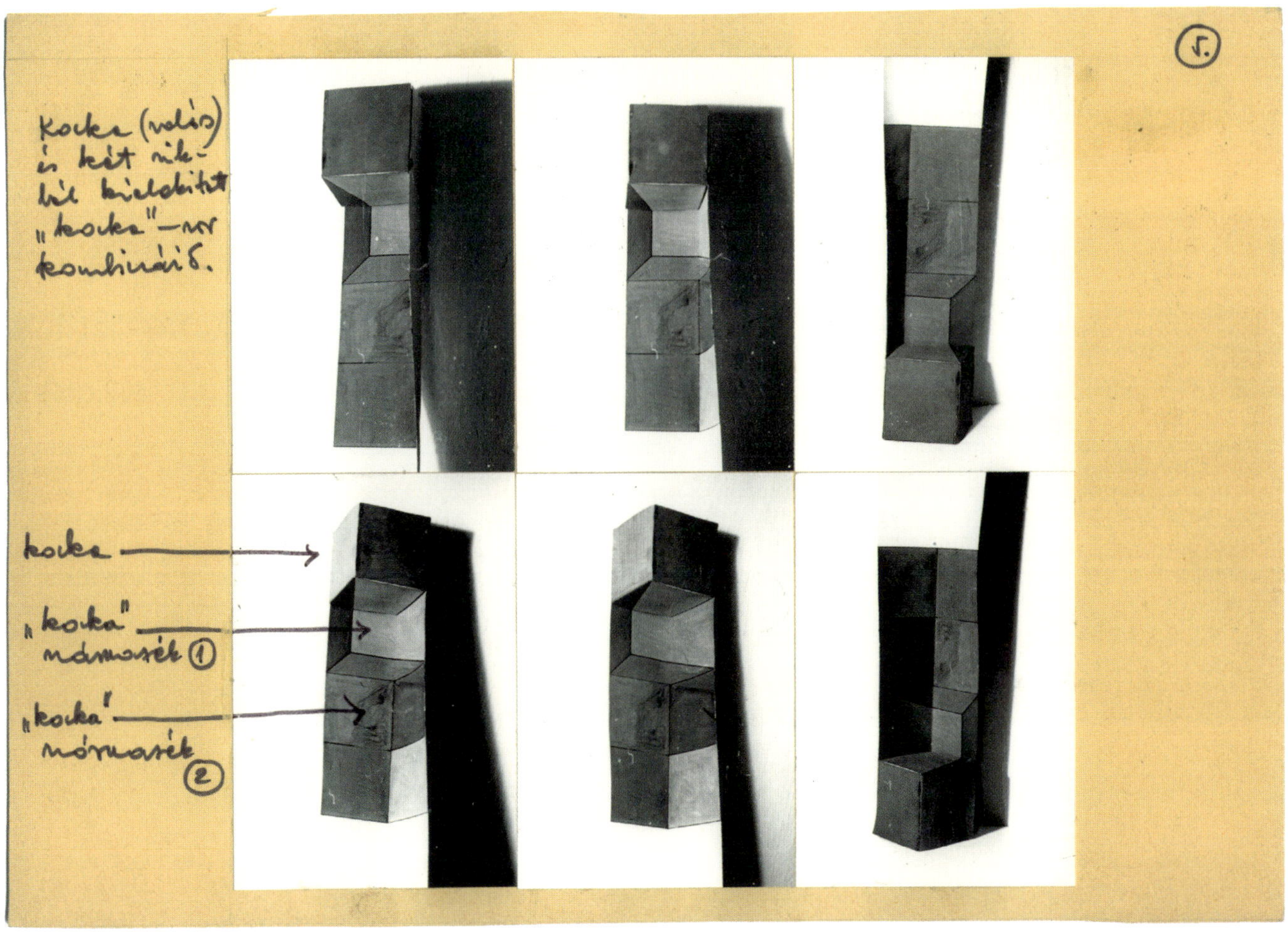
5.
kocka
„kocka"
származék ①
„kocka"
származék ②

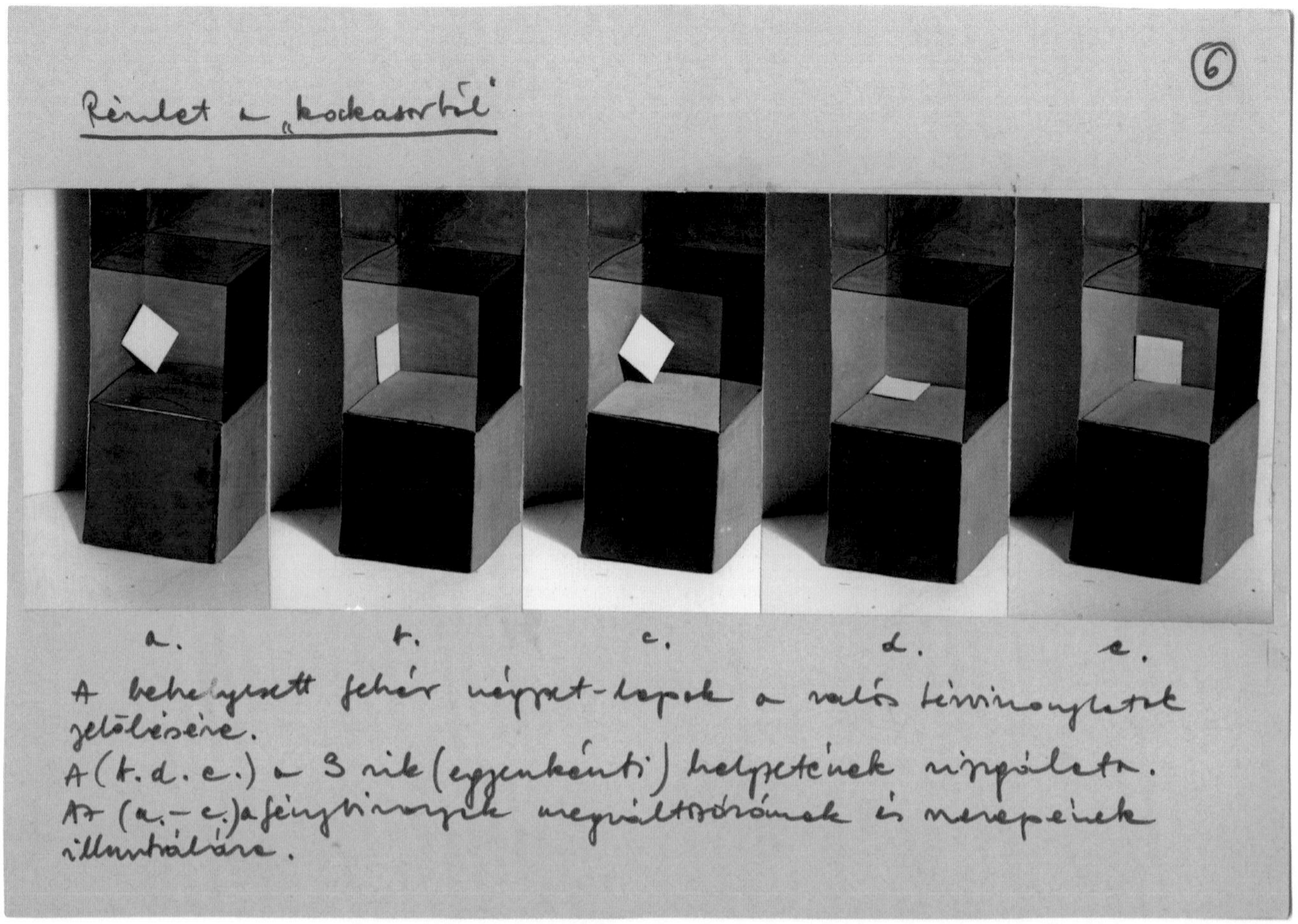

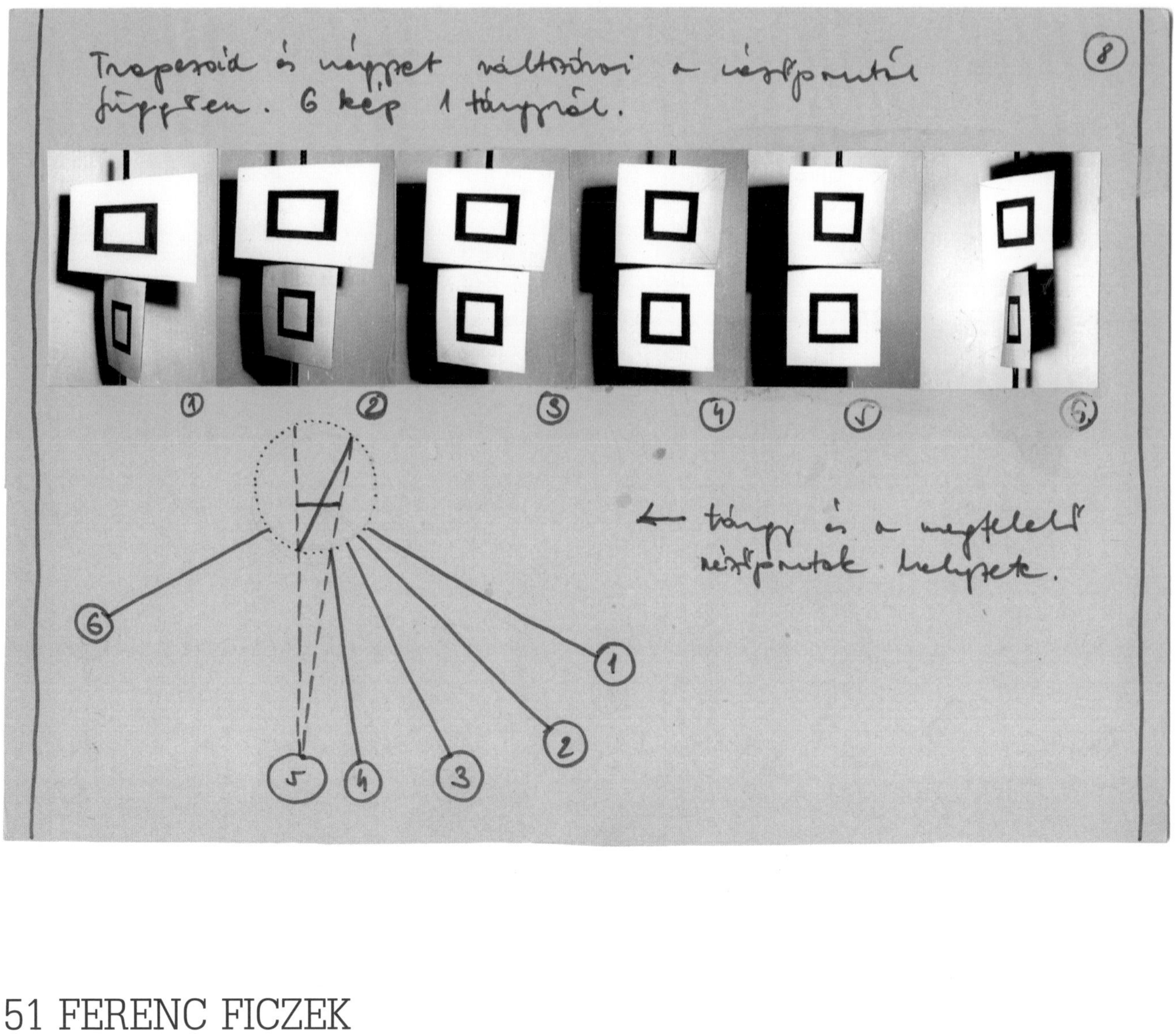

51 FERENC FICZEK

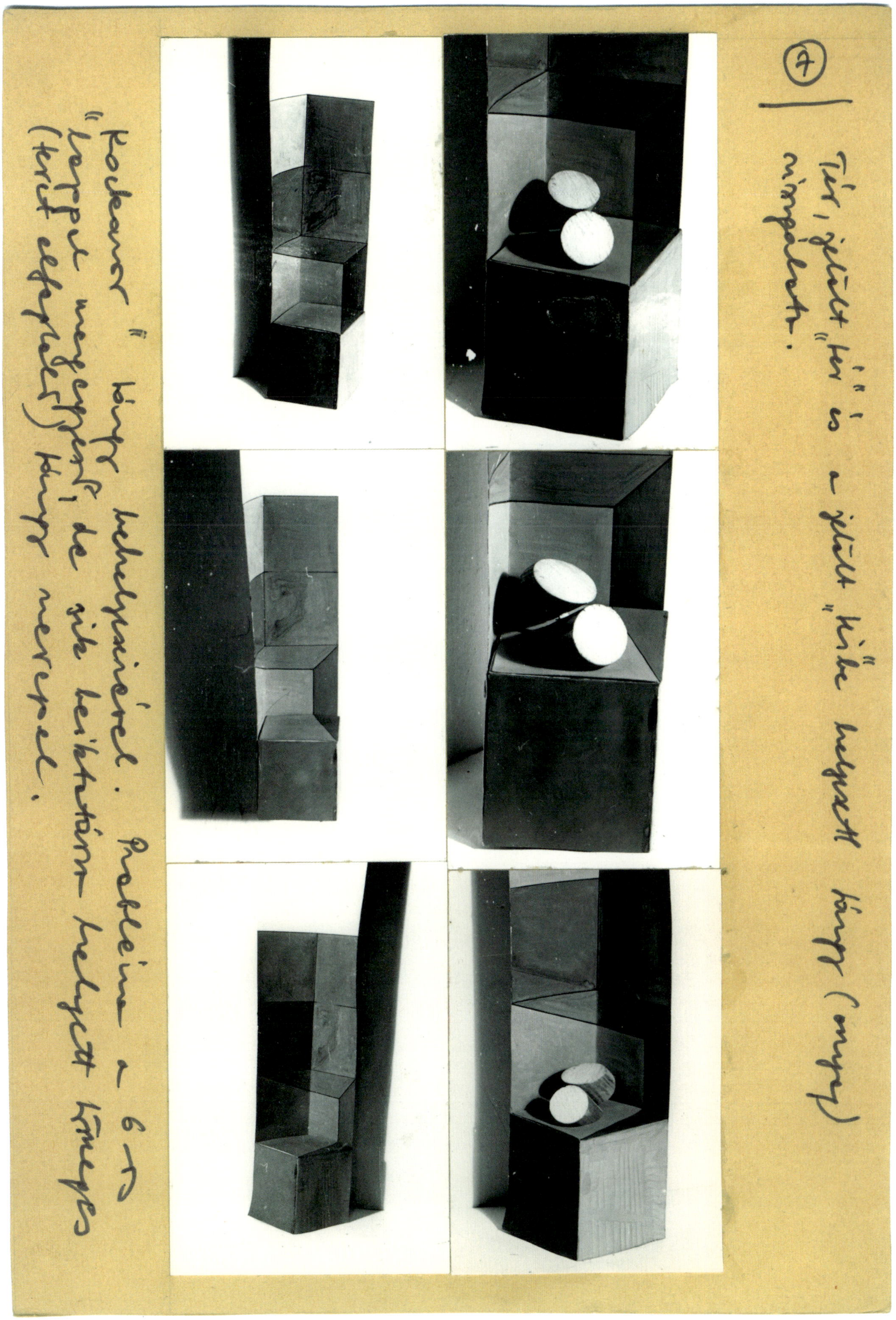
7
Tér, jelölt „tér" és a jelölt „térbe" helyezett tárgy (anyag) vizsgálata.
„Kockavár" tárgy behelyezésével. Probléma a 6-os „lappal megegyező", de sík beiktatása helyett tömeges (teret elfoglaló) tárgy szerepel.

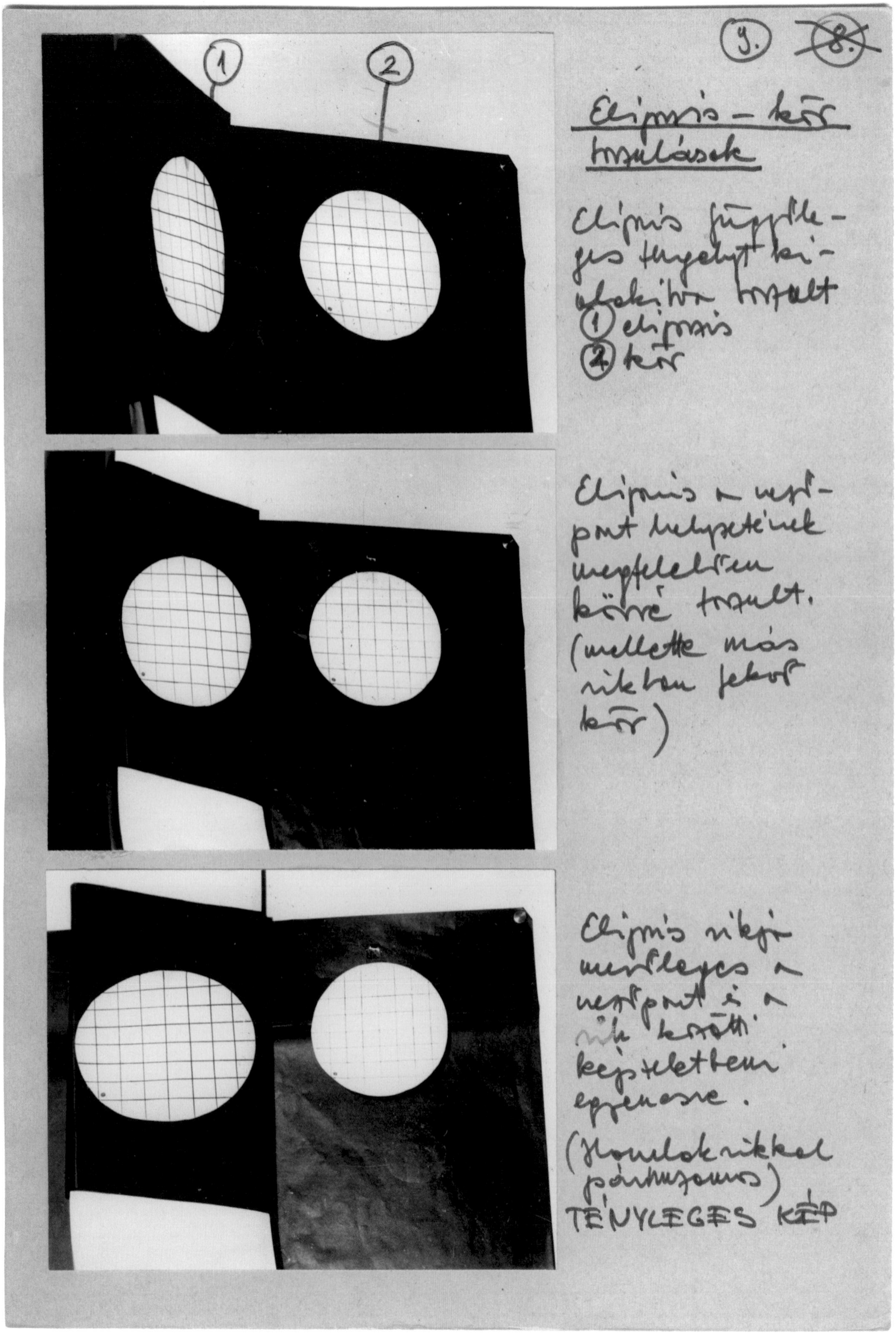

53 FERENC FICZEK

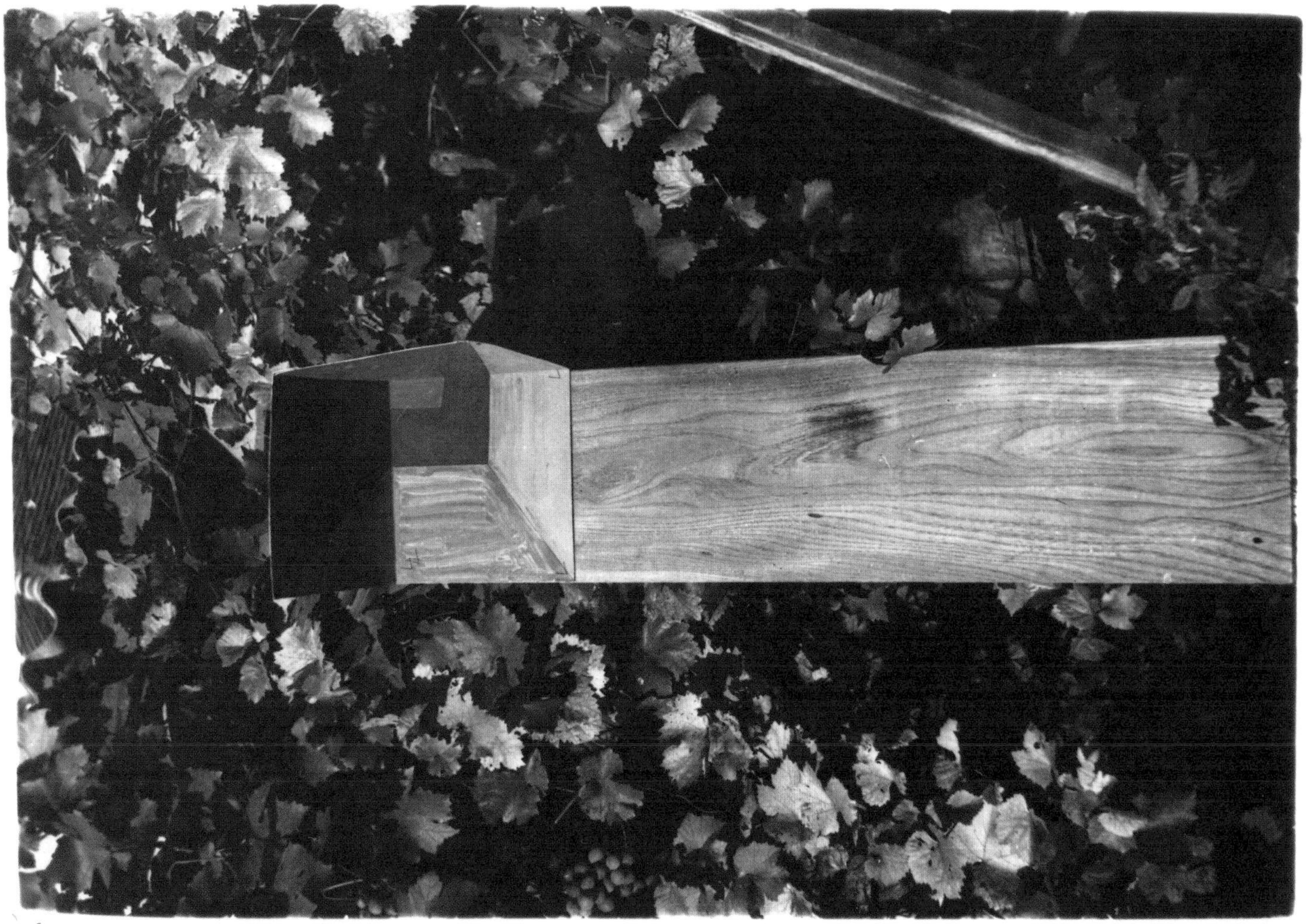

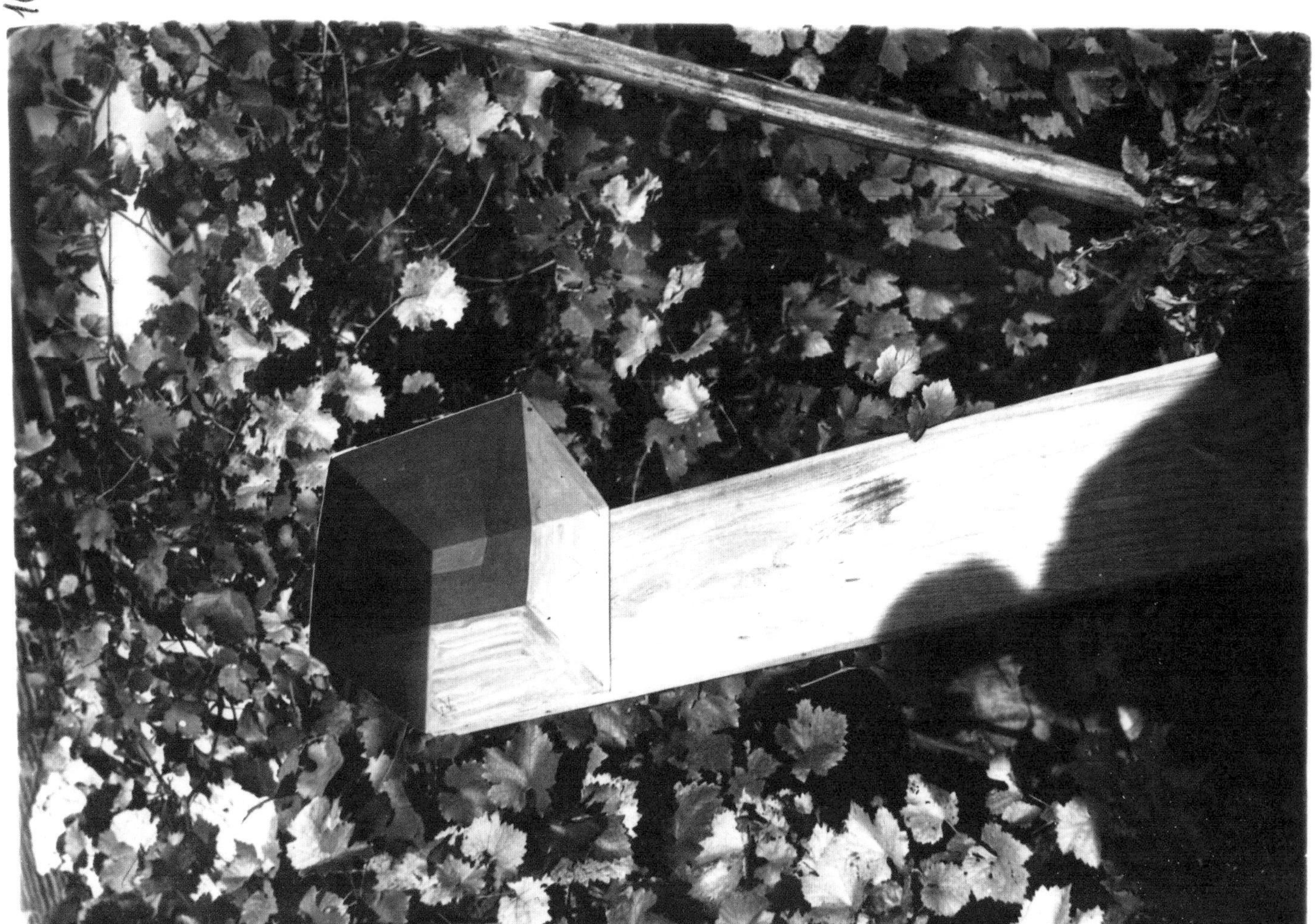

Kedves Beke László!

A leveled megkaptam, melyben felkérsz, hogy az Elképzelés cimü kisérleti, tanulmányi és dokumentativ jellegü munkában részt vegyek.

Az elképzelésem a következő egy mü létrehozásában:

Az adott hely a villányi bányának a falrésze és azon keletkezett 15 méteres repedésének a bevarrása lenne, mely a hegynek látszólagos bedülését akadályozná meg.
A mü kiegészitéséhez egy fotó dokumentumsorozatot szeretnék küldeni, amely a villányi bánya faláról készült és ezen bejelölve bemutatnám a mü elkészitési helyét.

Kedves László elnézésed kérem, hogy idáig nem tudtam válaszolni, sajnos a fotó elkészitésével problémáim voltak.

Maradok továbbra is baráti tisztelettel:

B u d a p e s t , 1971. október 25.

55 GYULA GULYÁS

55 GYULA GULYÁS

Dear László Beke,

I have received your letter, in which you ask for my participation in the experimental, educational, and documentation work entitled *Imagination*.

My imagination for the art piece is as follows:

> The location would be a wall of the mine in Villány and stitches running up a 15-meter long crack in it intended to prevent the impending collapse of the mountain.
> As a supplement to the work, I am sending a photo documentary series taken of the wall of the mine of Villány. In this, I would indicate the place where the work would be undertaken.

Dear László, I would like to apologize for not replying to you sooner, unfortunately, I had some problems with taking the photos.

Warm regards,

[signature]

Budapest, October 25, 1971

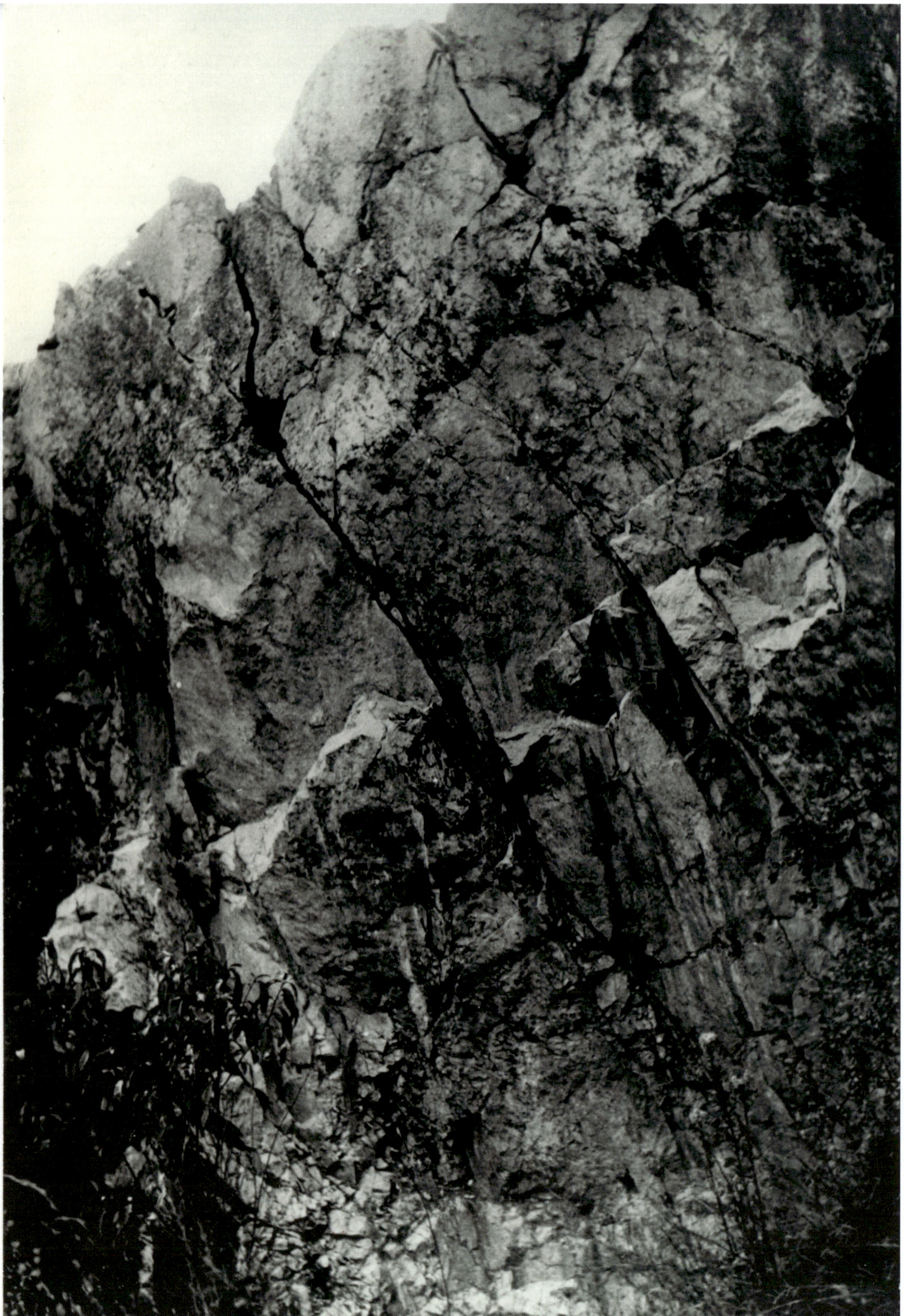

56 GYULA GULYÁS

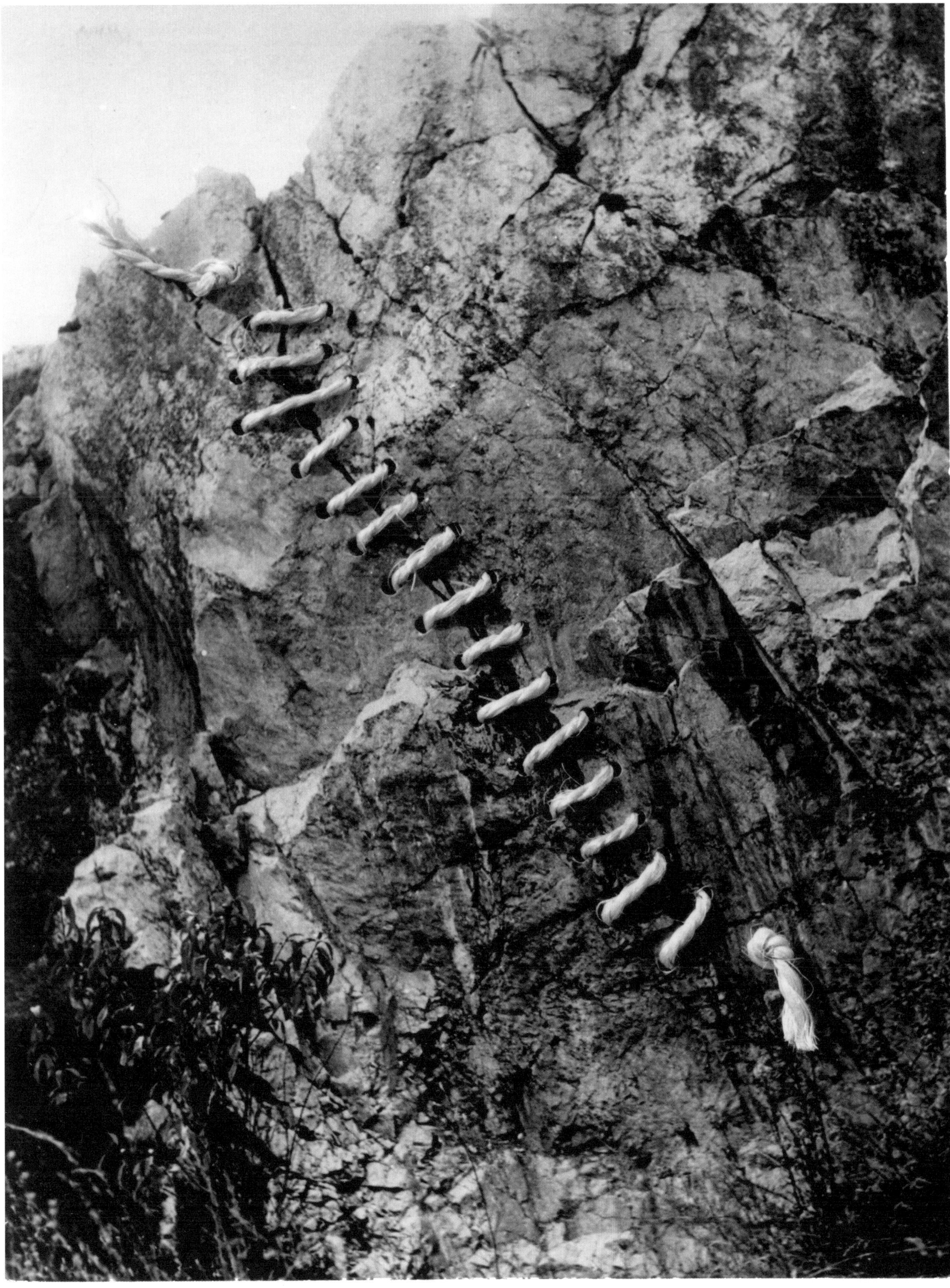

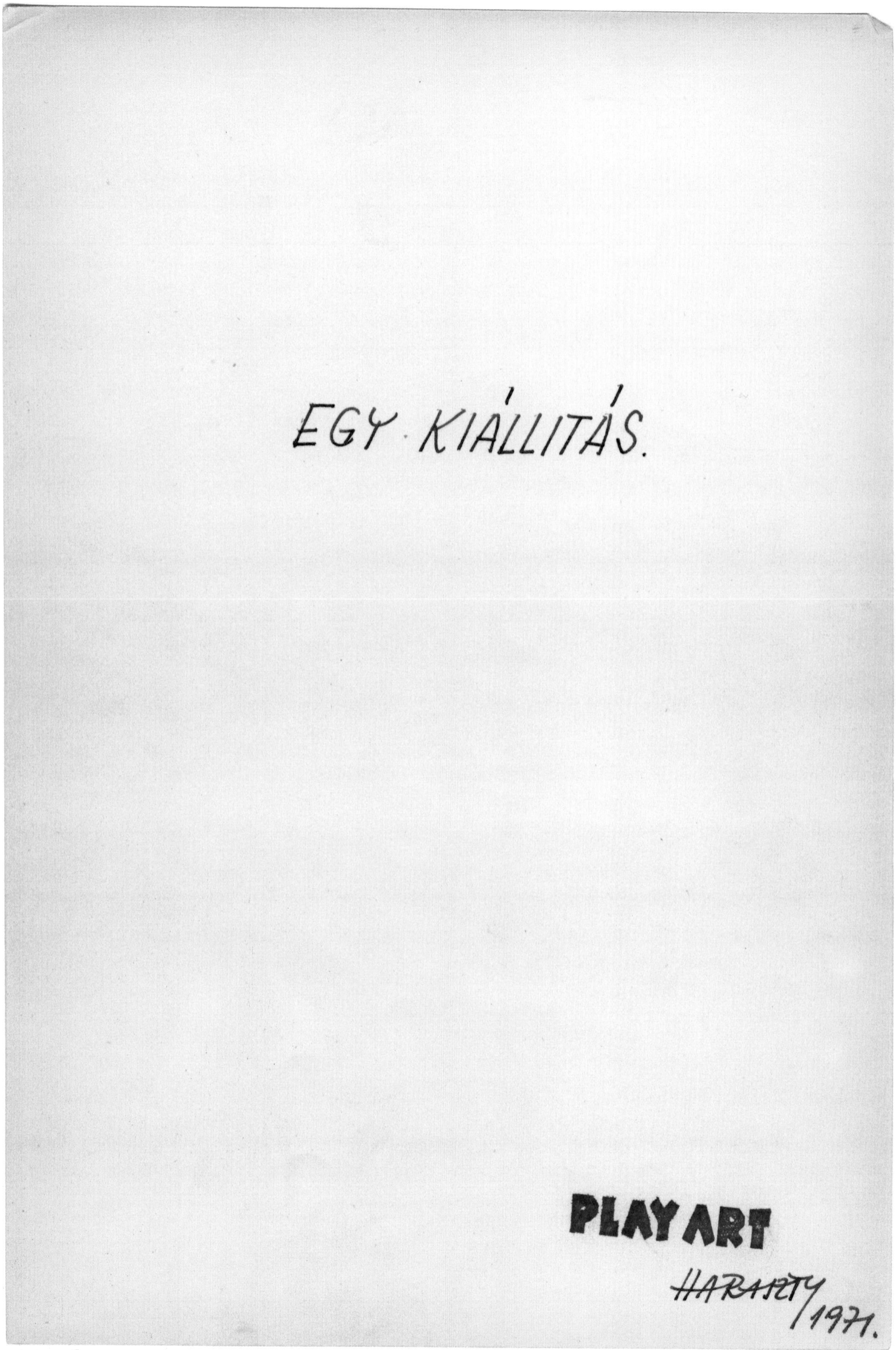

EGY KIÁLLITÁS.

PLAY ART

HARASZTY / 1971.

58 ISTVÁN HARASZTY

AN EXHIBITION
PLAY ART, HARASZTY, 1971

59

THE FLOOR PLAN OF THE EXHIBITION
(OUTLINE)

THE EXHIBITED OBJECTS:
1) BUTTON I
2) BUTTON II
3) BUTTON III (1-3 comprise a series)
4) ROLY-POLY TOY
5) DO NOT TOUCH!
6) FIG-PITTER (1970)
7) ORIENTATIONAL OPTICAL MANIPULATOR
8) RESTLESSNESS
9) NARROW-GAUGE (1969)
10) RECURRING DREAM
11) SPINNING TOP
12) (OBSTACLE AT THE ENTRANCE) MENTAL BATH

The exhibition is in a basement 4 meters deep underground, sheltered from outside noise and from governmental support.

60

1.2.3. *BUTTON SERIES*:
Visitors are presented with a cheap and popular toy for children between the ages of 4 and 6.
The 1. is this toy placed in a vertical position: a red button, 40 cm in diameter, is suspended on a nylon string. The pulling force is provided by a structure at the bottom. It is continuously in motion.
The 2. variation: a complicated structure which builds on the previous version in its shape and form. In this version, however, viewers can change the direction and speed of its movement as they like.
The 3. solution: its main point is the complexity which personifies cosmic research, critique, and electronics. It is automated, it projects sounds and light signals onto its environment. In its construction, however, it is similar to the two previous versions. Its movement is connected to the composition of exhibition object no. 5 (Do not touch!).

61

1. BUTTON (ITS OUTLINE)

SUSPENSION
NYLON STRINGS
EYE LINE PLASTIC BUTTON Ø 40 cm

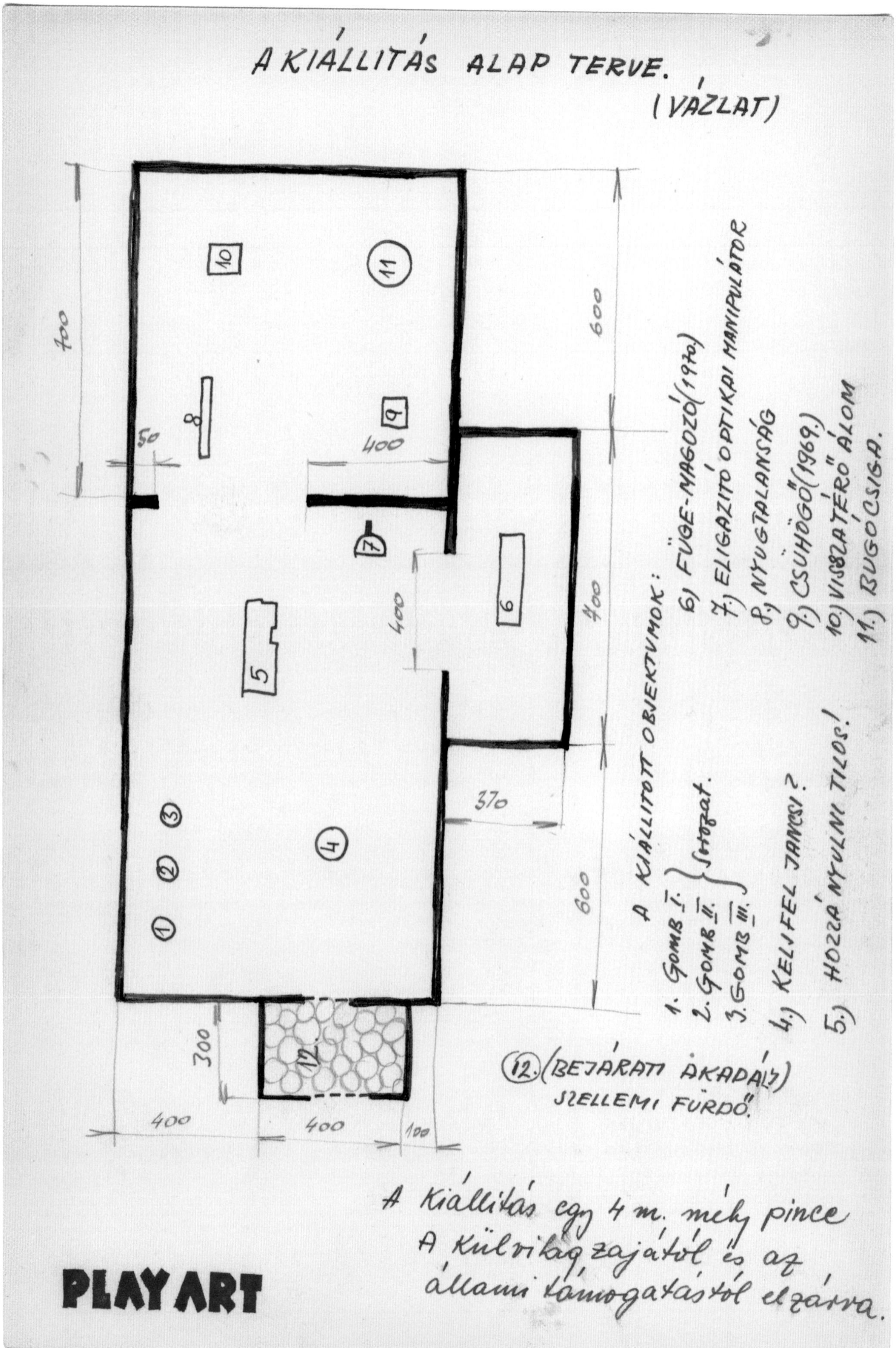

59 ISTVÁN HARASZTY

1. 2. 3. GOMB SOROZAT:

A 4–6 éves kor olcsó és kedves játékával Találkozik. a Látogató.

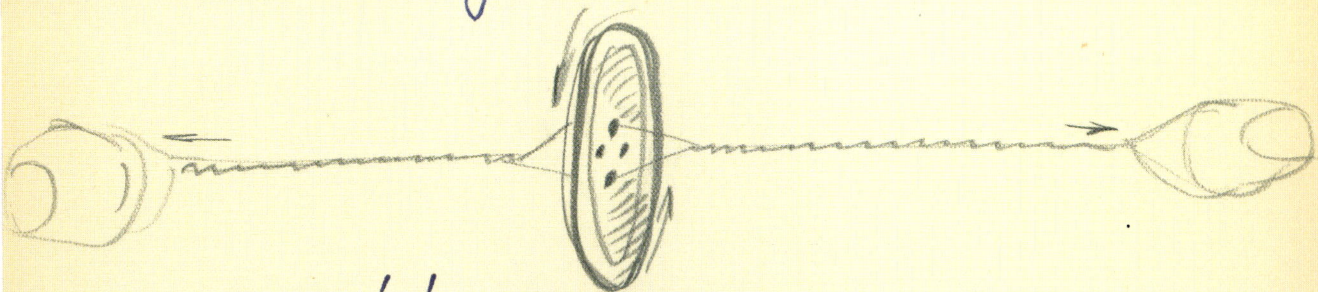

Az 1. ez a játék függőlegesen elhelyezve. egy 40cm átmérőjű piros gömb nylon zsinegre függesztve. alul egy szerkezet. bizt. a huzó erőt. állandóan mozog.

A 2. variáció. egy bonyolult. szerkezet. mely alapjában az előzőre épül de irányát sebességét a néző tetszése szerint. változtathatja.

A 3. megoldás. Lényege. a bonyolultság mely a. kozmikus kutatást. a kinetikát és elektronikát személyesíti meg. Automatikus, hangokat. és fényjeleket rejt környezetére. de konstrukcióban azonos az előző két variációhoz. mozgása. az (5.) kompozicióval. (Hozzá nyulni tilos.) kapcsolatban van.

PLAY ART

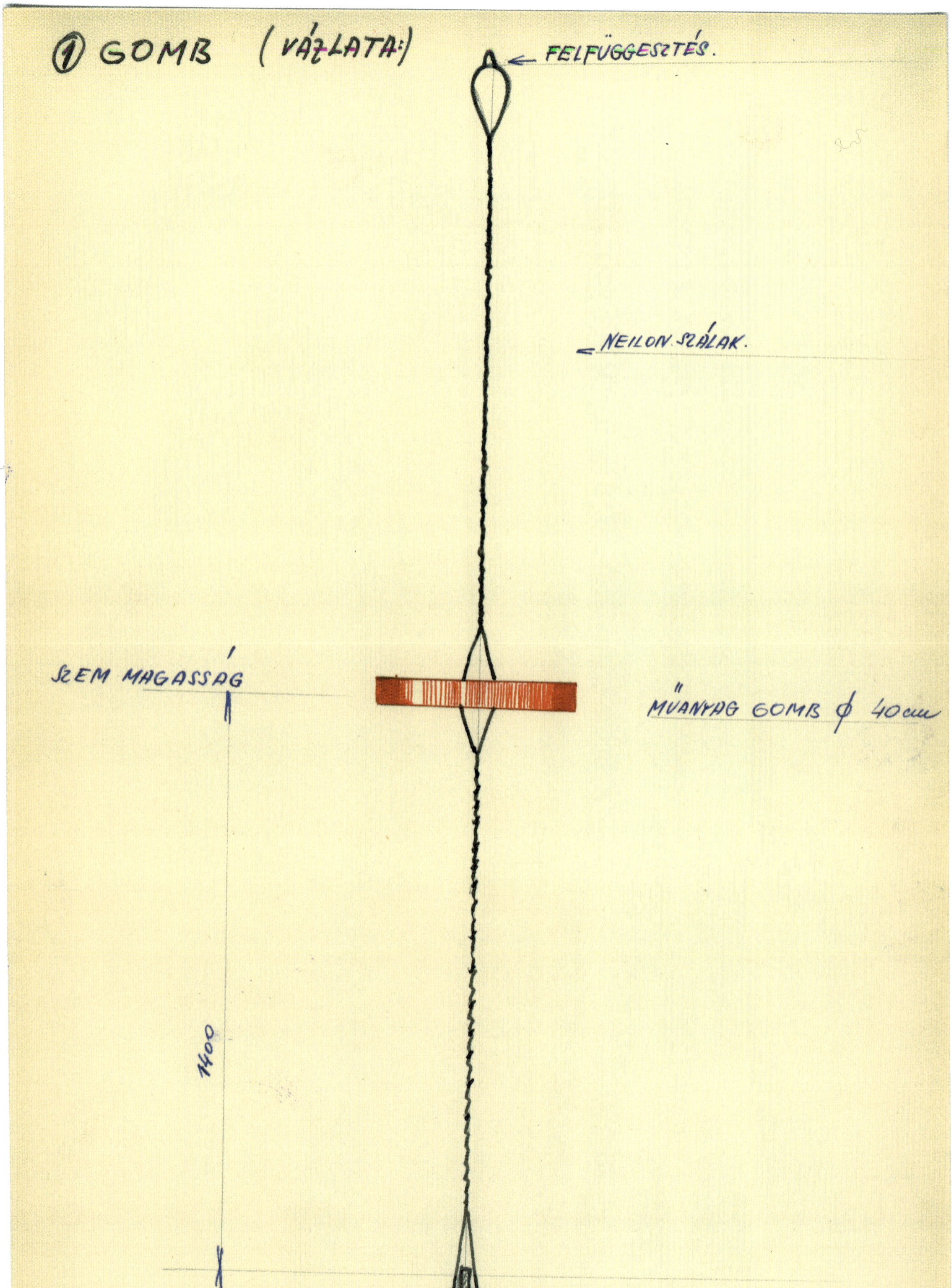

61 ISTVÁN HARASZTY

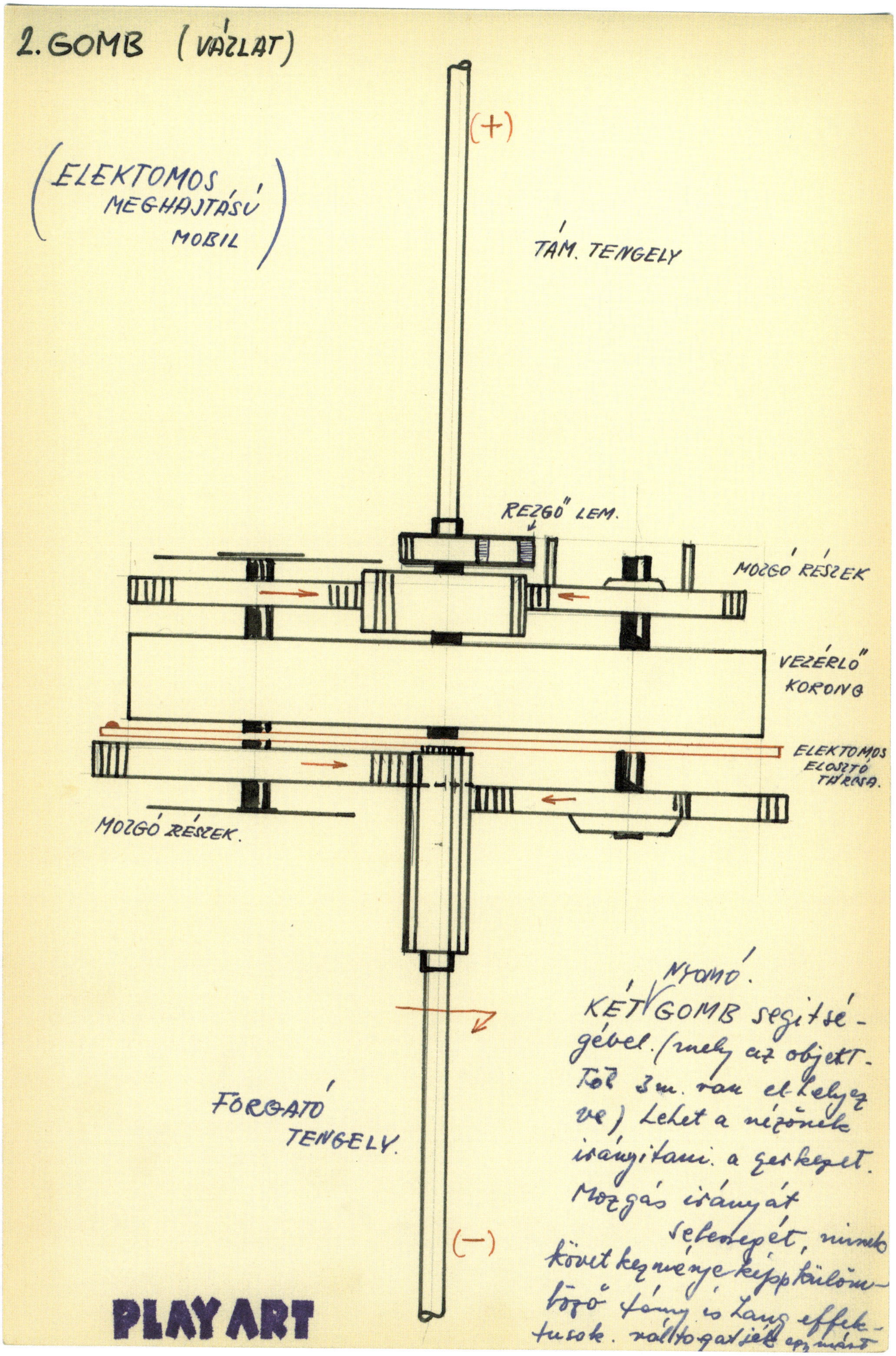

2. GOMB (VÁZLAT)
(ELEKTOMOS MEGHAJTÁSÚ MOBIL)
(+)
TÁM. TENGELY
REZGŐ LEM.
MOZGÓ RÉSZEK
VEZÉRLŐ KORONG
ELEKTOMOS ELOSZTÓ TÁRCSA.
MOZGÓ RÉSZEK.
NYOMÓ
KÉT GOMB segítsé-
gével. (mely az objekt-
től 3 m. van elhelyez
ve) Lehet a nézőnek
irányítani a szerkezet.
Mozgás irányát
sebességét,
FORGATÓ TENGELY.
(−)
PLAY ART

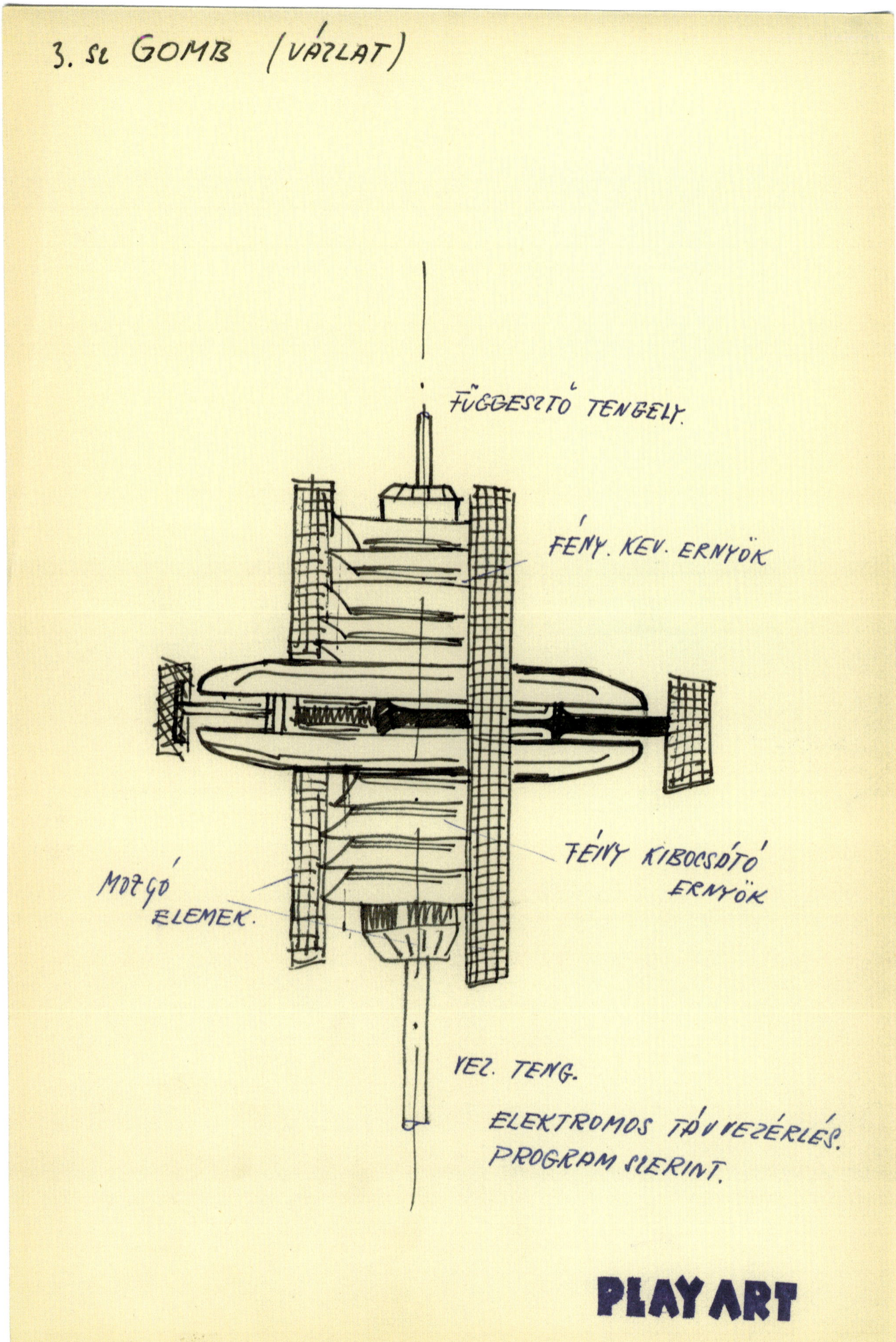
3. sz GOMB (VÁZLAT)
FÜGGESZTŐ TENGELY.
FÉNY. KEV. ERNYŐK
FÉNY KIBOCSÁTÓ ERNYŐK
MOZGÓ ELEMEK.
VEZ. TENG.
ELEKTROMOS TÁVVEZÉRLÉS.
PROGRAM SZERINT.
PLAY ART

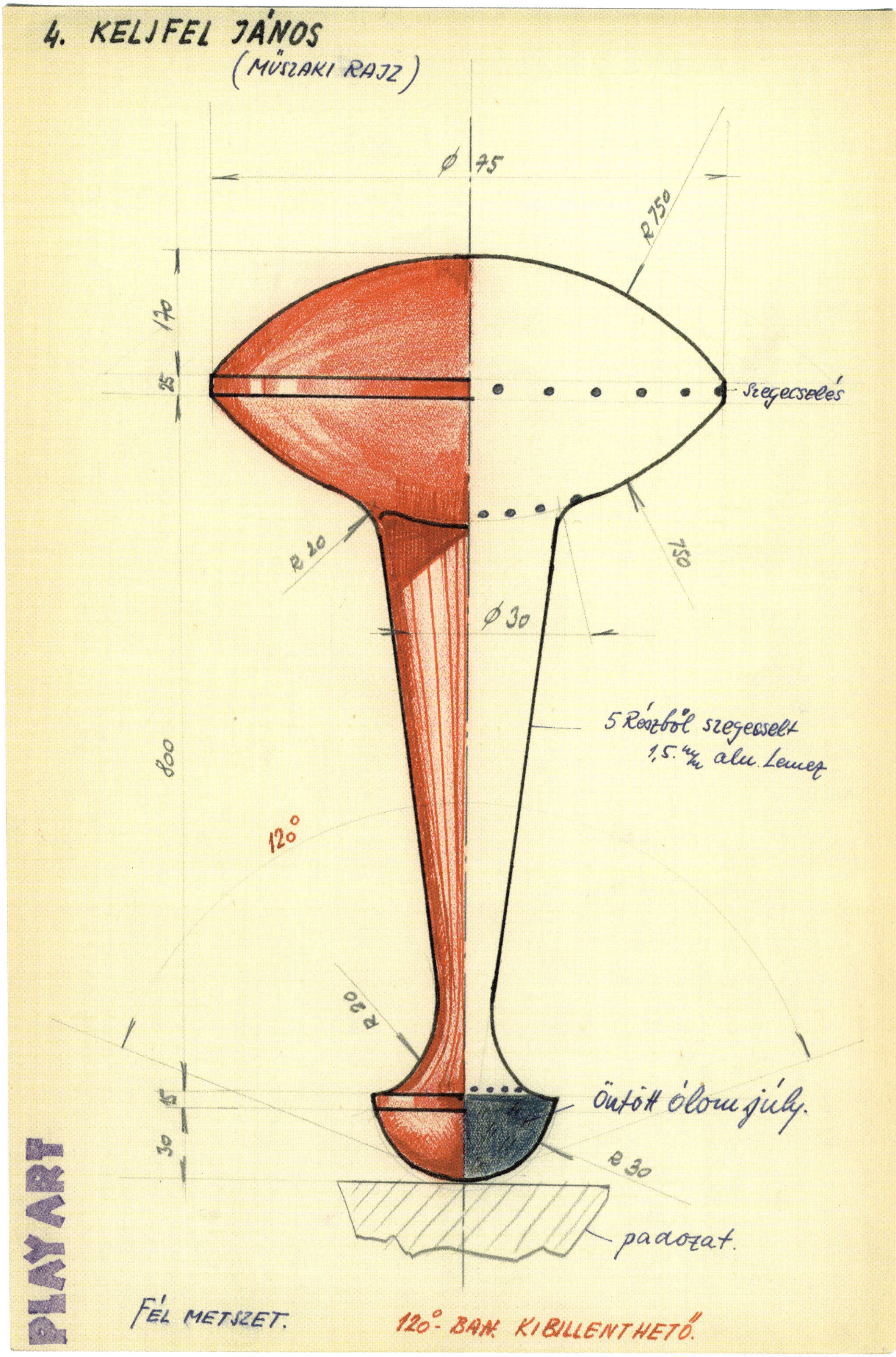
4. KELJFEL JÁNOS
(MŰSZAKI RAJZ)
Ø 75
R 750
170
25
szegecselés
R 20
750
Ø 30
5 Részből szegecselt
1,5 m/m alu. Lemez
800
120°
R 20
15
30
Öntött ólom súly.
R 30
padozat.
FÉL METSZET.
120°-BAN KIBILLENTHETŐ.
PLAY ART

4. KELJFEL JÁNOS MŰSZAKI LEIRÁS:

1,40 m magas. félgömb felületen álló tüzpirosra festett objektum melynek felső részére fehérrel rá van irva PLAY ÁRT.
A néző tetszése szerint mozgathatja. Bár milyen iráynban az alap felületre lenyomható (120°) egyensúlyi helyzetének fogva mindig vissza áll eredeti függőleges helyzetébe.

\#

Ez az objektum kicsinyitett változata annak a 15 m magas Beton létesítménynek Melyet. a Beremendi Beton Simp. keretében szeretnék kivitelezni.
Az eredeti elképzelés szerint a toronyba fel lehet menni, A kibillenések iránya és aránya egy harangjáték dallamát szabályozza.

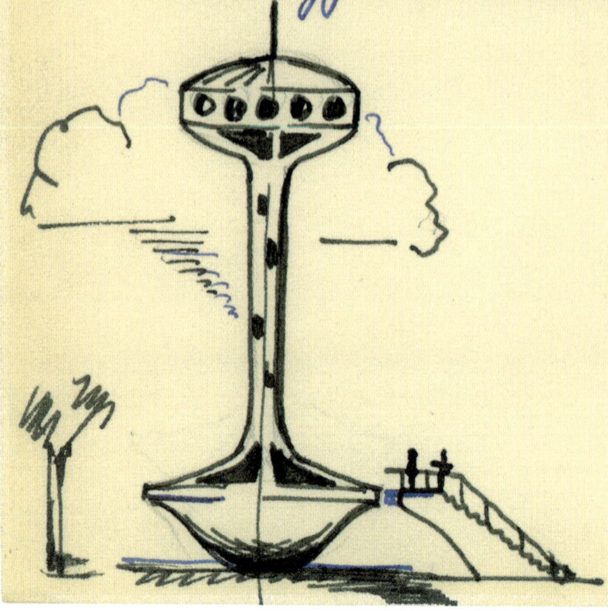

Beton hély szerkezet. az alap tömör vasbeton
Szinesre festve.
Szines reflektorok és vizsugarak egészitik ki.

PLAY ART

62 ISTVÁN HARASZTY

2. BUTTON II (SKETCH)
(ELECTRONICALLY POWERED MOBILE)

SUPPORTING SPINDLE
VIBRATING PLATE
MOVING PARTS
CONTROL DISC
ELECTRIC BAFFLE
MOVING PARTS
ROTATORY SPINDLE

Operated with the aid of two push buttons (that are placed at a 3-meter distance from the object), viewers can control the speed and direction of movement, as a result of which the mechanism produces various light and sound effects.

63

3. BUTTON (SKETCH)

SUSPENSION SPINDLE
LIGHT MIXING SCREENS
LIGHT EMITTING SCREENS
MOVING COMPONENTS
CONTROL SPINDLE
ELECTRIC REMOTE CONTROL
ACCORDING TO PROGRAM

64

4. ROLY-POLY TOY
(DRAFT)

riveting
1,5 m^2, 5 piece riveted aluminium plate
cast lead weight
platform
HALF SECTION-PLAN CAN BE TIPPED 120°

65

4. ROLY-POLY TOY
TECHNICAL DESCRIPTION:

An object painted fiery red, which stands on a 1.40 m tall hemisphere and which has PLAY ART written in white on its upper part. Viewers can move it however they like. It can be pressed downward in any direction (120°); as a result of its state of equilibrium, it always resumes its original vertical position.

This object is the small scale version of the 15-m high concrete structure that I would like to realize within the framework of the Beremend Concrete Symposium.
According to the original idea, it is possible to go up into the tower. The direction and degree of the swaying movements regulate the tune of a bell chime.
[figure]
Concrete structure, the base is painted, solid steel concrete. It is complemented by color reflectors and jets of water.

5. HOZZÁNYULNI TILOS!

Műszaki és egyéb kiállításokon gyakran találkozik a néző a közelebbi kapcsolat meg gát-lását tiltó táblával. Ez az objektum címe ellenére mindenki számára játszási lehetőséget kínál. Egy elektromos szerkezettel állunk szemben melyben 6 szinkron motor 35 drb. relé 4 vonal választó és számtalan elektromos és mechanikus alkatrész van beépítve. Ezek vezérlése. egy viszonylag egyszerű vezérlő asztal beiktatásával válik a néző számára elérhetővé.

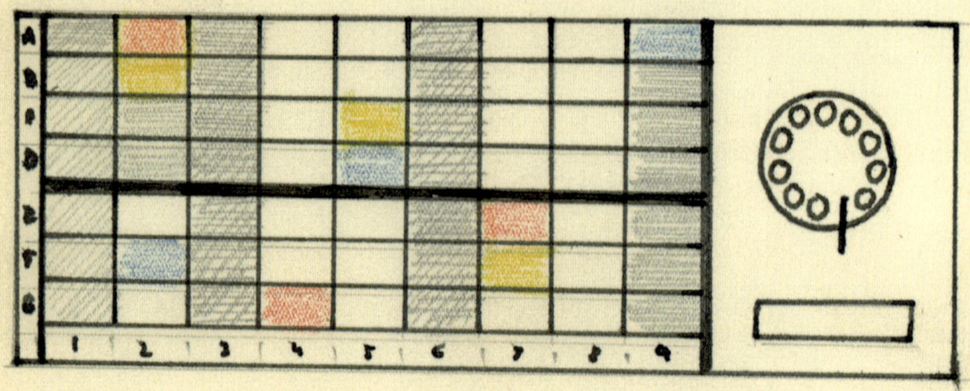

63 nyomó gomb, 1 telefon tárcsa. és 3 láb pedál ~~lég~~ kezelésével. számtalan előre csak részben meg határozható mechanikus elektromos hang, fény effektus váltakozik. A külömböző elektró mobilok elindítása. is innen történik. pontosan jelzi a nézők számát. Katalogust bélyegez. stb.

PLAY ART

6. FÜGEMAGOZÓ (1970)

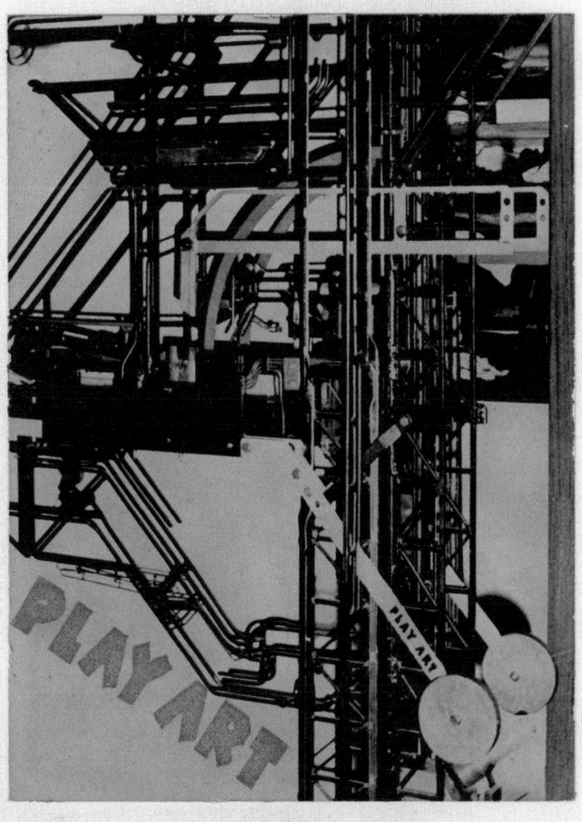

Részlet.

9. CSÜHÖGŐ (1969)

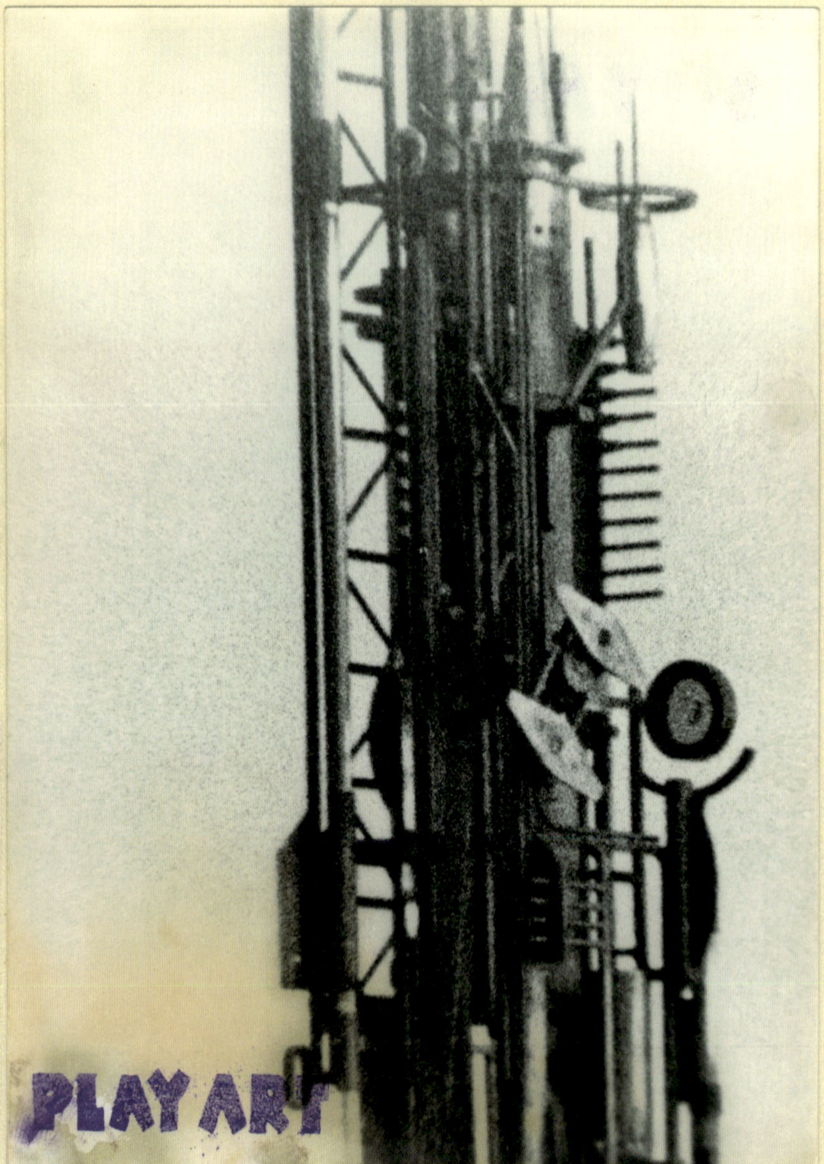

részlet.

10. VISSZATERŐ ÁLOM.

(LEIRÁS)

Egy 1,5 m. magas 60×60 alapterületű objektum melyben mozgó elemek nincsenek
Igy direkt mozgást nem produkál
Felépítését tekintve statikus elemekből áll.
Festett acél szerkezet hegesztett kapcsolatok
Füst szinű és szintelen plexi lapok vannak különböző egymásra szöget bezárólag fel csavarozva A plexi lapokba be vannak süllyesztve különböző szinű jelző szemek, melyek váltakozó üzemű különböző szögben és szinben világitják meg. a környezetükben lévő hasonló egységeket. igy állandó változások következménye képp mozgás alakul ki. Ezt a néző egy telefon számtárcsa segitségével érheti el. mely az objektumtól távol van elhelyezve.

A mozgás elvi vázlata:

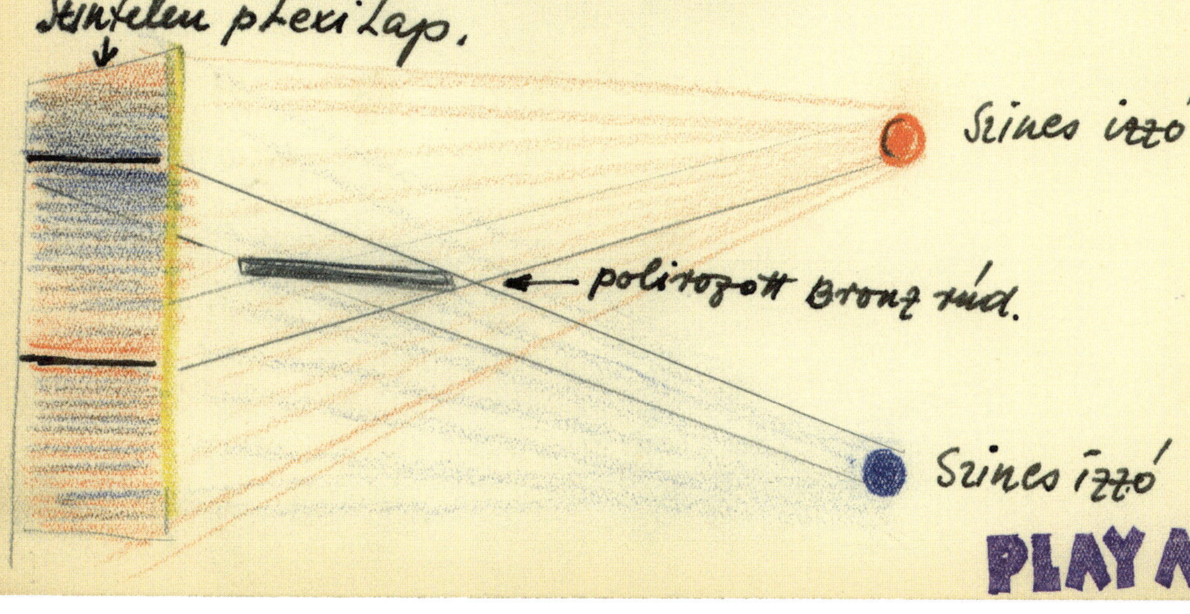

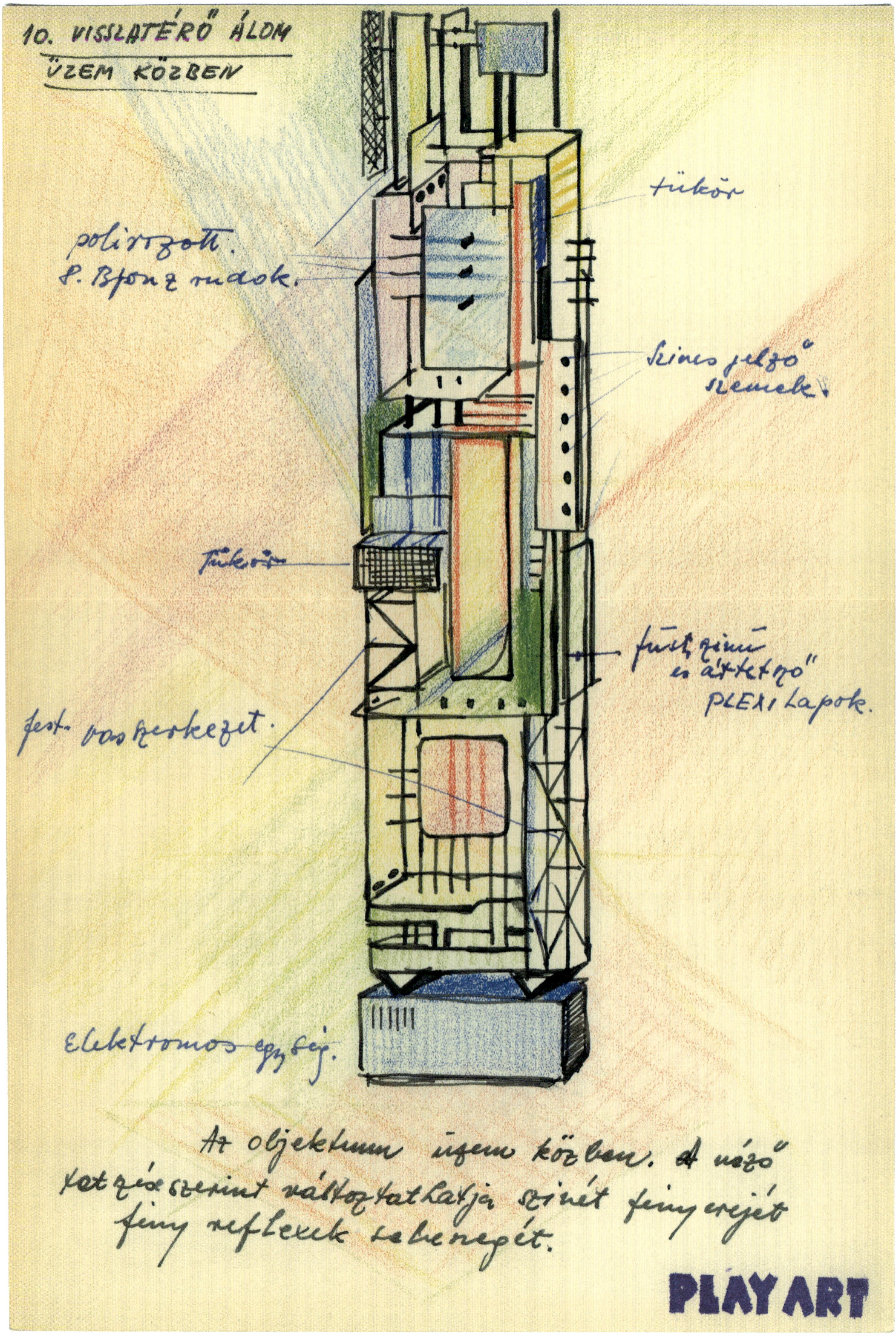
10. VISSZATÉRŐ ÁLOM
ÜZEM KÖZBEN
tükör
polírozott.
S. Bronz rudak.
Színes jelző szemek.
tükör
füstszínű és áttetsző" PLEXI Lapok.
fest. vasszerkezet.
Elektromos egység.
Az objektum üzem közben. A néző tetszés szerint változtathatja színét fényerejét fény reflexek sebességét.
PLAY ART

12. sz. **BEJÁRATI AKADÁLY:**

Bejárat a kiállító terembe:

Egy. 3 × 4 méteres szoba melyen 2 átjáró van különleges rácsszerkezettel: (üres 10×10 vasból hajlított. csukló vas rudak, melyek. egyszerre csak 1 ember be- ill. kilépését biztosítják. A szoba megvan töltve kb. 180 drb. különböző színű felfújt műanyag gömbbel ø. kb. 70 cm. minden gömbön egy fekete irányjelző nyíl van elhelyezve (rá festve) Körben a szoba falán szintén

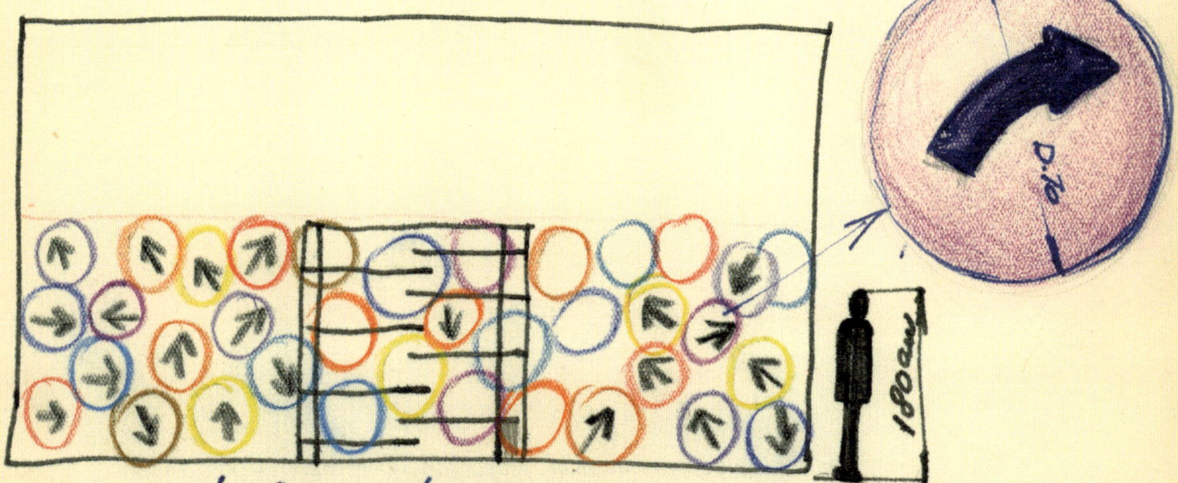

A belépőnek. át kell jutni a gömbökön az a folyamat biztosítja a kikapcsolódást. Ezért én szellemi fürdőnek nevezem.

PLAY ART

66–71 ISTVÁN HARASZTY

5. DO NOT TOUCH!

At technical and other exhibitions, viewers often encounter signs that forbid establishing closer contact. This object, contrary to what its title might suggest, offers everyone an opportunity to play. What we have is an electronic mechanism that contains 6 synchronous motors, 35 drum relays, 4 routers, and numerous other electronic and mechanic components. The viewers can control the mechanism with the help of a relatively simple control desk.
[figure]
63 pushbuttons, one phone dial and three pedals. Countless—previously only partly determinable—mechanical electronic sounds and light effects alternate. The various electro-mobiles are also set in motion through this instrument. It indicates the number of viewers, catalogue stamps, etc.

67

6. FIG-PITTER (1970)

detail

68

9. NARROW-GAUGE (1969)

detail

69

10. RECURRING DREAM
(DESCRIPTION)

A 1.5-m tall object with a basic area of 60 x 60 cm and no moving components. Thus, no direct movement is produced. Regarding its structure, it is composed of static elements—a painted steel structure with welded joints. Smoke-colored and colorless fiberglass plates are screwed on at various angles to each other. Indicators of different colors are sunk into the fiberglass, whose alternating rhythm illuminates similar units in their environment at various angles and in different colors. In this way, as a result of continuous changes, movement is created. Viewers can achieve this effect with the help of a number dial that is placed far away from the object.
The theoretical outline of the movement: [figure]
Colorless fiberglass plate
Color light [red spot]
Polished bronze rod
Color light [blue spot]

70

10. RECURRING DREAM IN OPERATION

The object in operation. The viewers can change its color, brilliancy, and the speed of light-reflexes as they like.

71

12. OBSTACLE AT THE ENTRANCE:

Entryway into the exhibition hall:
A room with the dimensions of 3 x 4 m and two passages fitted with a special structure of bars—10 x 10 hinged, bent iron rods that allow the entrance and exit of only one person at a time. The room is filled with approx. 180 inflated plastic balls of different colors (approx. diameter of 70 cm). Each ball has a black direction indicator arrow painted on it—as do the walls of the room.
[figure]
The person who enters must make their way through the multitude of balls. This process ensures mental recreation and relaxation. For this reason, I have named this installation "Mental bath."

U N D E R G R O U N D

/project/

Az U N D E R G R O U N D - project felépithető a világ bármely pontján tetszés szerinti léptékben. Ajánlatos azonban a minél monumentalisabb méret, ami nagyarányu földmunkával elérhető, mig a földfelszin az U N D E R-G R O U N D formát felveszi.

M: 1:lo, 1:loo, 1:looo, 1:loooo, 1:looooo, 1:loooooo.

72 TAMÁS HENCZE

U N D E R G R O U N D
(project)

The U N D E R G R O U N D –project can be constructed in any part of the world on whatever scale is preferred. The recommended size is "as monumental as possible." This can be achieved through a great amount of earthwork until the ground surface takes on the shape of U N D E R G R O U N D .

Size: 1:10, 1:100, 1:1000, 1:10000, 1:100000

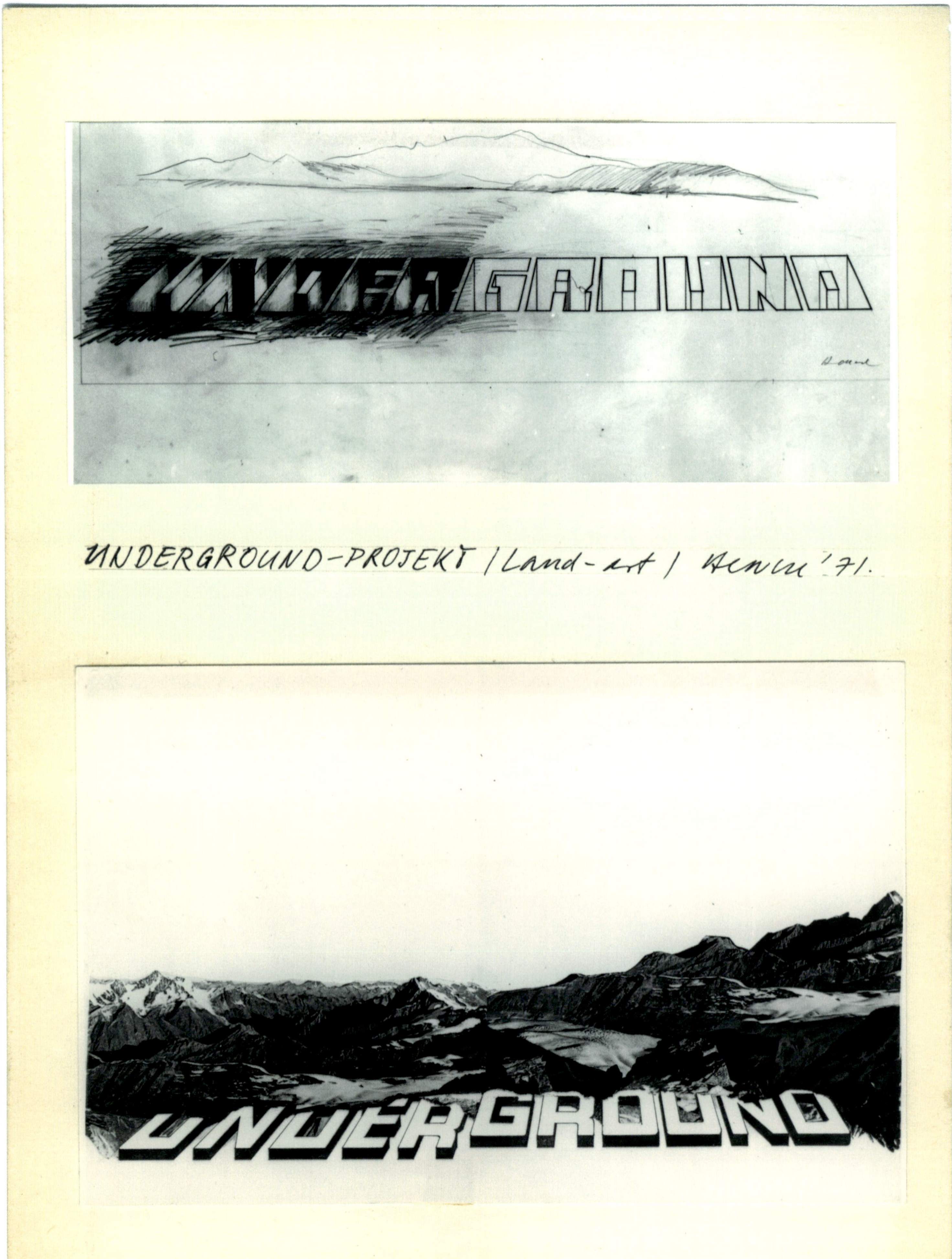

73 TAMÁS HENCZE

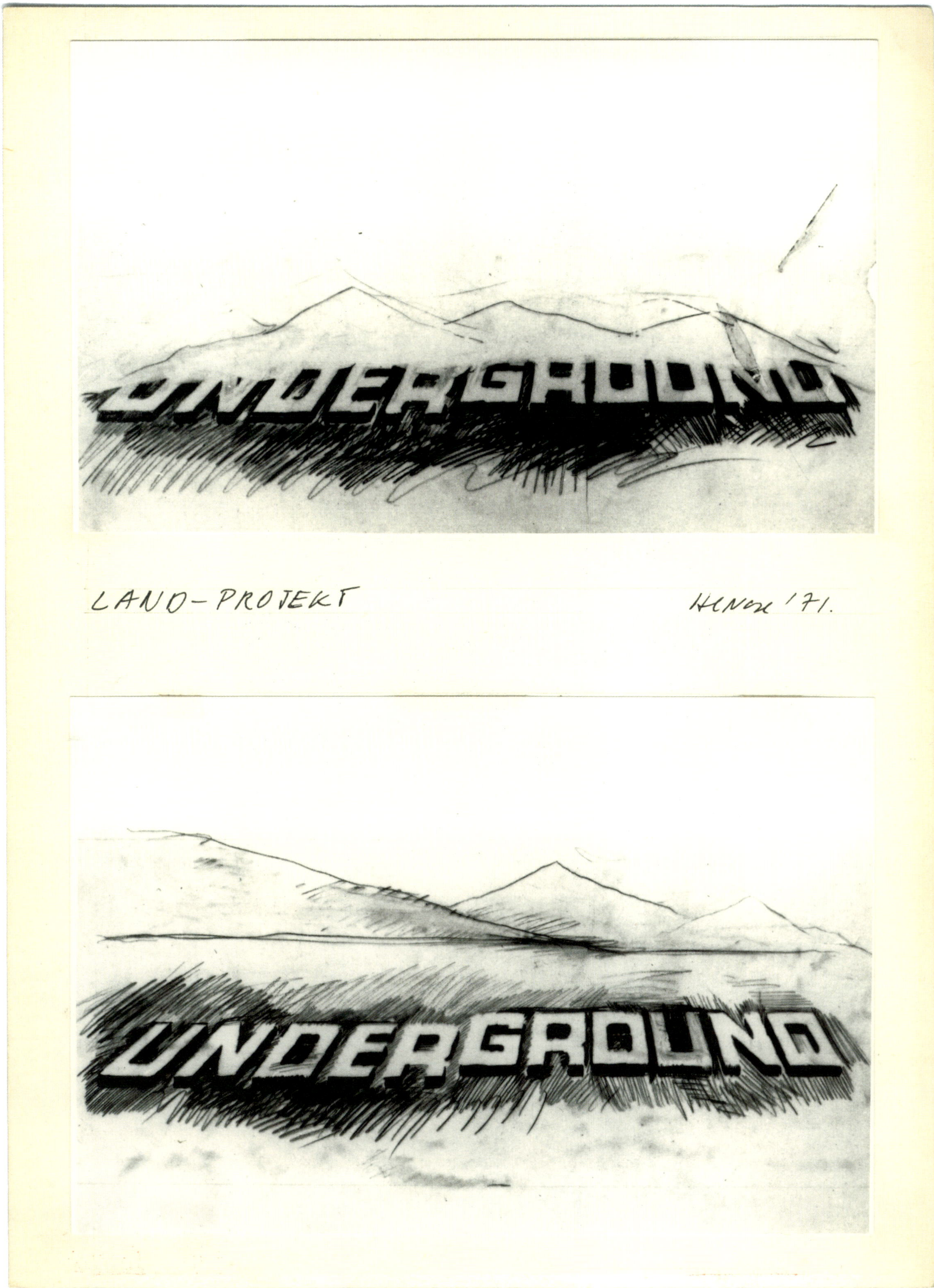

TAMÁS HENCZE 74

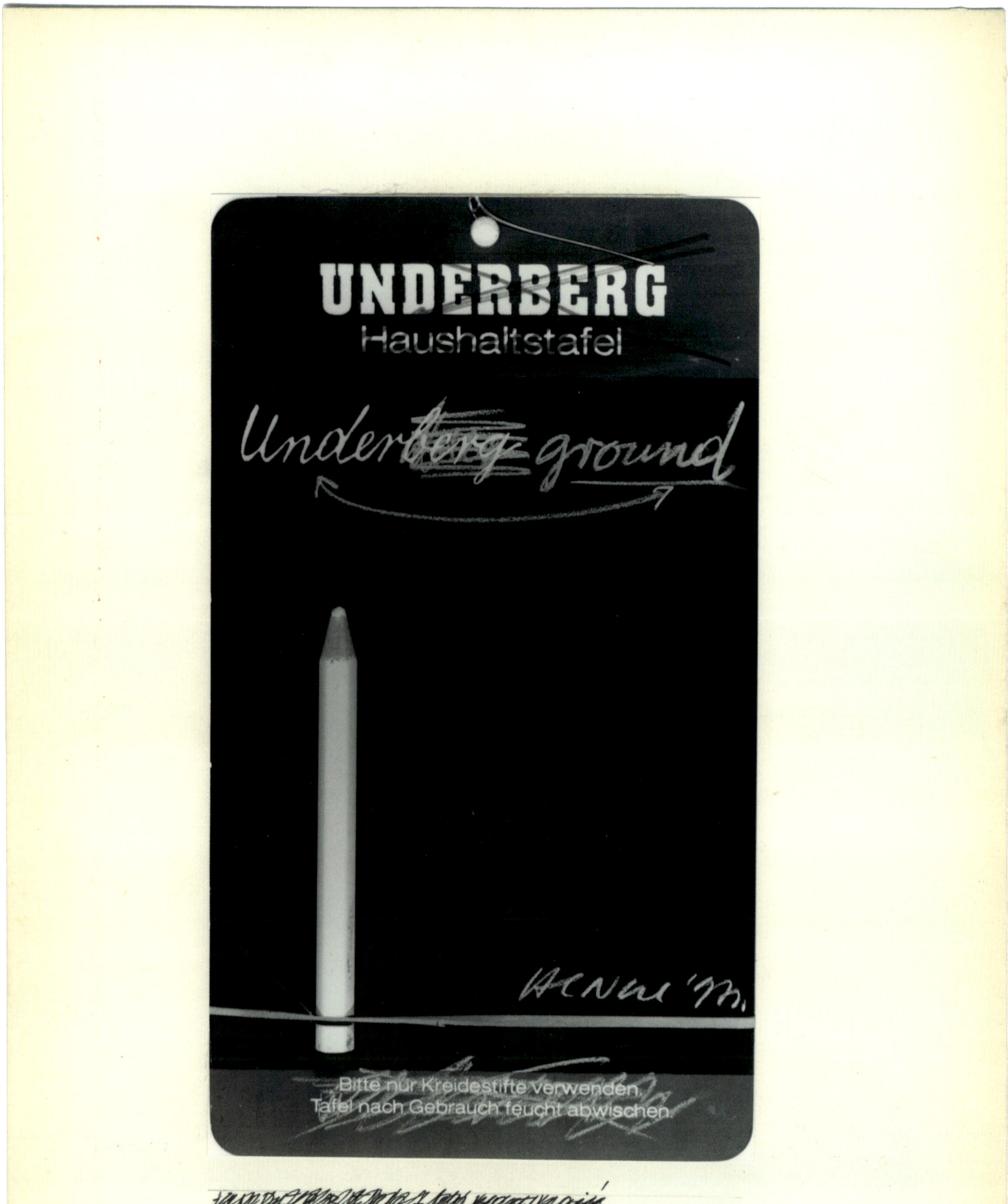

UNDERGROUND-DRAWING

Jovánovics György

/A müvész a felkérő levélre adott válaszát magnetofonszalag formájában küldte el. Alábbiakban a hangfelvétel szövegét adjuk, a lehetőségekhez képest hiven ragaszkodva az eredetihez. – B.L./

Kedves Laci! Különböző okok miatt igen nagy késéssel kaptam kézhez leveledet, mely igy szól: Kedves barátom, ezuton kérlek, vegyél részt az általam javasolt Elképzelés c. kisérleti, tanulmányi és dokumentativ jellegü munkában, melynek célja 1/ helyzetkép felrajzolása a mai magyar müvészet néhány törekvésének pillanatnyi állásáról; 2/a közismert kiállitási, publikációs stb. nehézségek áthidalása. Az akció lényege egy csupán gondolatban realizálódó kiállitás létrehozása, melynek anyaga mindazonáltal pontosan dokumentált. Bármilyen, és tetszés szerinti számu müvészi megnyilvánulással lehet szerepelni. Tárgyak, folyamatok, helyzetek stb. Egyetlen feltétel, hogy a müről olyan leirás készüljön, melynek alapján elképzelést nyerhetünk róla, ezért kivánatos a leiráson tulmenőleg, minél teljesebb dokumentáció beküldése /vázlatok, fotók stb./, tehát a mü egyenlő az elképzelés dokumentációja. A beküldött anyag előreláthatóan szabványméretü iratgyüjtő dossziékba kerül, müvésznekek szerint betürendben, és minden érdeklődő számára megtekinthetővé válik. A felkérő leveleket a következő müvészeknek küldtem meg: attalai, bak, balaskó, ~~xxxk~~ csáji, csiky, donáth, erdély, fajó, ficzek, gulyás, haraszty, hencze, jovánovics, keserü, kismányoki, lakner, lantos, major, méhes, nádler, pauer, pinczehelyi, szentjóby, szijártó, tandori, tót, türk. Amennyiben javaslatommal egyetértess, juttasd el anyagodat 1971 szeptember 31-ig cimemre, Budapest IX.Thaly Kálmán u.56. budapest 1971 augusztus 4. Üdvözlettel Beke László. Nagyon sajnálom, hogy csak ma, tehát 1971 november 29-én tudtam annyi időt szakitani, hogy egyáltalán válaszoljak neked, ha nem is irásban, mert most még arra sincs időm, hogy irógéphez jussak, hanem csak igy magnetofonszalagra mondva. Késésem oka, az az elfoglaltság, éppen az, ami miatt, sajnos, közös munkátokban sem tudok résztvenni: idestova két éve Lenin-sakkjátszmákat rekonstruálok. A Lenin-centenáriumi évben a magyar sajtóban megjelent emlékezésekből vettem, hogy Lenin szivesen és jól sakkozott. Ezt a játékot édesapjától és testvéreitől tanulta, akik szintén jó sakkozók voltak. Lenin jó tanitványnak bizonyult, hamarosan mind édesapját, mind testvéreit megverte. A Népszava egyik száma szerint Lenin egyszer egy kazanyi elsőosztályu sakkozónak bástyaelőnyt adva, a tábla megtekintése nélkül, sakknyelven szólva, vakon játszott, miközben a táblának háttal állva billiárdozott, és fejben számolta a poénokat. A sakk az egyetlen objektiv játék, az un. sakkirás segitségével minden játszma maradéktalanul és tökéletesen megőrizhető, rögzithető, és ujra lejátszható. A kiváncsiság és a tisztelet vezetett, amikor szerettem volna Lenin játszmáiból néhányat megtekinteni. Érdeklődésem, sajnos, azzal az eredménnyel járt, hogy ugy látszik, nem maradt fönn Lenin-játszma. Ekkor azonban meglepő ötletem támadt. Egy véletlen segitett hozzá. Megismerkedtem Budapesten egy moszkvai fiatallal, aki szintén szenvedélyes amatőr sakkozó, s bár minősitáse nincs, játékereje jó elsőosztályu, sőt talán mesterjelölt szintet ér el. Egyébként ő is, mint én, szobrász, a neves szovjet Nuszberg- kinetikus csoport tagja. Ismerettségünket természetesen ennek köszönhettük, s a kellemes, de fárasztó szakmai beszélgetések után a klub sakkasztalánál Leninre terelődve a szó, a szovjet fiatal is mennyire kiváncsi lenne a nagy forradalmár játszmáira. És ekkor megszületett bennünk az elhatározás. Közös munkánknak ez az előzménye, és most már talán eredménye is beérni látszik. Sajnos, az emli-

76 GYÖRGY JOVÁNOVICS

György Jovánovics

(The artist sent his response to a request for participation in the form of an audiotape. The content of the audiotape is transcribed below, as accurately as circumstances allowed. – L.B.)

Dear Laci,
For a number of reasons, I received your letter with a substantial delay. The letter reads: My dear friend, I hereby ask you to take part in an experimental, educational, and documentation project that I have initiated with the title Imagination. It has the following aims: 1) to make a situation overview about the current state of a few tendencies in contemporary Hungarian art; 2) to find a solution for the well-known difficulties of exhibiting, publishing, etc. The point of the project: the creation of an "exhibition" that is only realized in thought, the material of which, however, is accurately documented. It is possible to participate with any kind of and any number of artistic comments (objects, processes, situations, etc.) the only condition is that the work should be described in such a way that we are able to get an idea of it. For this reason, it is highly advisable that you send—in addition to the description—the most complete documentation possible (sketches, photos, etc.) Consequently, the work equals the documentation of the imagination. The materials submitted will probably be placed in a regular sized folder—in alphabetical order, according to the names of the artists—and will be accessible to anyone interested. I have sent invitations to the following artists: attalai, bak, balaskó, baranyay, csáji, csiky, donáth, erdély, fajó, ficzek, gulyás, haraszty, hencze, jovánovics, kemény, keserü, kismányoki, lakner, lantos, major j., méhes, perneczky, pinczehelyi, szentjóby, szíjártó, tandori, tót, türk. If you agree with my proposal send your material to the following address by September 31, 1971 (Budapest, 9th district, Thaly Kálmán u. 56. I/3a). Budapest, August 4, 1971. Kind regards, László Beke. I am really sorry that—until today, November 29, 1971—I was not able to set enough time aside to respond to you—if not in writing, as lately I have not had enough time to even get my hands on a typewriter, but in the form of an audiotape. The reason for my delay is precisely the same activity that will, unfortunately, prevent me from being able to participate: for nearly two years, I have been reconstructing games of chess played by Lenin. During the year of the Lenin Centennial, I read in the memoirs that were printed in the press that Lenin liked a game of chess and played well. He learned it from his father and brother, who were also good chess players. Lenin proved to be a good apprentice, soon enough he was beating his father as well as his brothers. According to an article in *Népszava*, Lenin once, having given a first class player from Kazan a rook advantage, played without a glance at the board—to use the language of chess, he played blind—while he was also playing pool with his back to the board, counting the points in his head. Chess is the only objective game in which, with the help of the so-called chess-notation every move can be entirely and perfectly recorded and replayed. Motivated by both curiosity and respect, I wanted to see some of Lenin's games. My search, however, did not lead me to any games that had been thus preserved. Then, prompted by a coincidental event, I had a surprising idea. In Budapest, I met a young man from Moscow who is also a passionate amateur chess player. Although he has no professional qualifications, he is a strong, first class player; he may even be at the level of a chess master. Otherwise, he, too, is a sculptor like me. He is a member of the famous Nusberg Kinetic group. This was also how we met, of course. After some pleasant, though tiring, professional discussions at the club chess table, the subject of Lenin came up. This was when I discovered that the Soviet youngster, too, was very curious to know more about the chess games played by the great revolutionary. And so we came to a decision. This is the pretext of our shared work. And now, maybe, we will also see some results soon.

tett kazanyi partinak, ugy látszik, nem maradt nyoma. Rendkivüli örömünkre szolgál azonban, hogy nemcsak néhány játszmabefejezést, és játszmaállást, de mintegy féltucatnyi, dokumentumokkal bizonyithatóan eredeti Lenin-partit sikerült rekonstruálnunk. Ezzel történelmi kutatásunk első szakaszának végéhez értünk. A dokumentumok egyeztetése, ellenőrzése, a játszmák elemzése, a kötetberendezés folyik. Ez, ha minden jól megy, egyszerre fog magyar és orosz nyelven megjelenni. Belátod bizonyára ezek után te is, mostanában más munkára nem juthatott időm. Kárpótlásul azonban, hogy valami örömet okozzak, ha érdekel, megmutatok valamit abból, amit idáig rajtunk kivül csak a munkánkban résztvettek, történészek, politikusok, sakkozók élvezhettek. Orosz védelem. Világos: Lenin, sötét: századeleji ismeretlen játszó. Egy, e négy, e öt, kettő, huszár ef három, huszár ef hat. Az orosz védelem jelleget adó megnyitó lépések: három, huszár üt e öt, dé hat, négy, huszár ef három, huszár üt e négy, öt, vezér e kettő, vezér e hét. Hat, dé három, huszár ef hat, hét, futó gé öt, futó e hat. A fő változat itt hét vezér üt e kettő sakk, futó üt e kettő, sötét azonban két tempóval igy is elmarad a fejlődésben. Most viszont huszár cé három után fenyeget huszár e négy. Nyolc, huszár cé három, há hat. Kilenc, futó há négy, gé öt, tiz, futó gé három, futó gé hét. Tiz, dé négy, 11! felkiáltójel, huszár cé hat. Nem jobb huszár bé dé hét sem, mert abban az esetben a cé hét pont védtelensége miatt fenyeget huszár bé öt. Tizenkettő, hosszusánc, huszár dé öt, tizenhárom, vezér bé öt. Felkiáltójel, kitűnő lépés. Lenin erélyesen rámutat a fejlődésben elmaradt sötét tábor gyenge pontjaira. Sötét még mindig nem sáncolhat, mert a vezér másodszor is támad dé ötre, ezen kivül támadja a bé hét pontot, és közvetve a cé hat, a nyolc pontokat is. - Huszár üt cé három. Tizennégy, bé üt cé, gé négy kérdőjel. Most sem ment a sánc dé öt miatt. Lenin erre látványos stilusban nyeri meg a játszmát. Tizenöt, vezér üt bé hét, király dé hét. Tizenhat, huszár e öt sakk, felkiáltójel, futó üt e öt, tizenhét, dé üt e, bástya há bé nyolc, tizennyolc, vezér üt cé hét sakk, két felkiáltójel. Király üt cé hét, tizenkilenc, e üt dé sakk, vezér üt dé hat, husz, futó üt dé hat sakk, király bé hat, huszonegy, futó üt bé nyolc, bástya üt bé nyolc, huszonkettő, király bé kettő, király a öt sakk, huszonhárom, király a egy, és sötét feladta. Egy más alkalommal Lenin és ellenfele között ez az állás jött létre: a világossal játszó Lenin bábui állanak: király cé egy, vezér e kettő, bástya dé egy és e egy, futár ef egy, és há négy, huszár ef hat. Gyalogok: a három, bé kettő, cé kettő, ef három, gé kettő, gé hat. Sötét: király ef nyolc, vezér gé hét, bástya a nyolc, cé hét, futó e hat, há nyolc, huszár cé nyolc, gyalogok: a hat, bé öt, dé hat, e öt, ef öt és há hat. Csak ez az állás maradt fenn, a megelőző lépéseket nem sikerült rekonstruálni. Sőt, sajnos a folytatást is csak körülbelül, nem pontos és egzakt lefolyásában. A fölényes és nyertnek mondható állást, valószinü, elnézés folytán, Lenin elvesztette. Csak annyit tudunk, hogy később sötét vezére cé kettőre sakkal ütött, és világos ekkor feladta. Itt csak következtetni tudunk a játék lefolyására abból a tényből, hogy a vezér cé kettő sakkra Lenin föladta. Közben valószinüleg ugyanis világos álláselőnyét kihasználva támadásba lendült a vezér, és az e egy bástya előrébb merészkedett, a király a biztonságosabb bé egy mezőre lépett, csakhogy eközben a dé egy bástya védtelenül maradt. Most ezek után csak tisztán sakkszempontból elemezve a következők mondhatók el: a figurák állásából valószinü, hogy szicíliai védelmü megnyitás volt. A világos és sötét haderő fejlődésében kirivó ellentétet tapasztalunk. Világos szinte valamennyi tisztjét mozgósitotta, sötét figurái szétszórtan, az összjáték hiányában helyezkednek el. Ha azonban a támadás nem üt át, hosszu távon sötét is reménykedhet, bástyájának nyilt, futóinak majdan kinyiló vonalán támadást szervezni a világos király ellen. Mert a világos tábor

77 GYÖRGY JOVÁNOVICS

Unfortunately, no traces of the aforementioned Kazan game seem to have remained. I am rather thrilled to report, however, that we have managed to reconstruct not only some game endings and game stages, but also almost half a dozen original games played by Lenin (verifiable by documents). With this, we have arrived to the end of the first stage of our historical research. The collation and checking of the documents, the analysis of the games and their compilation into a volume are all underway. If everything goes as planned, this will be simultaneously published in Hungarian and in Russian. I am sure you now understand why I have had no time to work on anything else. To offer some sort of consolation, however, if it pleases you and you are interested, I can show you a bit of what, until now, only we and those who have participated in our work—historians, politicians, and chess players—have had the opportunity to enjoy. The Russian defence. White: Lenin, black: unknown player from the beginning of the century. One, e4, e5, two, knight to f3, knight to f6, three, knight takes e5, d6, four, knight to f3, knight to f6. Opening steps characteristic of the Russian defence: three, knight takes e5, d6, four, knight to f3, knight takes e4, five, queen to e2, queen to e7. Six, d3, knight to f6, seven, bishop to g5, bishop to e6. The main version here is seven queen takes e2, check, bishop takes e2. Black, however, still stays two steps behind. But now, after knight to c3, knight to e4 marks the beginning of the offense. Eight, knight to c3, h6. Nine, bishop to h4, g5, ten, bishop to g3, bishop to g7. Ten, d10, exclamation mark, knight to c6. Knight to bd7 is not better either, because, in that case, due to the defenselessness of point c7, knight b5 threatens. Twelve, castling queenside, knight to d5, thirteen, queen to b5. Exclamation mark, excellent move. Lenin strenuously points out the weak parts of the black camp lagging behind in progress. Black still cannot castle, as the queen makes an offense, for the second time, to d5. Also it attacks b7, and indirectly c6 and eight too. Knight captures c3. Fourteen, b captures c, g4 question mark. Castle again was unfeasible because of d5. Lenin thus wins the game in a spectacular fashion. Fifteen, knight captures b7, king to d7. Sixteen, knight to e5 check, exclamation mark, bishop to e5, seventeen, d captures e, rook to hb8, eighteen, queen captures c7 check, double exclamation marks. King captures c7, nineteen, e captures d check, queen captures d6, twenty, bishop captures d6 check, king to b6, twenty one, bishop captures b8, rook to b8, twenty two, king to b2, king to a5 check, twenty three, king to a1, and black has given up. On another occasion the following was the state of the game between Lenin and his opponent: the pieces of Lenin, playing with white, are standing: king c1, queen e2, rook d1 and e1, bishop f1 and h4, knight f6. Pawns: a3, b2, c2, f3, g2, g6. Black: king f8, queen g7, rook a8, c7, bishop e6, h8, knight c8, pawns: a6, b5, d6, e5, f5 and h6. Only this state was recorded, the previous moves could not be reconstructed. Also, sadly, the then following moves could only be recreated roughly, not in its precise and exact course. The swaggering and probably a state of winning was, most probably accidentally, lost by Lenin. We only know that later the black queen captured c2 with a check, and white gave up at this point. Here we can only reckon the course of the game, based on the fact that Lenin gave up when the queen moved to c2 giving a check. In the meantime, probably leveraging its advantage in white moves, the queen started the attack, the e1 rook ventured forward, the king moved to the safer b1 square, but meanwhile, the d1 rook was left defenseless. After all this, one can say the following things, analyzed solely from the perspective of chess: it is plausible, based on the state of the pieces, that it was a Sicilian defense as a first move. We can see a huge contrast between the development of the black and that of the white army. White mobilized nearly all of its minor pieces, the black pieces are scattered, due to the absence of the interplay. If the attack, however, does not strike through, on the long run, the black can hope to arrange an attack against the white king, along the open chains of its rooks and the soon-to-be-opening chains of its bishops. Because the white camp can also feel the need for a strong pawn center.

is érzi egy erős gyalog centrum hiányát. S bár világos már most örökös sakkal döntetlent tarthat, a visszamaradt és gyenge dé hat gyalog védelmét cé nyolcról ellátó huszár helyzete által meggyengült alapsor hihetetlenül szép, és azonnal nyerő kombinációt tesz lehetővé. Lenin figyelmét ez a kombináció hogy kerülhette el?! Annál is érthetetlenebb, mert motivumában rokonságot mutat az előző játszmában látott kombinációval. Itt is, mint ott, világos vezérét adhatja egyetlen gyalogért. Különbség persze az, hogy itt a vezérlépés nem sakkal történik, valamint hogy a vezér leütése az áldozat elfogadása esetén világosnak nincs szüksége a vezér visszanyerésére, az anyagi egyensuly helyreállitására, mert feladványszerü mattot adhat. A nyerő lépés tehát: egy, vezér üt e öt, két felkiáltójel. Ha most sötét üti a vezért, dé üt e, akkor kettő, bástya dé nyolc sakk, király e hét, és, sajnos, a befejezés duálos, viszont annál szebb, mert három, huszár gé nyolc, feltakart kettős sakk és matt. Vagy: hoszár dé öt, feltakart kettős sakk és matt. Mindebből következik, tehát, hogy az áldozatot sötét nem fogadhatja el, könnyen meggyőződhetünk azonban, hogy bármilyen más védő lépésre el van veszve, mert egyébként a gyalogvesztés mellett most ütésben áll e hat futója. Ha ez a figura ellép ef hétre vagy dé hétre, akkor a vezér végleges feláldozásával vezér e nyolc sakk, futó üt e nyolc, bástya üt e nyolc sakk és matt. Nem segit sötéten, ha vezérével kiüti az ef hat huszárt, azzal az elgondolással, hogy a futóval való ütés után most már ő is ütheti gyalogjával a vezért, csakhogy bástya dé nyolc sakk igy is matt. Jobbnak látszik tehát, hogyha sötét bástya e hét lépéssel védi meg futóját. De ugy bástya üt dé hat dönt. Végül kiütheti sötét a gé hat gyalogot, vezér üt e hat, futó üt ef hat, vezér üt ef hat sakk, vezér üt ef hat, futó üt ef hat után azonban teljes tiszthátránya marad. Hogy a rámháruló feladatoknak elegetttenni tudjak, az utóbbi időben sokat kellett foglalkoznom sakktudásom elmélyitésével is. Megnyitáselméleti ismereteim tovább csiszolva készülök minősitő versenyeken is indulni. Az eddig rekonstruált játszmák elemzéseit Sz. magyar mesterrel ellenőriztettem. Az előbb bemutatott játszmavégződéssel kapcsolatban például a következő megjegyzést tette: nem kételkedik rekonstrukciós munkánk hitelességében és lelkiismeretességében, mégis meggondolandó, nem követtünk-e el valahol hibát. Arra gondolt, az alőző állásban sötétnek nem állt há haton gyalogja, mert abban az esetben az egész általam felfedezett és elemzett kombináció nem megy. Nehezen tudja ugyanis elképzelni, hogy Lenin ne látta volna meg a nyerő lépést. Mi azonban mégegyszer mindennek utánanéztünk, és határozottan kijelenthetjük, hogy sötétnek volt gyalogja há haton. Befejezésül most már csak annyit: ha netán a sakkjátszmák irásának, jegyzésének módját nem ismered, tudasd ezt velem valamilyen uton-módon, és én irásban megküldöm neked a bemutatott kettőt. Kezdeményezésedet egyébként nagyon érdekesnek tartom, és valamennyiötöknek jó munkát kivánok.

Laci, a szöveg OK

Jován

Even though white can already have a stalemate with a perpetual check, the base chain—which is weakened by the position of the knight on c8 performing the defense of the remaining and weak pawn on d6—is absolutely beautiful, and it allows for an immediate winning combination. How could Lenin miss this combination?! It is even more perplexing, as it resembles in its motive the combination of the previous game. Here too, like earlier, he can give his white queen for a sole pawn. The difference is, of course, that the move of the queen does not give check, and that if he is willing to make a sacrifice when capturing the queen, white does not need to gain back the queen, to restore the material balance, because he can give a puzzling checkmate. Hence, the winning move is: one, queen captures e5, two exclamation marks. If now black captures the queen, d captures e, then two, rook to d8, check, king to e7; and, unfortunately, the ending is dual, but it is even more beautiful, because three, knight to g8, discovered double check and checkmate. Or: knight to d5, discovered double check and checkmate. Consequently, black cannot accept the sacrifice, we can, however, easily be certain that, any other defending move of his is doomed, as besides the loss of pawns, his bishop on e6 is on to a capturing move. If this piece moves to f7 or d7, then with the absolute sacrifice of the queen, the queen is to e8 check, bishop captures e8, rook captures e8 check and checkmate. It does not help black if it captures with its queen the knight on f6, thinking that after the bishop's capturing move, its pawn can now also capture the queen; nevertheless, rook to d8 is still checkmate. It seems better therefore if the black rook defends its bishop with the move to e7. But then rook captures d6. Finally, black can capture the pawn on a6, queen captures e6, bishop captures f6, queen captures f6 check, queen captures f6, bishop captures f6, but afterwards it will have a total lack of minor pieces. So that I could fulfill my duties, in the last couple of years, I have had to deepen my knowledge of chess as well. Refining my understanding of opening theory, I am planning to participate also at rating chess tournaments. The analyses of the games reconstructed thus far have been checked over by the Hungarian chess master Sz. Regarding the ending I just showed you, for example, he made the following remark: while he has no doubt that our reconstruction is both authentic and meticulous, it should still be considered that we may have made an error somewhere. What he was referring to was the possibility that, in the preceding step, there may not have been a black pawn on h6, which would make the combination I have discovered and analyzed unworkable. He found it difficult to believe that Lenin would not have noticed the winning move. We checked it all over again, however, and can firmly confirm that there was a black pawn on h6. In closing, just one more thing: if you are not familiar with the notation used for recording chess games, let me know in some way and I will send the two games cited here in writing. Otherwise I find your initiative very interesting and I wish all of you the best in your work.

[handwritten on bottom of the page] Laci, the text is OK. Jován

Budapest, 1971 december 8.

Kedves Jován,

küldött munkádat nagy örömmel vettem kézhez, és csaknem azonnal hozzáfogtam a hangszalagra rögzitett szöveg legépeléséhez. Mint a mellékelt példányból is láthatod, igyekeztem mindenben szóbeli instrukcióidnak megfelelően eljárni, vagyis a hallott szöveget minden prekoncepció nélkül, laikusként papirra rögziteni. Munka közben azonban sajátos reminiszcenciáim támadtak, melyek a továbbiakban mindjobban elhatalmasodó kételyekké fokozódtak bennem. Tudniillik gyermekkorómban én is sakkoztam, édesapám pedig mind a mai napig hü maradt, ha csak teoretikusan is, e játékszenvedélyhez: nem szünt meg szorgalmasan vásárolni a "Sakkélet" cimü folyóirat ujabb és ujabb számait. Mindezen élményeket felidézve, felötlött bennem, hogy talán helytelenül járok el, ha az általad rekonstruált sakkjátszmákat nem az előirásoknak megfelelően, az egyezményes jelölési rendszer alkalmazásával irom le /ebben csakugyan járatlan vagyok/, hanem mintegy "fonetikusan". Ebbéli feltevésem helyességében egyébként megerősitett a "Les Lettres Francaises" cimü hetilap átlapozása is, melyben a sakkrovatot - a valószinüleg magyar származásu - Francois Molnar vezeti: hogy tudniillik a sakkjátszmák leirásának valóban szigoru szabályai és, mondhatnám, vaslogikája van /ill.vannak/. Ha tehát f6 helyett ef hat-ot irok példának okáért, ezzel megváltoztatom a leirás tipográfiáját, vizuális képét, a komoly és egzakt játékhoz kevéssé illő stilusértékeket teremtek, kissé talán komikus hatást is keltek akaratomon kivül, olyasformát, mint amit azzal idézünk fel, amikor egy idegen nyelvü megnyilvánulást megpróbálunk leirni magyarul fonetikusan. /Hogy jobban értsd, mire gondolok: "how do you do" helyett "hau du ju du"; "commment ca va" helyett "kommanszava" stb./ Egyszóval, mivel nem szeretném, hogy ilyen járulékos hatások munkád sikerét akár a legcsekélyebb mértékben is módositsák, kérlek, hogy amint záró mondataidban fel is ajánlottad, küldd el mielőbb három példányban a rekonstruált játszmák immáron szabályosnak tekinthető leirását. Ezt kiegészitésként a magnóról leirt szöveg mellé fogom helyezni. Meg fogod érteni, ha ugyanakkor e levél másolatát is elhelyezem a dossziédban, csak igy tudom ugyanis igazolni, hogy nem a félrevezetés szándéka vezetett, hanem teljesen jóhiszemüen jártam el, amikor beszámolódat lejegyeztem.

Baráti üdvözlettel:

Bela László

79 GYÖRGY JOVÁNOVICS

79 GYÖRGY JOVÁNOVICS

Budapest, December 8, 1971

Dear Jován,

I received the work you sent with great pleasure and almost immediately set about typing up the text recorded on the audio tape. As you can see from the enclosed copy, I endeavored to proceed in accordance with your verbal instructions, in other words, to record the text without any preconceptions, as a layman. While at work, however, peculiar reminiscences sprang to mind which continued to intensify into a sense of uncertainty in me. Namely, that during my childhood I myself played chess, and my father to this day continues to be faithful to his passion for the game, even if only on a theoretical level: he has not ceased to diligently purchase the latest issues of the journal *Chess Life*. Recalling these personal experiences, I was struck by the thought that it might be improper on my part to proceed without transcribing the games of chess that you reconstructed by the book, applying the conventional system of notation (I am indeed inexperienced when it comes to this), but rather so to say "phonetically." I was reassured of the correctness of my conviction when I leafed through the weekly paper entitled *Les Lettres Francaises*, in which the chess column is edited by François Molnar (presumably of Hungarian origin): namely, that the notation of chess games is indeed based on very serious rules and, so to say, has a kind of iron logic. If for example instead of f6 I write ef six, I alter the typography of the notation, the visual image, and create stylistic values that are not appropriate to this serious and precise game, possibly arousing—against my intentions—a slightly comic effect of the kind we achieve when we attempt to write down an expression drawn from a foreign language phonetically in Hungarian. (So that you better understand what I am thinking of, imagine someone writing "hau du ju du" [ha du ju du]? instead of "how do you do" or "kommanszava" "koh-mawn sah vah" instead of "comment ça va," etc.) In short, as I would not like to alter the success of your work in the slightest degree, I ask you to be so kind as to send me as soon as possible the description of the games that you reconstructed in the notation thought of as standard in three copies, as indeed you offered yourself to do in your closing sentences. I will then place this as a supplement beside the text transcribed from the tape recorder. As you can understand, I will also place a copy of this letter in your folder, as that is the only way I can verify that my aim was not to mislead anyone when I transcribed your account, but rather that I did so in good faith.

With friendly affection,
[signature]

Kedves Laci! 1977. XII. 19.

Nem hiszem, hogy komikus hatást keltünk, ha egy idegen nyelvű megszólítását leírnók fonetikusan magyarul. Sőt! Ma már minden kezdőknek írott nyelvtankönyv a pontos és félre nem érthető kiejtés jelöléséhez a nemzetközi fonetikai ábécé (itt is, nem: ABC) átírását használja, amelynek az az előnye, hogy ugyanazt a hangot – az írásmódra való tekintet nélkül – mindig ugyanazzal a jellel jelöli, és ugyanazt a jelet mindég egyformán, ugyanannak a hangnak kell olvasnunk!

(A nemzetközi fonetikai átírásnak, éppen mert nemzetközi, a latin betűktől eltérő néhány jele van, ezeket azonban percek alatt elsajátíthatjuk.)

A fonetikai átírás a beszéd hű tükre kíván lenni olyan esetekben, mikor a jegyző az elhangzó szöveg eredeti írásmódját nem ismeri.

Mindazonáltal, ahogy ígértem, elküldöm a játszma és a játszmaállás sakkírással rögzített változatát.

Sajnos írógépem még mindég nincs a közelemben, elnézésedet kérem ezért.

Üdvözöl

Jonda

80 GYÖRGY JOVÁNOVICS

December 19, 1971

Dear Laci,

I do not think we produce a comic effect if we transcribe an expression drawn from a foreign language phonetically in Hungarian. On the contrary! Nowadays every language textbook written for beginners makes use of the international phonetic aybeesee (here too: not ABC) to transcribe precise and unambiguous pronunciation, the advantage of which is that the same sound—irrespective of the system of writing—is always marked with the same symbol and the symbol must always be read as the same sound.

(The international phonetic transcription, precisely because it is international, has only a few symbols that deviate from the Latin alphabet, but knowledge of these can be attained in a matter of minutes.)

Phonetic transcription strives to be a faithful mirror of speech in cases in which the transcriber is not familiar with the original script of the text he or she has heard.

Nevertheless, as I promised, I send the game and the state of the game in chess notation. Unfortunately, I still have no access to a typewriter, I apologize for this.

Sincerely

Jován

1971.11.19.

Elképzelésem van a Lánchid oroszlánplasztikáinak uszkár-kutya plasztikákkal való kicserélésére.

Az oroszlán, mint az erő, szépség, nemesség, stb. szimbóluma napjainkra már korszerütlenné vált. Tudjuk, a mai oroszlánok a világ állatkertjeiben, továbbá az afrikai és egyéb rezervátumokban már csupán bámész kisiskolások és utazgató turisták látványosságát szolgáló szelid, bánatos példányok, hogy a gyötrelmes cirkuszi oroszlánprodukciókról ne is beszéljünk. Szaporodásukat még igy is antikoncipiensekkel gátolják, mert autós, komputeres korunkban egyre kevésbbé tudunk mit kezdeni az oroszlánokkal.

Ugyanakkor a kutya az egész világon hihetetlenül fokozódó népszerüségnek örvend és számuk rohamosan nő. Aki járt különböző országokban, tapasztalhatta, hogy az autók számán, a kirakatok áruválasztékán kivül a kutyák, és ezen belül a fajtatiszta, különleges kutyák száma szinte pontosan mutatja az adott ország gazdagságát, életszinvonalát. A kutya ugyanis azt jelzi: az embereknek túl a megélhetés, amunka, a család gondján van még energiatartalékuk, szeretet- és érzelemfölöslegük újabb, tudatosan vállalt élőlény, "családtag" számára, "aki" nem kevés plusz költséget is jelent!

Nos, az utóbbi évek hazai fejlődésének, életnivónk emelkedésének egyik legbiztosabb mutatója az itthoni kutyák és törzskönyvezett fajtatiszta kutyák számának rohamos növekedése, a pesti utcákon ugráló, sétáló, játszó egyre több kutya és egyre több büszke kutyatulajdonos látványa. Külön lapjuk is van: "A kutya" !

Az uszkár /Canis familiaris (extarius) genunus, németül pudel, angolul poodle, vagy barbet/ különösen fokozódó népszerüségnek örvend a legfejlettebb ipari államokhoz hasonlóan nálunk is ! Ez az egyik legemberhezkötődőbb, legértelmesebb, legjátékosabb, legkedvesebb kutyafajta, ugyanakkor igen rugalmas, izmos, fürge, karcsú, szépformájú. Jótulajdonságai a számos egyéb kutyafajta között is külön rangot biztositanak az uszkár számára.

Bizonyitékul lássunk néhány statisztikai adatot és grafikont /az adatok a Magyar Ebtenyésztők Országos Egyesülete törzskönyvezési osztályától származnak/:

Összes kutyák Magyarországon
Dogs in Hungary

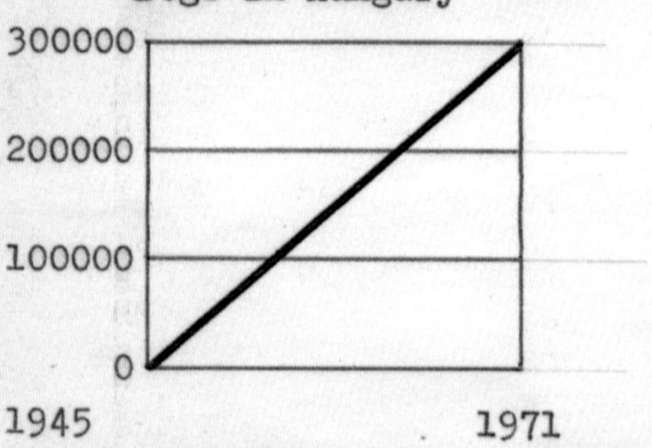

Uszkárok Magyarországon
Poodles in Hungary

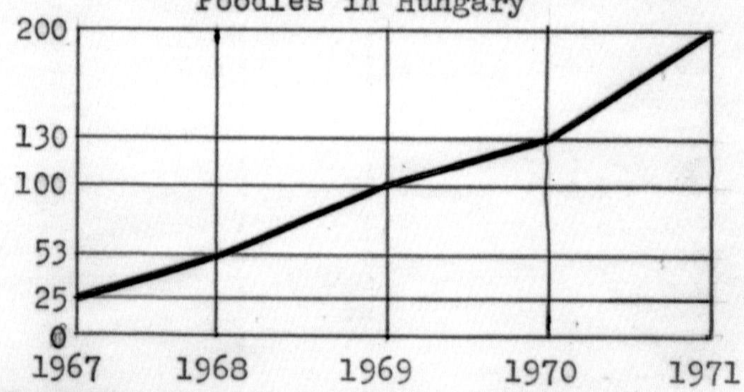

Feltételezhető, hogy az évek során mind a kutyák összáma, mind ezen belül az uszkárok arányszáma még rohamosabban fog nőni, hovatovább a kipusztuló lovak stb. helyébe az ember szinte egyetlen, és egyben leghüségesebb társaivá válnak majd.

Összegezve: indokolt a Lánchid oroszlánjait a sokkal korszerübb, emberközelibb, kedvesebb, egyszersmind csinosformájú, és gazdasági fejlődésünket hiven szimbolizáló uszkár-plasztikákra kicserélni, amelyek a budai várral a háttérben még csak fokoznák városképünk már eddig is elismert szépségét.

1.

81 GYÖRGY KEMÉNY

11/19/1971

I have an idea of replacing the lion sculptures of the Chain Bridge with sculptures of poodles.
By now the lion, as the symbol of strength, beauty, nobility, etc., has become obsolete. We know that the lions of today living in zoos and in African as well as other reservations are a tame, sorrowful specimen serving as a spectacle for wide-eyed elementary school children and tourists, not to mention the appalling lion acts in circuses. Their reproduction is even hindered with contraceptives, because in our automobile and computer age we are less and less able to deal with lions.
At the same time, dogs are enjoying an unbelievably increasing popularity all over the world, and their number is growing rapidly. People who have traveled abroad have seen that in addition to the number of cars and the range of goods in store windows, the number of dogs, especially the unique pure-bred dogs, almost precisely reflects the given country's wealth and standard of living. Namely, the dog signifies the fact that, in addition to the problems of sustenance, work, and family, people have enough energy and a surplus of love and emotions to accept another living creature deliberately, a "family member," "who" constitutes an extra expense that is by no means trivial!
Well, one of the most infallible indicators of the development and the improvement of living standards in Hungary in recent years has been the rapid increase in the number of dogs and registered pure breeds, the sight of ever more dogs jumping, walking, and playing, and the increasing number of proud dogowners on the streets of Budapest. They even have their own magazine: *The Dog*!
As is the case in the most developed industrial nations, the poodle (or barbet, Canis familiaris [extrarius] genunus, Pudel in German) in particular is enjoying increasing popularity in Hungary. The poodle is one of the most loyal, intelligent, playful, and amiable of dog breeds, and is at the same time very resilient, muscular, spry, and slender and has a nice form. Its good traits ensure the poodle a special rank among numerous other breeds.
As proof, let's examine some statistical data and graphs (the data are from the Registry Department of the National Society of Hungarian Dog Breeders):

[graphs]

It is probable that in the coming years both the total number of dogs and the proportional number of poodles will increase at an even more rapid pace, and before long they will become, in place of horses, etc. (which will become extinct), the most loyal and virtually the only companion to people.
To sum up: the replacement of the lions of the Chain Bridge with the more modern, sociable, amiable and, at the same time, handsome form of sculpted poodles, who accurately symbolize our economic growth, is entirely justifiable. With the Buda Castle in the background, they would merely enhance the already acknowledged beauty of our townscape.

Technikai kivitelezés:
A fotókon látható /a fotókat Molnár László készitette/, a fajta minden erényét: lendületességét, kedvességét, szépségét stb. magas fokon egyesitő "Borzi Tini" nevü, jelenleg nyolchónapos uszkárról szakszerü előkészités után gipsznegativ, majd pozitiv öntendő, és erről pantográf segitségével pontos, naturális nagyitás készitendő a jelenlegi oroszlánplasztikák méretében. Anyaga lehet hagyományos kő, vagy márvány, lehet epoxigyanta, de lehet bármi más is. Szine lehet fekete /1. foto/, vagy fehér, vagy szürke /2. foto/, vagy más. Elképzelhető azonban a testre tartós müanyagszőr-takaró felhuzása is a teljes élethüség érdekében, sőt, esetleg ugyanez cserélhető módon, évszakonként váltakozó szinben /zöld, sárga, barna, kék/, továbbá ünnepi alkalmakkor piros, vagy nemzetiszinü szőrzettel.Vagy nem. Mindezeket, és a még felmerülő változatokat kivitelezés előtt a Fővárosi Tanács Tanács-körúti kiállitótermében ki kellene állitani, hogy a járókelők a helyszinen kiosztandó lapokon véleményüket nyilvánithassák a szerintük legjobb változatról. Egy már bevált módon, tehát a TV valamelyik legnépszerübb müsora közben /nemzetközi futballmeccs, jégtáncbajnokság, folytatásos krimi stb./ a nézők, azaz Budapest és az ország összes lakosának lámpaoltási arányszámával kellene megszavaztatni a végleges változatot, ami után végül sor kerülhetne a kivitelezésre.
A továbbiakban esetleg Budapest valamennyi oroszlán szobra sorra lecserélhető lenne uszkár szoborra, igy például a parlament lépcsősorának kétoldalán ülő oroszlánplasztikák is, stb.

Kemény György

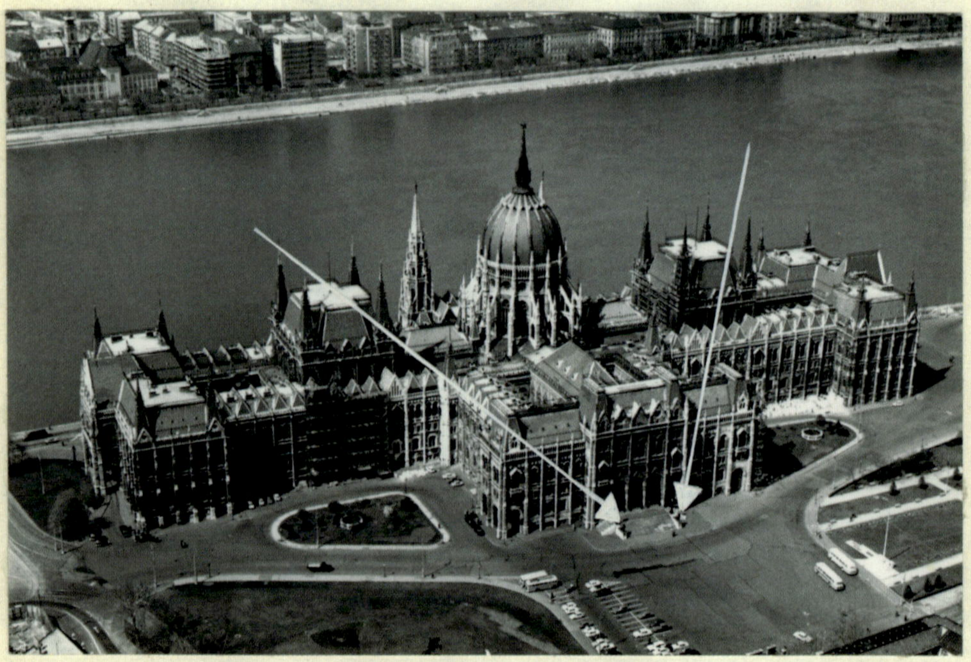

2.

82 GYÖRGY KEMÉNY

Technical execution:
After a professional preparation, a plaster negative and then a positive should be made of the currently eight-month old poodle named "Teen Borzi" seen on the photograph (the photograph was made by László Molnár), in whom all the virtues of the breed, vivacity, amiability, and beauty, are found. A precise, natural enlargement of this in the proportions of the current lion sculptures should be made with the help of a pantograph. The material can be conventional stone or marble, or it could be epoxy resin, or any other material. The color can be black (1. photo), white, gray (2. photo), or any other color. It is conceivable that in the interest of total verisimilitude, a permanent synthetic fur covering should be pulled over the sculpture. In addition, this could be replaceable, so that different colors could be used for the different seasons (green, yellow, brown, blue). Furthermore, on ceremonial occasions it could have a red or Hungarian tricolored fur. Or not. All these and any other possible versions should be displayed at the exhibition hall of the Municipal Council of Budapest located on Tanács [Soviet] Boulevard before the work is executed, so that passers-by would be able to express their opinions in relation to which version they regard as best on forms distributed on site. In a tried and tested manner, just as during the most popular programs on TV (an international football game, a figure skating competition, a serial detective show, etc.), the final version should be chosen according to the proportion of viewers turning off the light, in other words, the total population of Budapest and the country, after which the work could begin.
In the future, possibly all the lion sculptures of Budapest could be replaced one by one with poodle sculptures, for example the lion sculptures on either side of the flight of stairs at the parliament, etc.

György Kemény

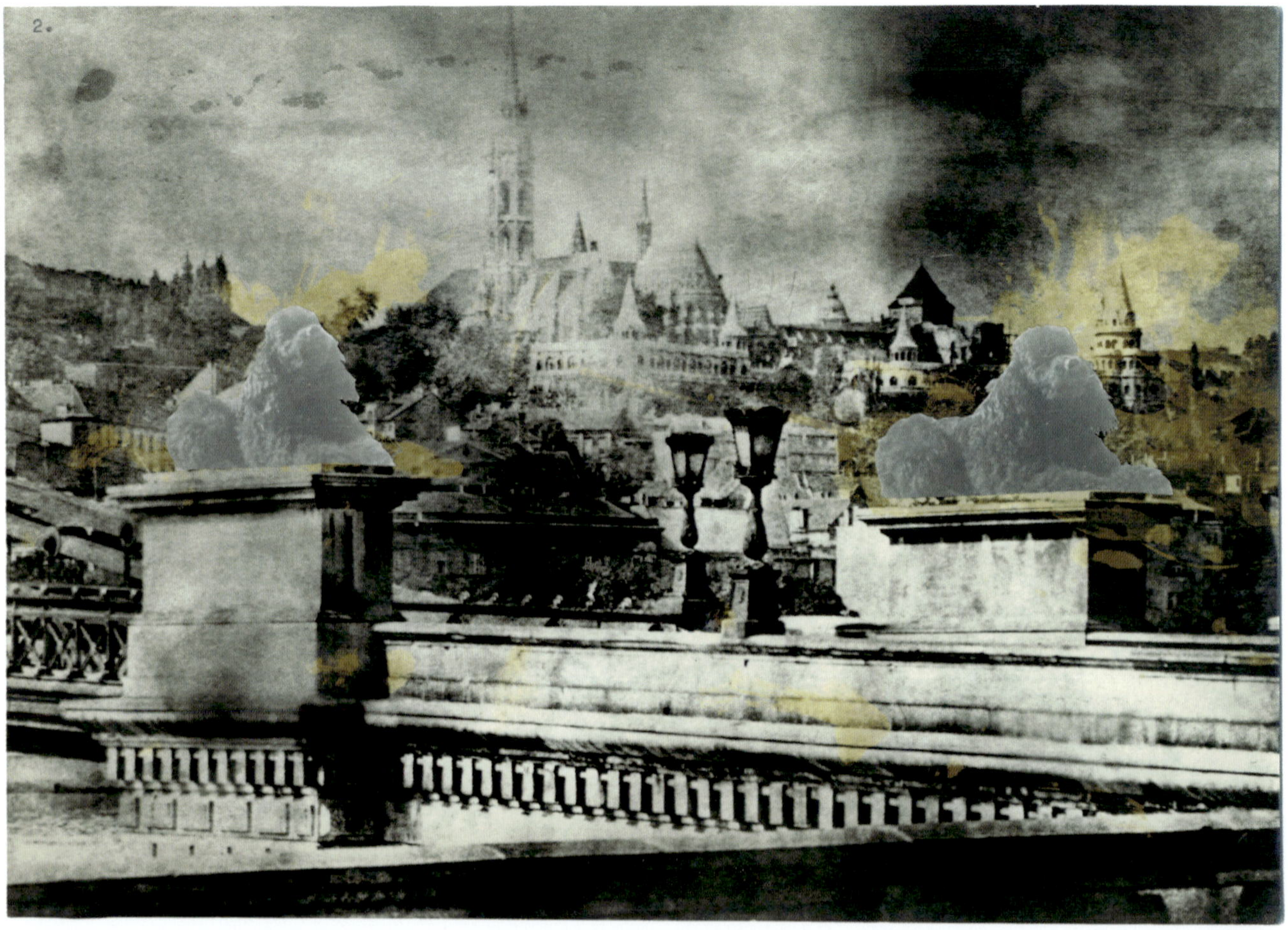

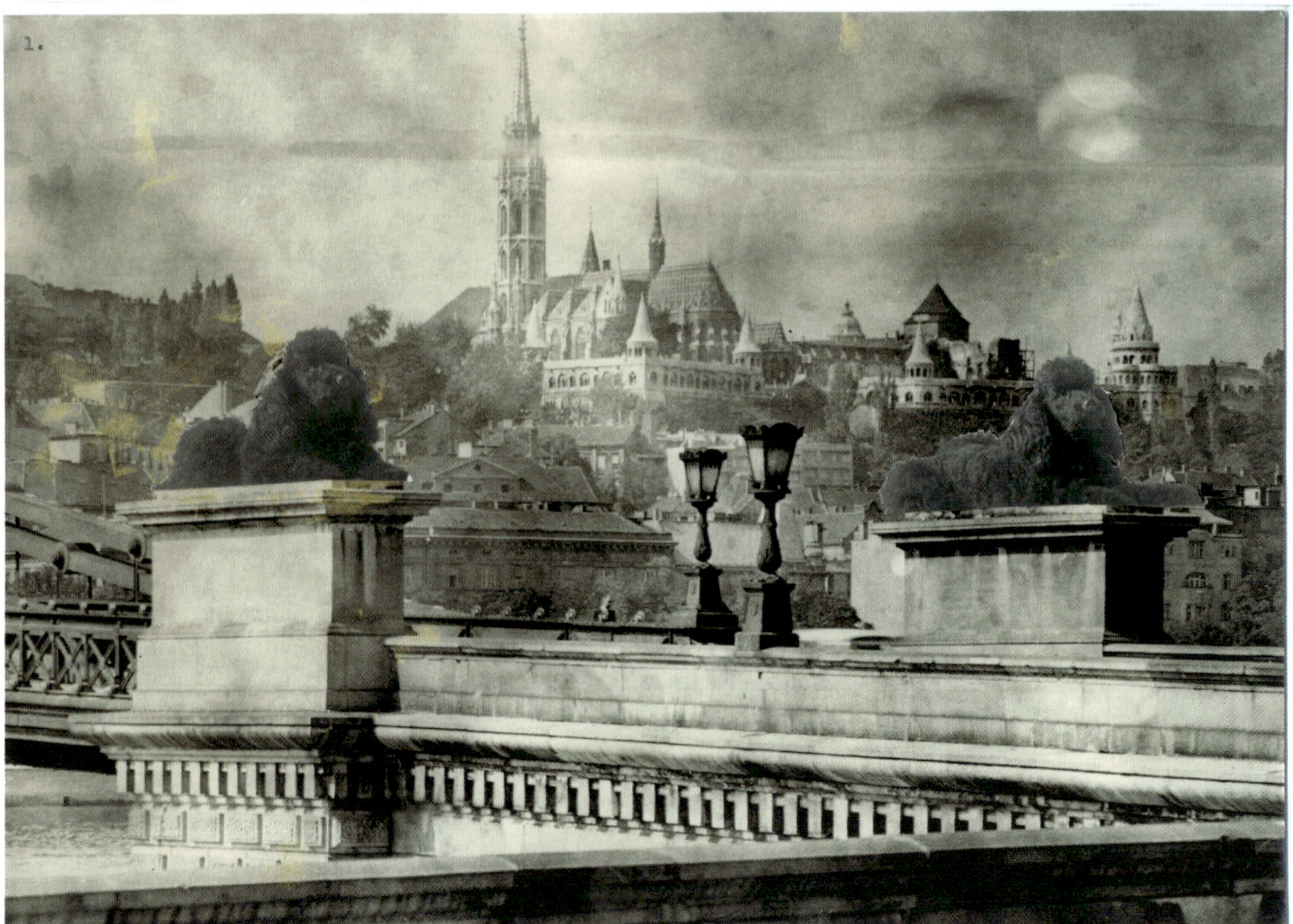

83 GYÖRGY KEMÉNY

Kedves László, itt küldöm késve válaszomat a felkérő levélre. Most csak ilyen röviden. A színházi látvány-produkciók kivitelezése és saját egyszemélyes munkám minden fizikai és gondolati energiámat leköti.

A kezdeményezést fontosnak tartom és érdekel az egybegyűlt anyag. Később, ha lehet, még küldenék egy írást a témával kapcsolatban.

Üdvözlet:

Keserü Ilona.

84 ILONA KESERÜ

Dear László,
I am sending you my overdue answer to the letter of invitation. For now I write only briefly. The execution of the theater spectacle-productions and my own one-person work absorbs all of my physical and mental energies.
I regard your initiative as important and am curious about the material assembled. Later, if possible, I would like to send a text in connection with the theme.

Kind regards,
Ilona Keserü

„Elképzelés."

Nem folytatok olyan jellegű tevékenységet, amit a felkérő levél megjelöl. Számomra a mű létrejötte egyet jelent tárgyi megvalósításával. A kivitelezés módja kezdettől meghatározó és módosító szerepet játszik a munka folyamatában, gyakran önálló dinamikus erővé válik. Példa: kitaláltam a kődarabokból és kötőanyagból készülő „tapasztott plasztikát" akkor az anyag és módszer lehetővé teszi a nagy méretet és a szükséges ritmusban történő megvalósulást. 10 m hosszú földre épített domborzatot csinálok, a munka nagyrészt elkészült.

Keserü Ilona.

Budapest 1971 szept.

85 ILONA KESERÜ

85 ILONA KESERÜ

"Imagination"

I do not pursue any of the activities designated in the letter of invitation. For me the creation of a work of art is one and the same thing as the realization of an object. The manner of execution plays a determining and qualifying role from the very beginning of the course of the work, often becoming an independent dynamic force. Example: I came up with a "plastered sculpture" made of pieces of stone and a bonding medium. The material and the method of the work make possible the realization in large scale and in the necessary rhythm. I am making a 10-meter long relief built on the ground, the majority of the work is done.

Ilona Keserü

Budapest, September 1971

1971 aug. 4-11. Mecseknádasd-Bonyhád.

Az előzmény - több kisérlet,fotózás, geometrikus elemek elhelyezése a tájban - folyamatok végigkövetése a természeti környezetben. Az igy sajátossá tett viszonylatok tulajdonképpen egyfajta alkotó folyamat lezárult eredményei. Itt olyan nyomok és jelek elhelyezése a cél, melyek másokat is gondolkodásra késztetnek és létezésük egy még idegen folyamat megértésére inspirál.

Jelentősnek tartom a formálódás egymásból következő lépéseit, a megközelitési módot,. Egy egészében ködös,csak igényként létező általánosból kibomló készitő szándékot, melyben egymásra épülnek azok a rétegek, melyek az előrehaladás állomásait mutatják és nyomai a megismerés folyamatának.

Ezért igényelem a tervező, előkészitő időszak összegyült pillanatnyi rögtönzéseinek bemutatását, mert a végső eredményként megjelenő, egyre függetlenedő "mű" csak igy lesz teljes, egész.

Pécs 1971 szept. 7

Kismányoky Károly

86 KÁROLY KISMÁNYOKY

August 4–11, 1971 Mecseknádasd-Bonyhád.

The antecedents—several experiments, the taking of photographs, the placing of geometrical elements in nature—the tracking of processes in a natural setting. The relations made peculiar in this way are in effect the results of a kind of creative process. The goal here is the placing of marks and signs which prompt others to reflect and whose existence inspires us to understand a process that is still unfamiliar.

I regard the consecutive steps of the process of taking shape, the manner of approach, as significant. An intention to produce that is hazy on the whole, and unfolds from the general as a prompting, in which the layers that reveal the stages of progress build on one another and are the marks of the cognitive process.

It is because of this that I demand the presentation of the momentary extemporizations of the preliminary designing period, because the "work," which continually becomes increasingly independent and appears as a final result, will only be complete, a whole, in this way.

Pécs, September 7, 1971

[signature]

90

Not diagonally!! RED, white, BLACK.

92

Sorting out – color – form – movement—SORTED OUT???
white (1–2)
red (1–2)
blue (1–2)
gray (1–2)

Colors:
Base: white
red+black+blue+gray

Dimension?
Turns outwards!!!

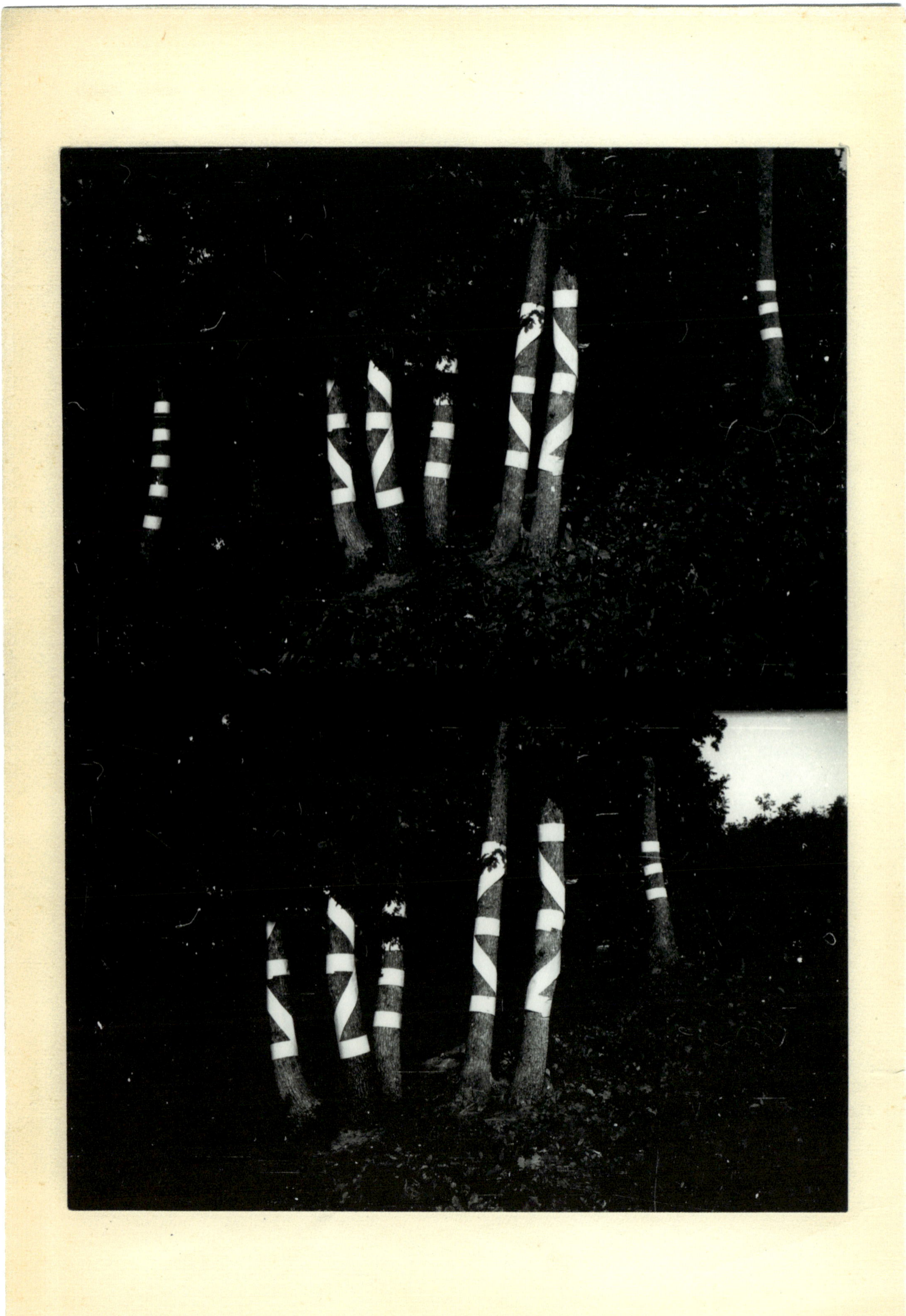

87 KÁROLY KISMÁNYOKY

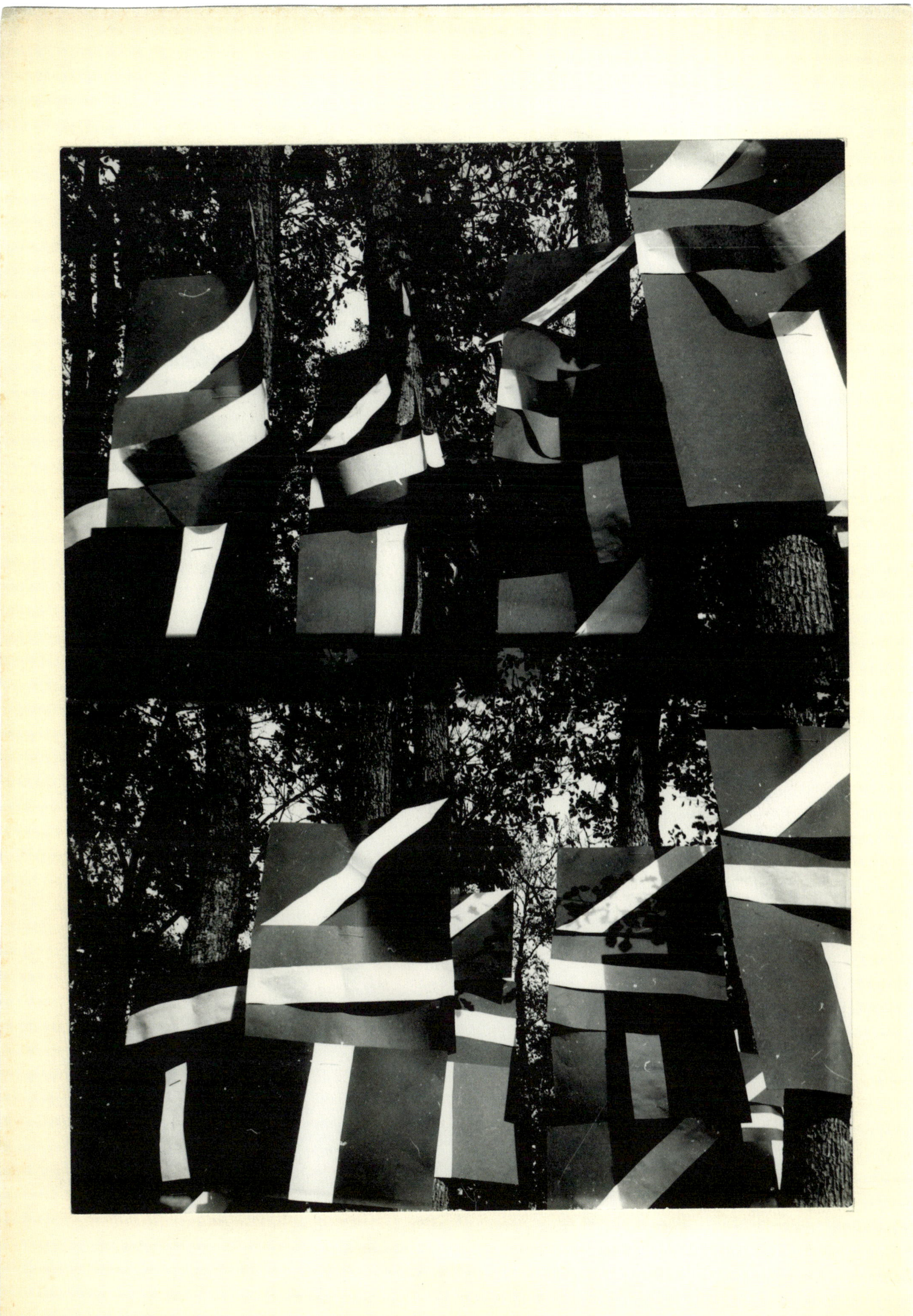

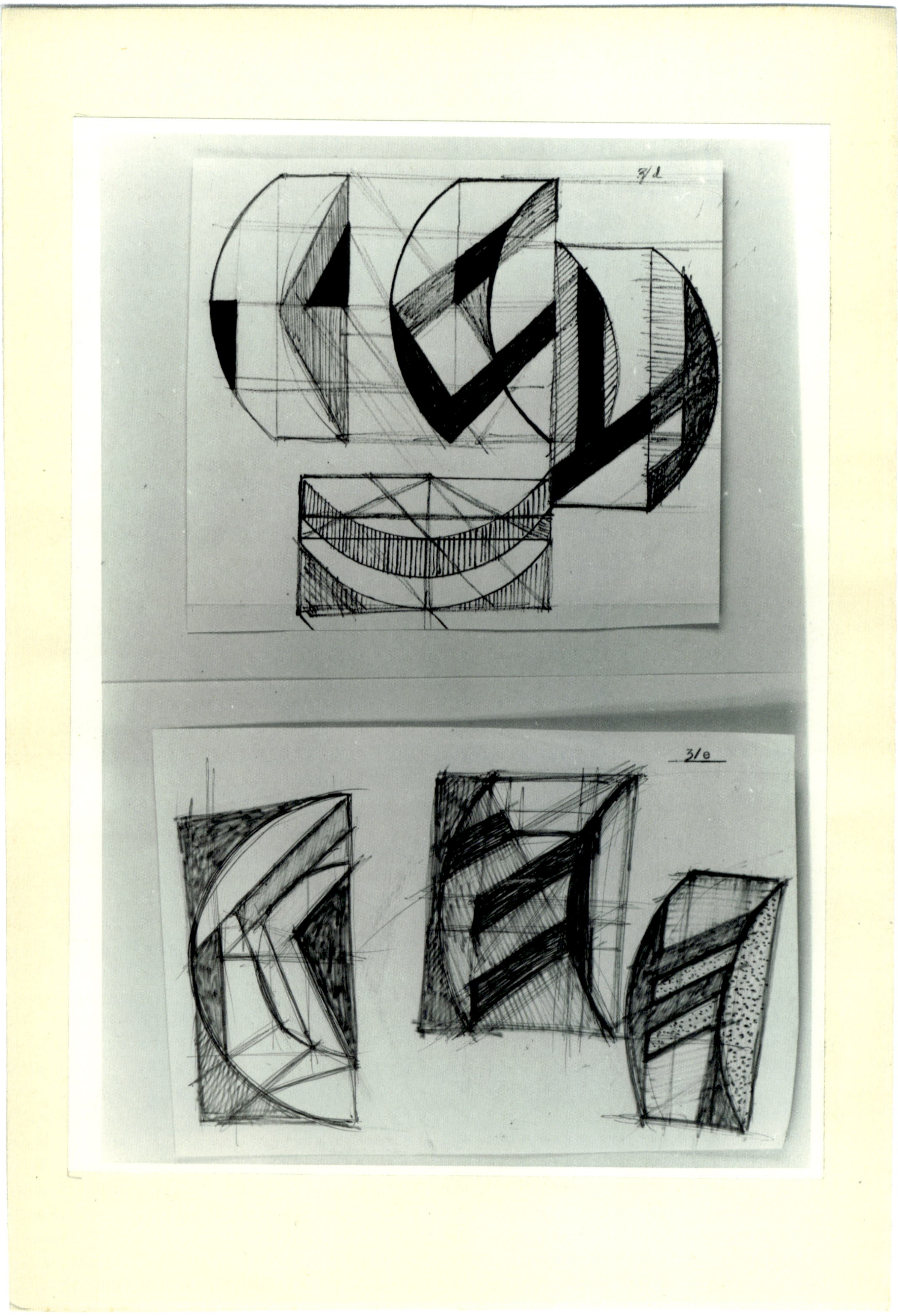

89 KÁROLY KISMÁNYOKY

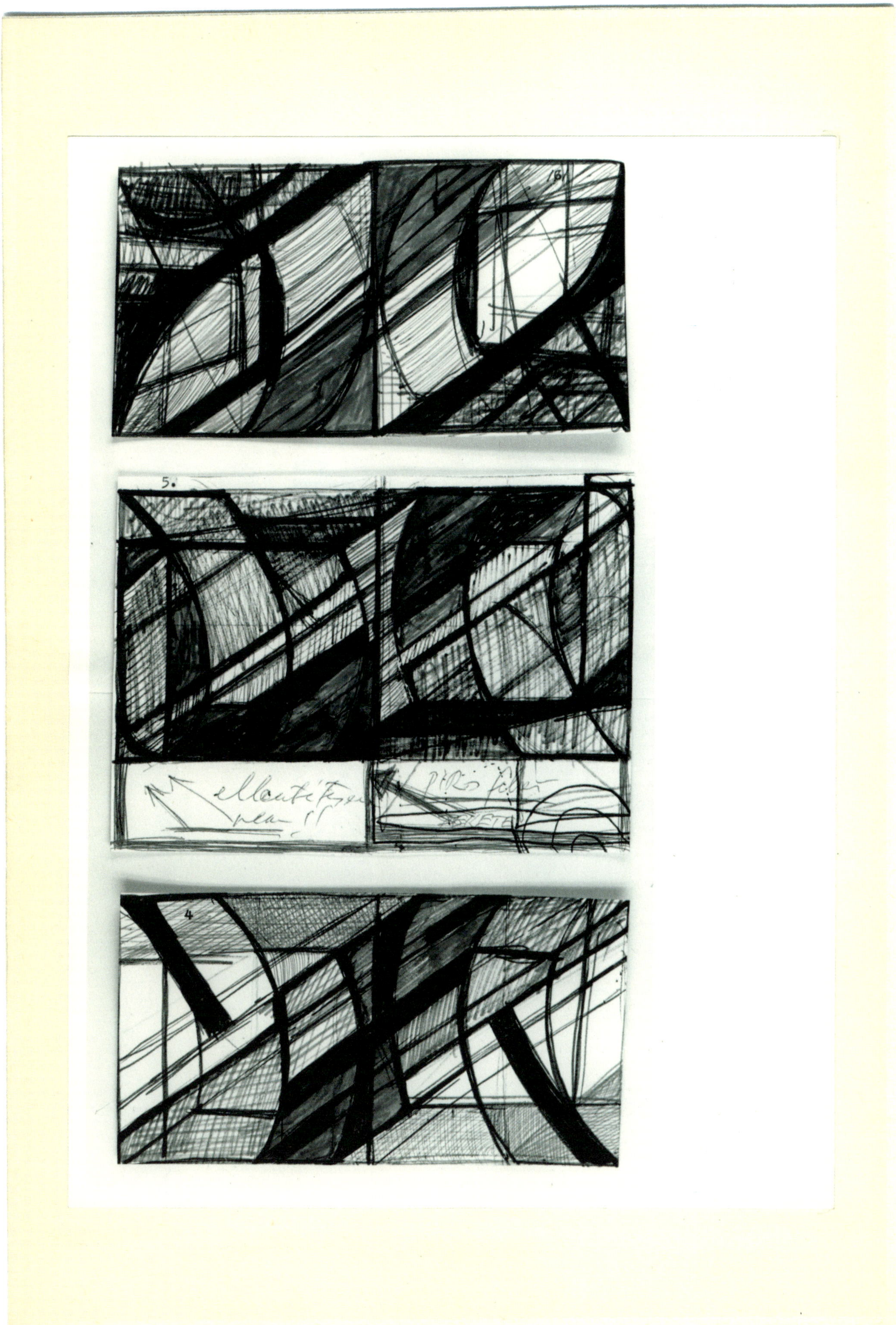

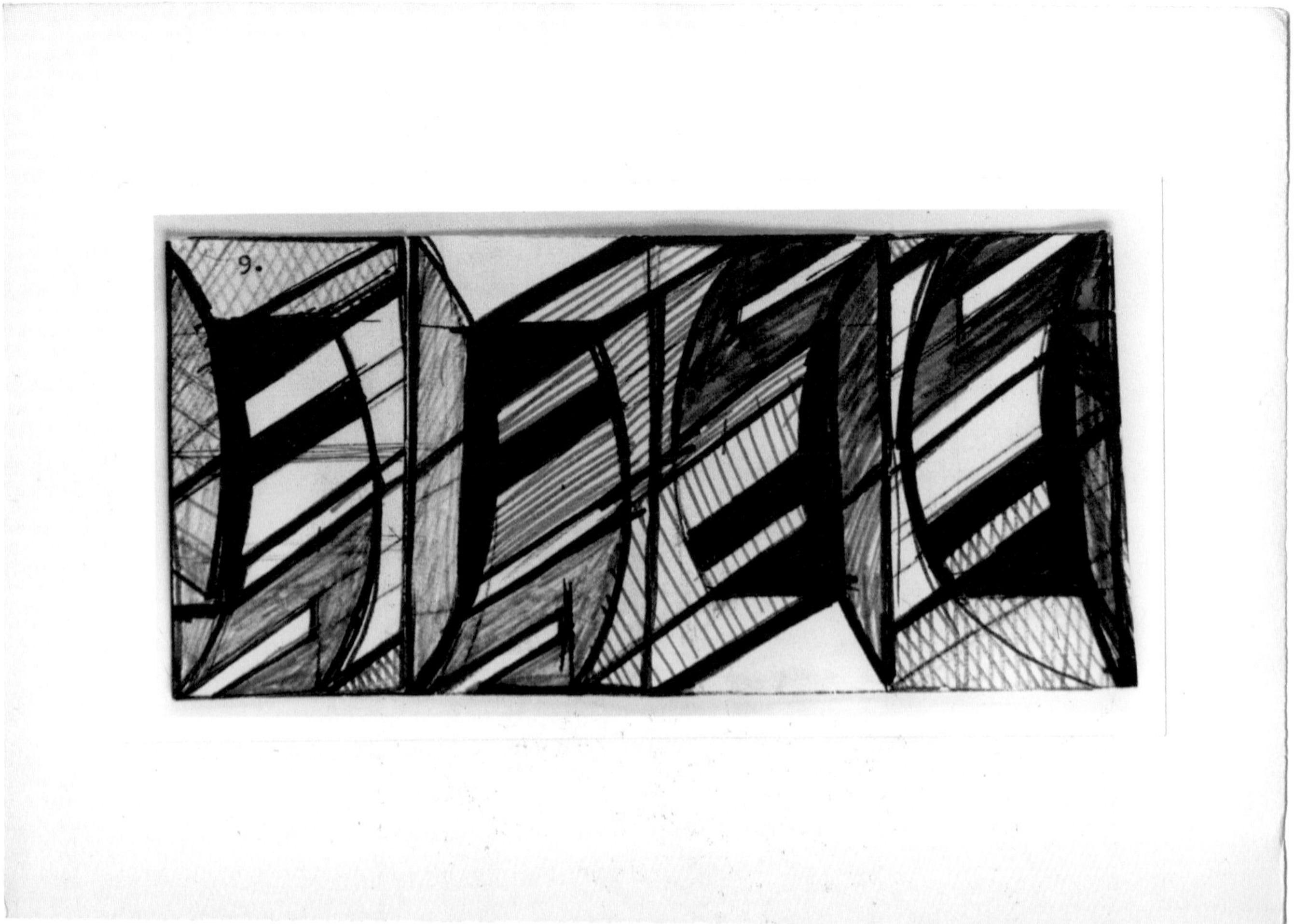

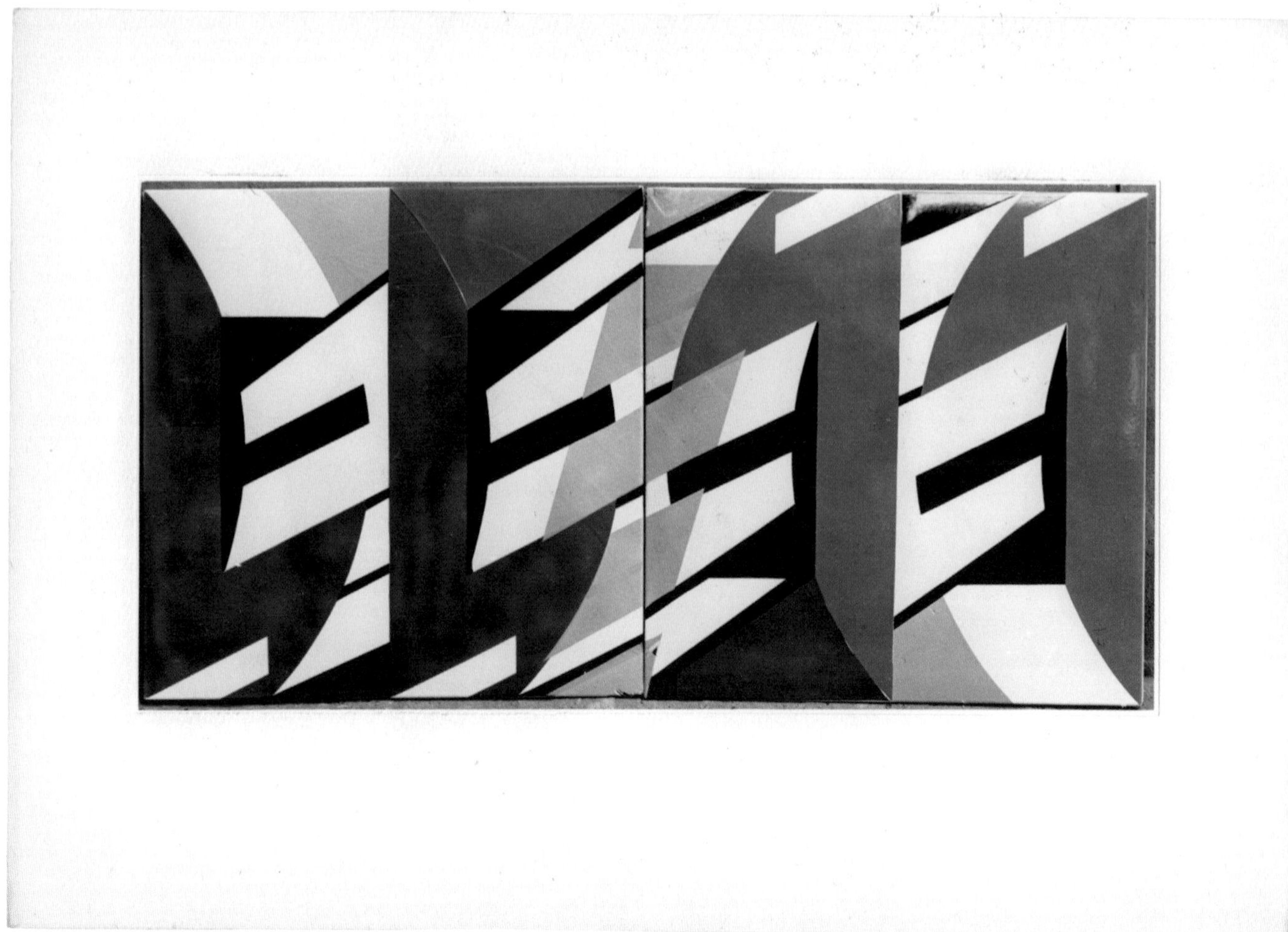

91 KÁROLY KISMÁNYOKY

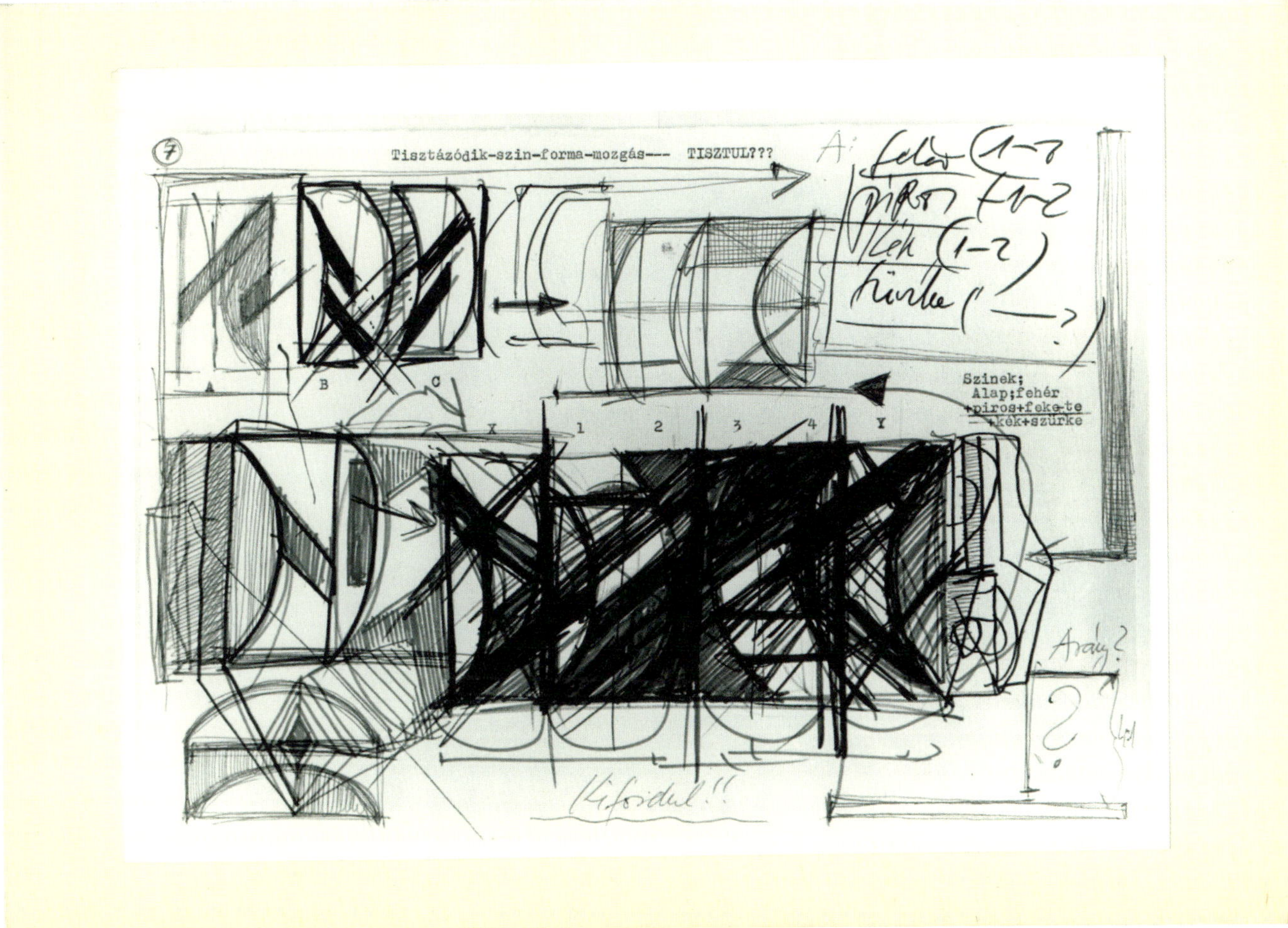
Tisztázódik-szin-forma-mozgás--- TISZTUL???
Szinek;
Alap;fehér
+piros+fekete
+kék+szürke
Kifordul!!

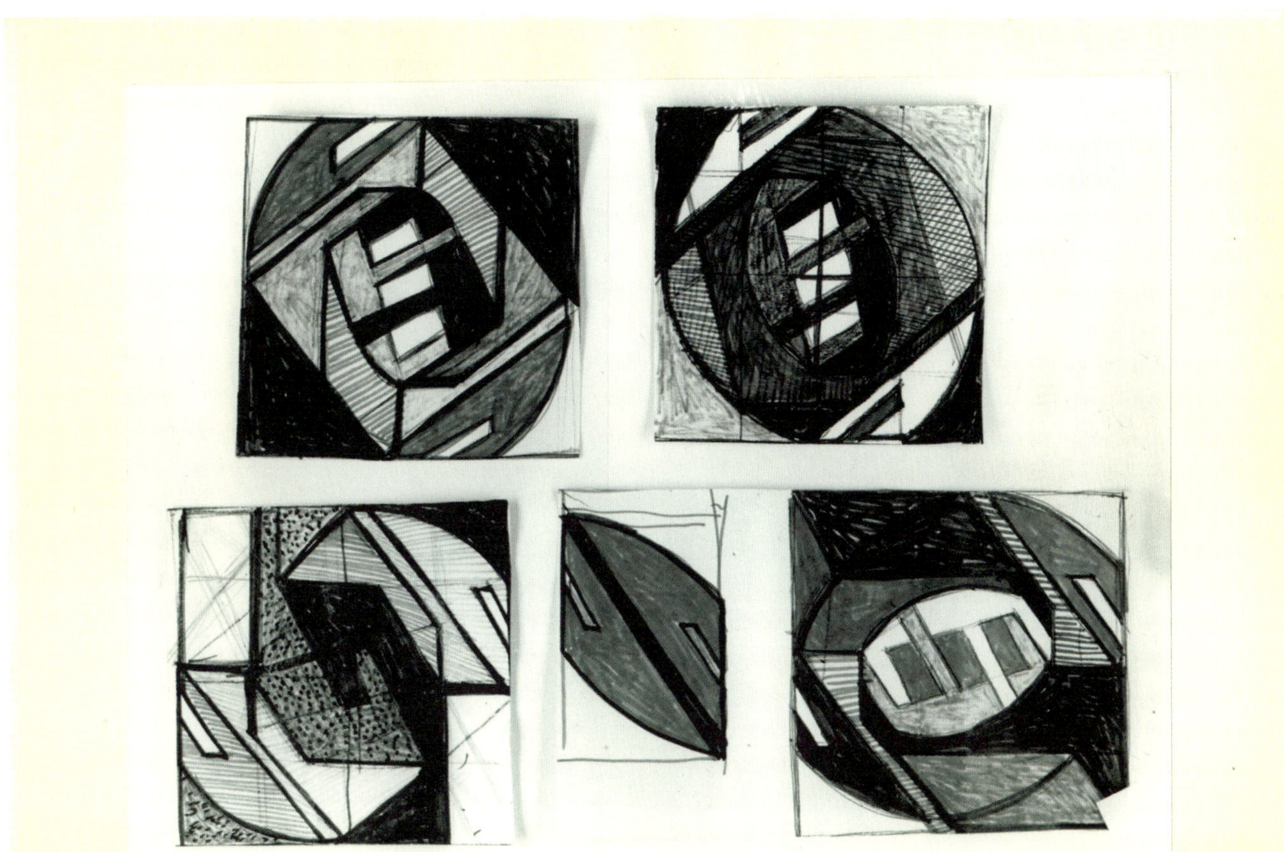

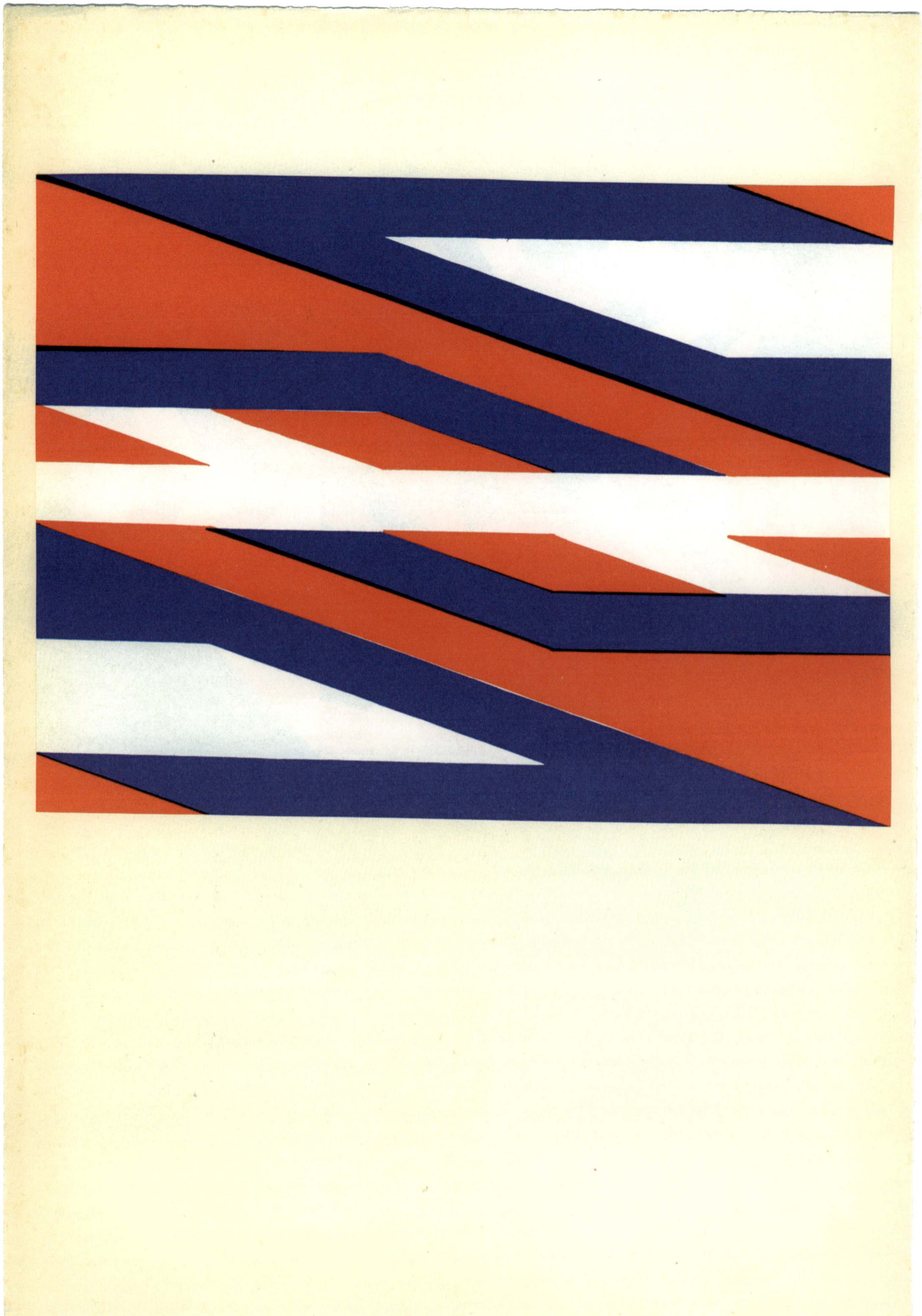

93 KÁROLY KISMÁNYOKY

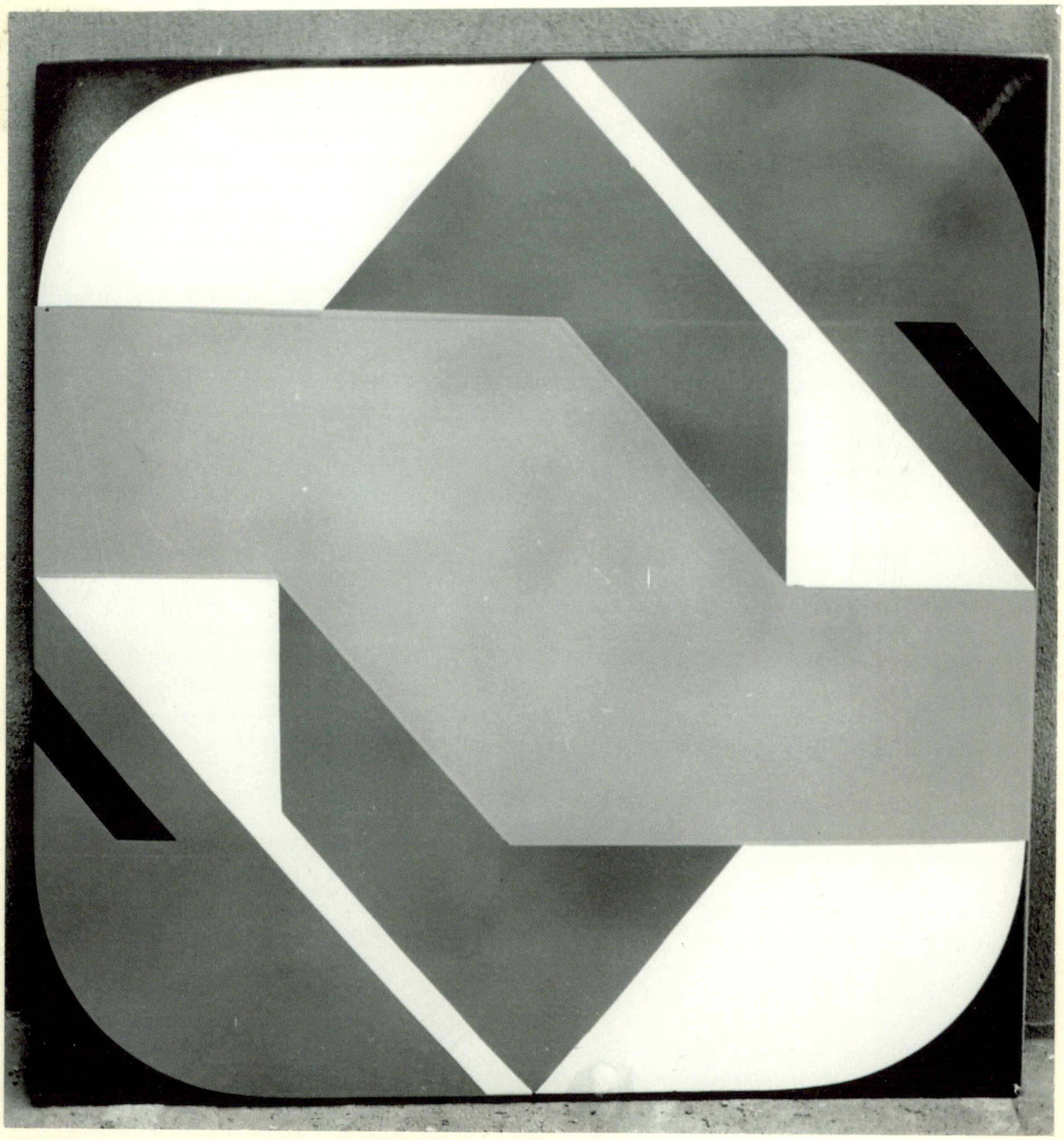

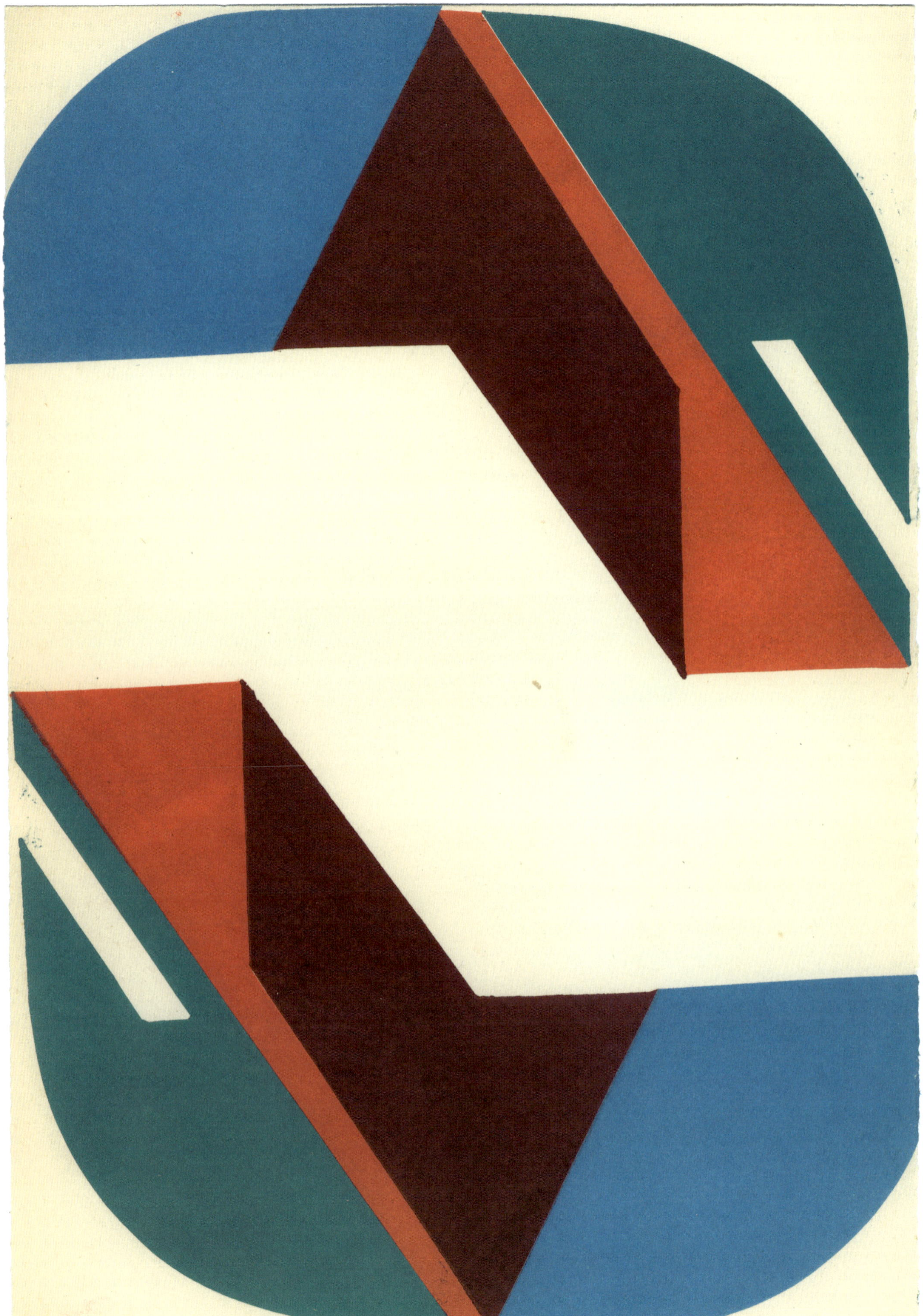

95 KÁROLY KISMÁNYOKY

I. VÁLLATHOZ

SZOBOR-ÉPÜLET

(Elhelyezése)

Megépíthető: sík (alföld). üres tereken, domb vagy hegy tetején.

Az objektum némi tipizettsítása azért szükséges, hogy a szobor karakterét hangsúlyozza. De megfelelő nagyságú méretnél épületté is válik.

A kivitelezés anyaga: a két széles oldal vertikálisan, vagy horizontálisan zsaluzott vasbeton. A födémek szintén (zsaluzás nélkül). Mindkét keskeny oldal üveggel fedett.

A belső tér tetszés szerint alakítható, mozgatható falakkal.

A közlekedés lépcsővel, lifttel, a hőmérsékletszabályozása légkondicionálással történik.

Egy másik elgondolás szerint a szobor-épület különböző nagyságban – 3–4 variációban – állítható föl egy körpályán (mozgatható pálya) különböző pontokon.

Egy körön belül annyi körpályán (koncentrikusan) ahány objektumot állítunk föl.

A körpályák az objektumokkal együtt lassan körbe mozognak, mindegyik más-más időben indítva. Ezenkívül maguk az objektumok önmagukban is körforgást végeznek.

A nagyobb méreteknél az emeletek száma arányosan növekszik.

A szobor-épület bármi célra használható.

Az eredeti elgondolás 1950-ben készült.

1971. december hó.

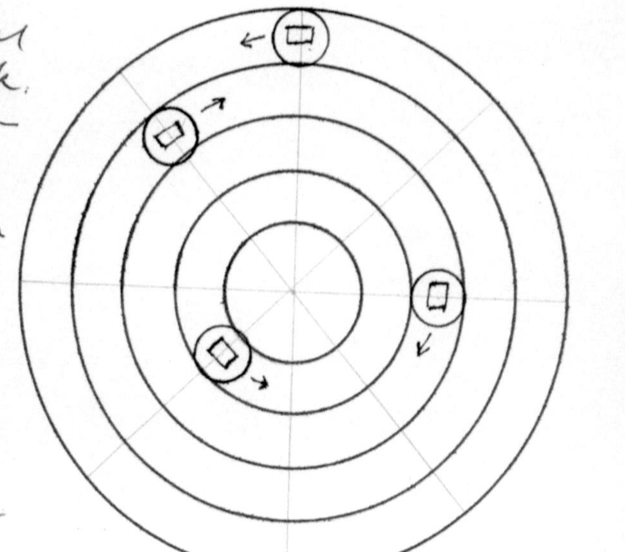

ALAPRAJZI VÁZLAT A MOZGÓ ELGONDOLÁSHOZ

KORNISS DEZSŐ

96 DEZSŐ KORNISS

FOR SKETCH NUMBER I

SCULPTURE-BUILDING
(Its imagination)

Can be built: on flat (lowland) empty terrain or on top of a hill or mountain.
The slight figural nature of the object is necessary in order to emphasize the character of the sculpture. Once it reaches a certain size, it evolves into a building.

The material of execution: the two broad sides are of reinforced concrete made with either horizontal or vertical siding. The roofing likewise (without having been made with a siding that leaves a texture). Both narrow sides are covered with glass.

The inner space can be altered with moveable walls according to one's liking.
One moves by means of stairs and lift, temperature control is achieved with air conditioning.

According to another design, the sculpture-building can be erected in various sizes—in 3-4 different variations—at various points of a circular track (a moveable track). There are as many circular tracks within the circle as there are objects erected.

The circular tracks together with the objects move around slowly, each having been started at a different time. In addition, the objects themselves also move in a circle.
In larger sizes the number of storeys increases proportionally.
The sculpture-building can be used for any purpose.
The original idea is from 1950.

December 1971.   Dezső Korniss

[figure]

GROUND-PLAN SKETCH FOR THE MOVING VERSION

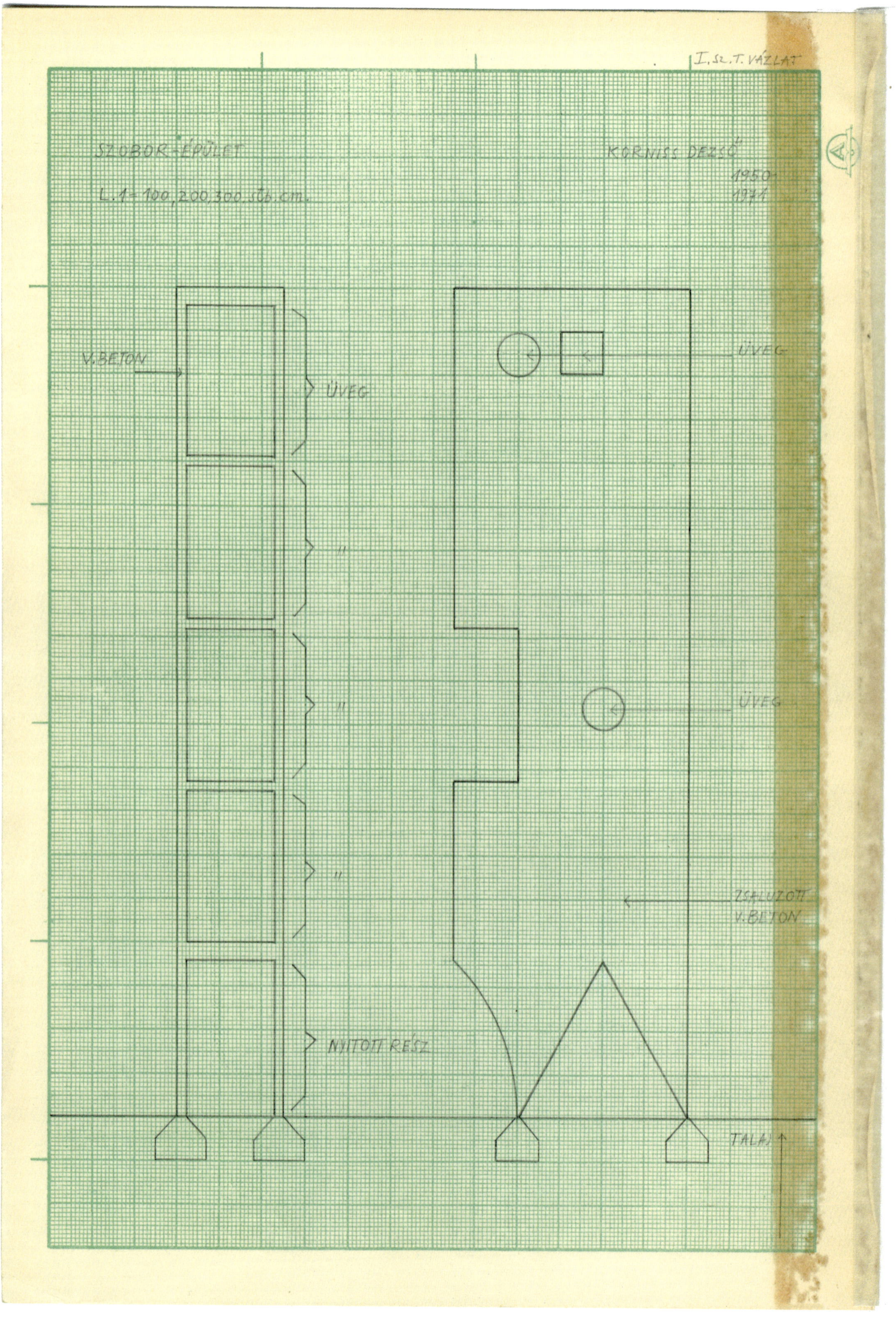

97 DEZSŐ KORNISS

97

I. SKETCH

SCULPTURE-BUILDING
SCALE: 1=100, 200, 300, etc. cm

DEZSŐ KORNISS
1950–1971

REINFORCED CONCRETE
GLASS
OPEN PART

GLASS
GLASS
REINFORCED CONCRETE MADE WITH SIDING
GROUND

98

Text for sketch number II

SPACE GRID
Sculptural imagination

Can be built: on flat (lowland) empty terrain or on top of a hill or mountain.
The material for execution: 1) reinforced concrete made with a vertical framework, 2) the horizontal elements can be made with a vertical siding, the vertical elements can be made with a horizontal siding.
3. this version is made of corrosion-proof metal. Metal sheets are welded or bolted together.
4. copper plates galvanized with gold.

The sketch is to be realized in the following proportions: 1=100, 200, 300, etc. cm.

The original plan was made in 1961.

DEZSŐ KORNISS

December 1971

99

SPACE LATTICE
SCALE: 1=100, 200, 300, etc. cm.

DEZSŐ KORNISS
1961–1971

REINFORCED CONCRETE
MADE WITH SIDING

WIDTH

GROUND

Szöveg a II. sz. részlethez.

TÉRRÁCS

Plasztikus elhelyezés.

Megépíthető: sík (alföld), városterekben, domb vagy hegy tetején.

A kivitelezés anyaga: 1) vertikálisan zsaluzott v. beton, 2) a horizontális elemek vertikálisan, a vertikális elemek horizontálisan is zsaluzhatók.

3. változat: korrózió-mentes fémből. Fémlapok hegesztve vagy szögecselve.

4. Rézlapokból, arannyal galvanizálva.

A tervvázlat L. 1 = 100, 200, 300 stb. cm méretben valósítható meg.

Az eredeti terv 1961-ben készült.

KORNISS DEZSŐ

1971. december hó.

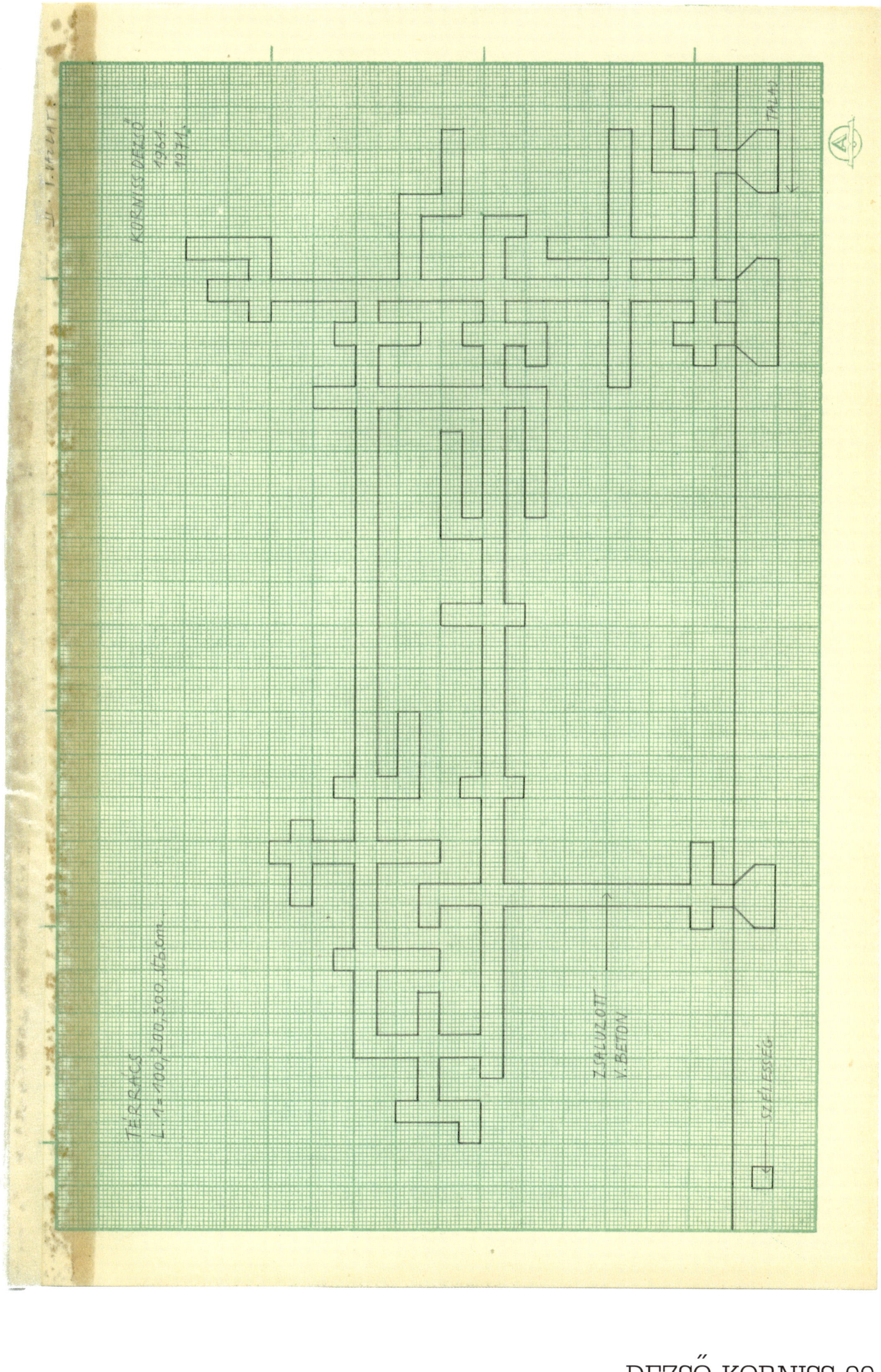
KORNISS DEZSŐ
1961–
1971.
TÉRRÁCS
L 1=100,200,300,400 cm
ZSALUZOTT
V. BETON
SZÉLESSÉG
TALAJ

F I G Y E L E M !

Költeményeim vidám és komoly
kivitelben lakásomon kaphatók.
Ár: drb.onként 20 Frt.

Radics Béléné nevében Lakner László
költő Budapest, [illegible]

BUDAPEST. 1971. SZEPT.

KEDVES BARÁTOM,

FELSZÓLlTÁSODAT KÖSZÖNETTEL VETTEM. 4 „GAG-MŰVET" KÜLDÖK „HÁZI-MÚZEUMOD" SZÁMÁRA – 1970 – 1971-ES DARABOKAT.
KÉRLEK, HOGY AMENNYIBEN IDEGEN NYELVEN IS FEL AKARNÁD HASZNÁLNI ŐKET (PUBLIKÁCIÓT KÉSZÍTESZ ELŐ, VAGY HASONLÓT) – FORDÍTÁSUKÉRT HOZZÁM FORDULJ. (A SZÖVEG-DARABOKAT UGYANIS MINDIG TÖBB NYELVEN ELŐÁLLÍTOM.)

BARÁTSÁGGAL ÜDVÖZÖL

Lakner László

100 LÁSZLÓ LAKNER

BUDAPEST, SEPTEMBER 1971

ATTENTION!
My verses, in joyful and serious
execution, can be purchased in my flat.
Price: 20 Forint per piece.
László Lakner in the name of
the poet Mrs. Béla Radics Budapest 6., Kmetty St. 29

MY DEAR FRIEND,

I RECEIVED YOUR CALL WITH THANKS. I SEND YOU 4 "GAG-WORKS" FOR YOUR "HOME-MUSEUM"—PIECES FROM 1970-71. I ASK THAT YOU BE SO KIND AS TO TURN TO ME FOR THEIR TRANSLATION IN CASE YOU WISH TO USE THEM IN A FOREIGN LANGUAGE (PREPARING A PUBLICATION OR SOMETHING SIMILAR). (BECAUSE, AS IT SO HAPPENS, I ALWAYS PRODUCE THE TEXT PIECES IN SEVERAL LANGUAGES.)

AS EVER,

László Lakner

101

IMAGINATION

102

TUK
TUKTUKTUKTUKTUKTUKTUKTUKTUKTUK
IF YOU REPEAT THIS ALOUD FOR A WHILE, YOU WILL REALIZE THAT A SOUND IS CREATED BETWEEN "K" AND "T" WHICH CANNOT BE PREVENTED BY ANYONE

THIS SOUND WILL COME INTO BEING WHATEVER YOU DO IT CANNOT BE PREVENTED (AS LONG AS YOU SAY TUKTUK) NO ONE CAN PREVENT IT

lászló lakner: TUKTUK – continuous motion of the tongue between the laryngeal "*K*" and cacuminal "*T*" sounds 06/12/1970, budapest

103

cigarette butt and clove
"ready-smell-object"
(discard after one smell)

lászló lakner: material-poem in nose- and tongue-language / 04/05/1971, budapest

104

INDEX CARD 6

2.

KÉPZELET

lakner lászló : képzelet/1970.budapest
imagination
phantasie

I.

TUK

TUKTUKTUKTUKTUKTUKTUKTUKTUKTUK
HA EZT EGY DARABIG HANGOSAN ISMÉTLED
ÉSZREVESZED HOGY A K ÉS A T KÖZÖTT IS
KELETKEZIK EGY HANGZÓ

EZ A HANGZÓ MINDENKÉPPEN LÉTREJÖN
NEM AKADÁLYOZHATOD MEG
/AMIG TUKTUKOZOL/
NEM AKADÁLYOZHATJA MEG SENKI

lakner lászló : TUKTUK-folyamatos nyelvmozgatás a laryngális K és a kakumánális T hang között/ 6.12.1970.budapest

csikk és szekfűszeg
"ready-smell-object"
/egyszeri szaglás után dobd el/

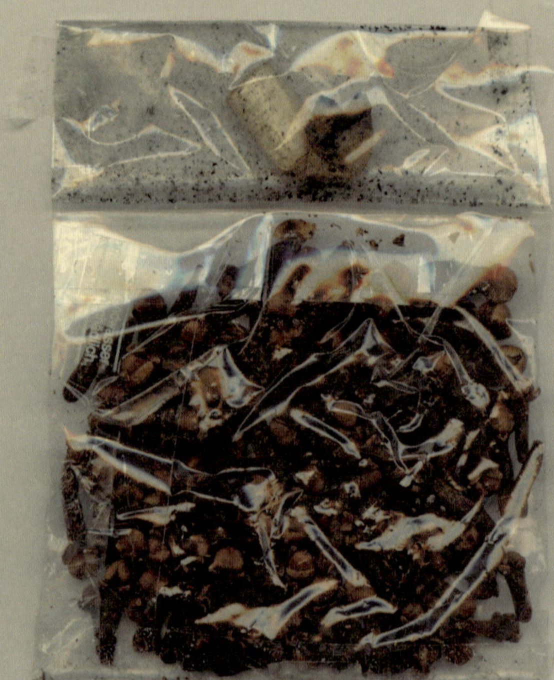

lakner lászló : anyag-vers orr- és nyelvnyelven /5.4.1971.budapest

103 LÁSZLÓ LAKNER

KARTEI

6

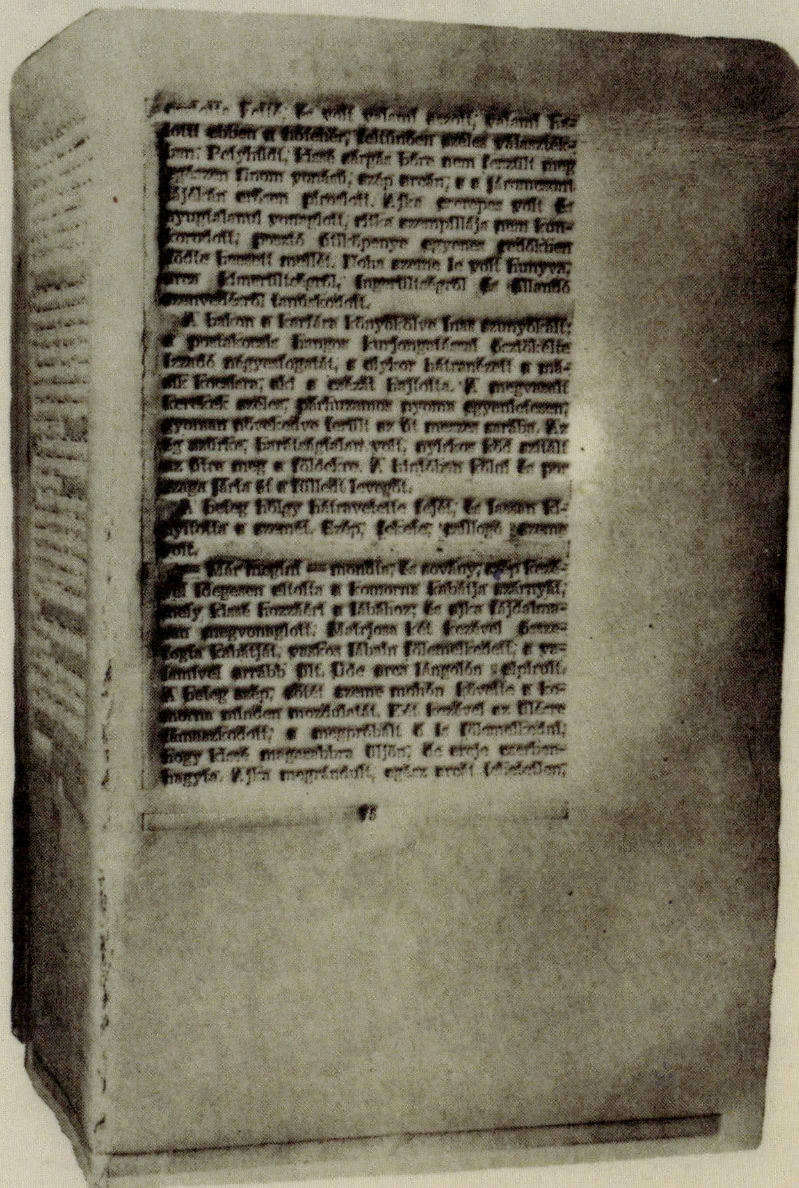

ROMAN-STELE

Lakner László 1971.

Pécs, 1971. nov. 10.

Kedves Laci! Elkésve ugyan, de azért összeállt az anyag. Persze a probléma olyan, hogy nem lehet lezárni, vagyis a határokat minden irányban, még konkrét esetekben is, nehéz meghúzni.

Így hát semmiféle határt nem húztam meg és semmit nem zártam le...

Lehet, hogy az összegyűjtött kérdések nem újak! Viszont kialakulásukat mindenféle viszonylatban magamra és a környezetemre visszahatva bizonyítottnak és igazoltnak érzem. –

A dolgok egymásból következnek!...

Én jelenleg csak néhány „csomópontot" jelöltem meg, vagyis a „lapok" egymásutánja nem egy-egy részprobléma mélyebb kidolgozását foglalja össze, hanem inkább egy rendszert szimbolizál, amely nagyon sokféleképpen mélyíthető tovább. – Ez vissza van még!

Fölöslegesnek tartom mániákusan és öncélúan hajszolni a mindig mást.
<u>A feladatokat</u> kell megoldani, ahogy mondani szokás: <u>itt és most!</u>

105 FERENC LANTOS

105 FERENC LANTOS

Pécs, Nov. 10, 1971

Dear Laci,
The material is slowly coming together, if perhaps belatedly. Of course, the problem is such that it cannot be brought to a conclusion, that is to say, the limits are hard to draw in all directions, even in concrete cases. Therefore, I drew no limits and brought nothing to a conclusion....

It is possible that the questions that have gathered are not new! However, in every respect referring to me and our circumstances, I feel their emergence to be justified and confirmed.

The issues follow from one another!...

For the moment, I only indicated a few "points of juncture," in other words, the succession of the pages does not summarize a deeper elaboration of a part of a problem, but rather symbolizes a system that can be further deepened in many different ways.

This is still to be done!

I consider the maniacal and autotelic pursuit of the always-other as superfluous.
The tasks must be solved, as they say: *here and now*!

A mi feladatunk pedig jelenleg a kép-
zőművészeti ill. általánosabban a vizu-
ális formavilág különféle összefüggéseinek
a felkutatása és rendszerezése és az az-
zal járó összes gyakorlati és elméleti kö-
vetkezmények vállalása.

Az anyagot használd jó egészséggel!
Zsuzsát és Téged szeretettel üdvözöllek
Pécs, 1971. nov. 11.

Feri

And our task now is the search for and systematization of the various correlations of the fine arts, or more generally, the visual world of forms, and the tackling of every practical and theoretical consequence that comes with them.

Enjoy the material! Greetings to Zsuzsa and you.
Pécs, Nov. 11, 1971

Feri

Néhány gondolat a variációról.

A világ: variáció! – a „Létező" variált megjelenése.

Minden dolog variációiban létezik!

Az azonosság: variáció
A különbözőség: variáció
Az egység: variáció
Az ellentét: variáció

Az azonosság és a különbözőség, az egység és az ellentét-variációban találhatók.

Variációk az élőlények....
Élőlény-variációk...
Ember-variációk
Növény-variációk
Fa-variációk
Tölgyfa-variációk
Egy tölgy-variációi ..... stb.

Ház-variációk
Gép-variációk
Mozgás-variációk .... stb.

Az ember tevékenysége nem más – a maga lehetőségein belül – mint hozzájárulás ehhez a variációs rendszerhez, az adott megismerhető megismerése és alakítása útján, vagyis „umberizgányi" variációs rendszerek kialakítása. —

A művészetek is egymás variációi. Ezért nem lehet elválasztani őket egymástól. Ezért közösek a vonásaik és csak specifikumaikban különböznek. —

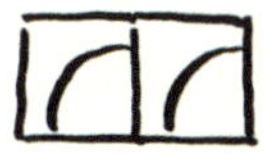

Ha a variáció logikáját és rendszerét keressük, akkor alapvető kérdésekkel foglalkozunk. Ha keressük azokat a formákat, amelyek variációi „messze mutatnak", szintén alapvető kérdésekkel foglalkozunk. —

Minden dolog variálható, de nem biztos, hogy mindegyik messze mutat és nem biztos, hogy variálása fontos csomópontokhoz vezet. —

Ezért nem mindegy, hogy mit és hogyan variálunk! — És nem mindegy, hogy mit mikor variálunk!

Mit ?

Minél egyszerűbb egy forma, annál nagyobb a variálás lehetősége.

Az aszimmetrikus jobban variálható, mint a szimmetrikus! —

Melyik a legegyszerűbb forma? — Amelyik nem bontható tovább! — Van-e ilyen?

Mi nem elvi formákkal dolgozunk, ezért számunkra az a legegyszerűbb, amelyik adott körülmények között nem bontható tovább. Ez konkrét forma! —

Ez a konkrét forma <u>egységnek</u> is nevezhető? Az egység mindig valaminek az egysége, tehát meghatározott tulajdonságokkal rendelkezik.

Minden dolog közös optikai egysége a <u>pont</u>. A pontból <u>minden lehet</u>!

A dolgok többféleképpen bonthatók egységekre! Ez a szubjektumtól is függ! — Így különféle egységek meghatározhatnak egyetlen dolgot is! Egyetlen dolognak különféle tulajdonságait. — Az egységek mindig azzal a potenciális tulajdonsággal vagy tulajdonságokkal rendelkeznek, amelyek lebontásunk során kialakultak bennünk. —

Így az is lehet, hogy két ember ugyanahhoz az egységhez más-más úton jutott el.

Látszólag tehát azonos az eredményük. – Valójában azonban a 2 egység, mint tartalom és lehetőség más és más, tehát a belőlük származó következtetések alapvetően is különbözhetnek egymástól. –

Ezért nem mindegy, hogy <u>eljutottunk</u> egy formához vagy <u>átvettünk</u> egy formát! –

□

Minél kisebb egy egység annál kisebb a belső élete, de nagyobbak a lehetőségei, ezért nagyobb több egység kapcsolatából eredő variációja (külső élete). –

Minél nagyobb egy egység annál nagyobb a belső élete, de kisebbek a lehetőségei, ezért kisebb több egység kapcsolatából eredő variációja (külső élete). –

Vannak tehát kisebb és nagyobb egységek. Ezt úgy is mondhatnánk, hogy az egység variálása folyamatában eljut olyan csomópontokhoz, ahol új egységek jönnek létre. Ezek nagyobbak vagy kisebbek, attól függően, hogy a folyamat csökkenő vagy növekvő? Az összes egységek variációjának végső csomópontja maga <u>a világ.</u>

úgy is mondhatjuk, hogy az egységek mennyiségi variációi egy ponton – az új egység létrejöttének pontján – új minőségeket eredményeznek. –

A variálás következményei tehát: az egységek belső és külső életéből származó kérdések. –

A belső élet az egység különféle osztásproblémáival kapcsolatos. Ennek az osztásnak a során eljuthatunk kisebb olyan egységekhez, amelyek egyúttal a régi egységnek (most már egésznek) a tulajdonságait is tartalmazzák. – Olyan egységekhez is eljuthatunk, amelyek nem tartalmazzák az egész tulajdonságait. Ezért ezek nem is egységek csak részek, melyek a variálás szempontjából nem jöhetnek számításba. – Fontos tehát, hogy mit nevezünk ki egységnek! – Itt az új minőség a mennyiség csökkentése révén jön létre! –

A külső élet több egység közötti kapcsolatot jelent. Az egységek száma itt növekszik. A növekedés során bizonyos pontokon új egységek jönnek létre. Ebben a pillanatban a külső élet belső életté változik.

Itt az új minőség a mennyiség növekedése útján jelentkezik.—

Az egységek külső és belső élete tehát a legszorosabb összefüggésben van egymással, egymástól következnek és egymást váltják.

Hogyan?

A variálás tartalmi kérdés! Ezért a legszorosabb kapcsolatban van a „hogyan" a „mit"-tel. Ebből következik, hogy problémáik a legtöbbször fedik egymást.—

A tartalmi kérdést közvetlenül a variálandó egység határozza meg. Természetesen végső soron a létrehozandó objektum és annak funkciója, hiszen ez határozza meg az egy vagy több elem kiválasztását.—

A funkcionális tartalom tehát csak közvetve van jelen az elemben. Ez azt határozza meg, hogy az elem belső logikája által meghatározott lehetőségek közül melyiket kell kiválasztani.— Ugyanannak a funkciónak az ellátására azonban többféle elem és kombináció is megfelelhet, ezért ez a kérdés se csak egyféleképpen oldható meg!—

Egyetlen dolog határozható meg: az adott

elem gyűjtőségeni alaphelyzetei és alapvariációi.

Pl.

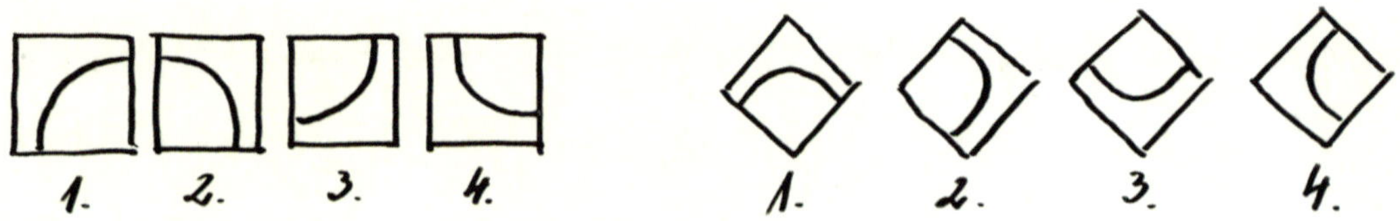

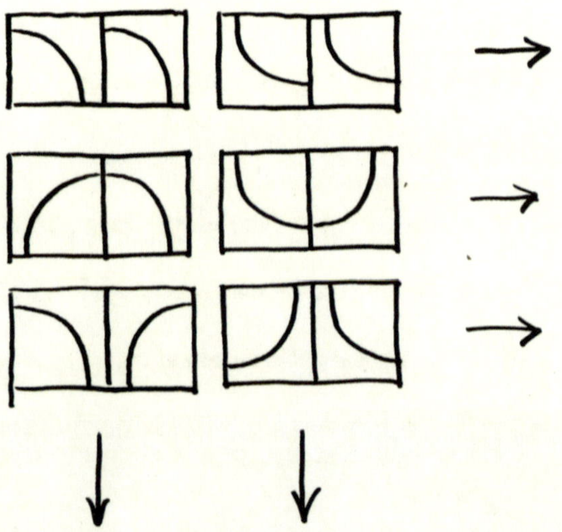

(A fenti példa természetesen nem teljesigényű csak utalás a problémára ...)

Mikor?

Ha valaki következetesen kutat a dolgok után és keresi az okokat és a formák eredetét, előbb-utóbb el kell jutnia olyan forma-egységekhez, amelyek magukban hordozzák az új szerkezetek és formagyűjtemények felépítésének igényét és konkrét lehetőségét. —

A formarendszerek építése és ezek fejlesztése a variálás során azonban csak akkor biztosítja a „menetet mutató" utat, ha és amikor a forma és alkotója kölcsönösen „megértek" erre! — Ebben az esetben az út természetesen viszi előre és az embernek jóformán nincs más dolga, mint végigkísérni és ~~x~~ segíteni a forma életének kibontakozását és rögzíteni fontos állomásait...

Ha a külső körülmények ezt az utat erőszakosan nem rombolják szét, akkor a forma új fejlődése, mint a földbe vetett mag, amelynek — útja során — nem kell „kitalálnia" a növényt, se a növénynek a virágot, se a virágnak a termést, mert mindez a magban benne van. Ilyen ez a tartalma! — És ez a „forma-egység" tartalma is, amely viszont lényegében létrehozójával azonos. —

A forma megteremtője tehát a formával együtt elvileg kitalálta már a „növényt" is, a „virágot" is és a „termést" is. — Ezért a formát — mint szülőnek — csak fel kell nevelnie és biztosítania kell, hogy időben kialakulhassanak fejlődésének fázisai. De arra is ügyelnie kell, hogy a fázisok mindegyike megvalósuljon, mert ezek nélkül könnyen torzszülöttet nevel. —

A magból se lesz a közbeeső fázisok nélkül termés! – A növény fejlődésének törvényeit magja „határozza meg"!

Ha a növény fejlődését és a termését meg akarjuk változtatni, előbb a magot kell megváltoztatni. – Ez ismételt folyamat és csak a szükséges ismeretek és tapasztalatok birtokában valósítható meg! —

Pécs, 1971. szeptember

Lantos Ferenc

115 FERENC LANTOS

107–115 FERENC LANTOS

A FEW THOUGHTS ON VARIATION

The world is a variation! – The varied appearance of the "Existent."

Everything exists in variation!

Sameness: variation
Difference: variation
Unity: variation
Opposition: variation

Sameness and difference, unity, and opposition meet in the variation.

Living beings are variations...
Living-being variations...
Human-variations
Plant-variations
Tree-variations
Oak-tree-variations
The variations of an oak...etc.

House-variations
Machine-variations
Motion-variations...etc.

The activity of mankind – within its own possibilities – is nothing other than a contribution to this system of variations, by means of getting to know and shaping of what given to cognition, in other words, the development of varied systems of "human demand."

The arts are also variations of one another. They therefore cannot be separated from one another. This is why their traits are similar and differ only in their specifics.

[figure]

If we search for the logic and system of variation, then we are dealing with fundamental issues. If we search for those forms the variations of which "gesture into the distance," we are again dealing with fundamental issues. –

Everything can be varied, but this does not necessarily mean that each thing in itself gestures far, nor does it mean that varying it will lead us to important points of junction.

Therefore, it is not irrelevant to consider *what* and *how* we vary! – Neither is it irrelevant to consider what we vary *when*!

What?

The simpler a form, the greater the possibility of variation.
The asymmetrical can be varied more than the symmetrical!

What is the simplest form? – That which cannot be broken down further! Is there such a thing?

We work not with conceptual forms, therefore, for us the simplest form is that which in the given circumstances cannot be broken down further. This is concrete form!

This concrete form can be called a *unit*. The unit is always the unit of something, and therefore possesses specific characteristics.

The common optical unit of every thing is the *point*.
Everything can be made out of a point!

Things can be broken down into units in many different ways! This also depends on the subject! Various units can therefore determine a single thing! The various characteristics of a single thing. The units always possess the potential characteristic or characteristics which take shape in them in the course of breaking them down. –

It can, therefore, happen that two people arrive at the same unit by different paths. Hence, their results are seemingly identical. – In reality the two units, as content and possibility differ, thus, the deductions drawn from them are also essentially different. –

It is therefore not unimportant whether *we arrived* at or *adopted* a form!

[figure]

The smaller a unit, the smaller its inner life, but the greater its possibilities, therefore, the variations resulting from joining more units is greater (outer life).

The larger a unit, the larger its inner life, but the smaller its possibilities, therefore, the number of variations resulting from joining more units is smaller (outer life).

There are therefore smaller and larger units. We could say that in the process of varying a unit, the unit arrives at points of junction where new units come into existence. These are larger or smaller, depending on whether the process is a process of decrease or increase. The final point of junction of the variation of every unit is *the world* itself.

We could equally say that at one point – the point of the creation of a new unit – the quantitative variation of the units results in new qualities.

The consequences of variation are therefore: questions originating from the inner and outer life of the units.

The inner life is related to the unit's various questions of division. During this process of division, we can arrive at units that, at the same time, carry in themselves the characteristics of the old (now the whole) unit. We can also arrive at units that no longer contain the characteristics of the whole. For this reason, these are not units, but parts, which cannot be taken into consideration with respect to variation. – It is therefore important what we designate as a unit! Here the new quality is the result of a decrease in quantity!

The outer life denotes a connection between several units. The number of units increases here. During the process of increase, at certain points, new units come into existence. At that moment outer life becomes inner life.
Here the new quality is the result of an increase in quantity.
The outer and inner lives of the units are therefore in the closest connection with each other, they ensue from and alternate each other.

How?

Varying is a question that concerns content! For this reason, "how" is in the closest relation to "what." As a result, their problems for the most part overlap.
The question concerning content is directly determined by the unit which is to be varied. Of course, all things considered what is to be created is an object and its function, as this determines the selection of one or several elements.
The functional content, therefore, is only indirectly present in the element. This determines which of the possibilities determined by the inner logic of the element should be selected. – However, various elements and combinations can fulfil the same function, therefore, this question cannot be solved in any one way either!
Only one thing can be determined: the necessary basic conditions and variations of the given element.
For example:

[figures]

(Of course, the example above is not intended to be complete, it merely hints at the problem....)

When?

If someone consistently looks into things and searches for the causes and origin of forms, sooner or later he or she must arrive at form-units which carry in themselves the need to

build new structures and unit ensembles, along with the concrete possibilities. However, the construction of form-systems and their expansion in the course of variation will only ensure the path "gesturing into the distance" if and when the form and its creator have mutually "matured" for this! – In this case the path naturally leads forward, and one practically has no other task than to accompany and aid the unfolding of the life of the form, and to record its important stages....
If the outer circumstances do not forcefully disrupt this path, then the form can develop like the seed planted in the ground, which – during its course – does not have to "divine" the plant, nor does the plant need to divine the flower, the flower the fruit, because all this is within the seed itself. Since this is its content! And this is the content of the form-unit as well, which is essentially equivalent with its creator.

The creator of the form therefore in principle has devised the "plant," the "flower," and the "fruit" as well. For this reason he or she must nurture the form – like a parent – and ensure that the various phases of its development take shape in time. But he or she must also make sure that all phases come to fruition, because without them it is easy to raise a monster.
A seed also cannot produce a fruit without the intermediary phases! – The rules of a plant's development are "determined" by its seed!
If we want to alter the development or the fruit of the plant, we must first alter the seed. This is a complex process and can only be achieved with the necessary knowledge and experience!

Pécs, September 1971

Ferenc Lantos

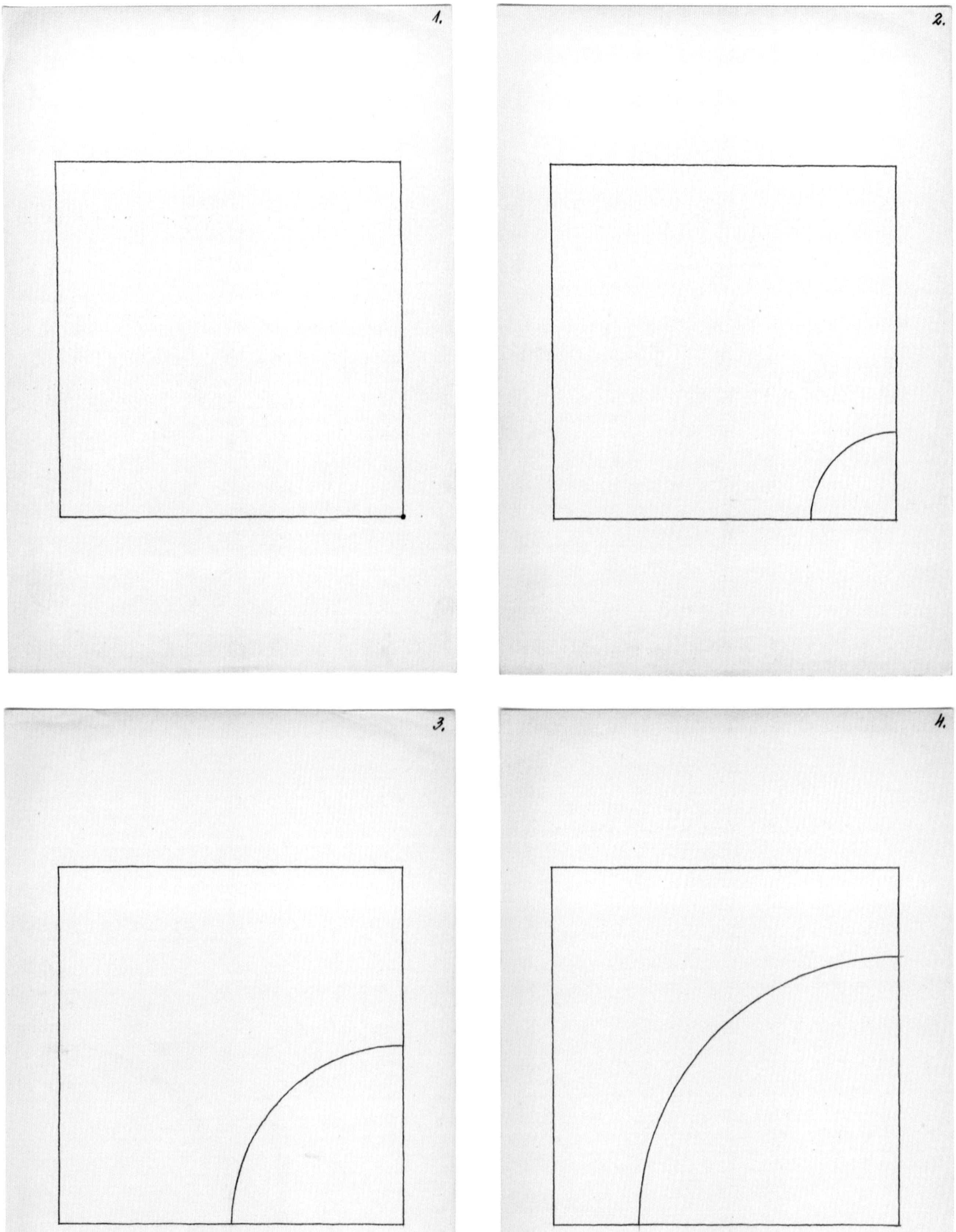
1.
2.
3.
4.

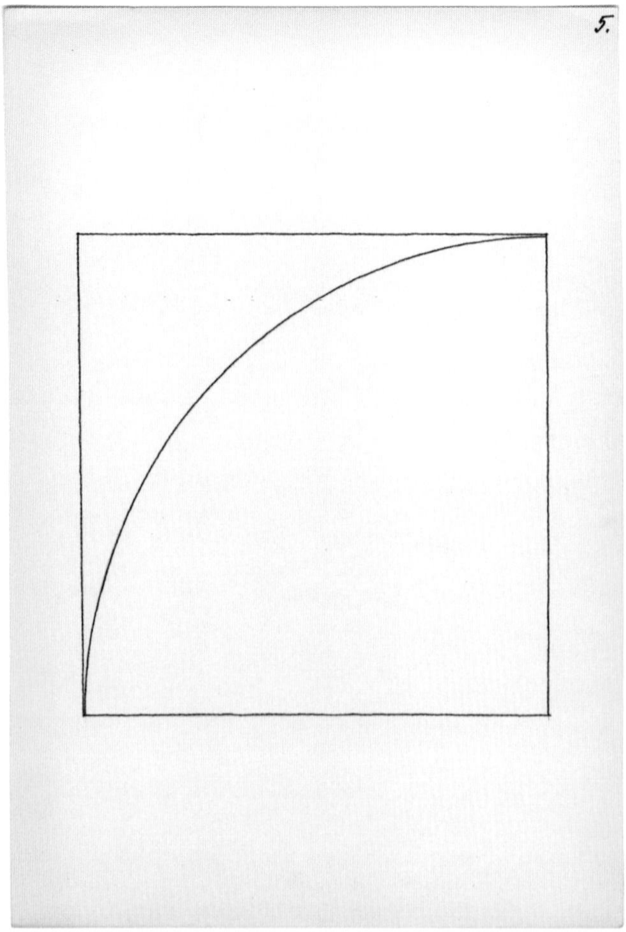

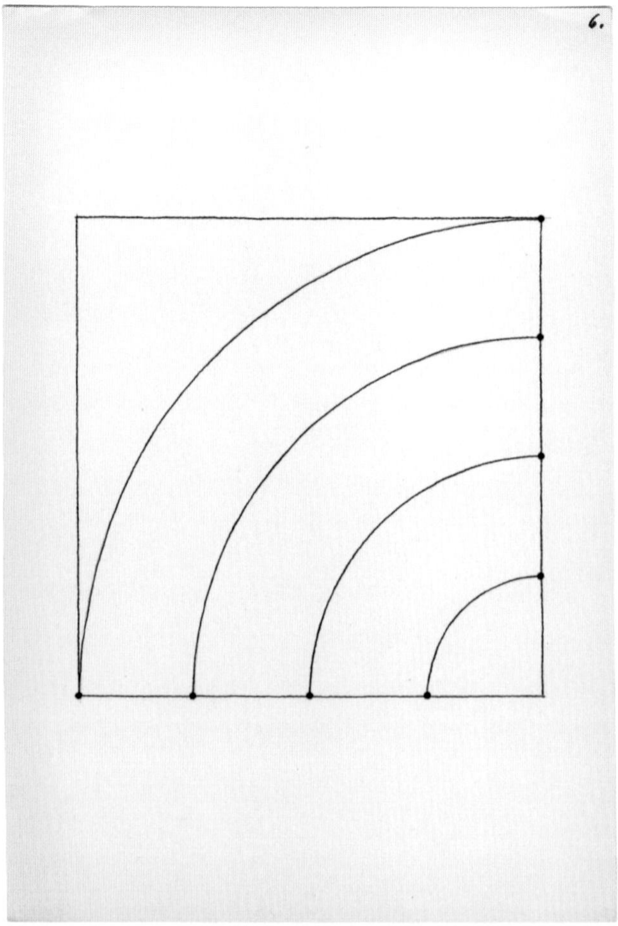

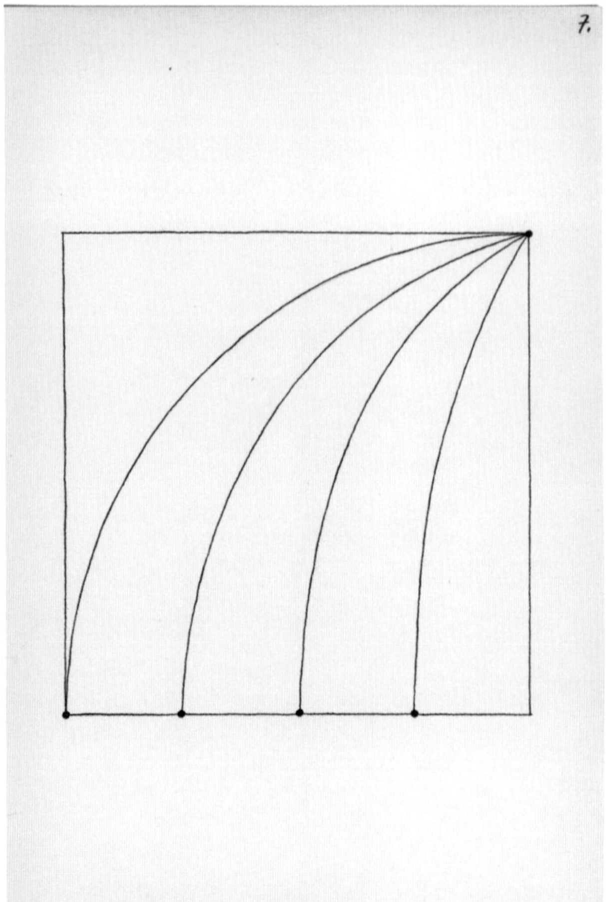

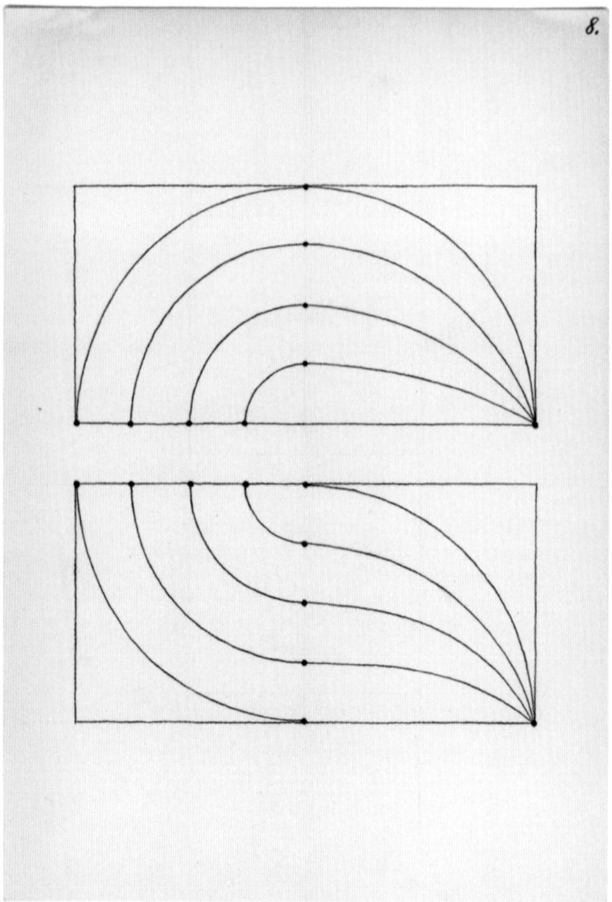

117 FERENC LANTOS

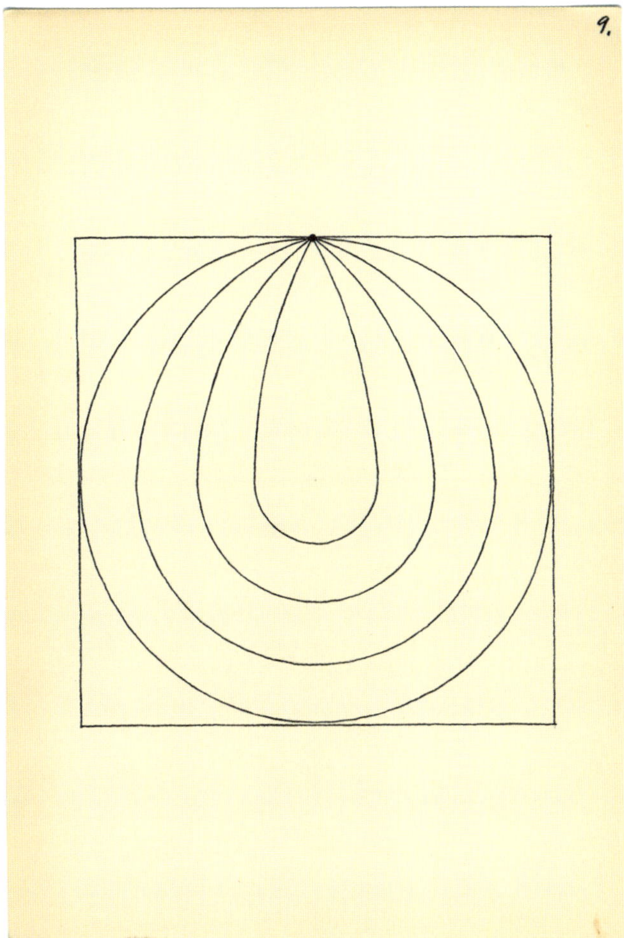
9.

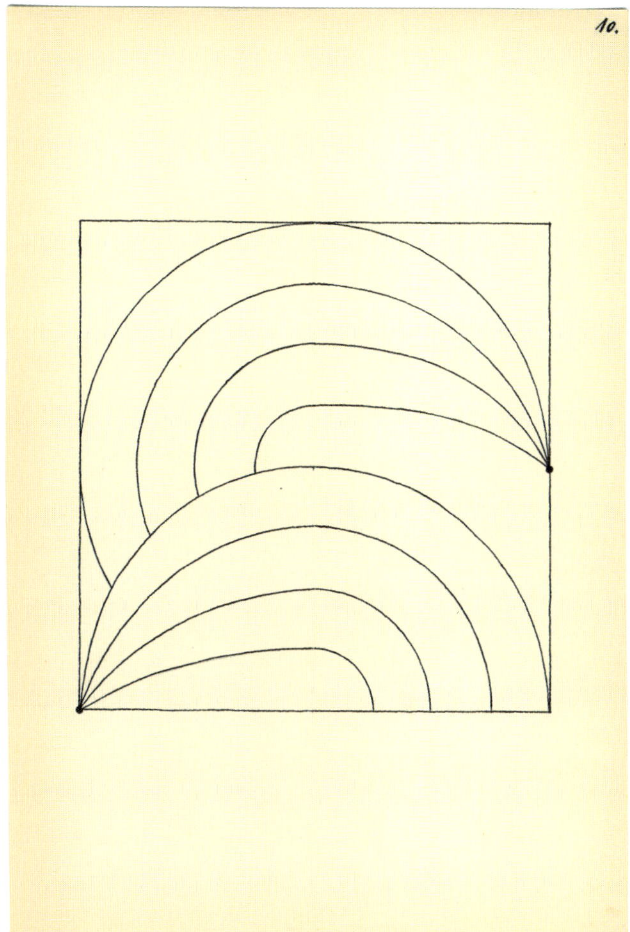
10.

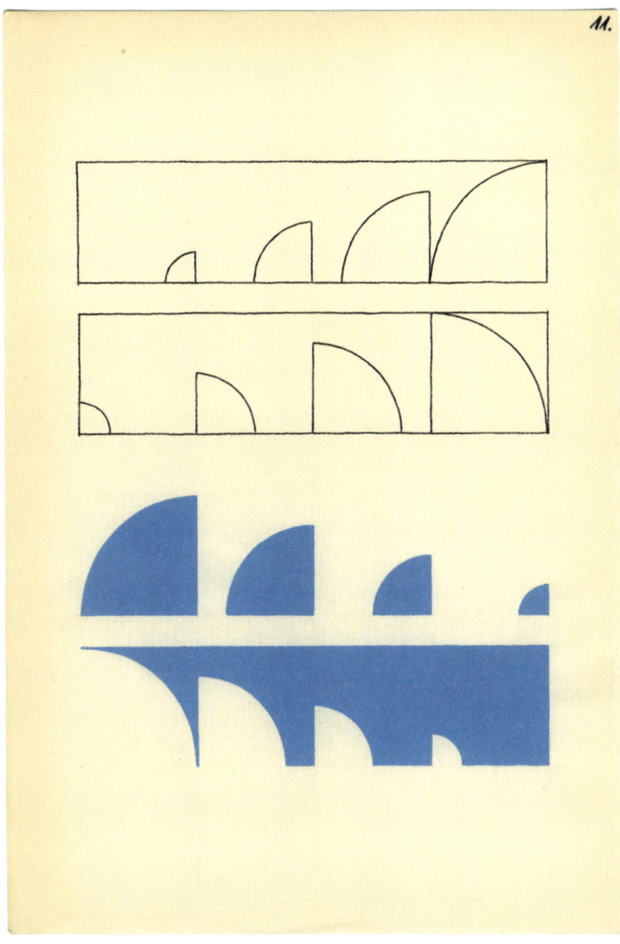
11.

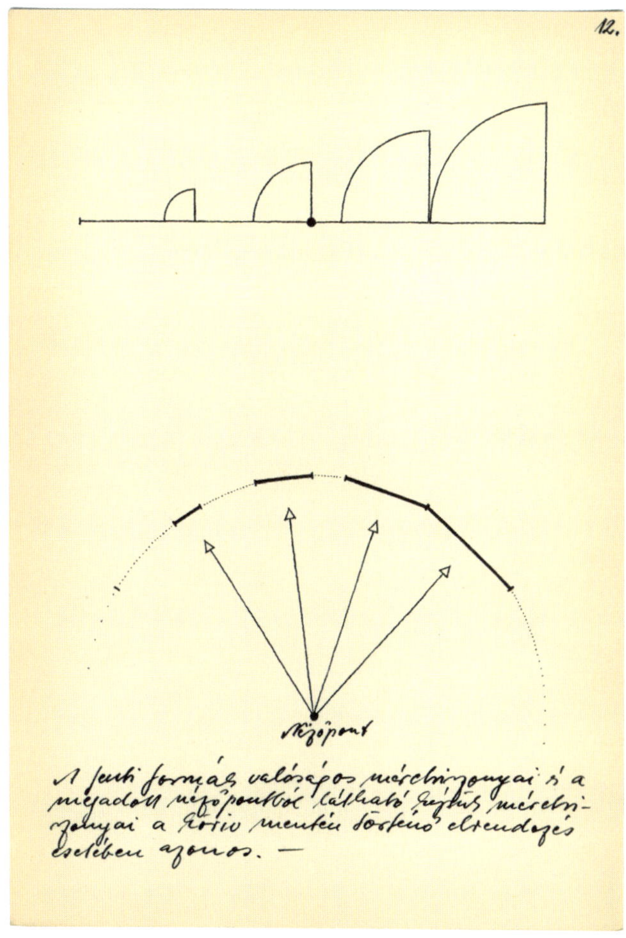
12.
nézőpont
A fenti formák valóságos méretviszonyai és a
megadott nézőpontból látható
méretviszonyai a körív mentén történő elrendezés
esetében azonos. —

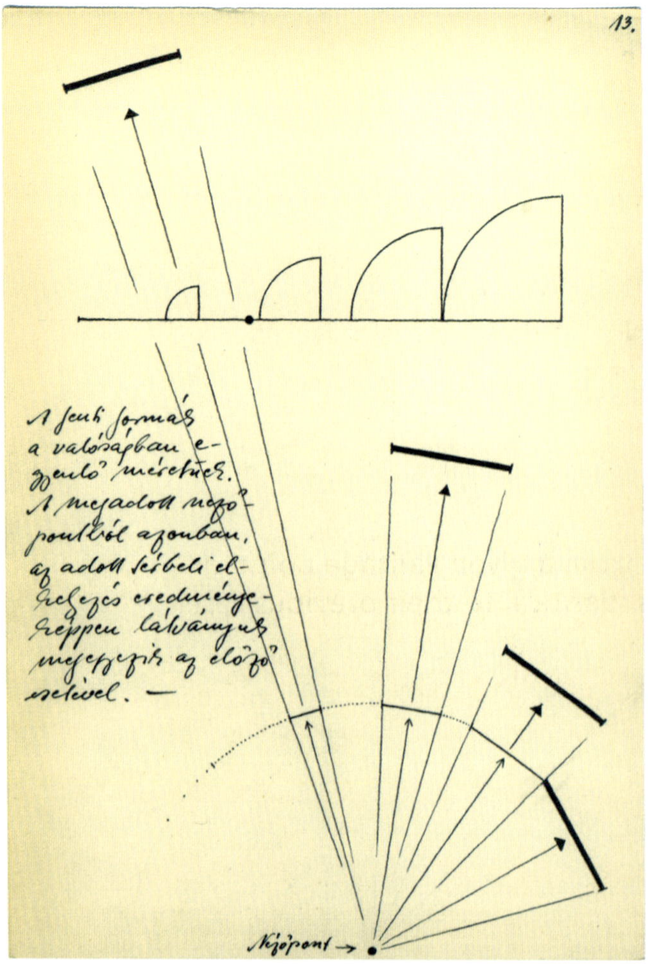
13.
A fenti formák
a valóságban e-
gyenlő méretűek.
A megadott néző-
pontból azonban,
az adott térbeli el-
helyezés eredménye-
képpen látványuk
megegyezik az előző
esetével. —
Nézőpont →

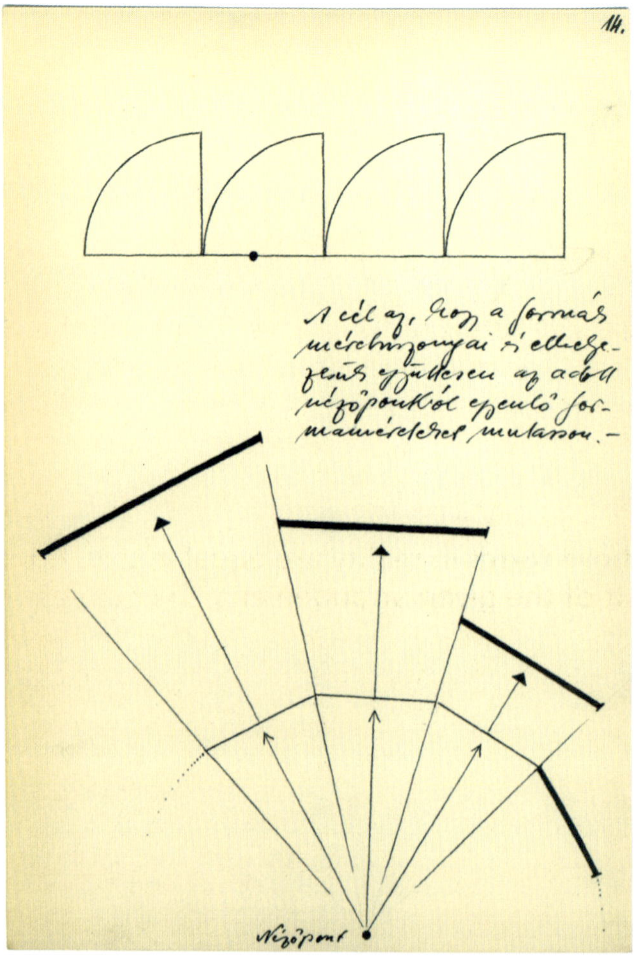
14.
A cél az, hogy a formák
méretviszonyai és elhelye-
zésük együttesen az adott
nézőpontból egyenlő for-
maméreteket mutasson. —
Nézőpont

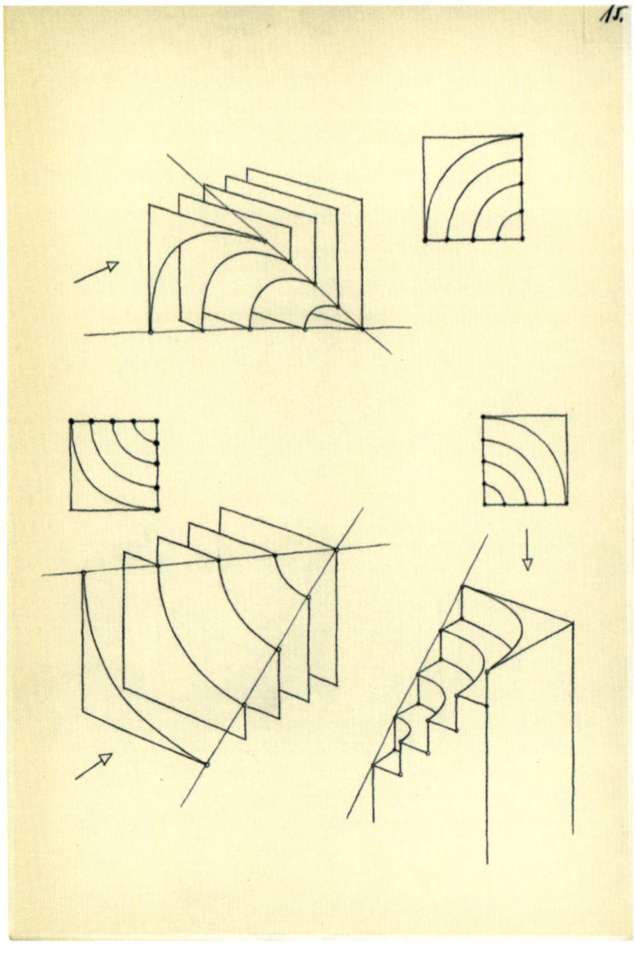
15.

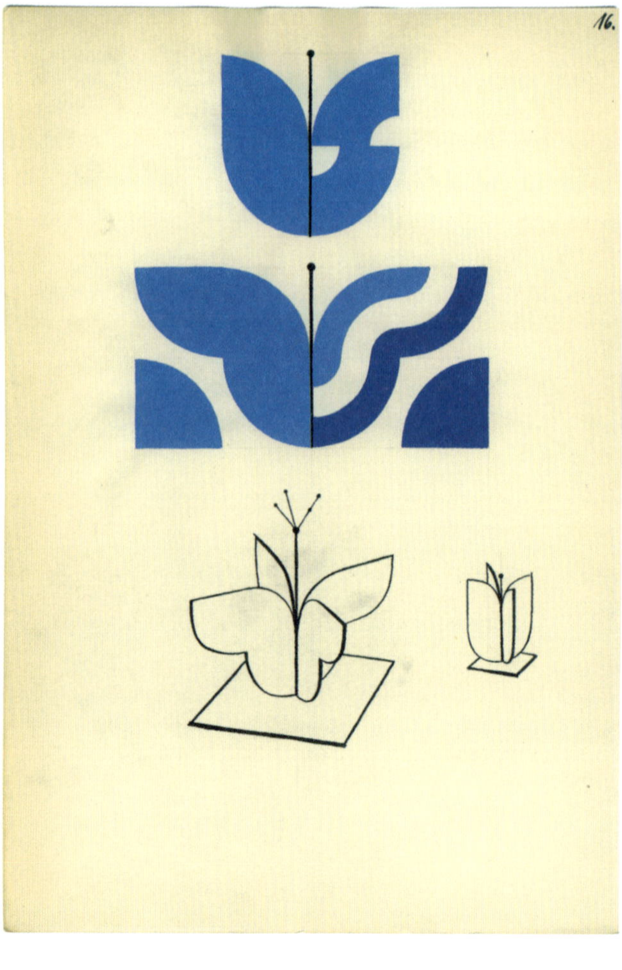
16.

118 FERENC LANTOS

Vantage point

The real size ratios of the above forms and the size ratios of their image seen from a given vantage point are identical if arranged along an arc.

119

The above forms in reality are equal in size. However, from a given vantage point, as a result of the given arrangement, their appearance is identical to their previous case.

The objective is to have the size horizons and the arrangements of the forms together appear the same in size from a given vantage point.

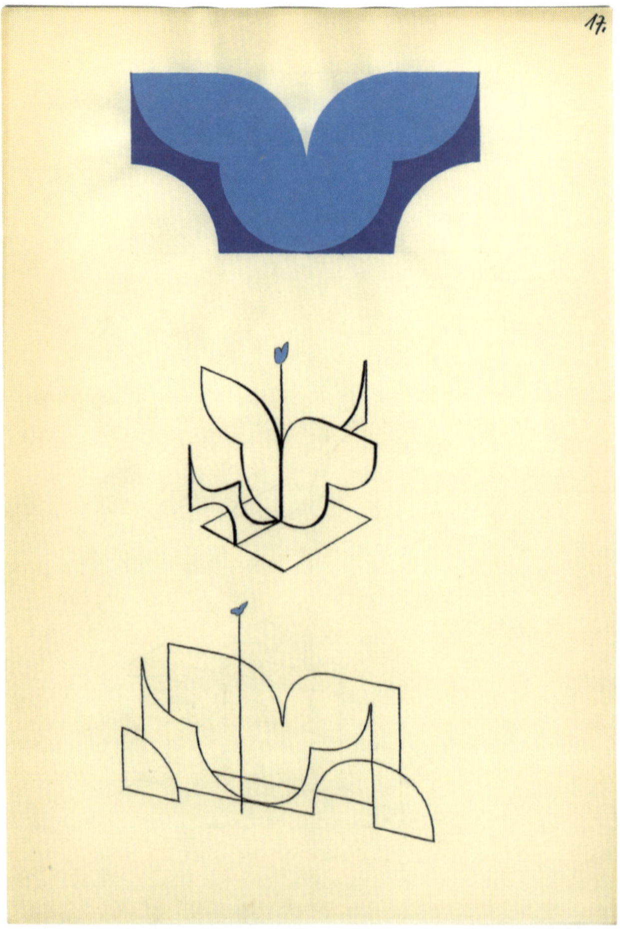
17.

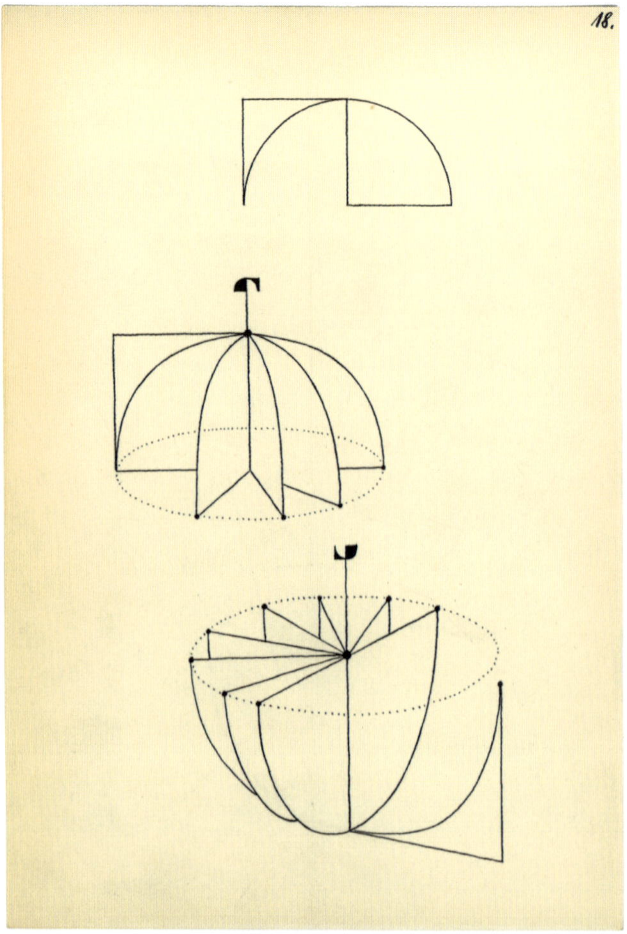
18.

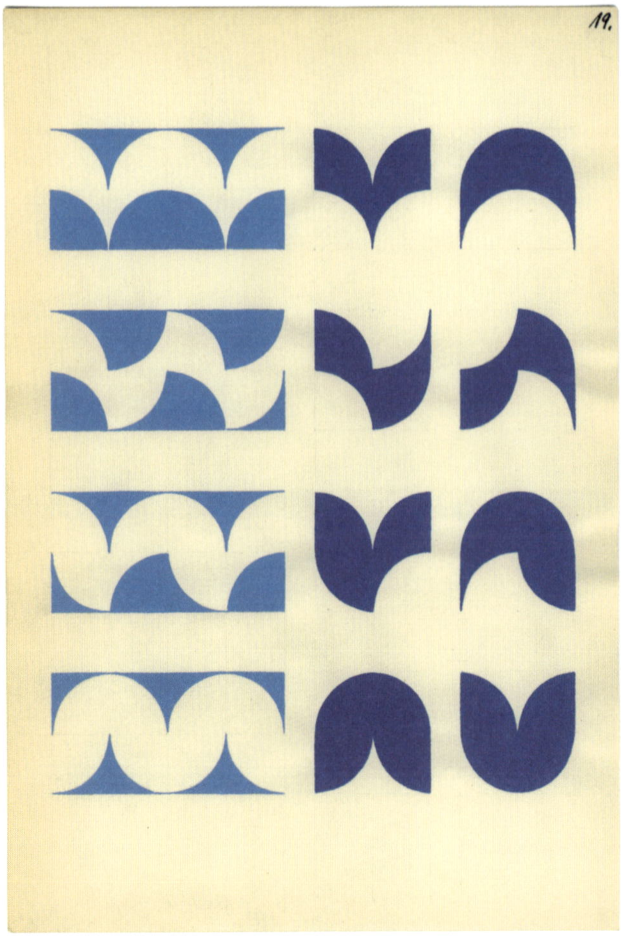
19.

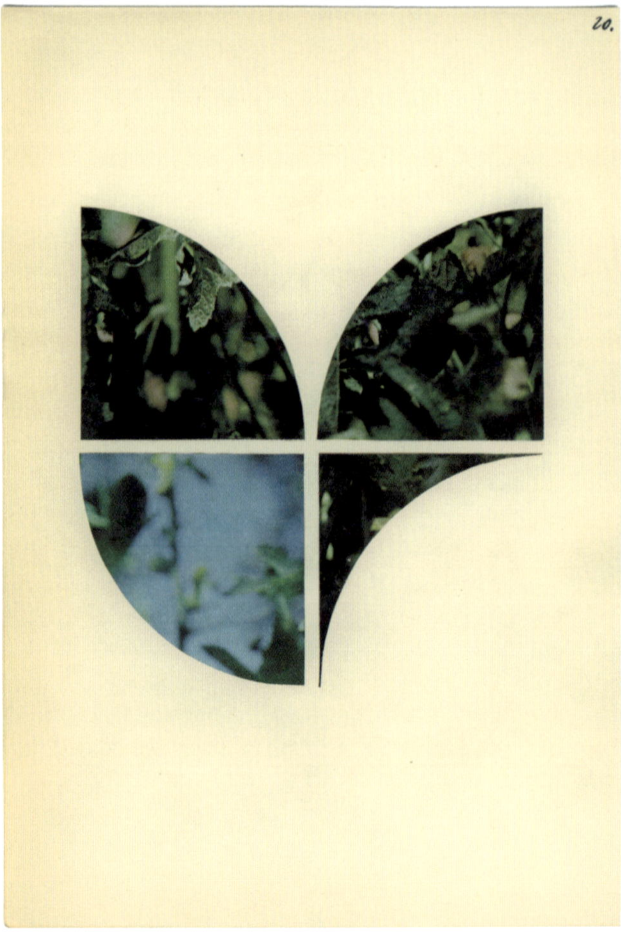
20.

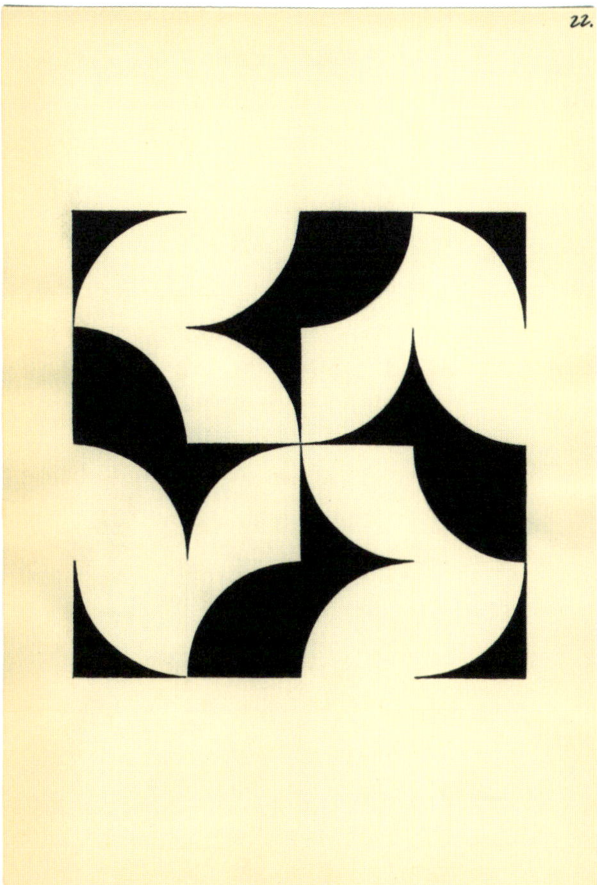
22.

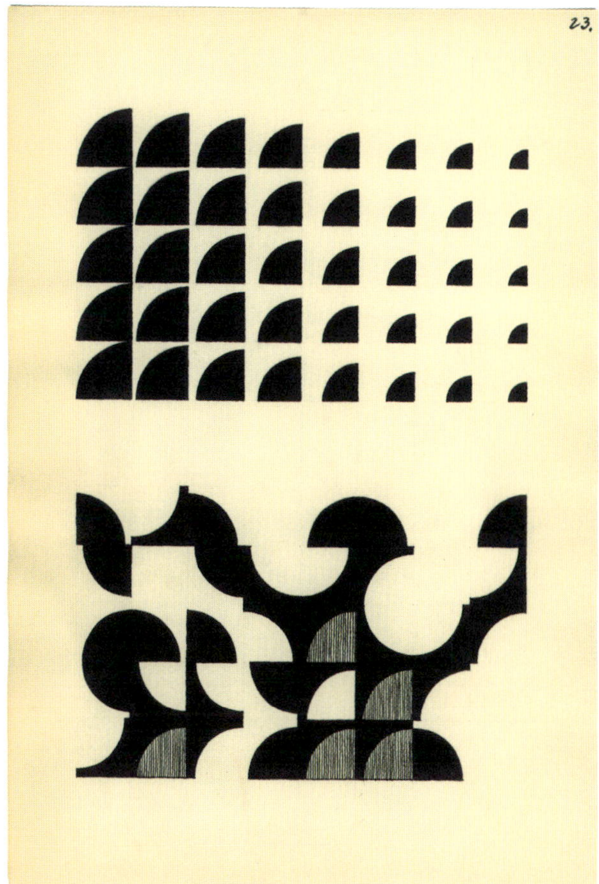
23.

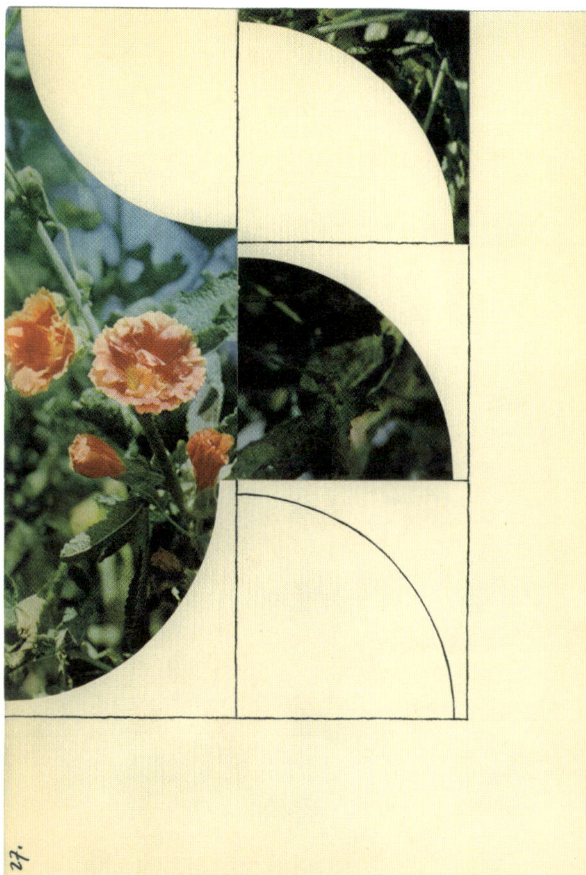
27.

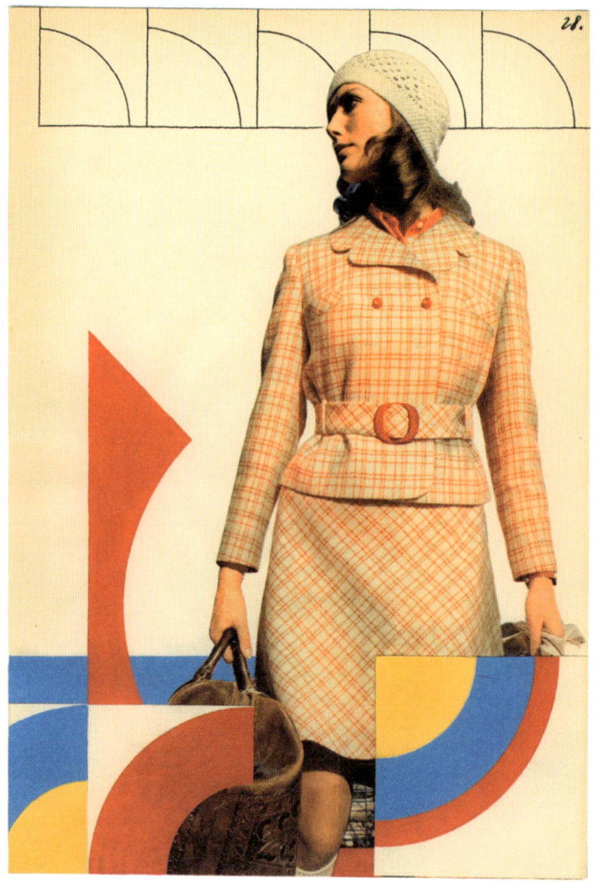
28.

Kedves Beke László

Pauer Gyula barátomtól értesültem az Ön által kezdeményezett iratgyüjtó / dosszié / kiállitásról, amelyen szeretnék részt venni : " Egyszerü készülék az árnyékszéki trágya elhelyezésére " - cimü müvem dokumentációjával.

Kérem a mellékelt dokumentáció átnézése után legyenszives a válaszáról értesitsen.

Üdvözlettel :

Budapest,1971. IX. 20.

Legéndy Péter

Budapest,XVIII.

Állami telep 162/2

122 PÉTER LEGÉNDY

Dear László Beke

I have learned from Gyula Pauer of your documentation (folder) exhibition, in which I would very much like to participate with the documentation of my work entitled *Simple Machine for the Disposal of Toilet Excrement*.

After reviewing the attached documents, please inform me of your answer.

Sincerely,

Péter Legéndy
Budapest, 18th District
State settlement 162/2

Budapest, 09/20/1971

LEGÉNDY PÉTER :

Egyszerü készülék az árnyékszéki trágya elhelyezésére

Budapest, 1971. IX. 20.

Az egészségügyi szakemberek a tifusz, a bányaféreg okozta betegség, a vérhas és más igen elterjedt betegségek tovaterjedésének meggátlására a legfontosabb intézkedések egyikének tartják, hogy az emberi ürülék kellőképpen el legyen takaritva.

Ahol nagyobb számu embertömeg verődik össze, mint pl. a városokban, ott az emberi ürüléknek eltávolitása tisztasági szempontból feltétlenül szükséges. Tulajdon képpen a nagyobb városok hatalmas pénzösszegeket áldoztak alkalmas csatornázás kiépitésére, de ezek a csatornák a szennyvizet rendszerint olyan uton - módon távolitják el, hogy az az ember szemére és orrára nézve türhetetlen állapotot teremt, és egészségügyi tekintetben messze van a tökéletes megoldástól.

Ámbár a város kellőképpen gondoskodhatik a saját szennyvizéről, lakosága még is ki lehet téve az ürülék - okozta fertőzésnek, amelyet a gazdaságokból különféle élelmiszerekkel hurcolnak be. Igy tehát a gazdaságok egészségügyi viszonyai roppantul fontosak nem csak a falusi, hanem a városi népre is. A gazdaság, mint a különféle és messze kiható fertőző áramlásoknak főforrása, szükségképpen kiinduló pontja kell legyen annak az óvóhadjáratnak, amely a sokfelé közvetithető betegségek ellen irányul.

A gazdaságok egészségügyi rendezésében felmerülő legfőbb akadályok egyike az a nehézség volt, hogy a gazdát meg kellett győzni arról, hogy az a haszon, amely az ürülék megfelelő eltakaritásából származni fog : ki fogja egyenliteni az efféle egészségi eszközök csináltatásából és jó karban való tartásának terhes munkájából eredő költségeket. Ezért mindaz, amit a hasznavehető berendezés egyszerüsitésére, valamint felszerelése és karbantartása költséges munkájának apasztására tehetünk : növelni fogja elfogadása lehetőségét.

Az itt ismertetett felszerelés használatban van az Egészségügyi Laboratorium egyik dolgozó helyiségében május 12.-e óta. Megvizsgálta az ország különféle egészségügyi osztályainak számtalan szakembere és sokan azt a kivánságukat fejezték ki, hogy maguk is szeretnék kipróbálni.

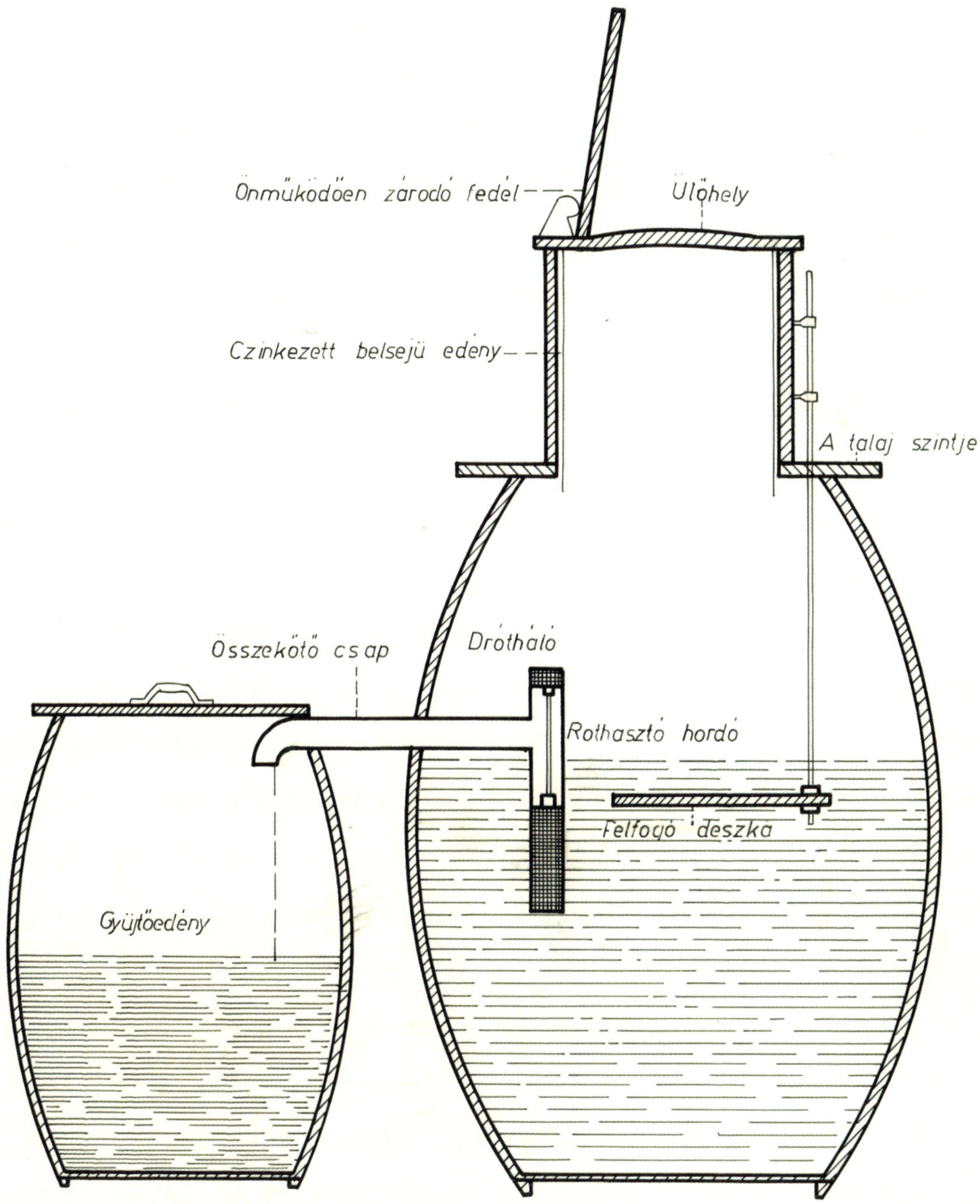

Önműködően záródó fedél
Ülőhely
Czinkezett belsejü edény
A talaj szintje
Összekötő csap
Drótháló
Rothasztó hordó
Felfogó deszka
Gyüjtőedény

A szerkezetre vonatkozó részleteket közlöm, hogy mindenkinek rendelkezésére álljanak.

A tanulmányozás kiinduló pontja :

Miután megállapitottam, hogy amennyire lehetséges fel kell használnunk a rothadásból eredő természetes erőt, azon voltam, hogy kiküszöböljem azokat az akadájokat, amelyeket a nedves rendszer+ ebben a tekintetben eddig utunkba görditett. Figyelemmel voltam az ügy gazdasági oldalára és ügyeltem az eljárás egyszerüségére. Igyekeztem az árnyékszék rendbentartására vonatkozó munkát és ügyességet a lehető legkisebb mértékre szállitani; s végül, noha szemem előtt leginkább az egészségügyi szempont lebegett, nem hagytam figyelmen kivül azt az igen széles körben elterjedt kivánságot sem, hogy az emberi ürülék gazdasági célokra is felhasználható legyen.

Szerkezete :

1./ Egy nem folyó hordó, amelyben az ürülék folyékonnyá válik / rothasztó hordó /.

2./ Egy nem folyó fedett hordó / gyüjtő edény /, vagy dézsa, vagy másféle tartó, amely a kifolyó anyagot felfogja.

3./ Egy összekötőcső, amelynek átmérője kb. 6 cm. és hosszusága 40 cm. , és amely egyik végén „T"- alaku nyitott csappal van ellátva.

A „T"- csapnak mindkét nyilását vasszövetü háló fedi.

4./ Egy jól zárodó edény. Alkalmas erre a célra a cinkezett belsejü edény, amely a rothasztó hordóra pontosan railleszkedik; fedő részén egy nyilás van az ülés számára, s ennek magától záródó fedele van.

5./ Egy a kiloccsanást megakadályozó készülék / felfogó deszka /, amely az ülés alá vizszintesen, két cm.- re az összekötő csap vizszintes részének szintje alá helyezett keskeny deszkából áll; ezt helyén tartja egy rud, amely az edényhez / 4. pont / erősitett karikákon át jár, és amelyel a deszka felemelhető és lebocsátható.

A rothasztó hordót / kádat / annyira kell vizzel megtölteni : mig az nem kezd csöpögni a gyüjtő edénybe.

+ Nedves rendszer : vagyis amikor az emberi ürülék az árnyékszékben folyékonnyá válik és igy kerül tovább.

A rovarok elriasztása céljából minden egyes edénybe, a benne levő hig anyagra petróleumot kell önteni. A petróleum a hig anyagon finom hártya alakjában szétfolyik.

Gyakorlati használata :

Az árnyékszék használata elött a rudat fel kell huzni, hogy a kiloccsanást megakadályozó deszka / felfogó deszka / a viz szintje fölé mintegy 3 cm.- re felemelkedjék. A bélsár leesik, de a / felfogó/ deszka megakadályozza a locscsanást, s ez elejét veszi annak a legnagyobb kifogásnak, amelyet a nedves rendszerrel szemben tesznek. A székelés után a távozó lenyomja a rudat és ezzel lesülyeszti a deszkát, az ürülék pedig szabadon uszik a vizben.
/ Éppen most kisérletezek ki olyan felszerelést, hogy a rud össze legyen kötve a magától záródó fedéllel és a kiloccsanást gátló deszka akkor emelkedjék fel és sülyedjen le, amikor a fedél nyilik vagy záródik. /

Noha az ürülék némely része a felszinen uszik, még is többféleképpen meg van védve attól, hogy légy ne élhessen meg benne, és ne táplálkozzék belölle : elöször azzal, hogy a fedél magától záródik, másodszor a viz által, harmadszor a petróleum hártya által.
Eszerint ez az árnyékszék a legyek és szunyogok tenyésző és élelmező helyéül nem szolgálhat !

Az ürülék erjedni kezd a vizben és lassanként folyékonnyá válik. Az egyre szaporodó ürülék természetesen emeli a viz felszinét és a felesleg kifolyik / az összekötő cspon át / a gyüjtőedénybe. A gyüjtőedénybe való átfolyás addig tart, amig az benne annyira fel nem gyülik, hogy eléri az összekötő csap szintjét és akkor az az alább tárgyalandó különféle módon baj nélkül eltávolitható.

A most emlitett módon felszerelt árnyékszéken május hó 12.-től szeptember 25.-ig 246 izben / vizeléssel egybekötve / székeltek, vagyis átlag egy napra jutott 2 és 1/4 székelés. A gyüjtőedény ürtartalma kb. 6 liter volt. A rothasztó hordóba - annak használatba vétele után nem kellett vizet pótolni.

Az emlitett megfigyelés ideje a nyár legforróbb részére esett : a büze, ha azt az átlagos árnyékszék büzével vetjük egybe figyelmen kivül hagyható volt.

Ezekből láthatjuk, hogy ez az árnyékszéki berendezés kielégiti a következő kivánalmakat :

1./ Távoltartja az ürüléktől a legyeket és a szunyogokat.

2./ Az ürüléket folyékonnyá teszi és ürtartalmát apasztja, hogy azután rendesebben és a rendes árnyékszéki ürüléknél könnyebben és olcsóbban is el lehessen takaritani.

3./ Csökkenti a büzt.

4./ Csökkenti az árnyékszék tisztogatásának munkáját és azt kevésbé undoritóvá teszi

5./ Egyszerü és nem költséges.

Még nincsen megállapitva, hogy az ilyen szerkezetü árnyékszékben folyó erjedés milyen hatással van a tifuszbacillus és a bányaféreg petéinek életbenmaradására, de más kisérletekből arra következtethetünk, hogy az ilyen körülmények közé kerülő tifuszbacillusoknak és a bányaféreg petéinek legnagyobb része hat héten, vagy két hónapon belül elpusztul. Ámbár az erre a célra szolgáló edény ürtartalmának nagyobbitásával meghosszabithatjuk az ürülék eltartásának idejét, mégis most azt gondolom, hogy biztosabb és helyesebb, ha a gyüjtőedényben levő fertőző szervezetek megsemmisitését nem csak az eltartástól tesszük függővé, hanem ha a kifolyó anyagot fertőzöttnek tartjuk és arról kellőképpen gondoskodunk.

<u>A kifolyó anyagról való gondoskodás :</u>

1./ A hő.

Ha szerezhetünk egy alkalmas / fémből való / edényt, amelybe a kifolyó anyag felfogható, rakjunk az edény alá tüzet és hevitsük a kifolyt anyagot felforrásig. Ha a kifolyó anyagot összegyüjtő edény fából vagy cementből készült, akkor öntsük át a kifolyt anyagot felforralás véget más edénybe.

Felforralás után a folyadékot bátran használhatjuk trágyázásra.

A hővel való fertőtlenités az egyetlen eljárás, amelyet minden kikötés nélkül ajánlani tudok.

2./ Elásás.

Az elásás kétségtelenül kisebbiteni fogja a fertőzés terjesztésének veszedelmét, de jelenlegi ismereteink alapján nem mondhatom, hogy az eltakaritásnak ez a módja biztos. Ha a kifolyt anyagot el akarjuk ásni, akkor ássuk azt el a szomszédos vizmeritő helytől legalább 15 méterre és legalább 70 cm.- re a talaj felszine alá; és csak abban az esetben, ha a talaj jó szürő természetü. Mészkőves talajon való elásás megfertőzheti a kutakat kilóméternyi távolságban !

3./ Kémiai fertőtlenités.

A kémiai fertőtlenitő szereknek az a jó oldaluk, hogy olcsók és biztosan megölik a betegségterjesztő baktériumokat. A kémiai fertőtlenitő anyagoknak a spórákra és a különféle állatok petéire való ölő hatását ma még csak igen hézagosan ismerjük. Az eddigi kisérletek azt igazolják, hogy a kémiai fertőtlenitő szerek nem annyira az állati élősködők, mint inkább a baktériumok irtásában megbizhatók, éppen ezért a kémiai anyagokkal fertőtlenitett ürüléket nem szabad feltétlenül tiszta trágyaszernek tartani.

4./ Kémiai fertőtlenités elásással egybekötve.

Minthogy a kémiai fertőtlenités megöli a betegséget terjesztő baktériumokat és minthogy az elásás nagyban csökkenti az állati élősködőktől származó veszedelmet, e két eljárás / kémiai fertőtlenités és elásás / egybekapcsolva, mint biztos módszer alkalmazható.

5./ Csatornák.

A csatornázott városokban az előbb emlitett szerkezetü árnyékszék kifolyó anyaga kiürithető a csatornába. Ha azonban olyanok a viszonyok, hogy az efféle anyagoknak beöntése a csatornára veszedelmes volna, akkor az egész csatornarendszer javitásra szorul.

<u>Papiros :</u>

Az eddigi kisérleteknél csak klozettpapirost használtak és azt az árnyékszék rothasztó ereje felemésztette. Más kisérletekből azonban kiderült, hogy az edényben folyó erjedés felemészti az ujságpapirost is, de ujságpapiros használata esetén szükség lesz talán az edényt valamivel nagyobbra méretezni.

<u>Tisztogatás :</u>

Noha az árnyékszék használatba vétele óta nem kellett vizet pótolni,azért a folyósitó edény tartalma folyékony maradt, valószinü, hogy egy olajos hordó nagyságu edény elegendő lesz egy öttagu család bélsara számára és rothasztó edényének tisztogatása nem válik gyakrabban szükségessé, mint az év minden hatodik hónapjában.

1971. IX. 20.

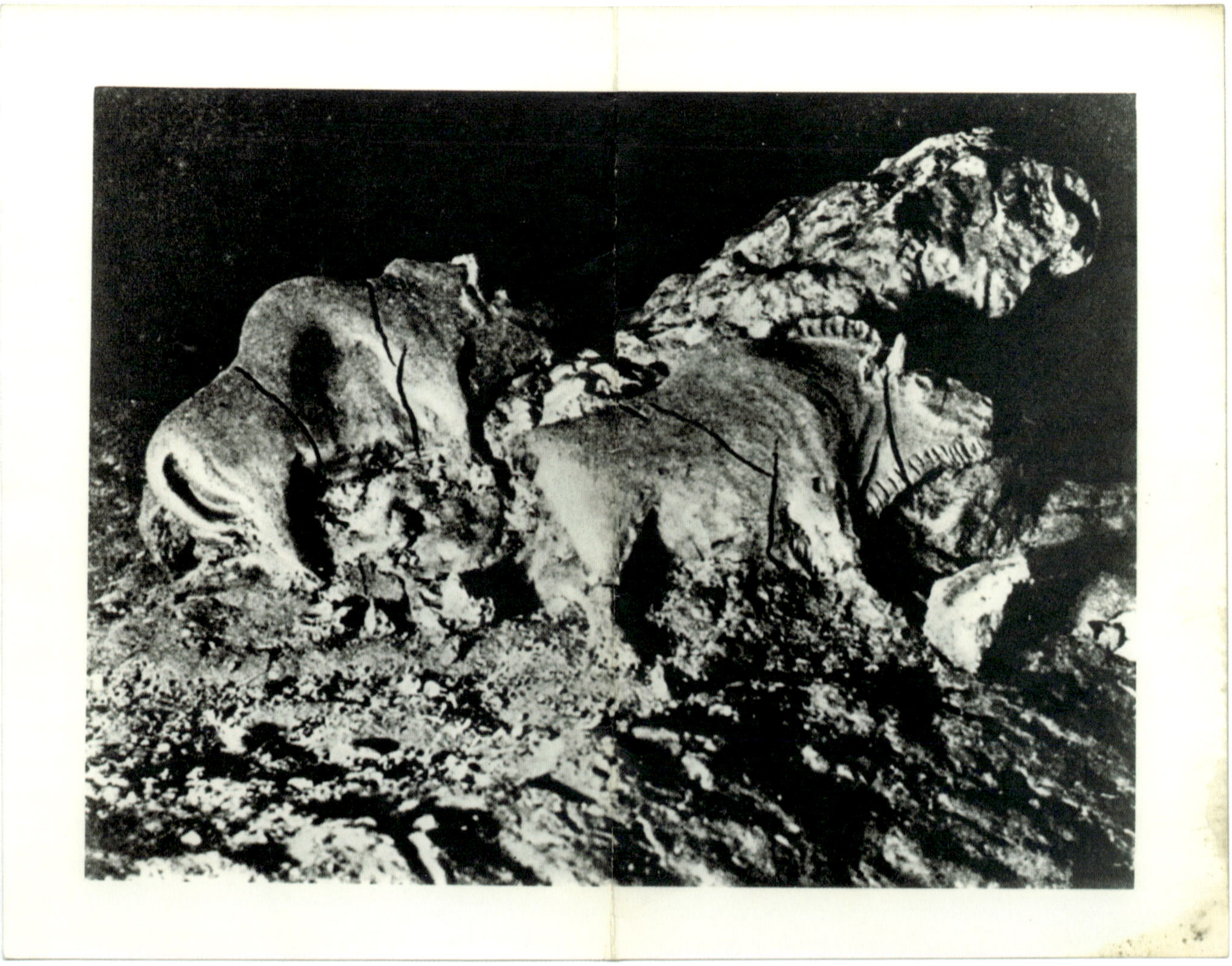

129 PÉTER LEGÉNDY

123 PÉTER LEGÉNDY

PÉTER LEGÉNDY:

Simple Machine for the Disposal of Toilet Excrement
Budapest, 09/20/1971

In an effort to prevent the further spreading of such ailments as typhus, dysentery, and the disease caused by miner's hookworm, public health officials regard the appropriate disposal of human excrement as one of the most important measures.

Wherever a large number of people are present, such as in cities for example, the removal of human excrement is of extreme importance from a hygienic standpoint. Large cities have, in fact, spent massive sums of money on constructing the appropriate canalization and sewer systems. These canals, however, remove human bodily waste in a way that creates conditions which are unbearable for the nose and the eyes, and is far from an ideal solution in terms of health and hygiene.

Although the city takes the appropriate measures to take care of its sewage, its population may, nevertheless, be exposed to excrement-related diseases through the grocery products they acquire from farms. Thus, the health conditions on farms are of paramount importance not only for villagers, but also for urban populations. Farms, as a main source of various far-reaching diseases, must therefore be a starting point for the campaign to protect against a wide variety of transmittable diseases.

One of the main difficulties in taking hygiene-related measures on farms has been convincing farmers that the profit that will result from the appropriate removal of excrement will make up for the expenses associated with acquiring the required devices and the hard work invested in maintaining them. As a consequence, all efforts towards simplifying these devices and reducing the costly work involved in their installation and maintenance will increase the chances of its acceptance.

The device introduced here has been in service on the working premises of the Public Health Laboratory as of May 12. It has been examined by a number of experts from various offices of public health from all over the country. Many have expressed a wish to try it themselves.

124

automatically closing lid
seat
zinc-lined container
ground level
putrefactive barrel
impact absorbing plank
wire mesh
connective tap
receptacle container

125-128 PÉTER LEGÉNDY

I shall describe the details pertaining to the device in order to make it available for everyone.

The starting point of the study:

After concluding that, as much as possible, the natural power derived from the process of decay should be harnessed, I was intent on avoiding the obstacles we had encountered in conjunction with the wet system* up to that point. Taking the economic aspect of the matter into consideration, I tried to keep the procedure simple. I aimed to reduce the work and skill required for maintaining the latrine to a minimum. And, finally, while my attention was primarily focused on health considerations, I also took into account the widely expressed request that the human waste should be made available for farming purposes.

The structure:

1. A leak-proof barrel in which human waste becomes liquefied (putrefactive barrel).
2. A leak-proof, covered barrel (receptacle), or vat, or any other kind of container that can hold the substance emitted.
3. A connective pipe with a diameter of 6 cm, a length of 40 cm, and a T-shaped open tap. Both openings of the T-shaped tap are covered with an iron-woven net.
4. A container that can be closed tightly. A zinc-lined container that fits closely on top of the putrefactive barrel is ideal; there is an opening on the top cover for a seat, which has a lid that closes automatically.
5. A device that prevents splash backs (impact absorbing plank), which consists of a narrow plank placed horizontally, 2 cm below the level of the horizontal portion of the connective pipe; this will be held in place by a rod, which moves through the hoops attached to the container (point 4) and which will facilitate the lifting and lowering of the plank.

The putrefactive barrel (tub) should be filled with water until it begins to drip into the receptacle container.
For the purposes of repelling insects, petroleum must be poured on top of the liquefied substance in each container. The petroleum spreads across the surface of the substance, forming a thin film.

Instructions for practical use:

Before using the latrine, the rod must be pulled up, so that the splash prevention plank (impact absorbing plank) is lifted about 3 cm above the level of the water. When the excrement is dropped, the plank prevents splash back, which obviates the greatest complaint made against the wet system. Following excretion, the user pushes the rod, which submerges the plank, thereby releasing the excrement to swim freely in the water. (They have just invented a device that connects the rod with the automatically closing lid, thus causing the splash prevention plank to be pulled up and lowered when the lid is opened and closed, respectively.)

Although some of the excrement swims on top, it is, nevertheless, protected, in a number of waysagainst flies that seek to dwell inside it and feed on it: firstly, by the lid that closes automatically, secondly, by the water, and thirdly, by the petroleum film.
Thus, the latrine will not serve as the breeding and feeding ground for flies and mosquitoes.

The excrement begins to putrefy in the water and slowly becomes liquefied. As the growing amount of excrement raises the water level, the excess flows out (through the connective pipe) into the receptacle. This process continues until the level of the liquefied substance reaches the level of the connective pipe, at which time it can be removed without problems in any of the ways discussed below.

The latrine constructed and installed in the above mentioned manner was used for defecation (combined with urination) 246 times between May 12 and September 25, with an average of 2.25 instances of defecation per day. The volume of the receptacle container was approximately 6 litres. It was not necessary to replace any water in the putrefactive barrel while it was in use.

The observation period coincided with the hottest months of summer; the smell of the latrine in

*Wet system: human excrement becomes liquefied in the latrine and is carried further in that form.

comparison with the stench of the average outdoor latrine was negligible.

Thus, it can be concluded that the device satisfies the following criteria:

1. It keeps flies and mosquitoes away from the excrement.
2. It liquefies the excrement, decreasing its volume, so that it can be cleaned up in a more organized manner than is generally the case for outdoor latrine waste.
3. It diminishes the stench.
4. It reduces the amount of work involved in—and the unpleasant aspects of—keeping the latrine clean.
5. It is simple and cost-effective.

The effect of the putrefaction in such a latrine on the viability of typhoid bacilli and hookworm eggs has not yet been established. Results of experiments conducted elsewhere, however, suggest that the majority of typhoid bacilli and hookworm eggs would not survive past six weeks or two months in such conditions. Increasing the volume of the receptacle container can lengthen the preservation time of the excrement. I do, however, believe that rather than regarding the elimination of contaminating organisms in the receptacle container as merely dependent on the latter's preservation capacity, it is safer and more appropriate to consider the drained substance contaminated and take the necessary measures in handling it.

Ways of handling the drained substance:

1. Heat.

If we can acquire a suitable (metal) container which can capture the draining substance, a fire should be lit under it so that the temperature of the fluid is raised to a boil. If the receptacle container is made of wood or cement, the drained substance should be transferred to another container, so that it can be boiled. After boiling, the liquid can readily be used as fertilizer.

Sterilization by heat is the only procedure that I can recommend without reservations.

2. Disposal by burying

Burying the waste undoubtedly decreases the chances of spreading contamination. Based on our present state of knowledge, however, I cannot recommend this as a fully secure method of waste removal. If we do wish to bury the drained substance, it should be done at least 15 meters from the nearest well and 70 cm under the surface of the soil. This method can only be utilized, however, if the soil has good filtering properties. Burial in limestone-rich soil can result in the contamination of wells in a one-kilometer radius.

3. Chemical treatment

On the upside, the chemicals used for sterilization are inexpensive and guaranteed to kill disease-causing bacteria. There are great gaps in our knowledge, however, regarding the effects of chemical disinfectants on spores and the eggs of various animal parasites. Findings up to this point indicate that chemical disinfectants are effective not so much in killing animal parasites, but in eliminating bacteria. For this reason, chemically disinfected excrement should not necessarily be regarded as clean fertilizer material.

4. Chemical treatment combined with burial

As chemical sterilization kills disease-causing bacteria and burial greatly reduces the dangers associated with animal parasites, the combination of these two techniques (chemical sterilization and burial) makes for a reliable method.

5. Sewers

In cities with a sewer system, the drained substance of the aforementioned latrine can be emptied into the sewer. If, however, certain conditions cause such disposal to be hazardous, the entire sewer system may require repair.

Toilet paper:

In experiments thus far, only toilet paper was used, which was consumed by the putrefaction process. Other experiments have confirmed that the fermentation process in the putrefactive barrel also breaks down newspaper. If newspaper is used, however, the container must have a larger volume.

Cleaning:

While no water was added during the above mentioned period, the contents of the barrel remained liquefied. Thus, an oil barrel-size container would probably be sufficient to meet the demands of a family of five. In such a case, the putrefactive barrel would not require cleaning more often than every 6 months.

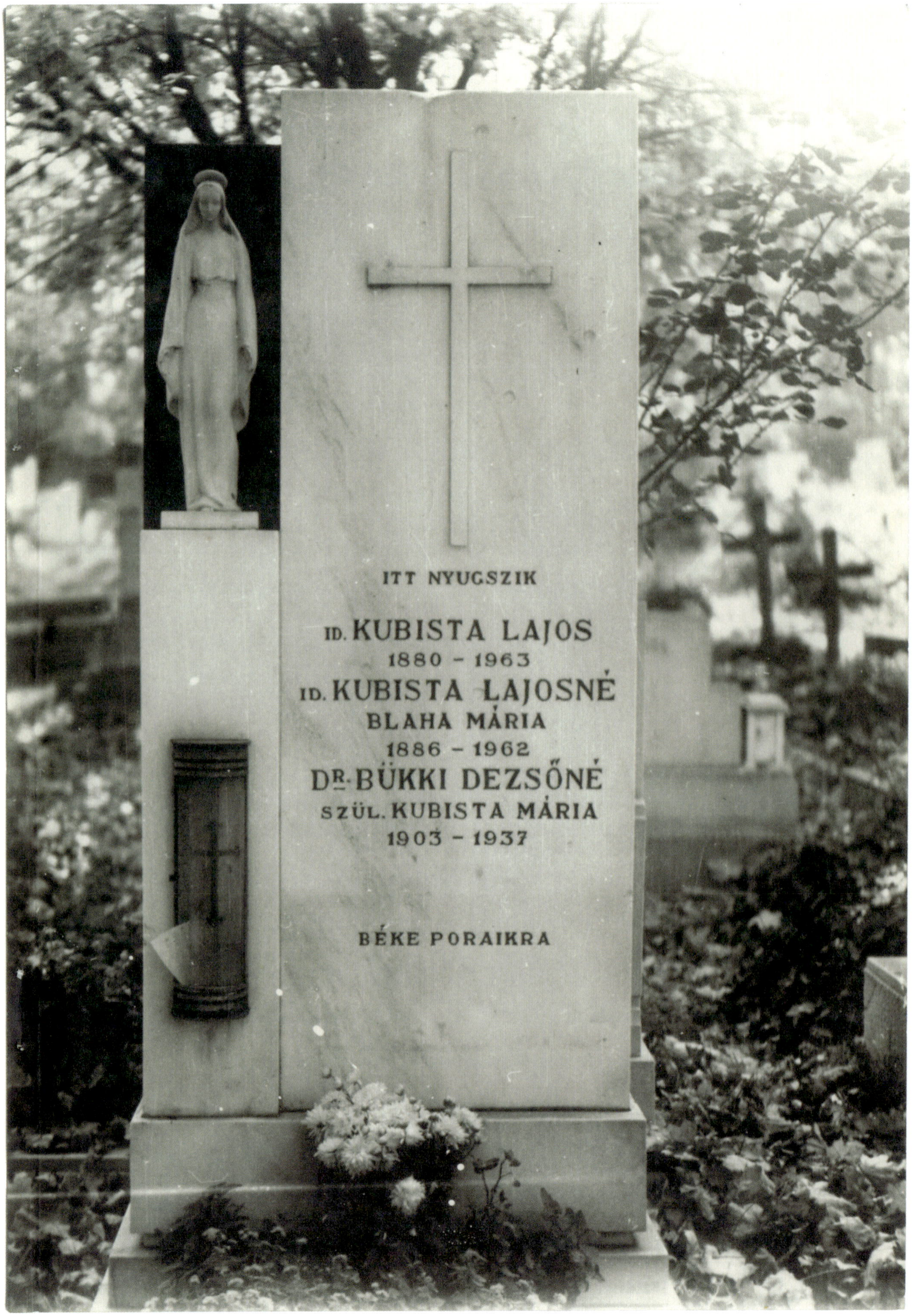

130 JÁNOS MAJOR

HERE RESTS
LAJOS KUBISTA [CUBIST] SR.
1880–1963
MRS. LAJOS KUBISTA SR.
[MAIDEN NAME:] MÁRIA BLAHA
1886–1962
MRS. DR. DEZSŐ BÜKKI
[MAIDEN NAME:] MÁRIA KUBISTA
1903–1937

REST IN PEACE

1 Kubista Lajos Budapesten a Farkasréti-temetőben lett eltemetve

2 A kubizmus nem Budapesten született

3 Budapesten még semmilyen izmus sem született

4 Victor Vasarely Magyarországon született

5 Az Op-art nem Magyarországon született

6 Nicolas Schöffer Kalocsán született

7 A Kinetik-art nem Kalocsán született

8 Herzl Tivadar Budapesten született

9 A cionizmus nem Budapesten szület_tt

1o Szilárd Leó az atombomba atyja, Magyarországon született, meghalt az USA-ban

11 A Pop-art az USA-ban született, hatása Magyarországra is kisugárzott

12 Bartók Béla Magyarországon született, meghalt New-Yorkban

13 A Koncept-art New-Yorkban született, azóta Budapesten is nem egy koncept született

14 Neumann János, a kiváló matematikus, mellesleg a kompjuter feltalálója, Magyarországon született és az Egyesült Államokban halt meg

15 A kibernetikát már több technikailag fejlett országban alkalmazták sikerrel müalkotások előállitására, Magyarországon eddig - tudomásom szerint - még nem került sor erre

- -

Ha - mint állitom - a fenti koncept minden tétele bizonyitható tény, /fact/ akkor ebben az esetben találóbb lenne a "koncept-art" helyett, a "fact-art" elnevezés.

Megszületett volna Budapesten a Fact-art ?

Ez a hipotézis csak akkor tarthatófenn, ha az alapjául szolgáló tételek mindegyike valóban tény. Mikor azonban átvizsgáltam e tételek helyességét, kiderült hogy a 3. tétel téves.

A Fact-art tehát halva-született Budapesten, mert a tételek egyike, melyből létrejöttére következtettünk, - az, mely szerint Magyarországon még semmilyen izmus sem született, - téves, nem tény, /non fact/.

16 Született már Magyarországon is egy izmus, a bicsérdizmus.

17 Bicsérdy Béla Amerikában halt meg.

131 JÁNOS MAJOR

1. Lajos Kubista was buried in the Farkasrét cemetery in Budapest
2. Cubism was not born in Budapest
3. No ism was born in Budapest
4. Victor Vasarely was born in Hungary
5. Op art was not born in Hungary
6. Nicolas Schöffer was born in Kalocsa
7. Kinetic art was not born in Kalocsa
8. Tivadar Herzl was born in Budapest
9. Zionism was not born in Budapest
10. The father of the nuclear bomb, Leó Szilárd, was born in Hungary, but died in the USA
11. Pop art was born in the USA, its influence extended to Hungary
12. Béla Bartók was born in Hungary, but died in New York
13. Concept art was born in New York; since then several concepts have been born in Budapest
14. János Neumann, outstanding mathematician and the inventor of the computer, was born in Hungary and died in the United States
15. Cybernetics has been used for the successful production of artworks in numerous technologically developed nations, whereas in Hungary—as far as I know—we have never got round to it

---

If, as I claim, all the assertions in the above concept are incontrovertible facts, then in this case "Fact art" would be a more fitting title than "Concept art."

Would Fact art have originated in Budapest?

This hypothesis can only be maintained if its founding arguments are actual facts. When I reviewed the accuracy of the arguments, I found that the 3rd argument is false. Consequently, Fact art was still-born in Budapest, because one of the arguments, from which we concluded its coming into being—the one, according to which no ism was yet born in Hungary—is wrong, (non fact).

16. There was one ism that was born in Hungary: Bicsérdism.

17. Béla Bicsérdy died in America.

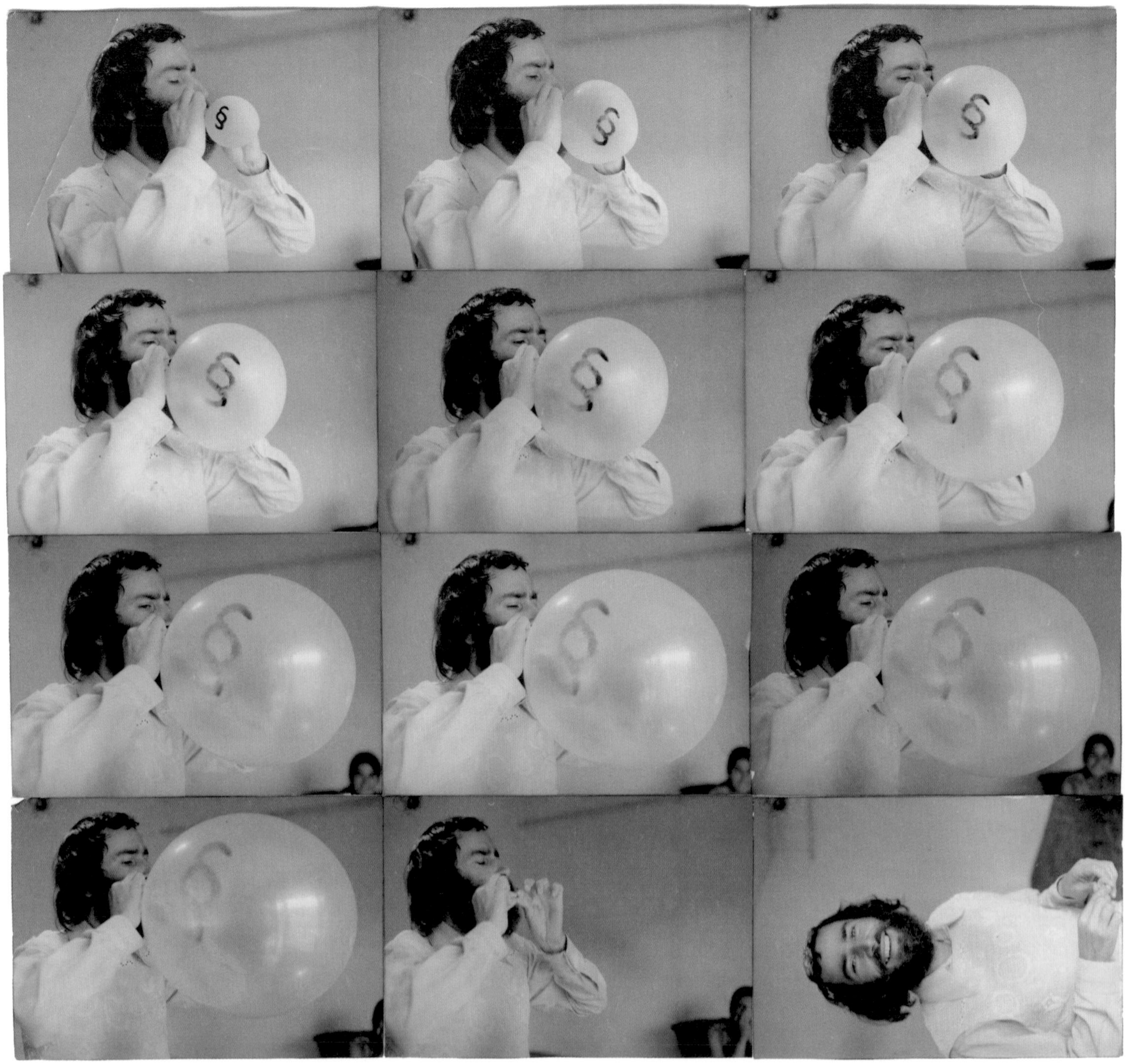

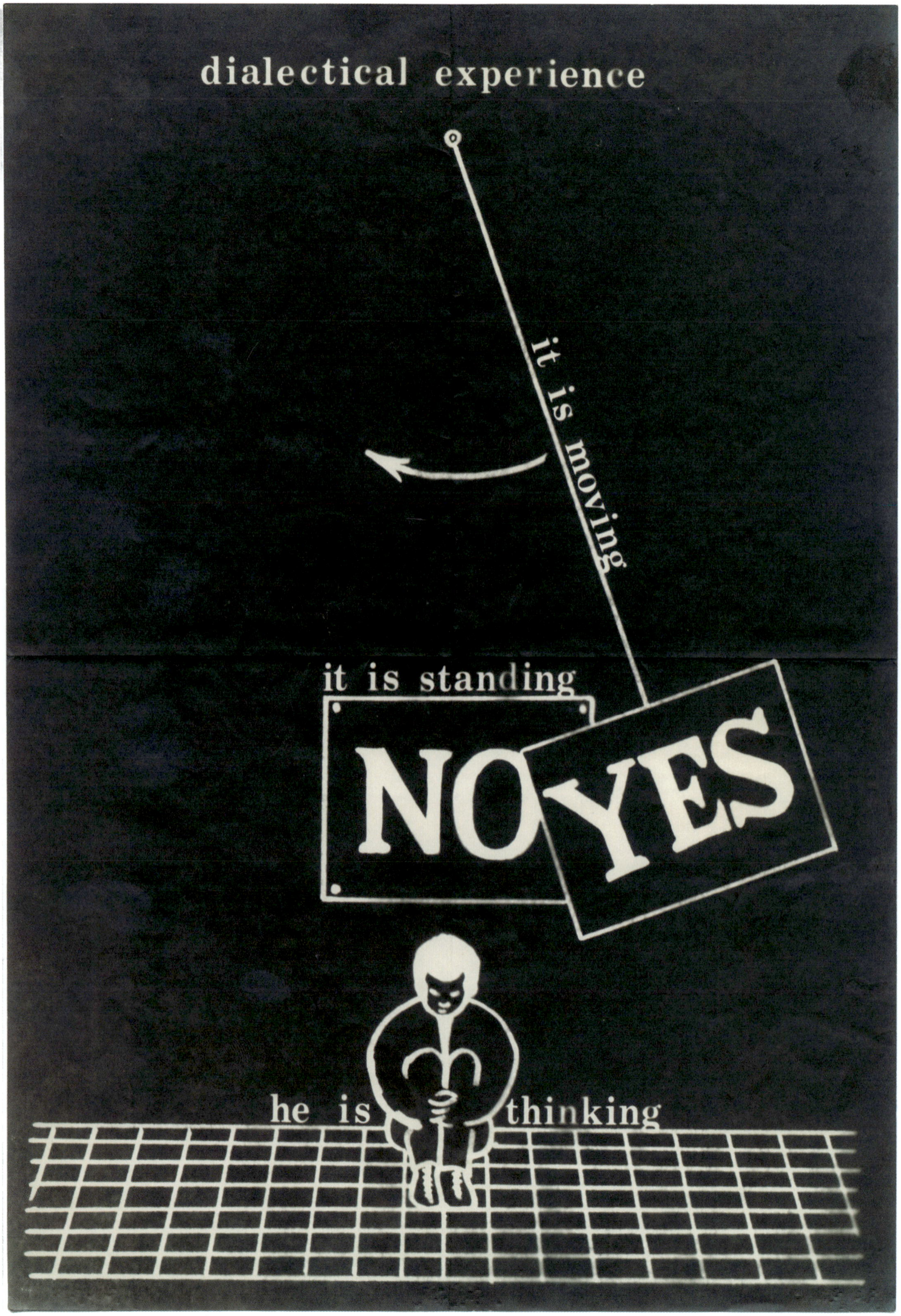

133 GÉZA PERNECZKY

133 GÉZA PERNECZKY

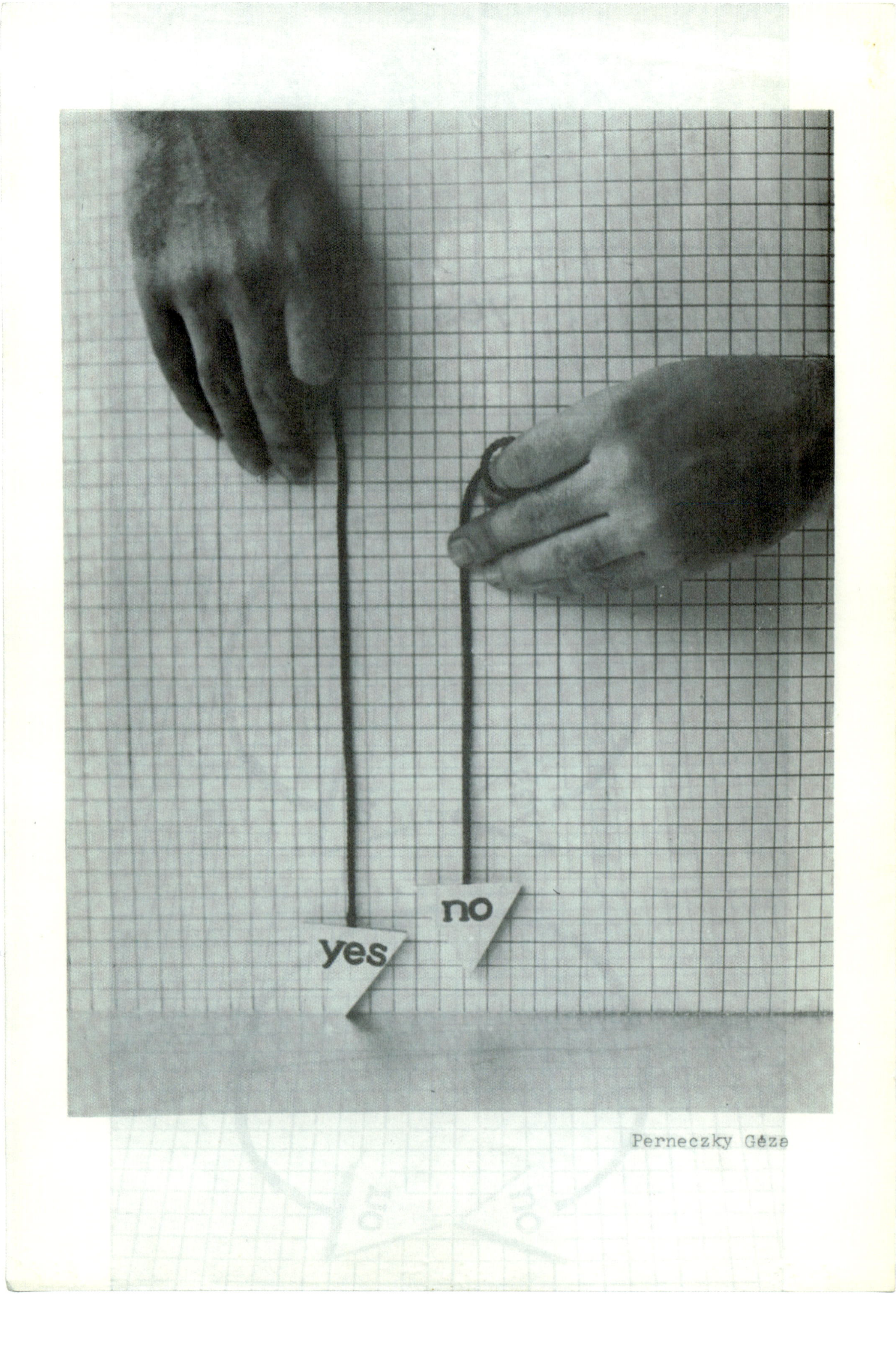

134 GÉZA PERNECZKY

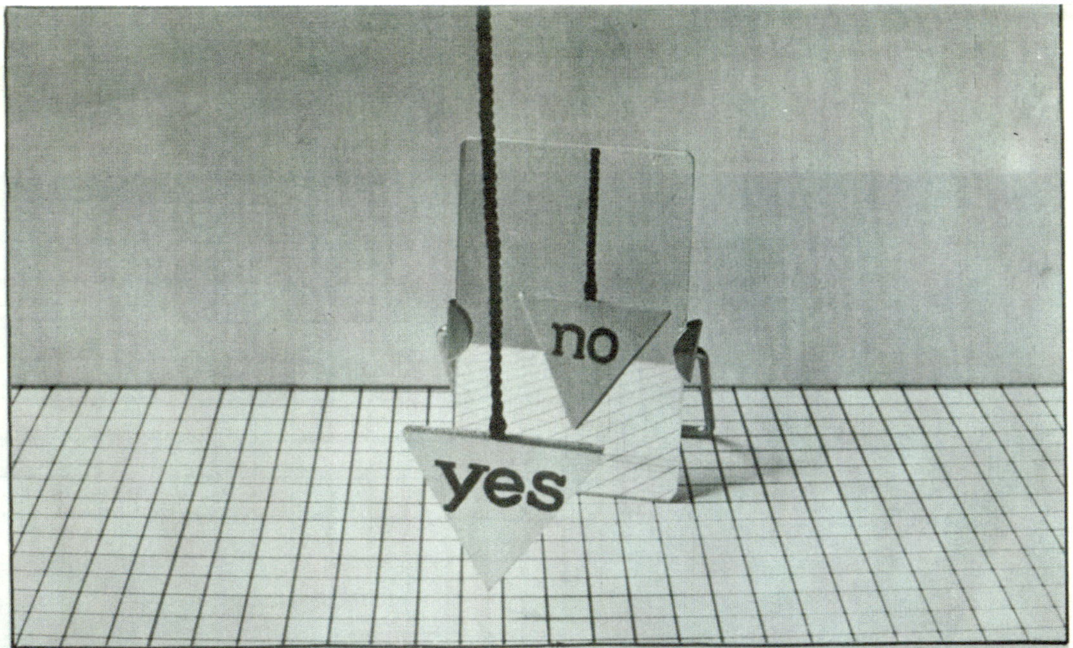

dialectics

möbius and möbius^2

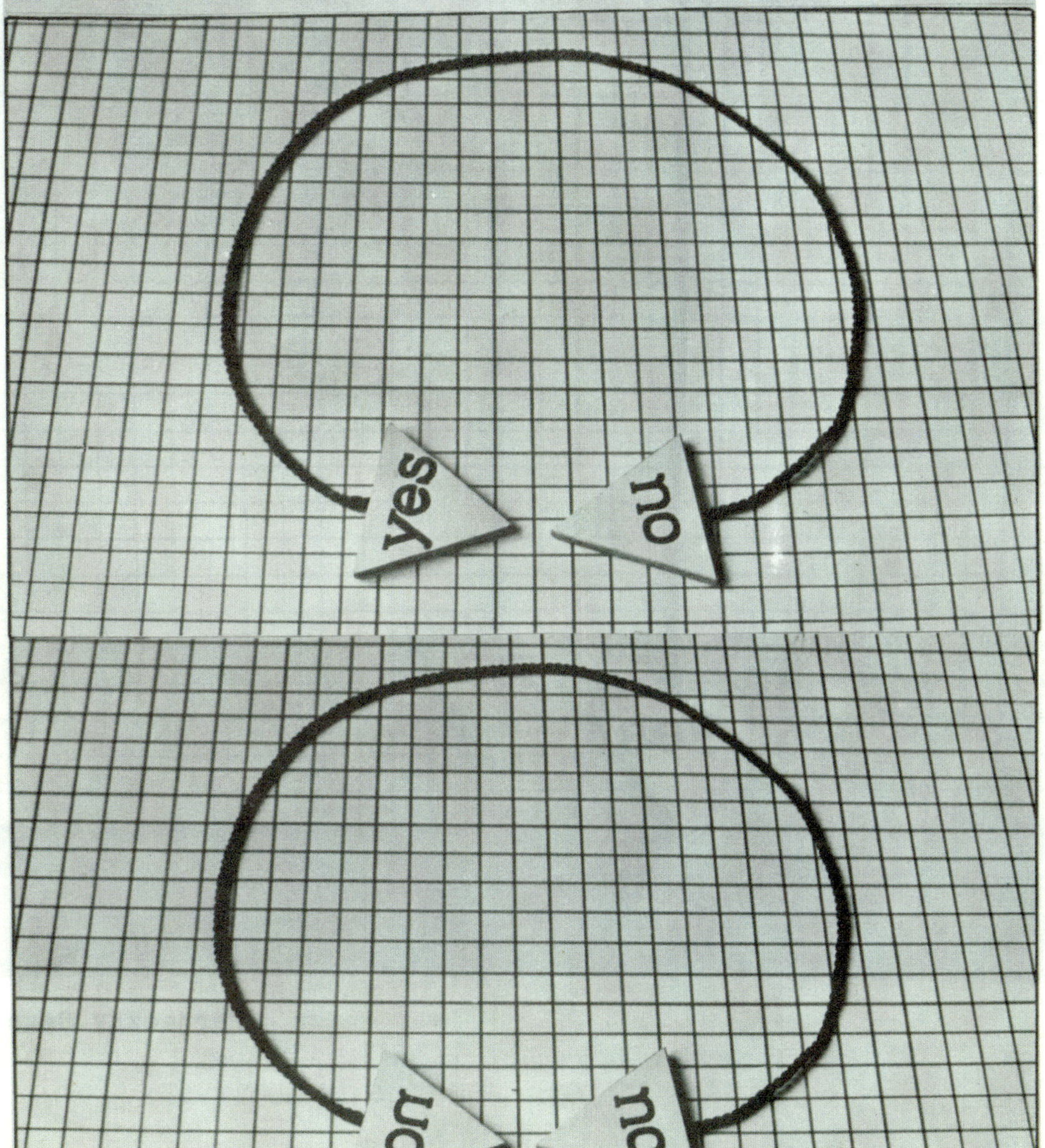

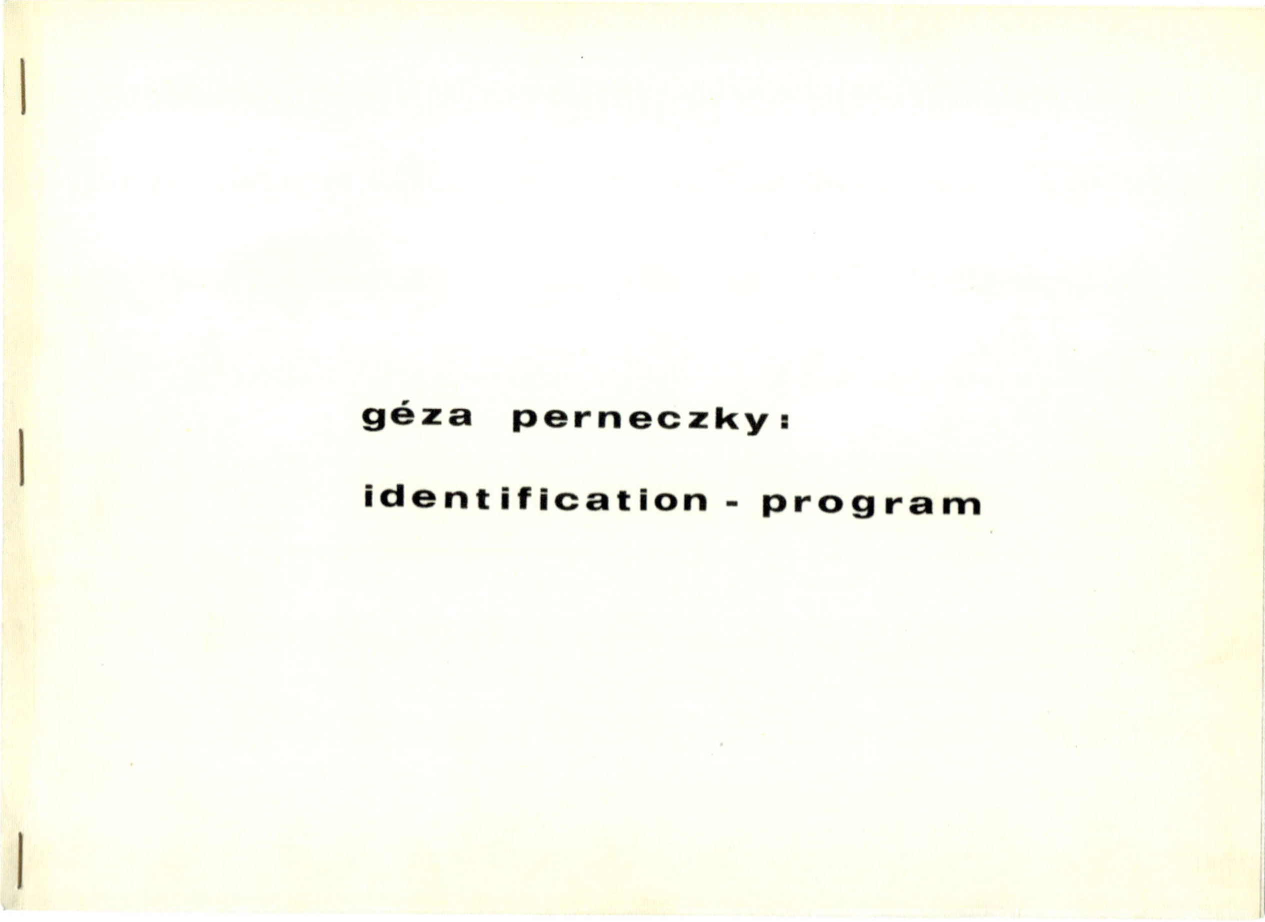

géza perneczky:

identification - program

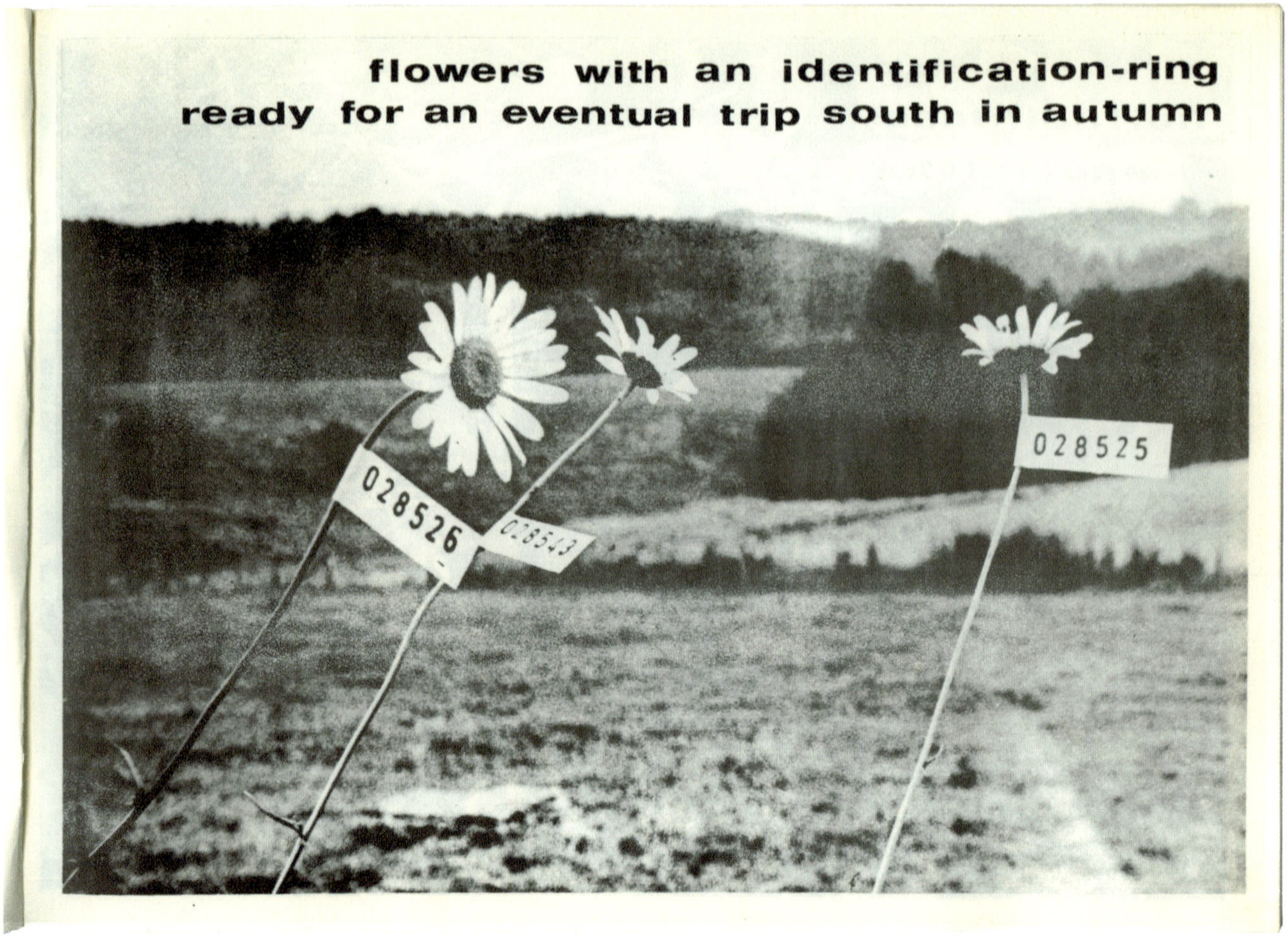

flowers with an identification-ring
ready for an eventual trip south in autumn

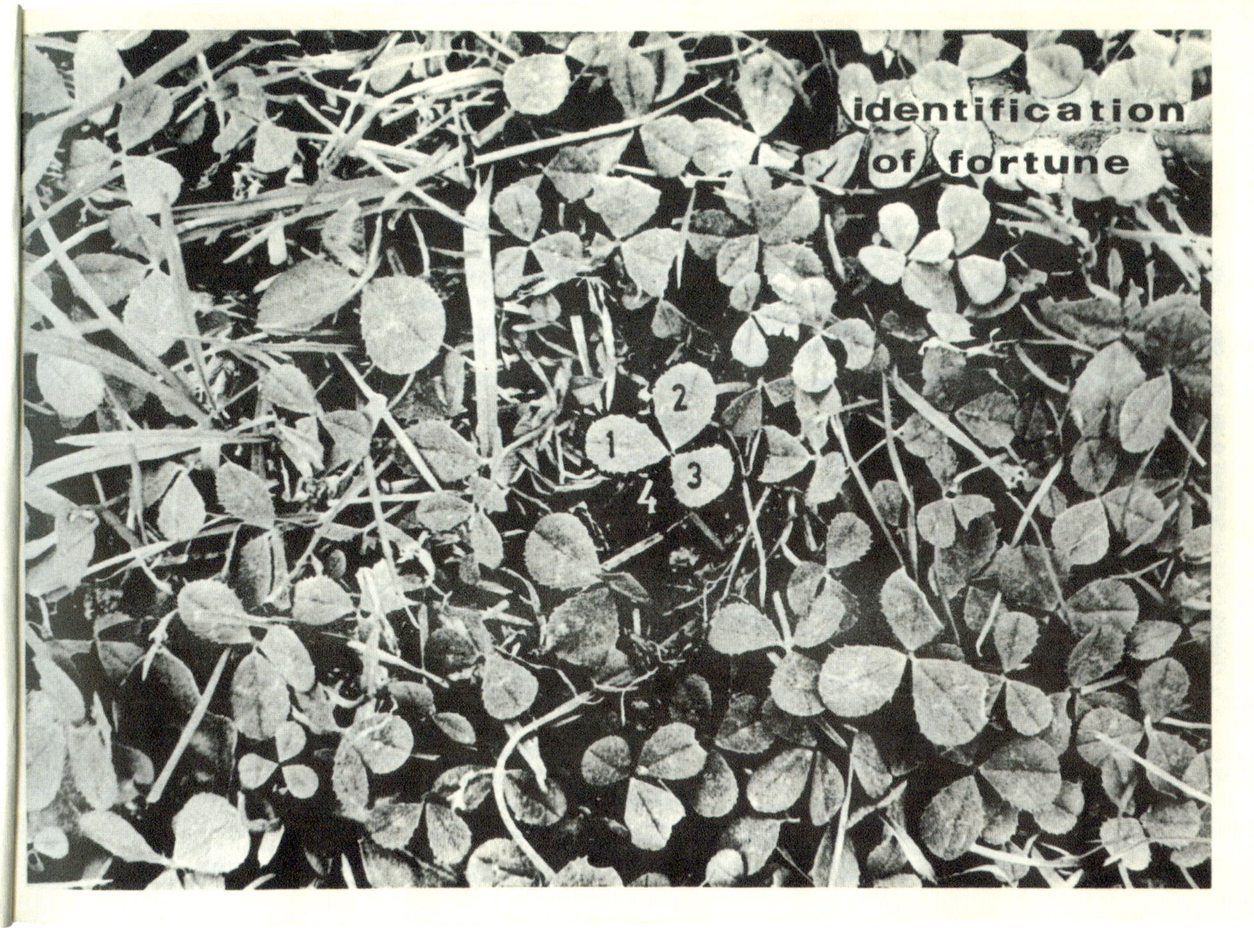
identification
of fortune
1
2
3
4

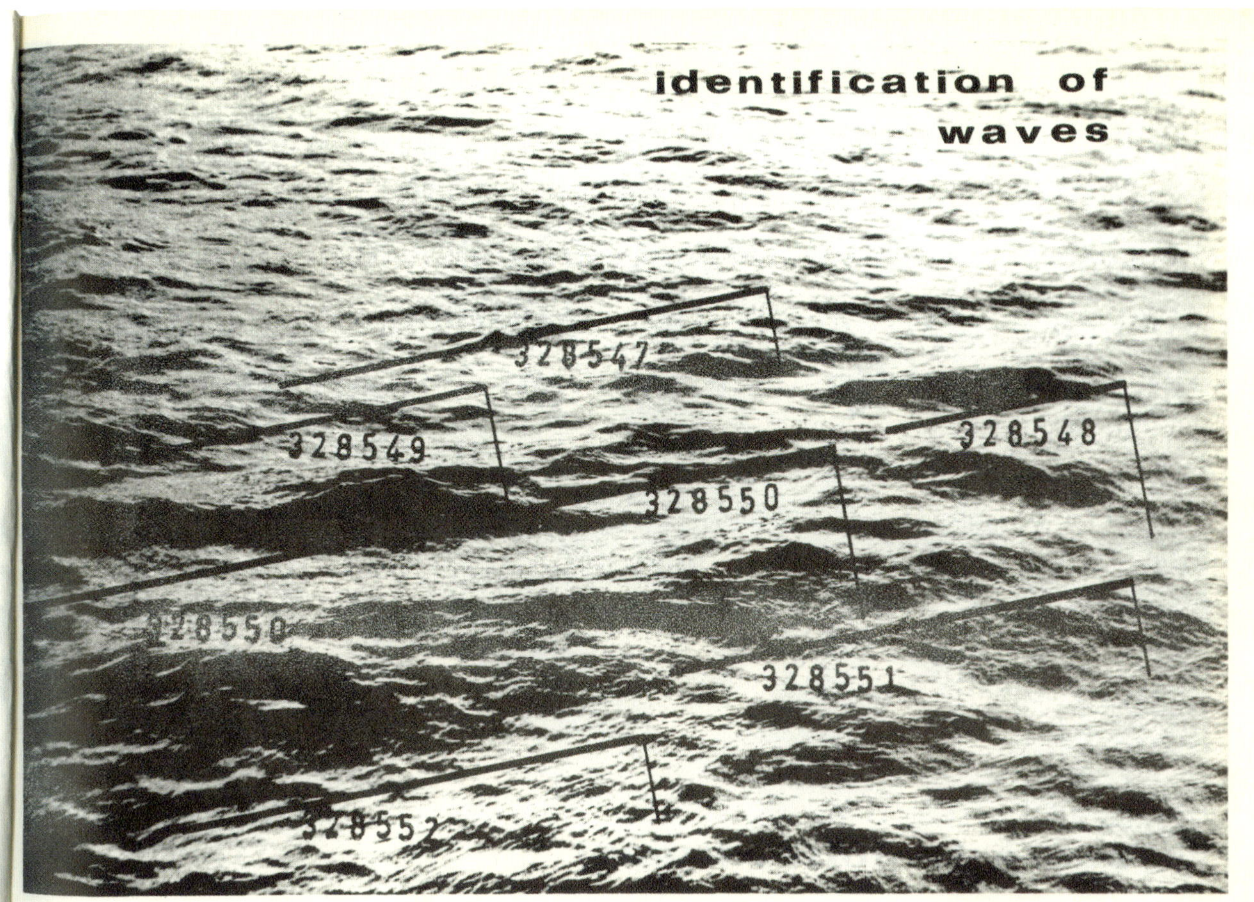
identification of
waves
328547
328549
328548
328550
328550
328551
328552

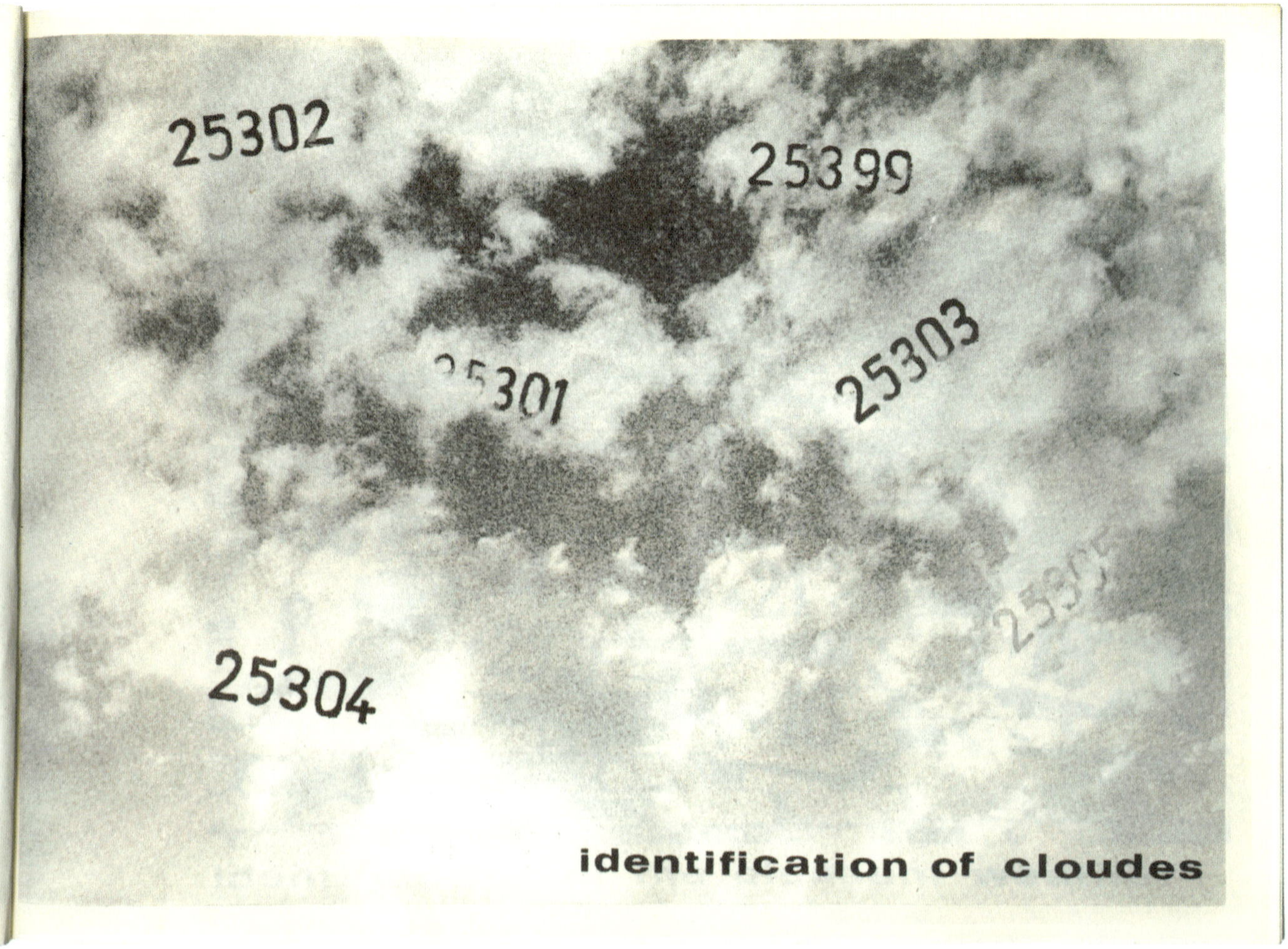
25302
25399
25303
25304
identification of cloudes

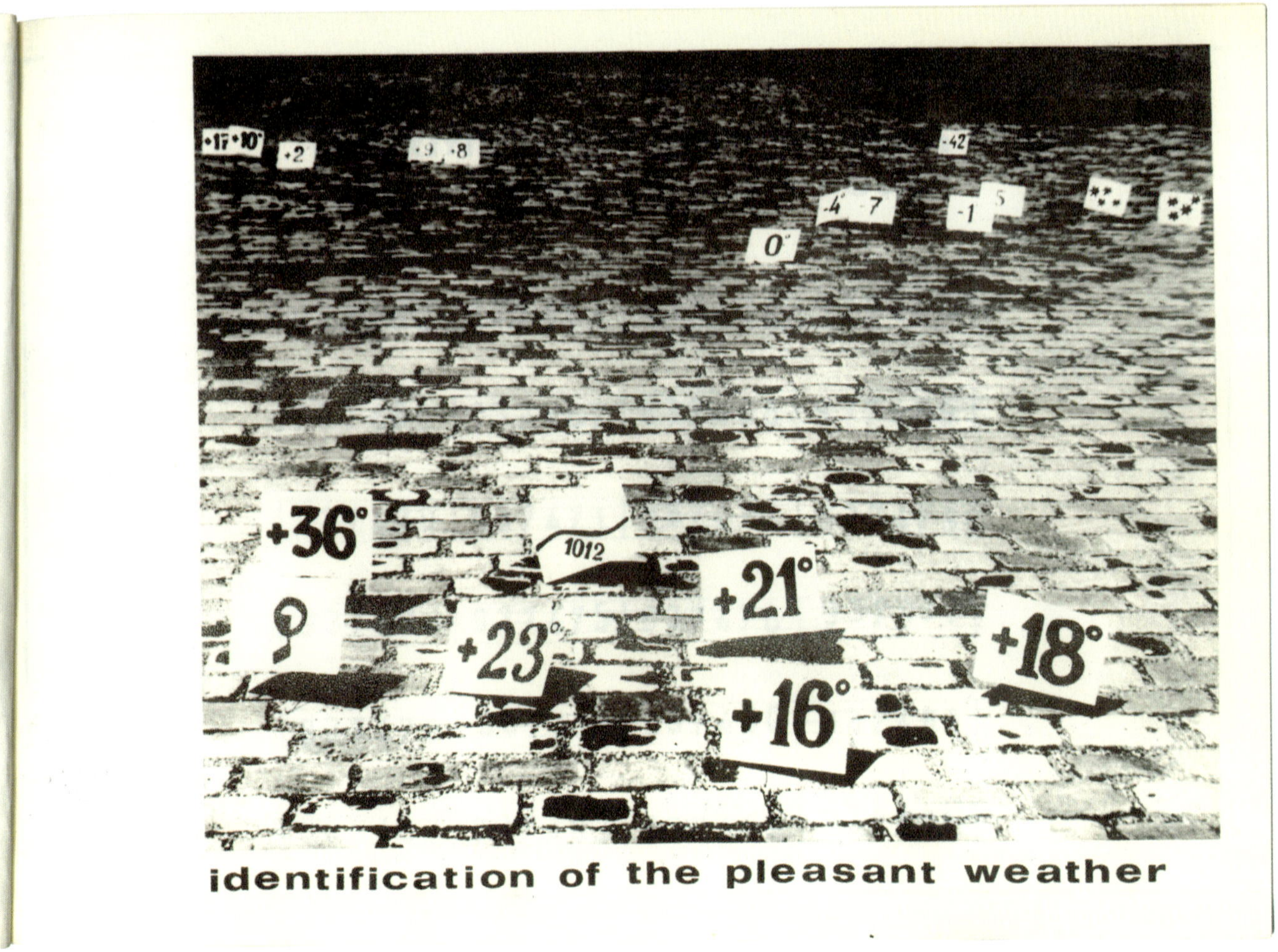
+36°
1012
+21°
+23°
+18°
+16°
identification of the pleasant weather

identification of a person
by keeping of his breath

937462	937463	937464	937465
937466	937467	937468	937469
937470	937471	937472	937473
937474	937475	937476	937477
937478	937479	937480	937481
937482	937483	937484	937485

Edition of the author 1971
Köln.500 copies

000014

Motivum készitése adott elemből:

a tulajdonképpeni alapelem egy négyzetes lap, amely az oldalfelezők és a négyzet középpontjának segitségével megszerkeszthető.

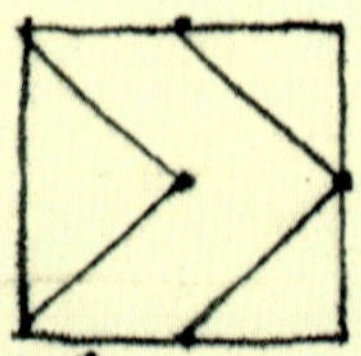

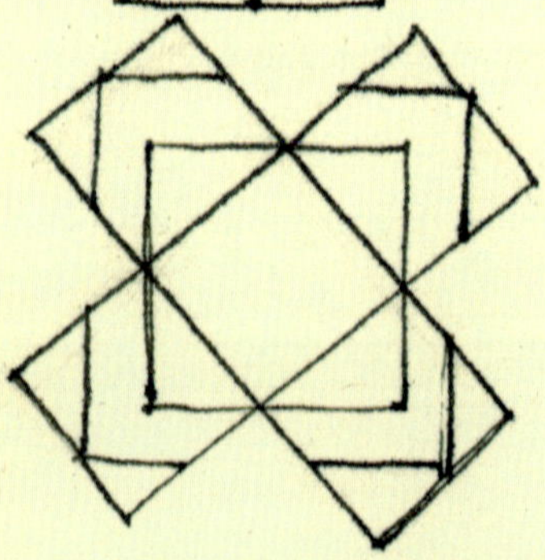

Ez az elem irányulást jelez, amely elmozdulásra késztet. Négy ilyen lap kapcsolási lehetőségeiből egyet kiemelünk és abszolutizáljuk. Ebben az esetben az addig különálló lapok, különböző irányt jelző derékszögek négyszöget, keretet alkotnak, és két illetve több sikot jeleznek. Két sikot akkor, ha a középen elhelyezkedő négyzet nincs kiemelve -önálló életet él a motivum- , több tér-réteget érzékelhetünk ha kiemeljük a négyzetet - a környezettel sajátos formázottsága révén lép kölcsönösségi viszonyba.

Tehát a motivum szétfeszit és összetart.
Megoldható bármilyen anyagból - üveg, fa, kő, müanyag, vas, acél zománc stb -, sikon festve, vagy plasztikusan /festve/, bármilyen nagyságban, bármilyen helyzetbe állitva.
Elképzelésünkben egy adott területet " berendezünk " ilyen motivumokkal.

Pécs,1971. szeptember 2o. pinczehelyi sándor

140 SÁNDOR PINCZEHELYI

The creation of a motif from a given element:

the basic element is a square that can be constructed with the help of its central point and median points.
[figure]

This element indicates direction, which prompts movement. From the possible connections of four such squares, we select one and absolutize it. In this case, the squares that have thus far been separated, with their right angles indicating different directions, form a new square—a frame—and indicate two or more planes. Two planes are indicated if the central square is not elevated; thus, the motif exists in isolation. If the square is lifted out, however, we have the sense of more than two layers of space. In this case, the square enters into interaction with its environment as a result of its unique formulation.

Thus, the motif pulls apart and holds together.
The design can be implemented using any material—glass, wood, stone, plastic, iron, steel, enamel, etc.—, painted on a plane or in a plastic manner, in any size, set in any position.
We envisage a space fitted with such motifs.

Pécs, September 20, 1971 [signature]

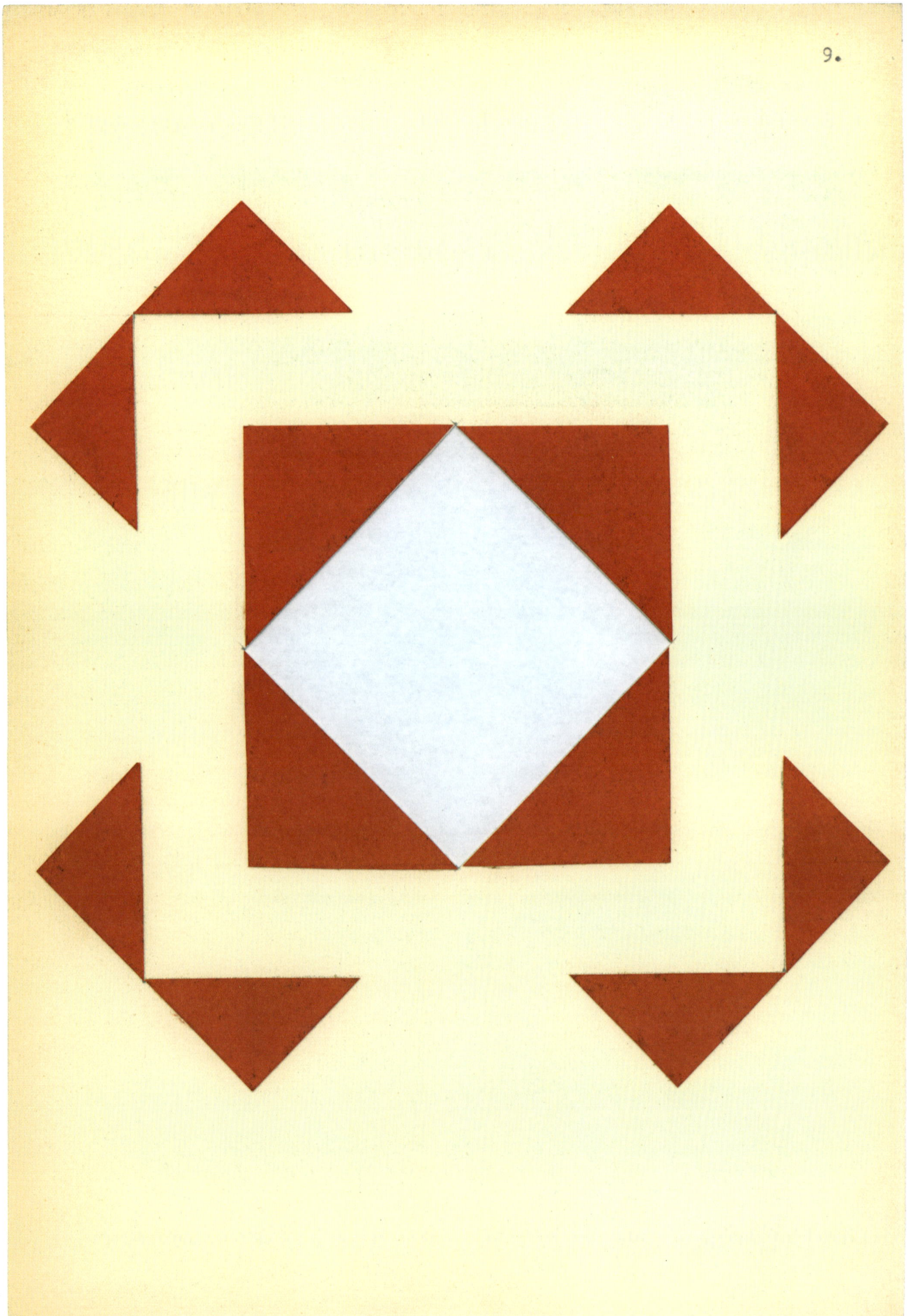

141 SÁNDOR PINCZEHELYI

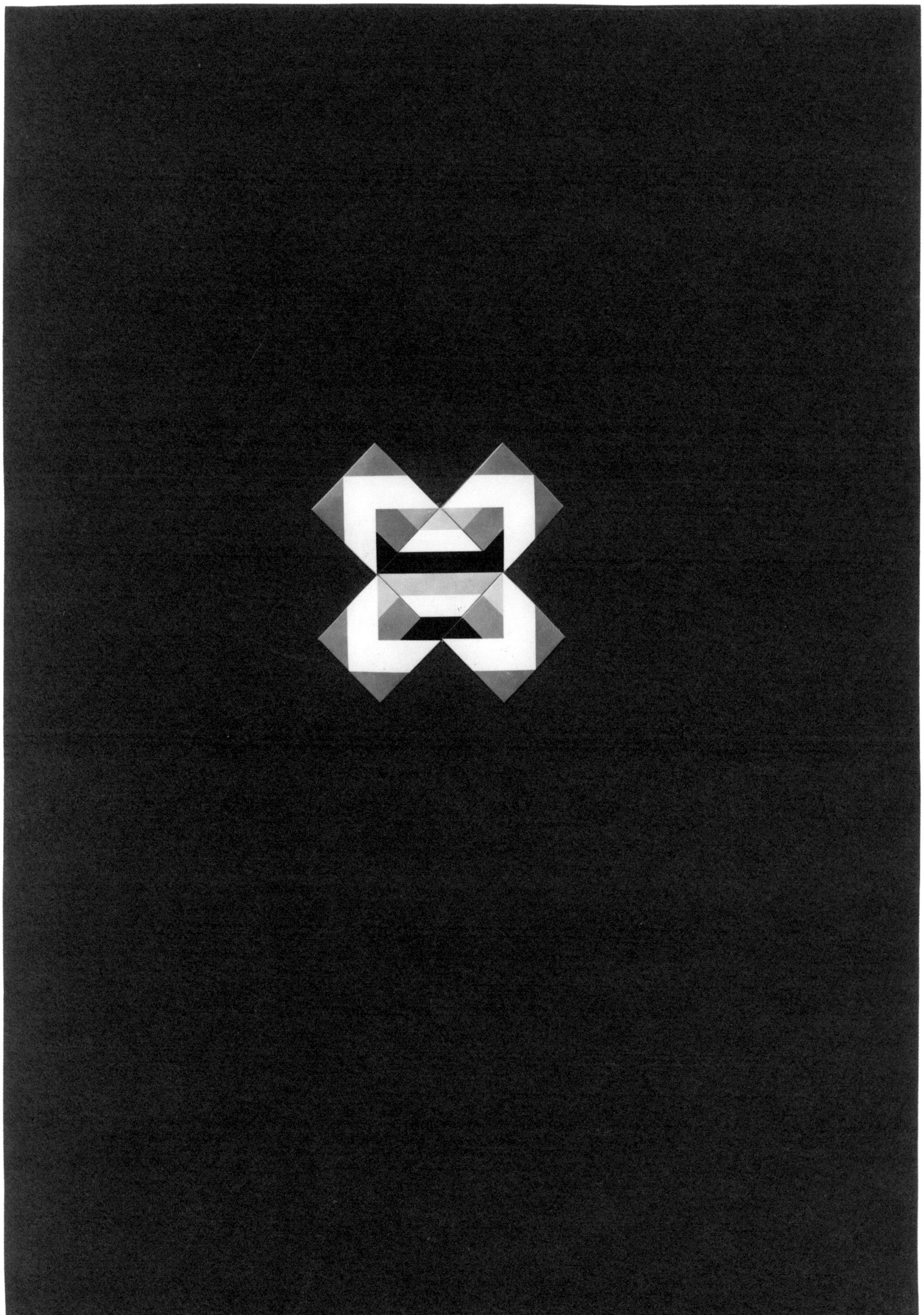

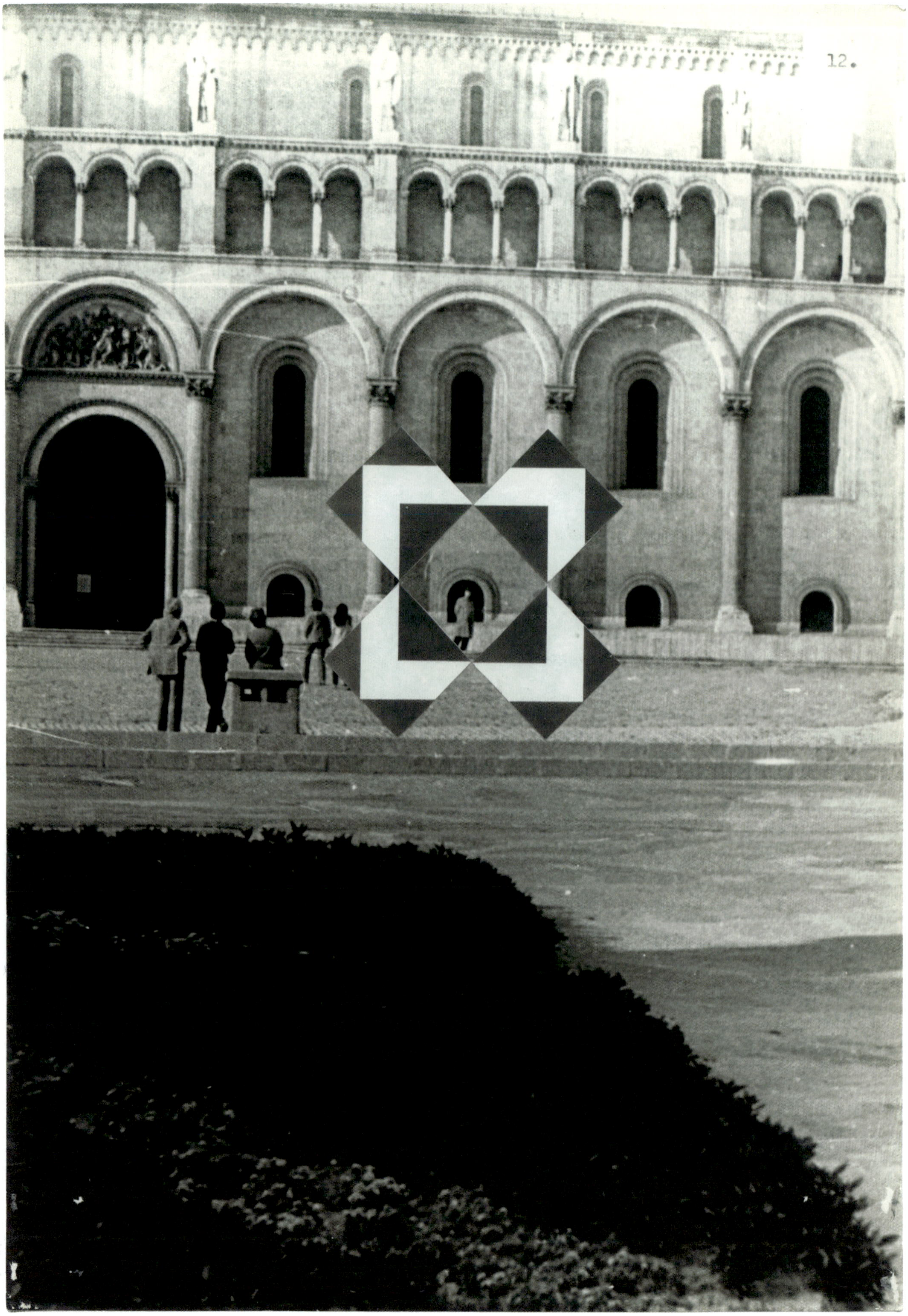

143 SÁNDOR PINCZEHELYI

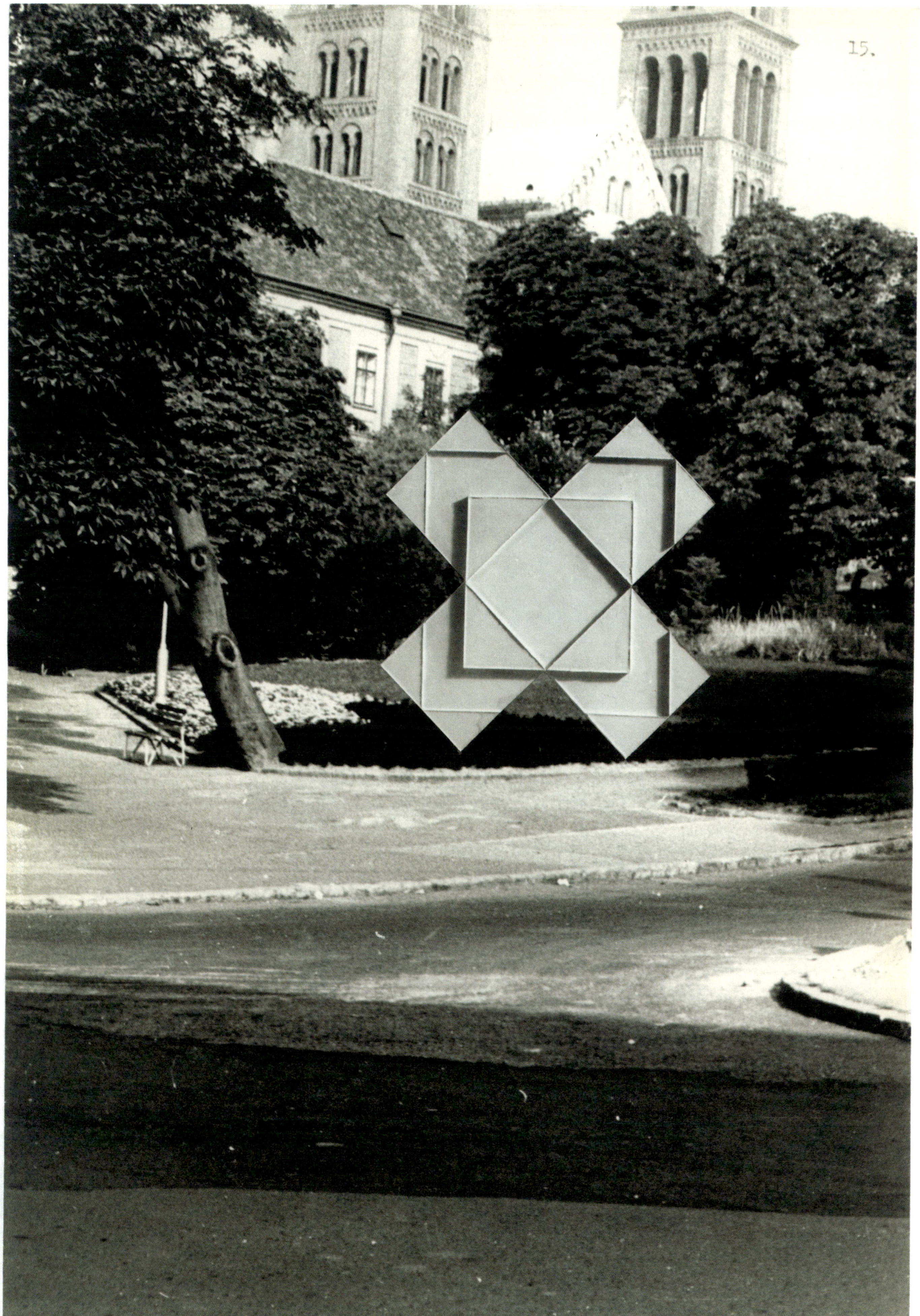
15.

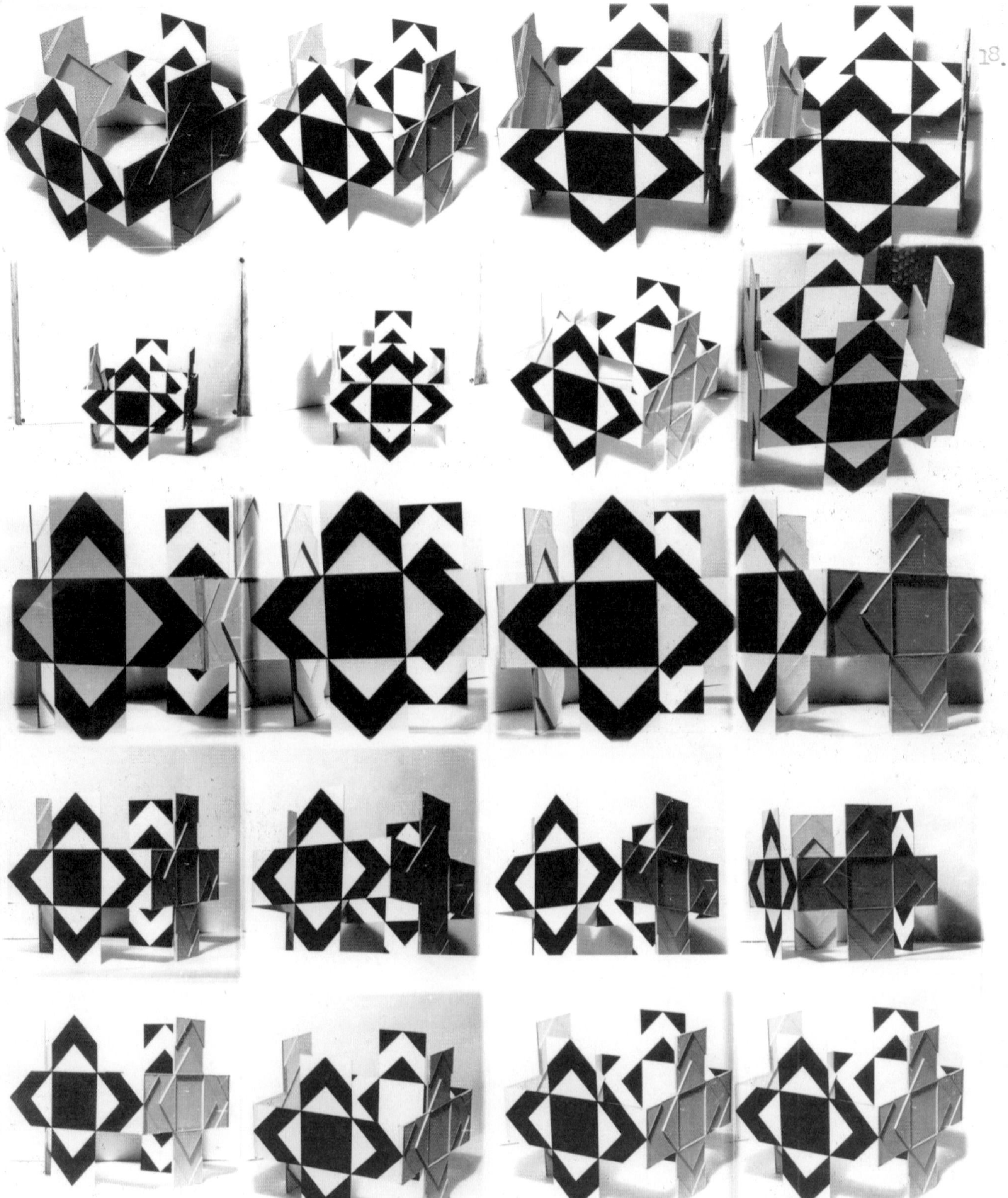
18.

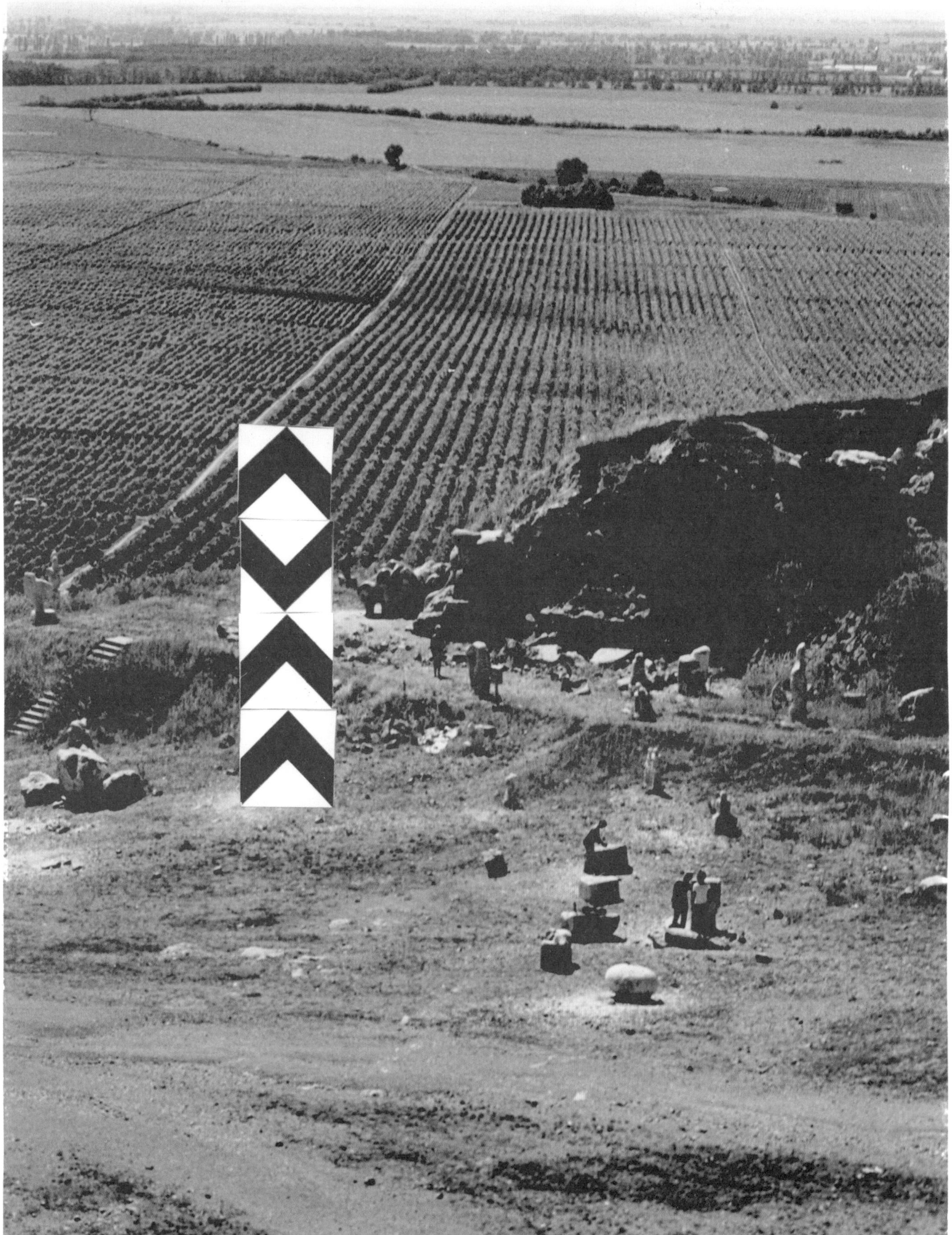

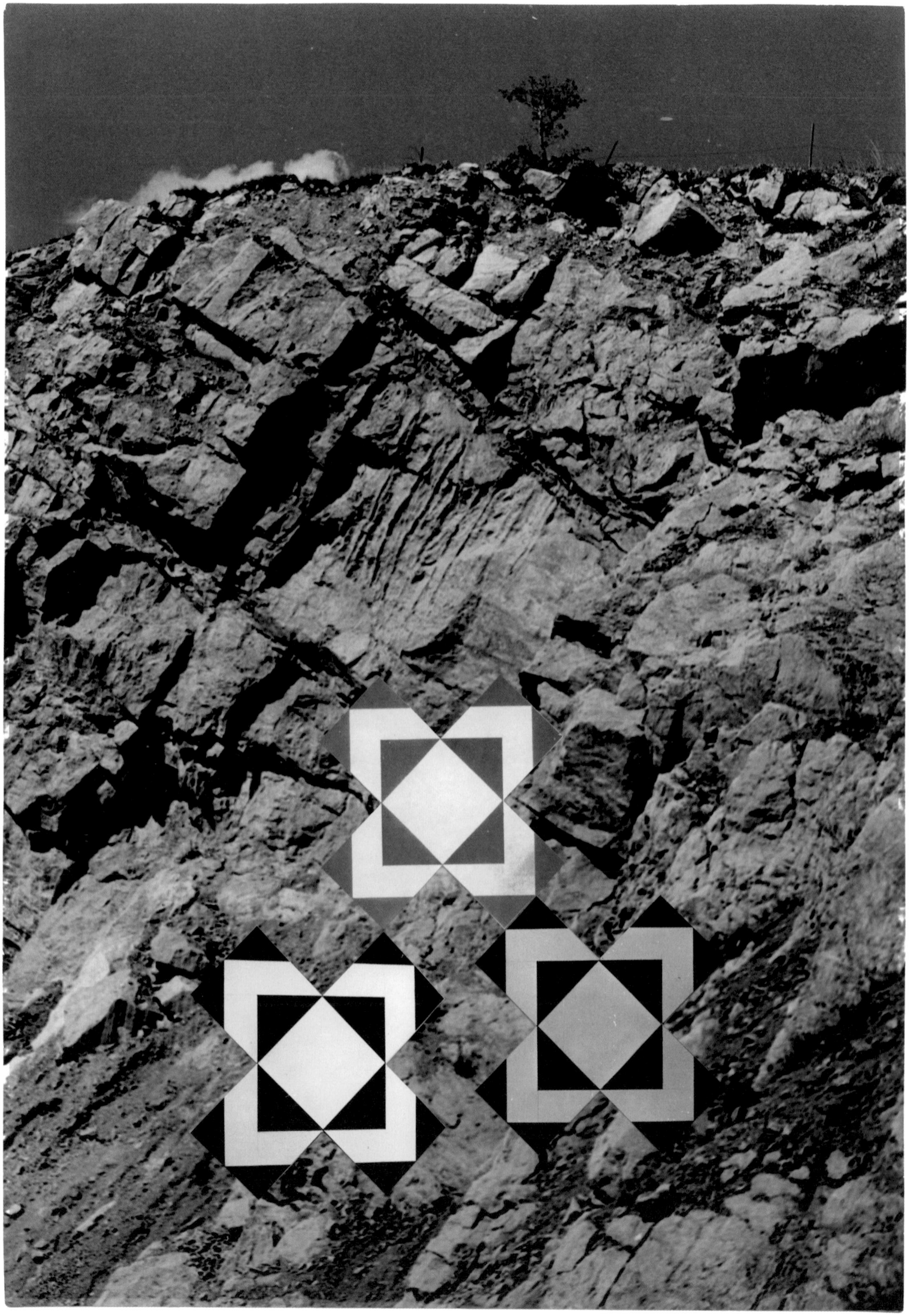

147 SÁNDOR PINCZEHELYI

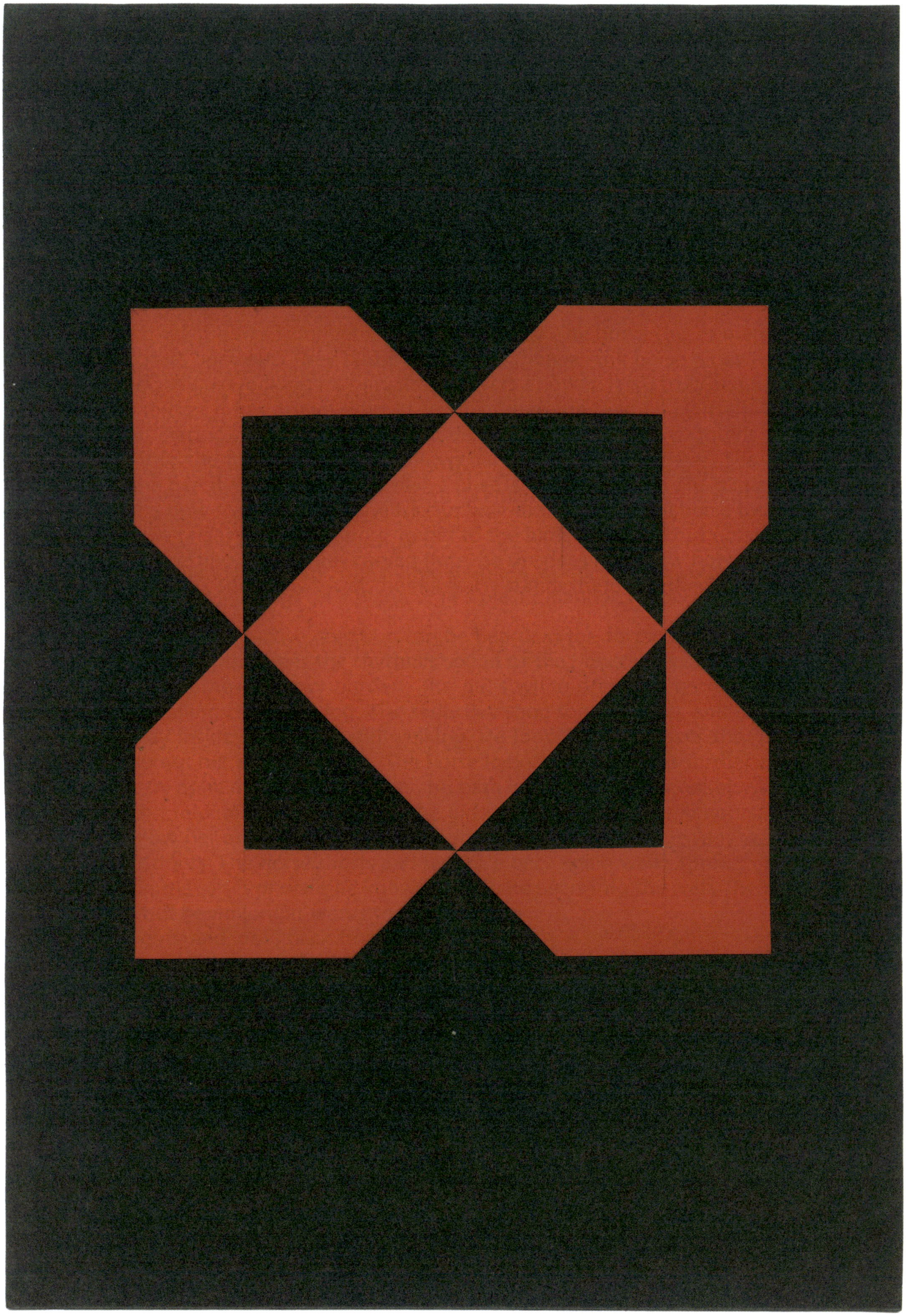

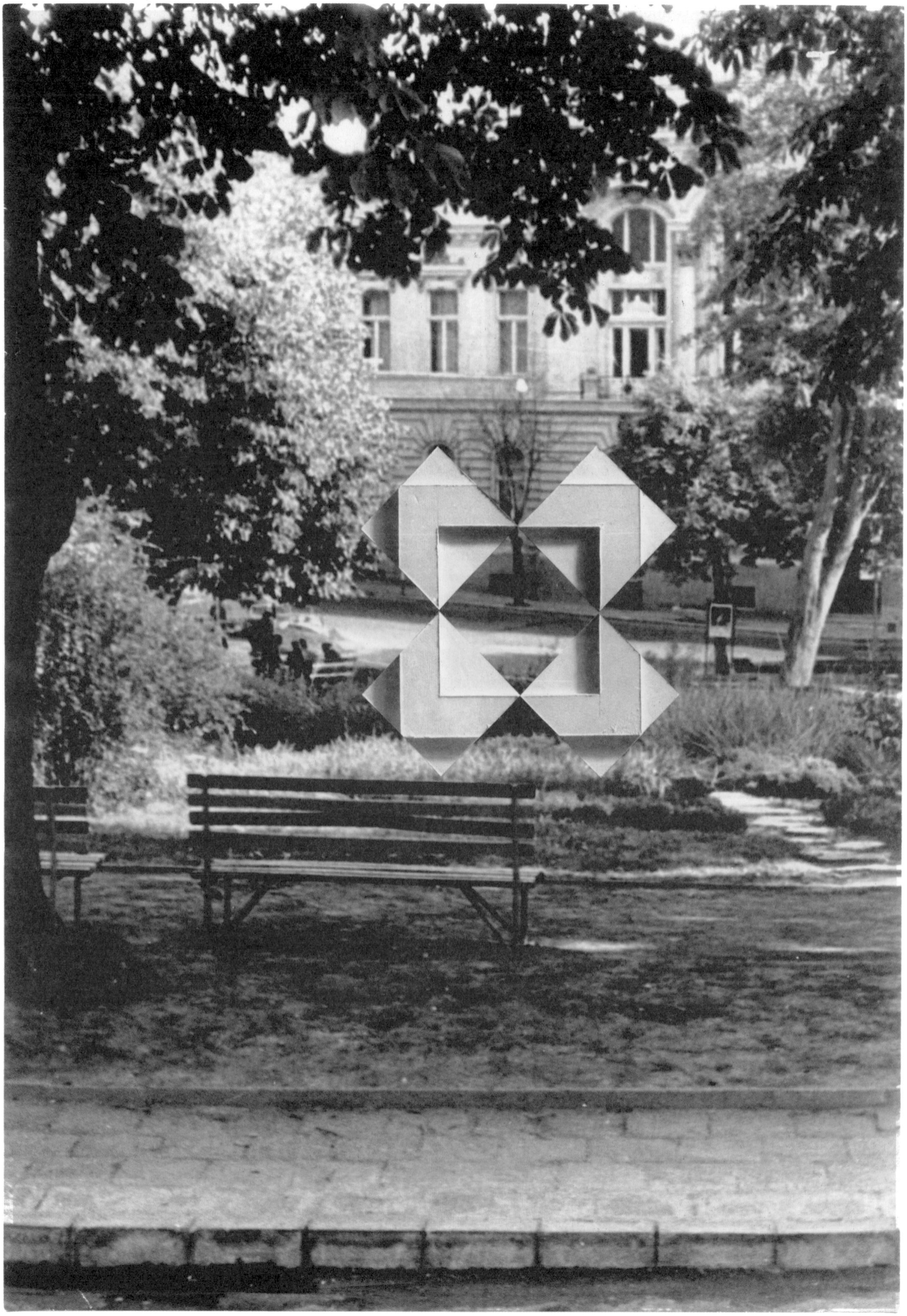

149 SÁNDOR PINCZEHELYI

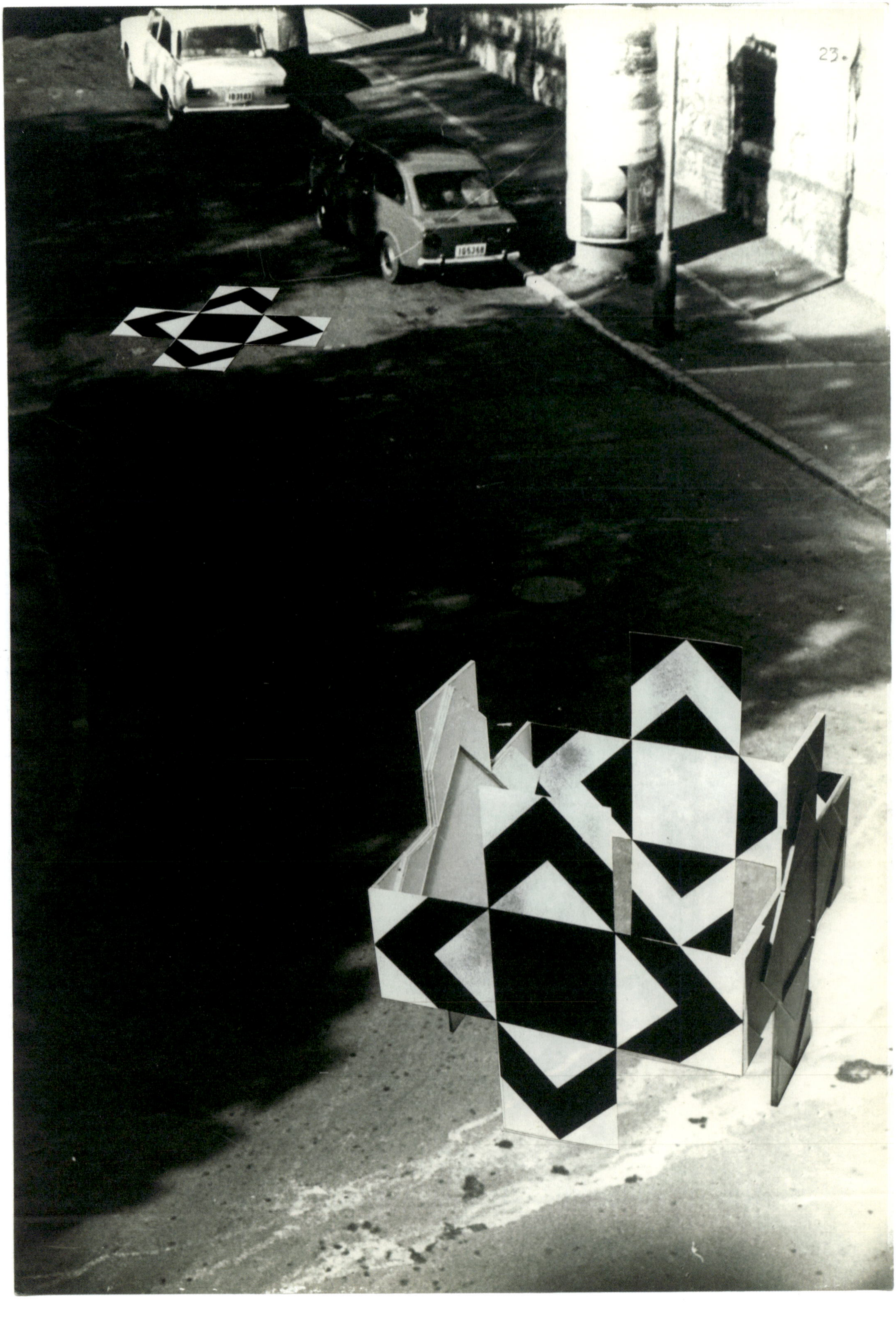

151 SÁNDOR PINCZEHELYI

Schaár Erzsébet – Gulyás Gyula
filmvázlat

MÁRÉ

Fák között, tisztásokon át vágtat egy ló.
Hirtelen kiér egy csermelyhez, iszik, megnyugszik, jobbra,
balra néz és elindul, egyre gyorsabban megy, feltünik egy vár,
a ló körbejárja, a kapuja zárva, más bejárat nincsen sehol,
-talál egy lépcsőfélét, elindul rajta felfelé, bizonytalanul.
Hirtelen megriad, s leugrik e lépcsőzetről.
Ahogy visszatekint, látni egy asszonyalakot az iménti helyen,
mintha szólna a lóhoz. A ló szinte körbe körbe rohangál, egyre
vadabbul, fel-fel nyeritve, s egyszer egy vágtával beszáguld
a vár kapuján.
Körbenéz, járkál, sehol semmi, csak a puszta falak, ajtócson-
kok, és keret maradékok. A ló értelmesen végigjárja a hajdani
lakrészek nyomait, mignem egy kutra bukkan, de nincs benne
viz, talán csak az alján, s abban mintha feltünne az előbbi
nőalak mása, meg valami fehér foltu mozgást is lát. A ló leug-
rik a kutba.
Egész élesen hallja a női jajongó kántálást, és ahogy elindul
a járatokban, a falból kiválnak az előző asszonyhoz hasonlitó
alakok. Ahogy halad előre, ugy kell észrevennie, e megmereve-
dett figurákat, jellegzetes pozituráájukban, rebbenéstelen
magányukban néznek ki egy ablakon, fordulnak ki egy fal mögül,
hogy odaérve egészen más poziturában lássa őket. És mindenütt
falak állnak a figurák mögött, és egyre kevesebb az ablak és
az ajtó, csak fal, fal, fal, a teret már két, három sőt négy ol-
dal ról határolják, s szegény állat nem talál kiutat, ujabbak
és ujabbak tornyosulnak elé. Ez maga az érthetetlenség, ezt a
ló nem képes elviselni, ezen változtatni kéne, de hiába próbál
felágaskodni, a falak magasabbak, s ha át is ugrik egy abla-
kon, egy ablaktalan helységben találja magát, s a ló hiába eről-
ködik, küzd és izzad, semmi sem változik, s akkor odamegy egy
lány alakhoz, egészen közel, egészen lassan, végig fokozott
figyelemmel ügyelve minden kis rebbenésre, moccanásra, s már-
már megáll a lány előtt, gondosan megszagolja, s ahogy végig-
nyalja a hátát, a szobor-lány elborul. A ló nem is néz utána
-csak kicsit később, s akkor észreveszi, hogy a lány kóc haja
lassan feketébe vált, szemhéja felnyilik, szeme élettel telik
meg, s feláll, látszik rajta a megújulás boldogsága, a megvál-
tás hihetetlen öröme. Kicsit megrebben, mikor tudatosul benne,
hogy megváltója egy ló, de odamegy, s megdimitja a nyakát, meg-

[handwritten] Erzsébet Schaár–Gyula Gulyás
film draft

MÁRÉ

A horse is galloping among trees and through clearings.
Suddenly, he arrives at a stream. He drinks, becomes calmer, looks to the left, to the right, and sets off again. He goes faster and faster. A castle appears, the horse walks around it. The gate is closed. There is no entrance. The horse finds what seems to be a series of steps leading upward and hesitantly follows it.
He suddenly becomes startled and jumps off the steps.
As he looks back, a female figure is visible there. She appears to be speaking to the horse. The horse keeps running in circles more and more wildly, he sometimes neighs, and finally gallops straight through the gate into the castle.
He looks around. There is nothing, only bare walls and empty doorframes. The horse keeps wandering among the remains of what formerly were living quarters until he comes across a well. There is no water in it, maybe only at the bottom, which appears to reflect the image of the female figure from before. He also sees something white moving. He jumps into the well.
He can hear the chanting of the woman, which sometimes sounds more like wailing. As he sets off into the passages, figures similar to that of the woman begin to emerge from the walls. As he moves forward, he notices these petrified figures that, in characteristic poses and with an air of unflinching solitude, stare through windows and keep turning up from behind walls, so that, as the horse gets closer to them, he sees them in completely different poses. And everywhere, there are walls behind the figures, and there are fewer and fewer doors and windows—only walls, walls, and more walls. They surround the horse from two, three, even four, directions and the poor animal cannot see a way out—only more and more walls. This is incomprehensible. He cannot stand it any longer; something has to be done. But rear as he may, the walls keep getting taller, and even if he manages to jump through a window, he finds himself in a windowless place. No matter how hard the horse struggles and sweats, nothing changes. Then he approaches the figure of a girl. He slowly walks up very close to her, while remaining alert even to the smallest movements. He is about to stand right in front of her. He gently sniffs her and, as he licks the length of her back, the sculptured figure topples over. The horse barely takes notice, only a bit later, and then he sees that the girl's straggly hair is slowly turning black, her eyes are opening and filling with life. She stands up radiating the happiness of renewal, the incredible joy of redemption. She quivers a bit when she realizes that her redeemer is a horse.

ütögeti a tomporát, s kicsit megcibálja sörényét. A ló megkerüli a lányt, a lány kicsit elfut elöle, a ló felágaskodik, a lány megijed, a ló átugrik felette, a lány a hátára ugrik a ló kereng vele, s már nincsenek se falak, se átjárók, csak nyitott kapuk mindenütt, rohannak vágtatva, egymással versengve, egymás elől el-elbujva, majd vissza-visszaszökkenve ki a termekből, ki a palotából, ki a várból.
A vár fokán derengve megjelenik egy-két hajdani alak.
A ló kergeti a lányt, az elbujik, majd meg előbukkan, fürdenek, isznak, a lány táncol a lónak, a ló vágtázgat a lánynak, s ahogy egyszer a ló elbujik a lány elől, s a lány keresi egy darabig -észrevesz egy virágot. Nagyon szép virág. Különös, hogy ott a mezőn nőtt magában. A ló látja, ahogy a lány rácsodálkozik a virágra, s összetapossa, a lány megretten ettől, bemegy az erdőbe, a ló utána, de elveszti a nyomát. A lány most veszi észre az erdő szépségeit: egy csigát, egy fácánt, egy madárfészket. Meglátja a lovat, s már retteg tőle, a csigát el akarja rejteni, de a ló rálép, a fácánt szétrugdossa, már a madarakhoz érne, amikor a lány észrevesz egy furulyát. Nagyon érdekes, szépen faragott, de nem ért hozzá, tehetetlen dühében a lóhoz vágja, a ló megdermed, a lány elrohan.
Ujra hallani a furcsán hivogató kántálás-félét. Az erdőben köd lepi meg a fákat. S a fák között hallik a poroszkáló ló lépéseinek ütemes kopogása. Lassan megy. Sulyos terhet cipel. A kóválygó ködgomolyagból, csak imitt-amott villan ki a lány fehér leplű ruhája. A csalogató énekhang egyre közelit, a ló már a várban lépked. Hátranéz, most csukódik be a kapu, s most vált át a lány is korábbi állapotába. A ló mintha bánkódna, s a lány egyre távolodik, a ló hiába megy utána, ismét falak állják az utját, s csak az ajtókon s ablakokon keresztül látja az egyre kisebb és kisebb leányt. Már nem is tud utánamenni. A köd eloszlott, nincsenek se falak, se termek, se ablakok, se ajtók, -a ló felhorkan s megrándul, körbemegy mégegyszer a már ismert termek és falak sorain, lenéz a kutba, buzog egy forrás, de a ló már nem akar inni.
Kimegy a várkapun, a hidról visszanéz.
Tábortüz ég a vár körül, favágók esznek, s egy öreg juhászt hallgatnak, az felkel, s eltereli e helyről a nyáját. Az egyik favágó egy fáklya fényénél lónyomokat talál a kapuhoz vivő uton. Régészcsákány alól két lópatkó fordul ki, az egyik törött.

She goes to him, caresses his neck, pats his rear and gently yanks his mane. The horse goes around the girl, then she runs a few steps away from him. The horse rears, which frightens the girl. The horse leaps over the girl. She jumps on his back. The horse circles for a while. There are no more walls or passages, only open gates everywhere. They gallop and run, racing each other, hiding from one another and then leaping forth, out of halls, out of the castle.
On the ramparts, a few figures from before appear vaguely. The horse chases the girl. She hides, then comes back out. They bathe and drink. Then, as the horse hides from the girl in turn and she goes looking for him, she discovers a flower. It is a truly beautiful flower. It is strange that it has grown right in the middle of the field all by itself. The horse sees the girl staring at the flower and suddenly tramples it. This frightens the girl and she runs into the forest. The horse follows her but loses trace of her. The girl begins to notice the beauty of the forest: a snail, a pheasant, a bird's nest. She glimpses the horse and she is now scared of him. She tries to hide the snail, but the horse treads on it. He kicks at the pheasant and is about to get to the birds when the girl notices a flute. It is a very interesting, beautifully carved flute, be she does not know how to use it and, in her frustration, she throws it at the horse. He stands there petrified. The girl runs away.
Once again, the strange, seductive chanting can be heard. In the forest, the trees are shrouded in mist. Among the trees the rhythmic sound of the horse's steps is audible. He walks slowly. He carries a heavy burden. The girl's white dress flashes here and there through the rolling clouds of fog. The seductive song sounds closer and closer. The horse is already inside the castle, still walking. He looks back and sees the gate close. The girl assumes her previous form. The horse looks sad. The girl is farther and farther away, but try as he might to follow her, his path is once again blocked by walls. He can only watch the diminishing figure of the girl through windows and doors. He has no way to follow her anymore. The fog has lifted. There are no longer any walls, halls, windows, or doors. The horse snorts and jerks. He once again walks through the familiar halls along the series of walls he knows so well. He peers into the well. There is a gushing spring, but he no longer wants to drink.
He walks out the gate and looks back from the bridge.
There is a campfire near the castle wall. There are lumberjacks eating. They are listening to an old shepherd. The shepherd stands up, rounds up his sheep and moves on. One of the lumberjacks discovers hoof prints by the light of his torch, leading along the path to the gate. An archaeologist's hatchet turns over two horseshoes, one of them broken.

P A R A L E L L - K U R Z U S 71/bp/stjóby

TANPÁLYA

a müvészet: giccs
a történelem: giccs

Egy elképzelés dokumentációja

"... azt az életteret, amit az environment megteremt és azt az élet-tervet, amit a happening beindit, az életeddel töltsd be és valósitsd meg...!" LÉGY TILOS!

MUNKATERÁPIA/2

elemzendők:
a/ egyén
b/ közösség
c/ környezet
fizikai
pszihikai
társadalmi
ismeretlen
d/ program
e/ lehetőség
f/ akciójelleg
g/ destrukció - agresszió
regresszió - instrukció
progresszió viszony

BE FORBIDDEN!

PARALLEL COURSE
STUDY TRACK

71/bp/stjóby
art: kitsch
history: kitsch

Documentation of an idea

". . . you should fill your life with the life-space that is created by the environment, and realize the life-plan that is initiated by the happening . . . !"

[handwritten] BE FORBIDDEN!

WORK THERAPY/ 2

to be analyzed:
a) the individual
b) the community
c) the environment
 physical
 psychological
 social
 unknown
d) program
e) opportunity
f) action-like character
g) destruction – aggression
 regression – instruction
 progression – relationship

[handwritten] BE FORBIDDEN!

PARELLEL-KURS/LEHRPISTE/69

BOYKOTTPROGRAMM/3

D I E   G E S C H I C H T E : K I T S C H !

BEGINN VON NULL!

BOYKOTTIERE ALLES, WAS NICHT UNMITTELBAR GEGEN HUNGER, KRANKHEIT UND NATURKATASTROPHE IST!

D I E   G E S C H I C H T E :   K I T S C H !

155 TAMÁS SZENTJÓBY

PARALLEL COURSE/STUDY TRACK/69

BOYCOTTPROGRAMME/3

H I S T O R Y : K I T S C H !

START FROM ZERO!
BOYCOTT EVERYTHING, WHICH IS NOT DIRECTLY AGAINST HUNGER, DISEASE, AND NATURAL DISASTER!

H I S T O R Y : K I T S C H !

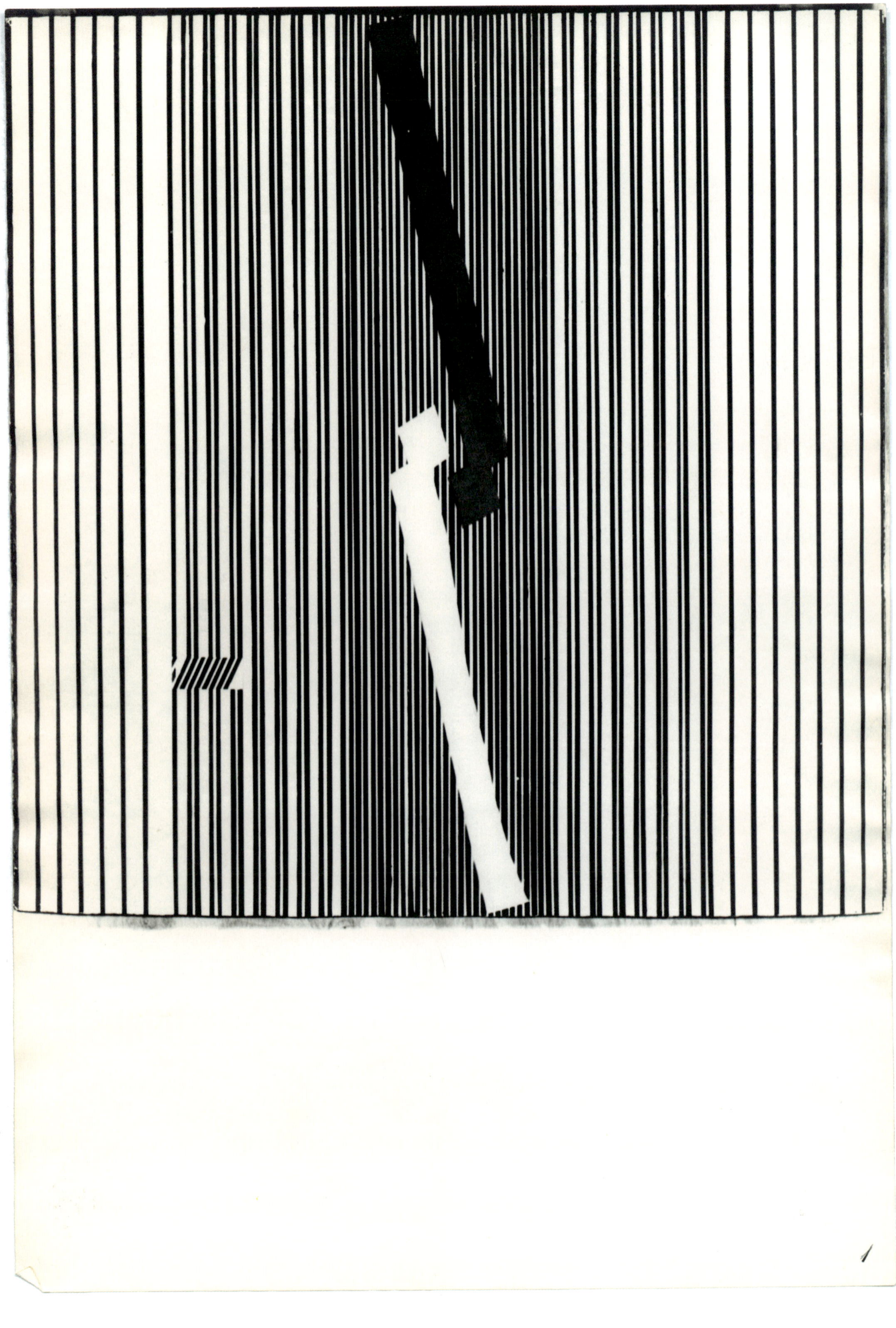

156 KÁLMÁN SZÍJÁRTÓ

159 KÁLMÁN SZÍJARTÓ

Unrealized project
A fair copy drawn later

164

III. THE PROBLEMATIC

May 16,1971
(Kismányoky, Szíjártó)

Yellow, rolling paper roll:
Experience:
- The spreading of a blinding yellow color,
- sharp cuts on a burned-up clearing,
- the increase of the surface area,
- increasing stimulus,
- movement created by wind,
- the decrease of the previous effect.

Effect:
- shock,
- action, the facilitation of the process,
- wind, -- new situation, compulsion for new action.

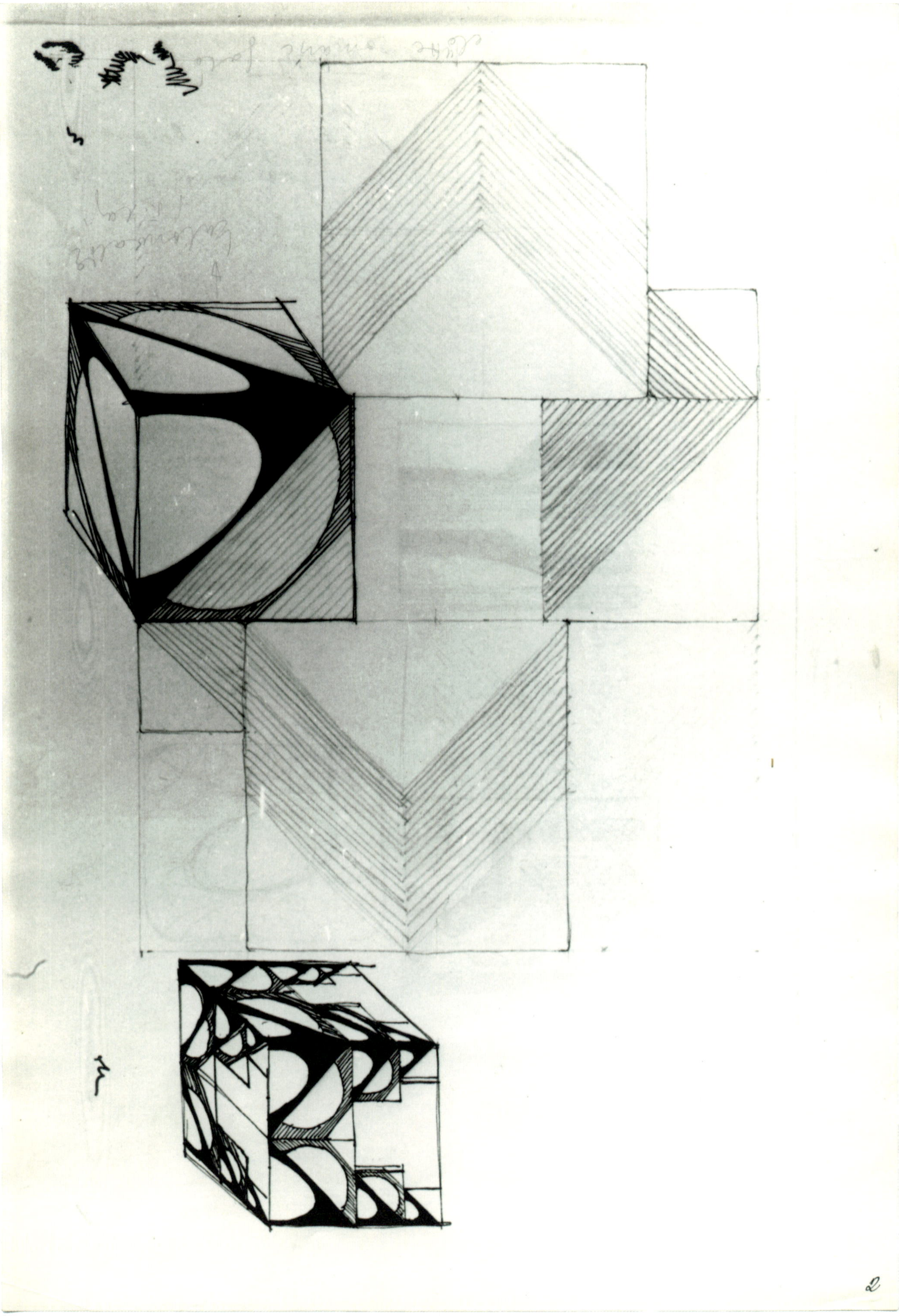

157 KÁLMÁN SZÍJÁRTÓ

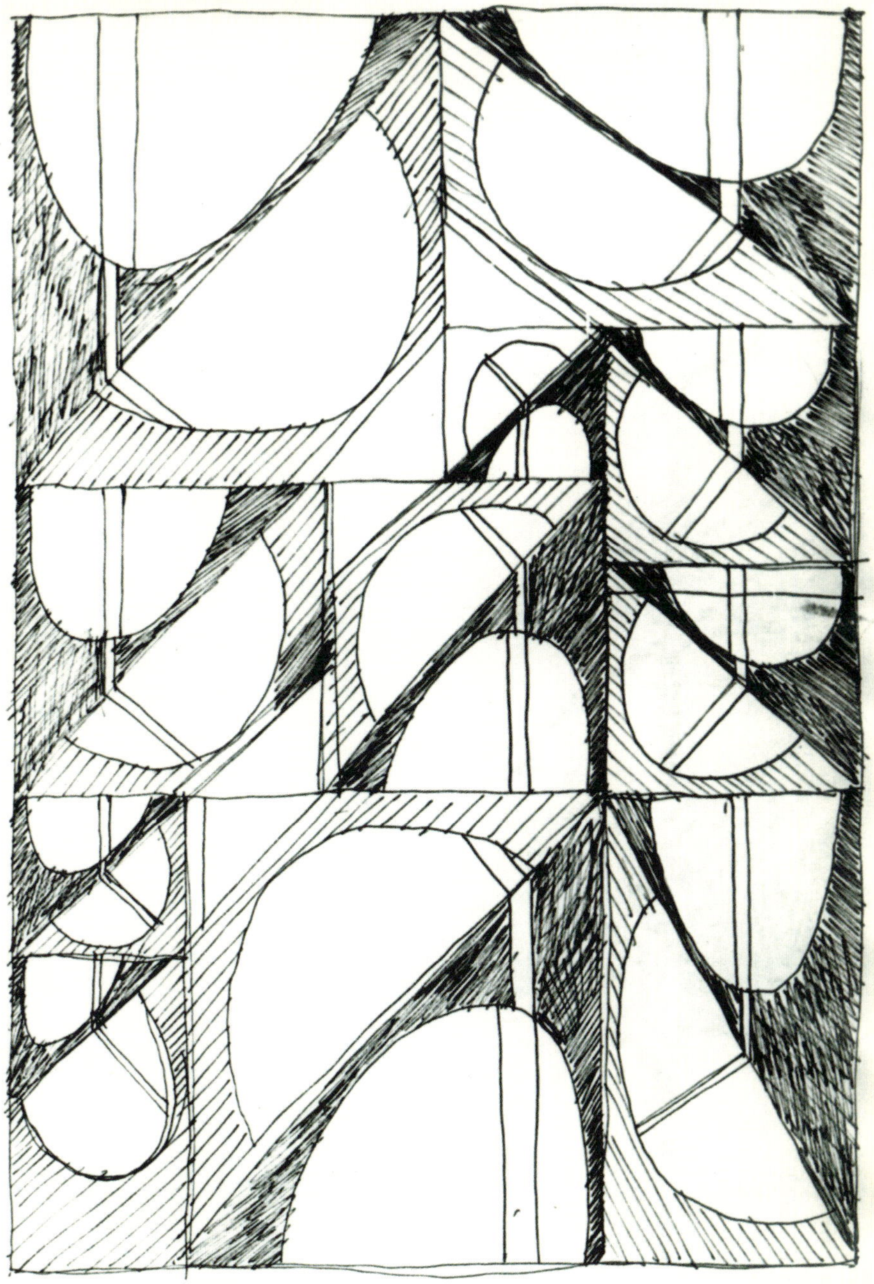

3

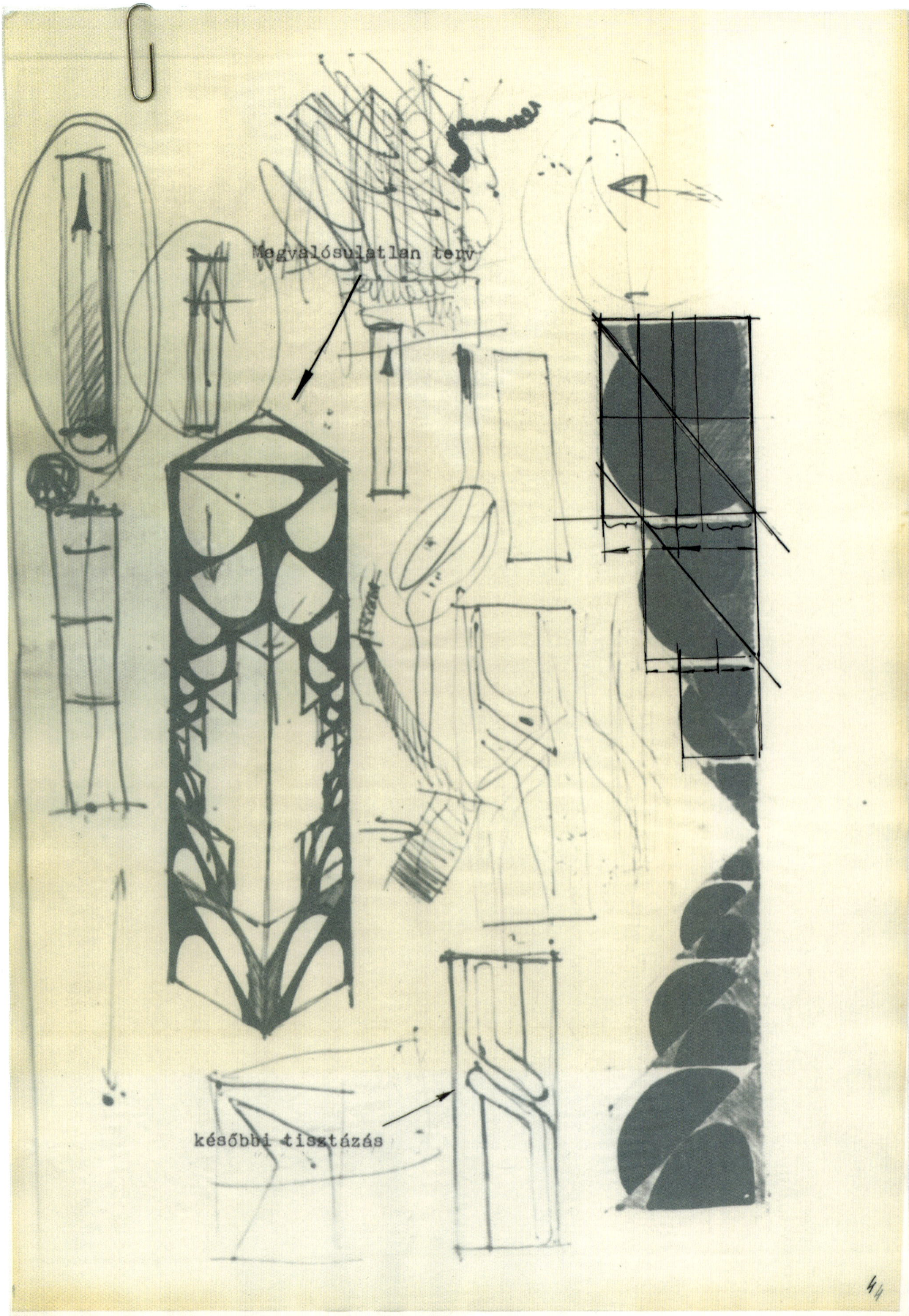
Megvalósulatlan terv
későbbi tisztázás

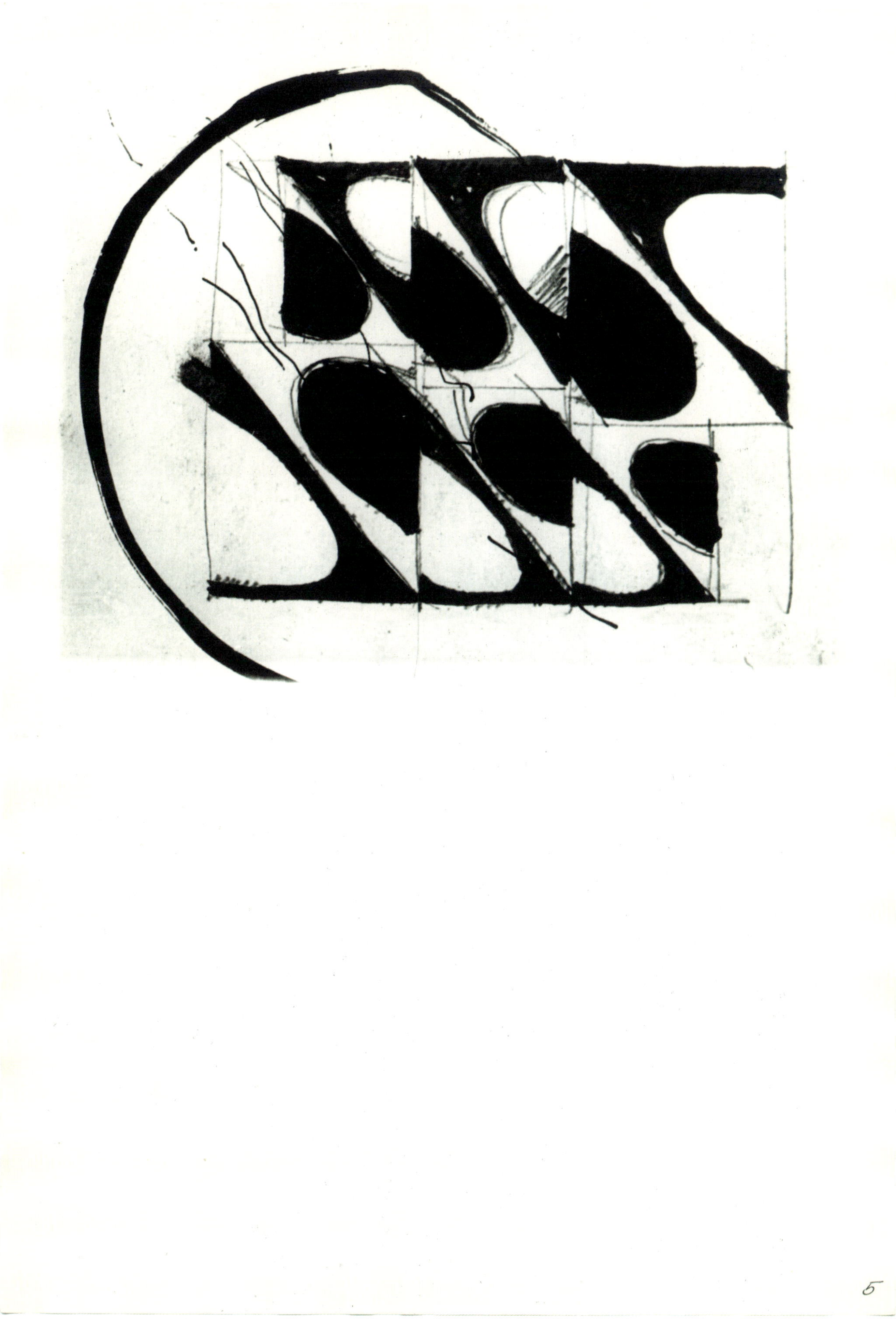

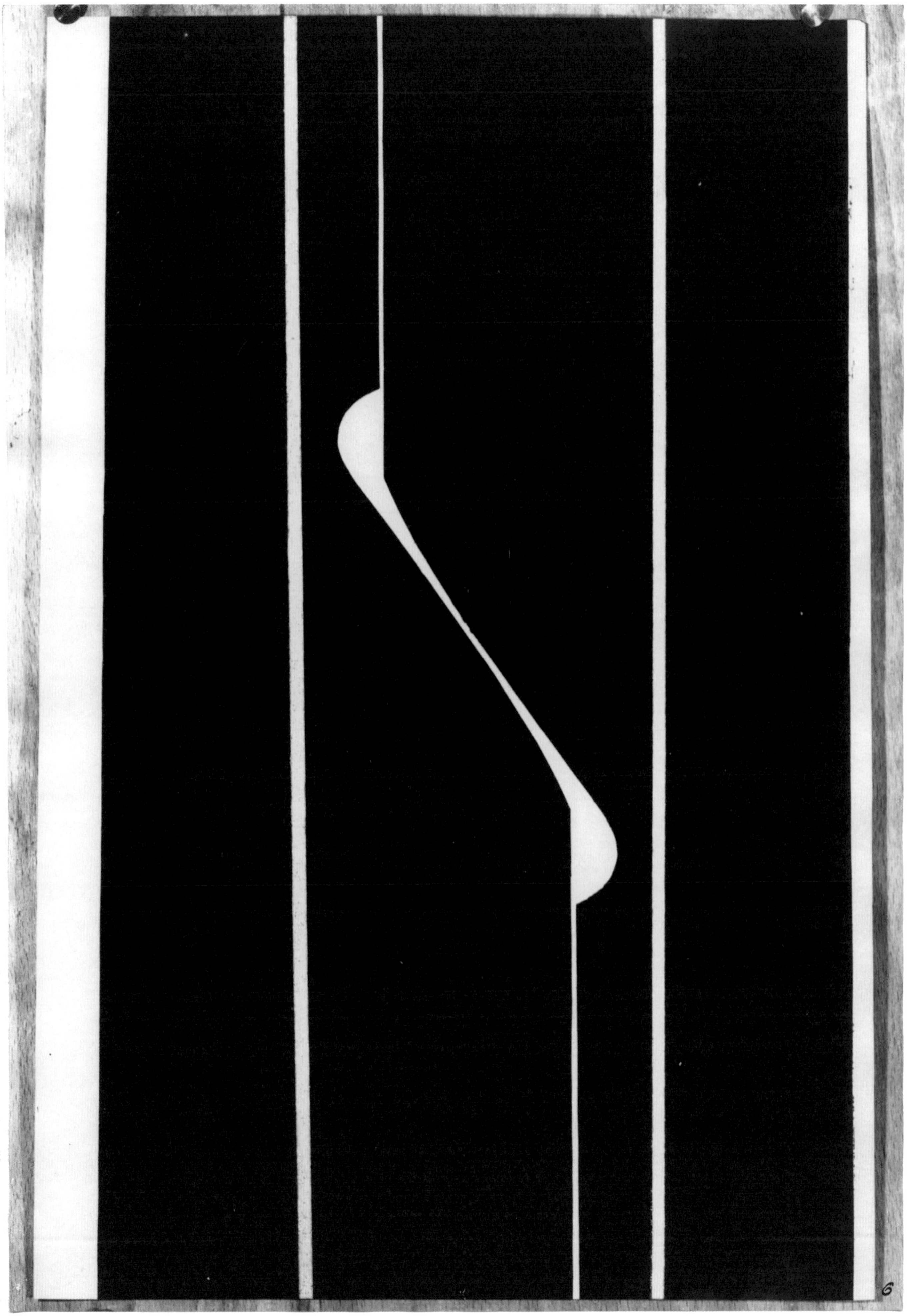

161 KÁLMÁN SZÍJÁRTÓ

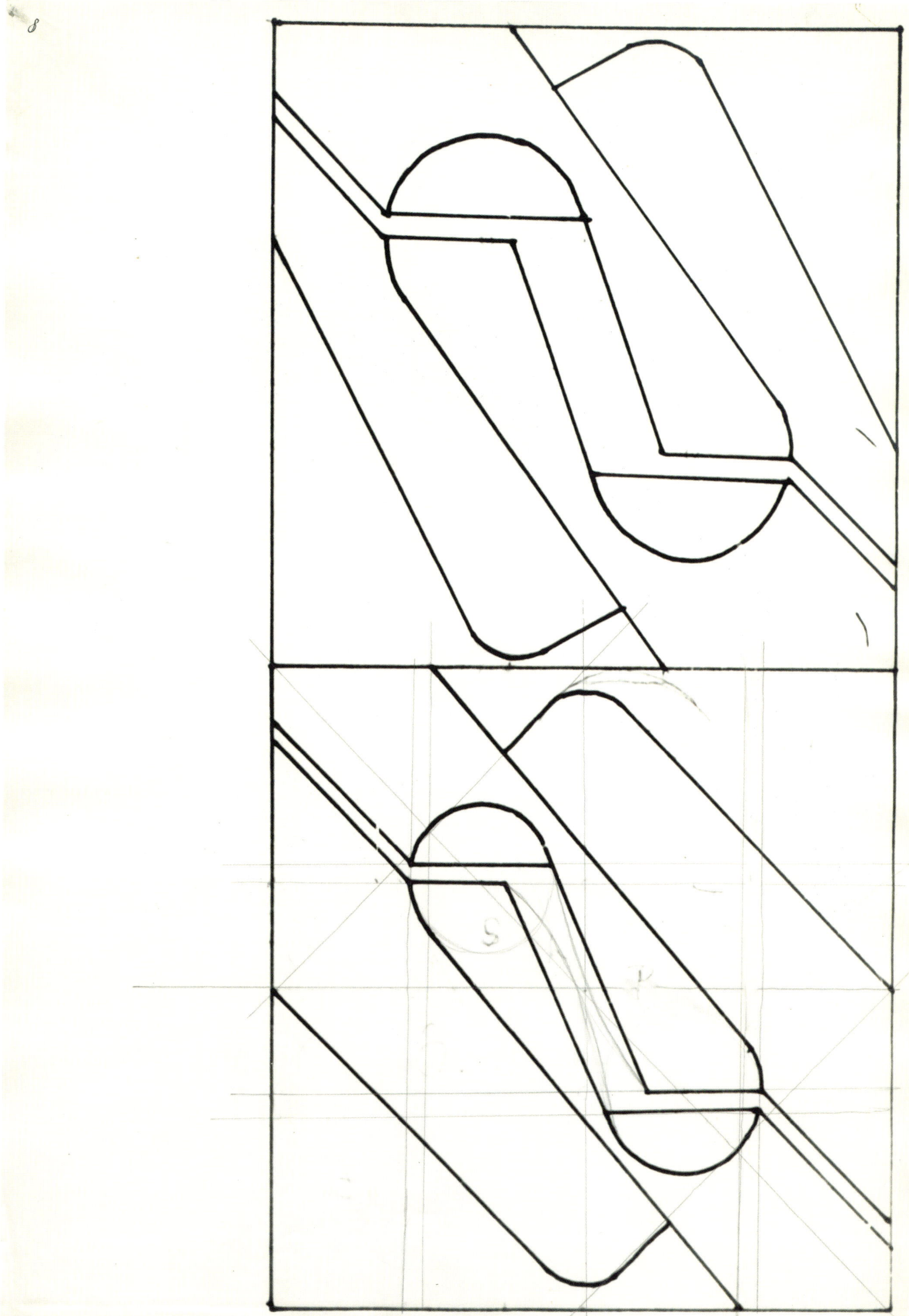

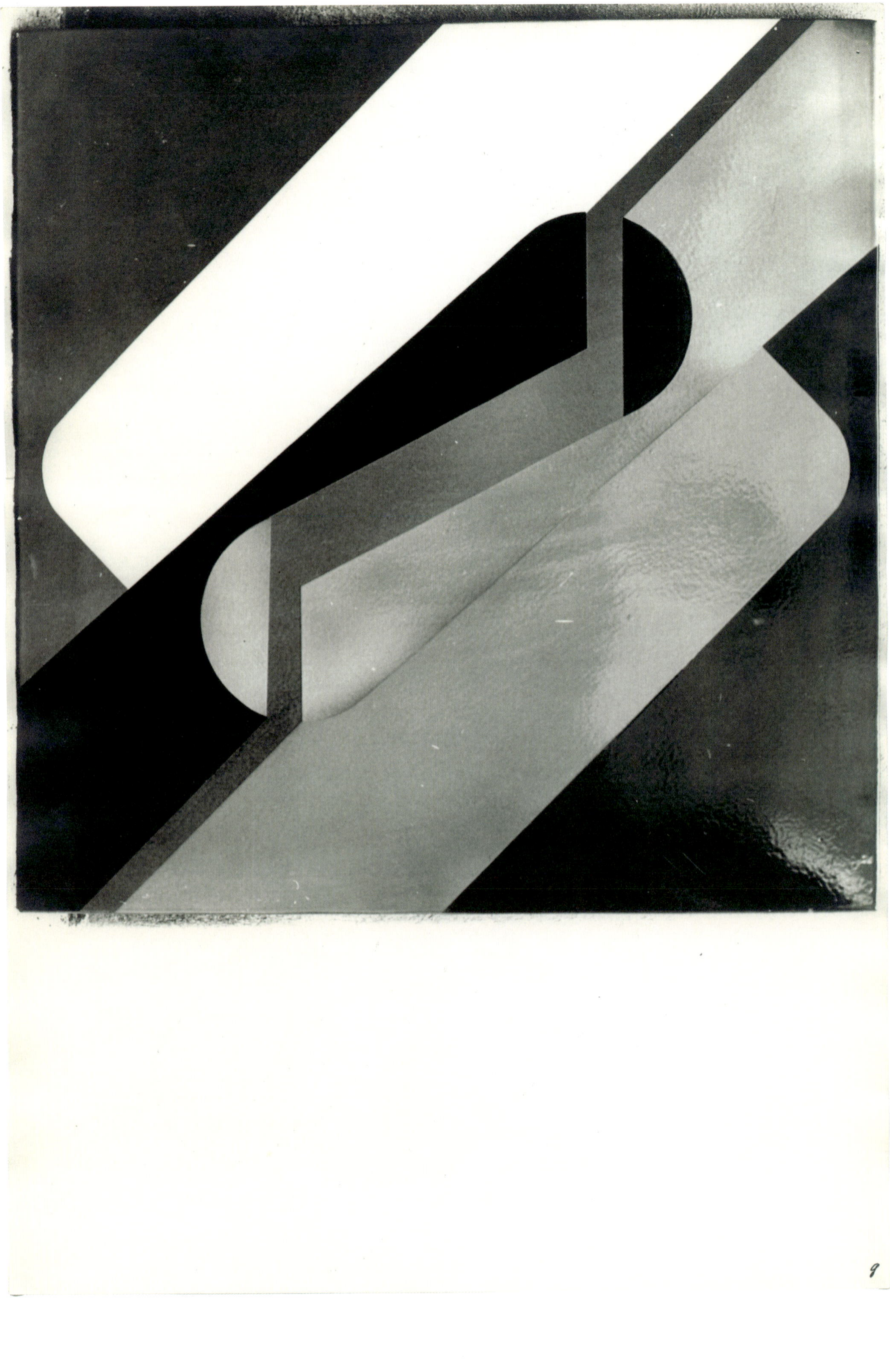

163 KÁLMÁN SZÍJÁRTÓ

III. PROBLÉMAKÖR

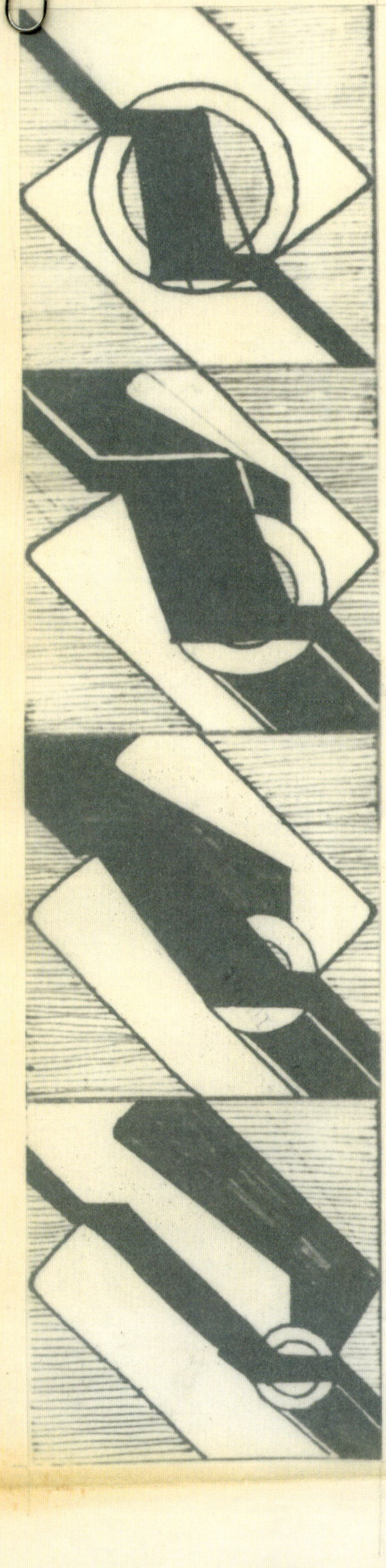

1971 május 16.
/Kismányoky, Szijártó/
Sárga guruló papirtekercs.
Élmény:
-Vakitó sárga szin terjedése,
-éles metsződések a felégetett irtáson,
-a felület növekedése,
-fokozódó inger,
-szél álta létrejött mozgás,
-előző hatás csökkenése.
Hatás:
-sokk,
-cselekvés, a folyamat segitése,
-szél, -- uj helyzet, kényszer uj akcióra.

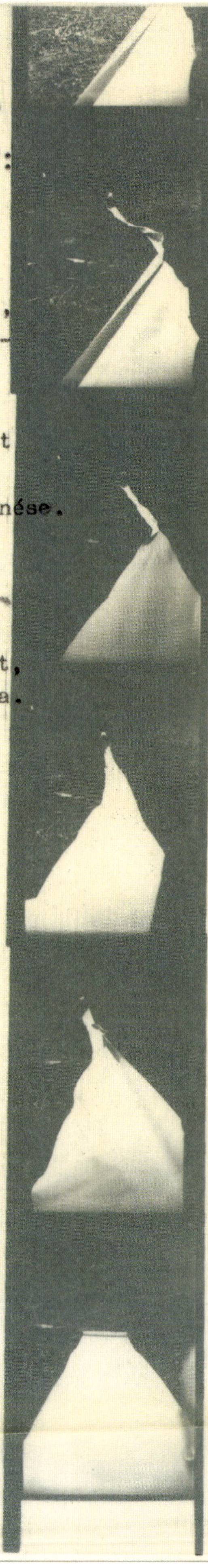

10

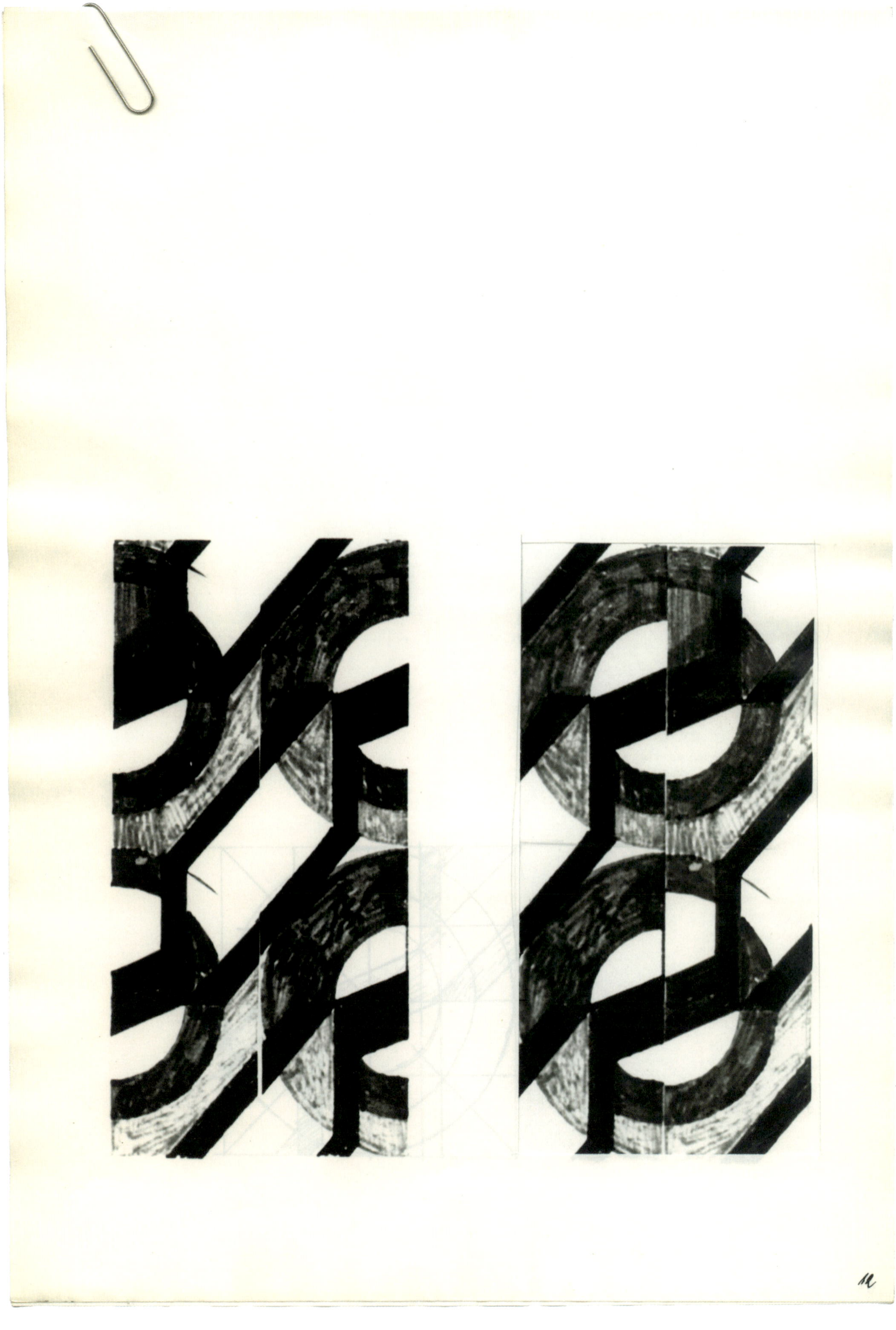

165 KÁLMÁN SZÍJÁRTÓ

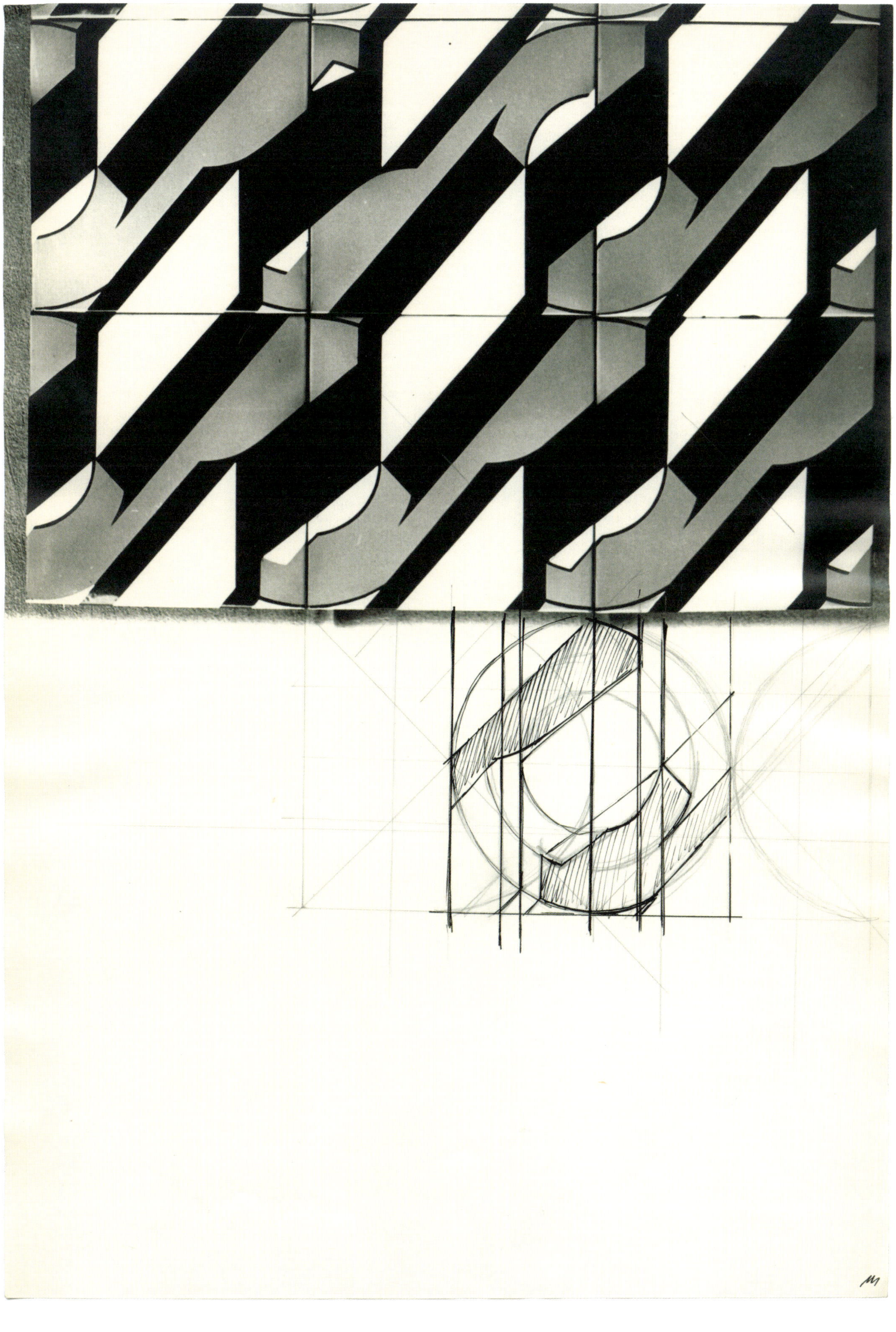

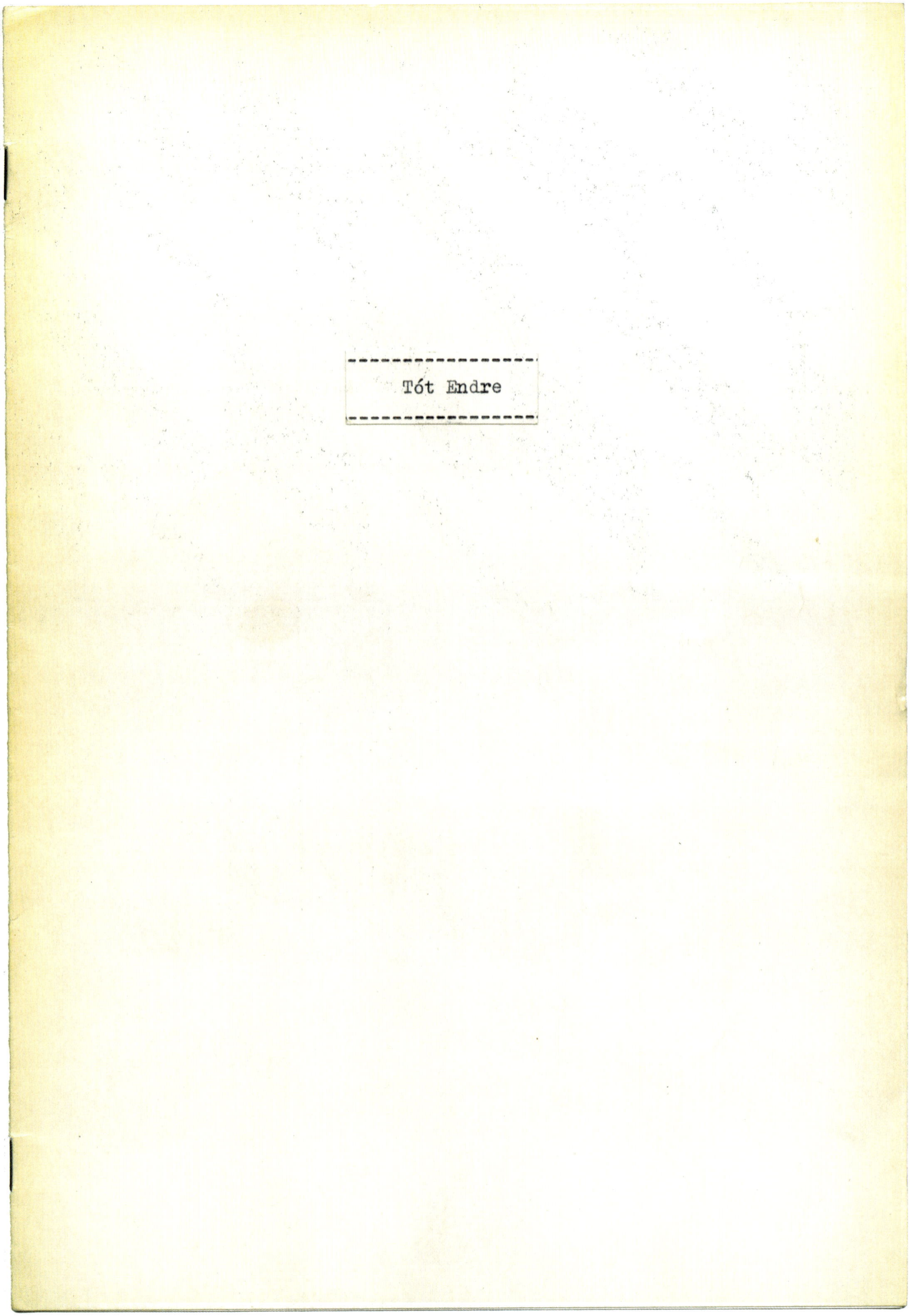
Tót Endre

167 ENDRE TÓT

167–169 ENDRE TÓT

J. Schwarzenberger,
A-1170 Vienna
Taubergasse 43/15
(to the "Visual Workshop")

Tót Endre
Budapest III.,
Kerék u. 10. X. 57.

08/21/71

Dear Jörg,

Before I draw up my plan, I would like to thank you for the invitation and for your trust. I think I send the following work to the exhibition "Visuelle Werkstatt" [Visual Workshop] in the [Vienna] Secession.

[figure]

I chose a 2 x 2 x 2 m box. I do not use the front side of it, so it is possible to look into the box. The light comes from above, it has no roof. I will cover the three side walls by black paper, and I would draw on the black wall by white chalk a grid of squares (25 x 25 cm). I would like to use school chalk, because it is easy to wipe off. I would like to wipe off g e n t l y (lax) only the h a l f of the squares (1 m^2), as it is drawn on the figure. At the edge of the drawing, where the lines break off, I would like to sharply encompass the soft surface with u n c o v e r i n g.

[figure]

I deal in my work (also like before) with the problem of d i s a p p e a r i n g and a b - s e n c e. The wiped surface marked the place of the square, that it was there, but now it is not there.

Enjoy your work!
Yours sincerely,

Endre Tót

J. Schwarzenberger,
A-117o Wien,
Taubergasse 43/15
/für die "Visuelle Werkstatt"/

Tót Endre
Budapest III.,
Kerék u. 10. X. 57.

21. 8. '71

Lieber Jörg,

Bevor ich meine Pläne darlege, möchte ich für die Einladung und für das Vertrauen Dank sagen. Ich meine, dass die folgende Arbeit für die Ausstellung "Visuelle Werkstatt" in Secession sende.

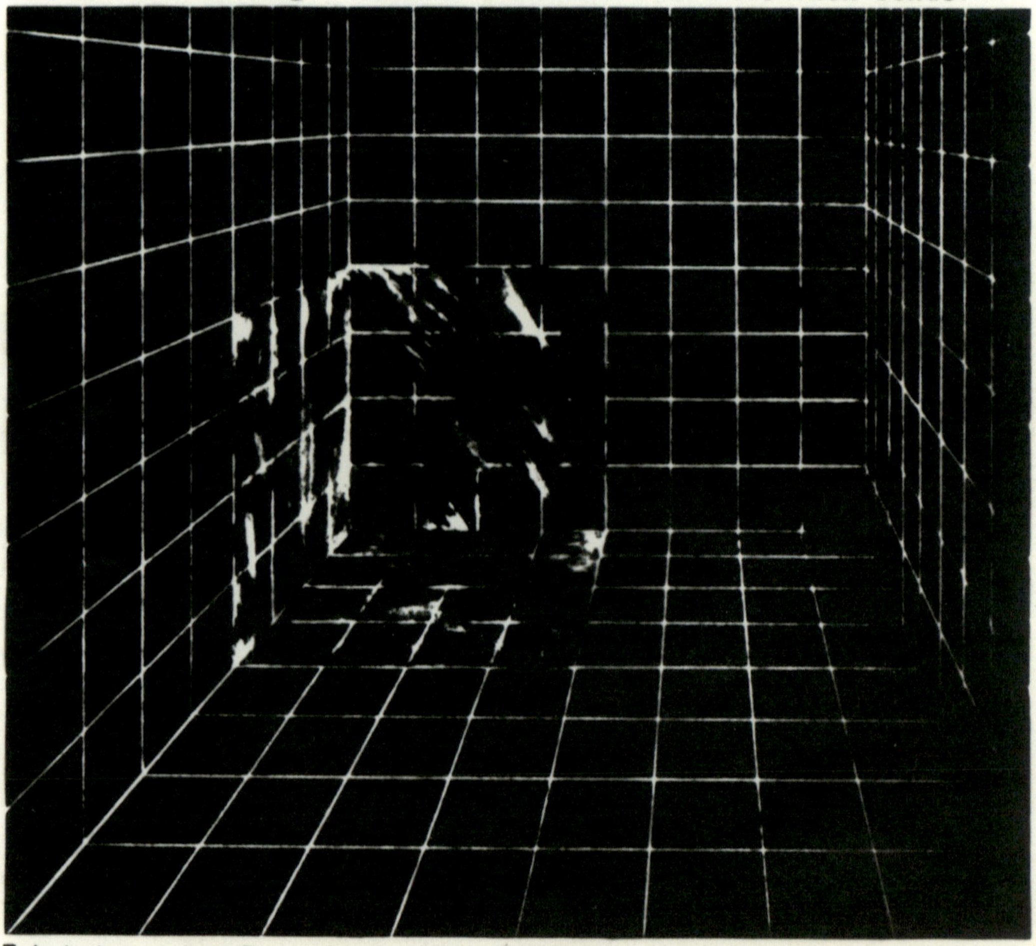

Ich habe eine Box mit 2x2x2 m gewählt. Ich nutze die Vorderseite nicht, dass in die Box frei hineingeschaut werden können, von oben kommt das Licht, keine Dach. Ich tapeziere drei Seitenwand mit s c h w a r z e n Papier, und zeichne auf der schwarzen Wand mit weisser Kreide ein Quadratnetz /25x25cm/. Ich möchte mit S c h u l - k r e i d e zeichnen, weil es leicht ablöschen werden können. Ich möchte nur die H ä l f t e l o s e /lax/ auf der Zeichnung gezeichnete Quadrat /$1m^2$/ ablöschen. An dem Rand der Zeichnung, wo die Steichung abbrechnet, möchte ich mit A u f d e c k u n g die weiche

Oberfleiche scharf beschliessen.

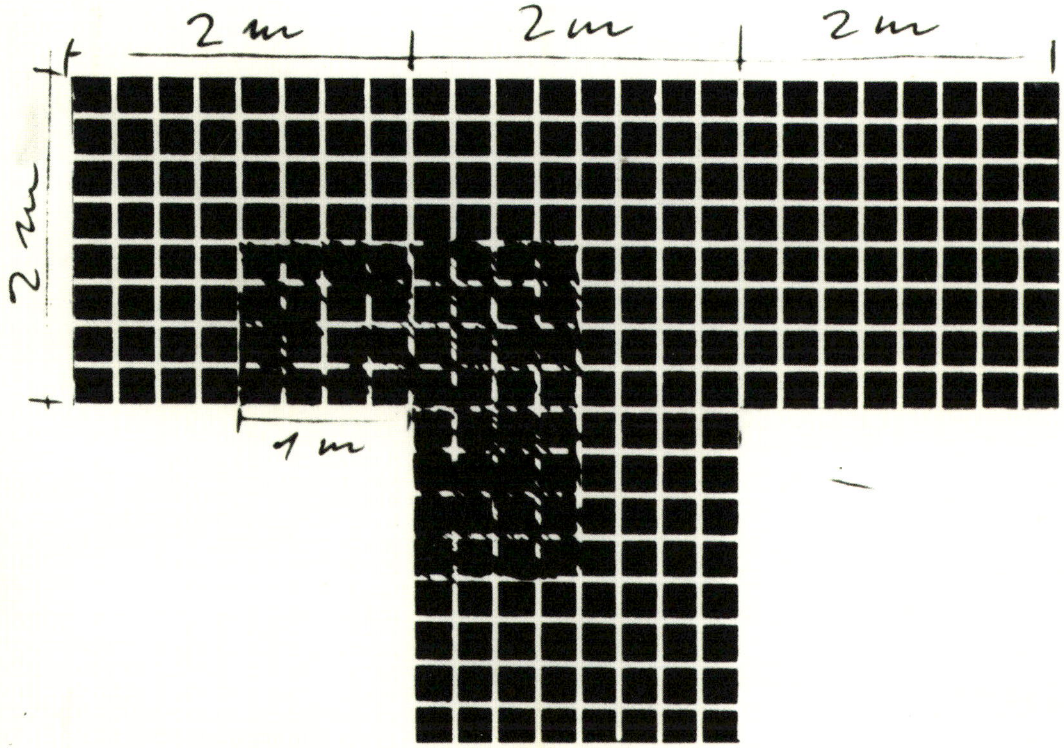

Ich beschäftige mich auch in meiner Arbeit -als vorher - mit der Probleme des V e r s c h w i n d e n s und des M a n g e l s. Die abgelöschte Oberfläche bezeichnete den Platz des Quadrats, das da war, und jetzt ist es nicht da.

Ich wünsche gute Arbeit

mit freundliche Grüsse

ENDRE TÓT

Endre Tót

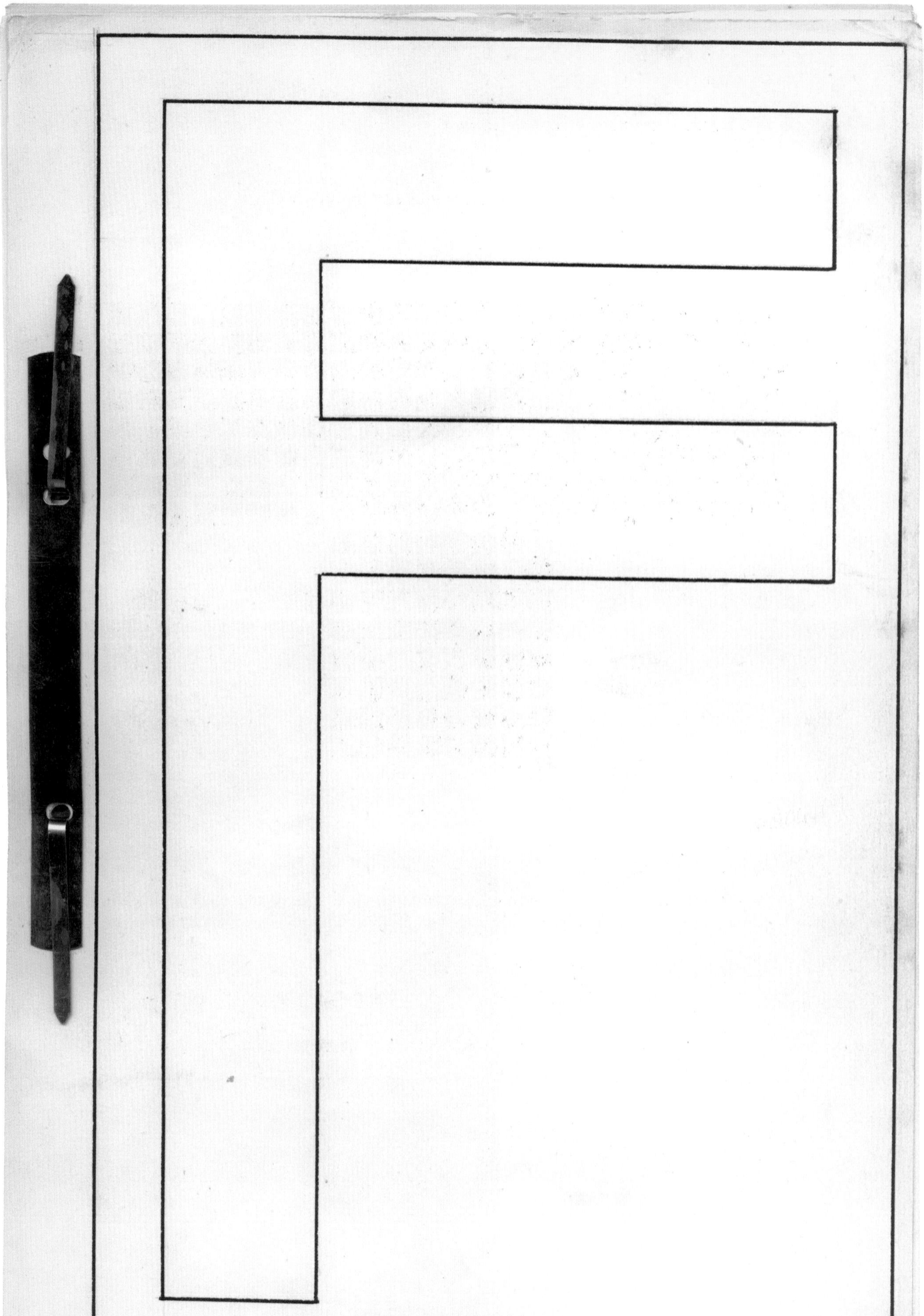

170 PÉTER TÜRK

everything that is black/everything that is white
everything that is black/everything that is white, except for dogs.

171 PÉTER TÜRK

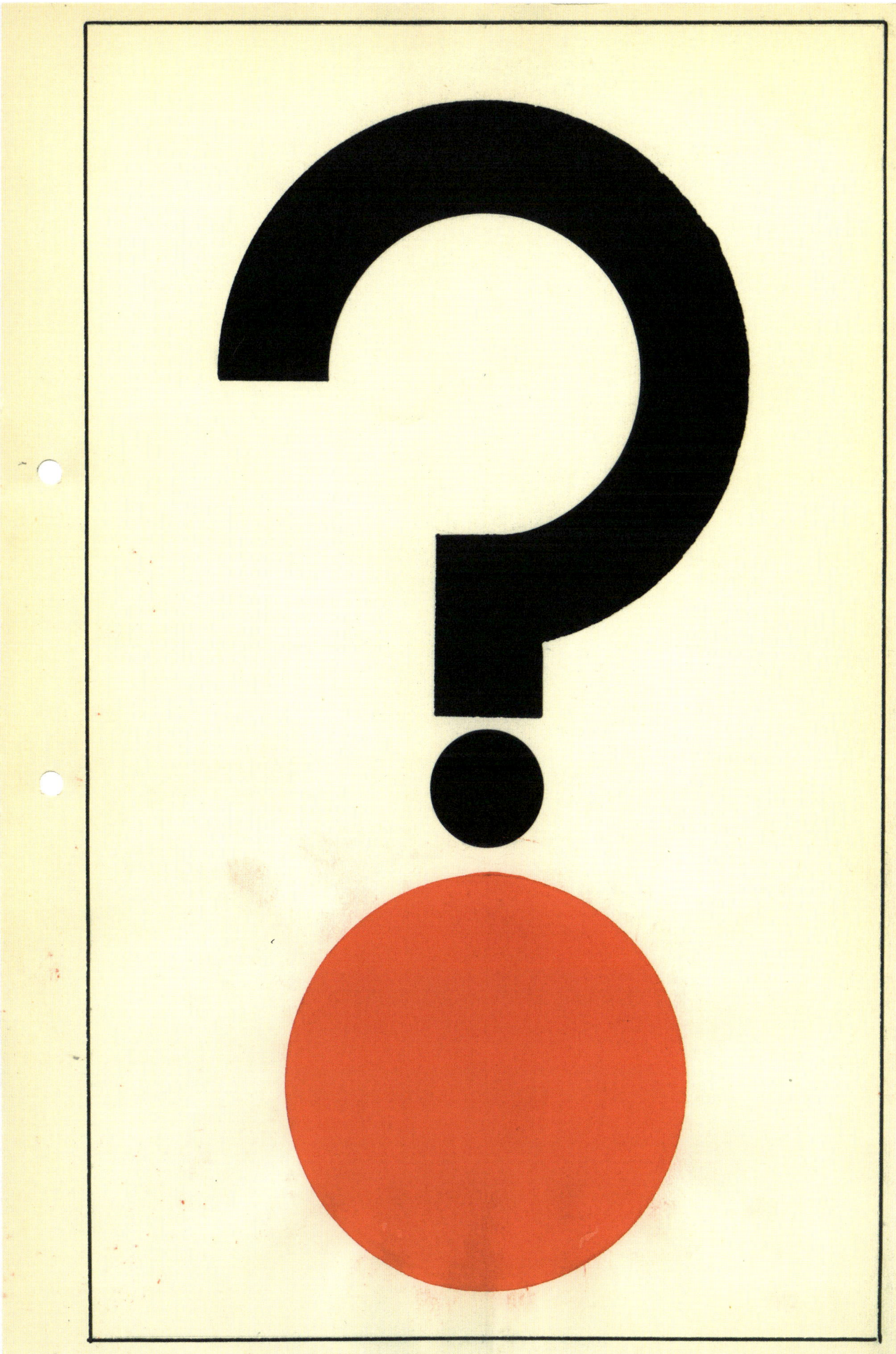

PÉTER TÜRK 172

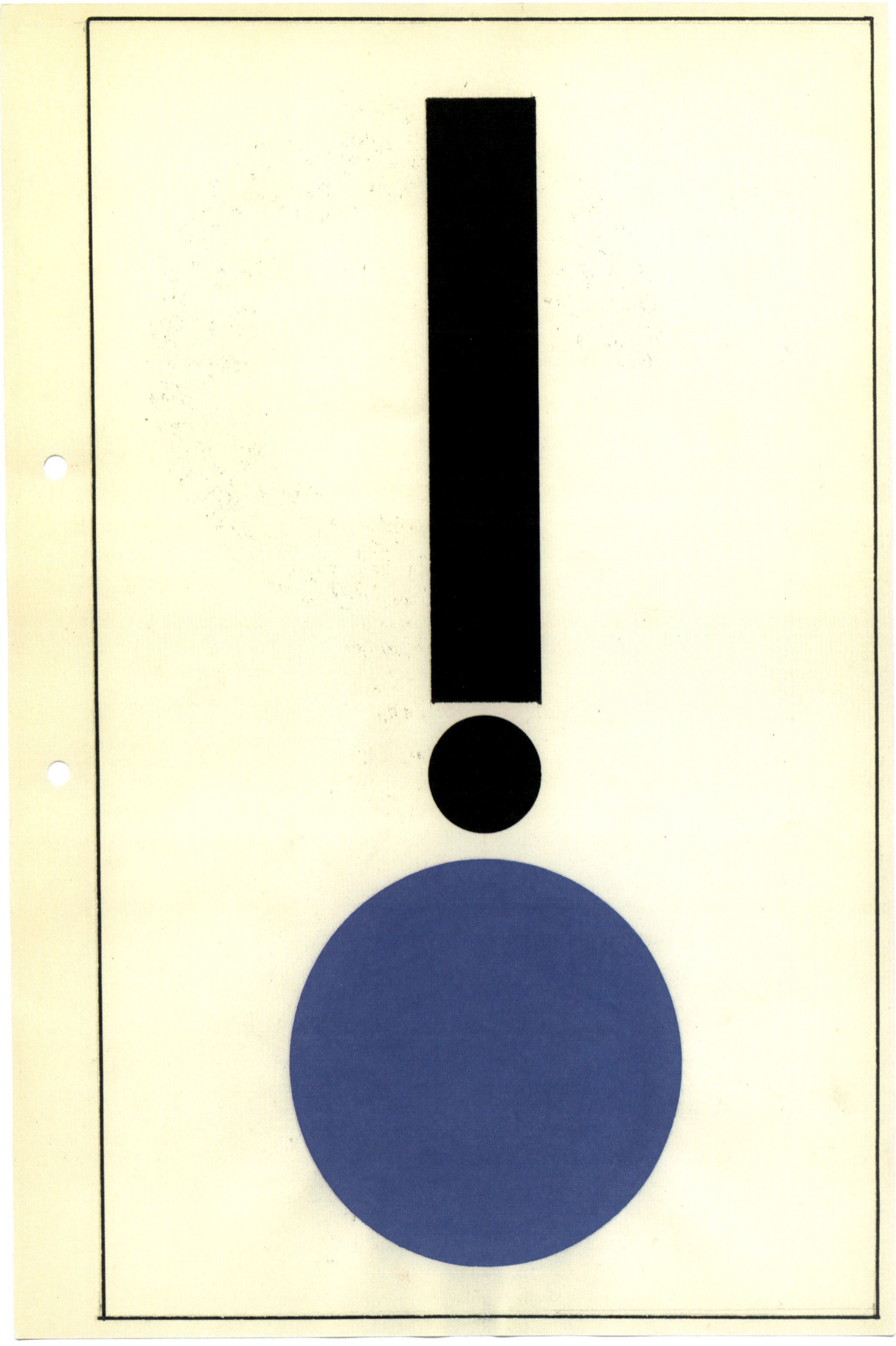

173 PÉTER TÜRK

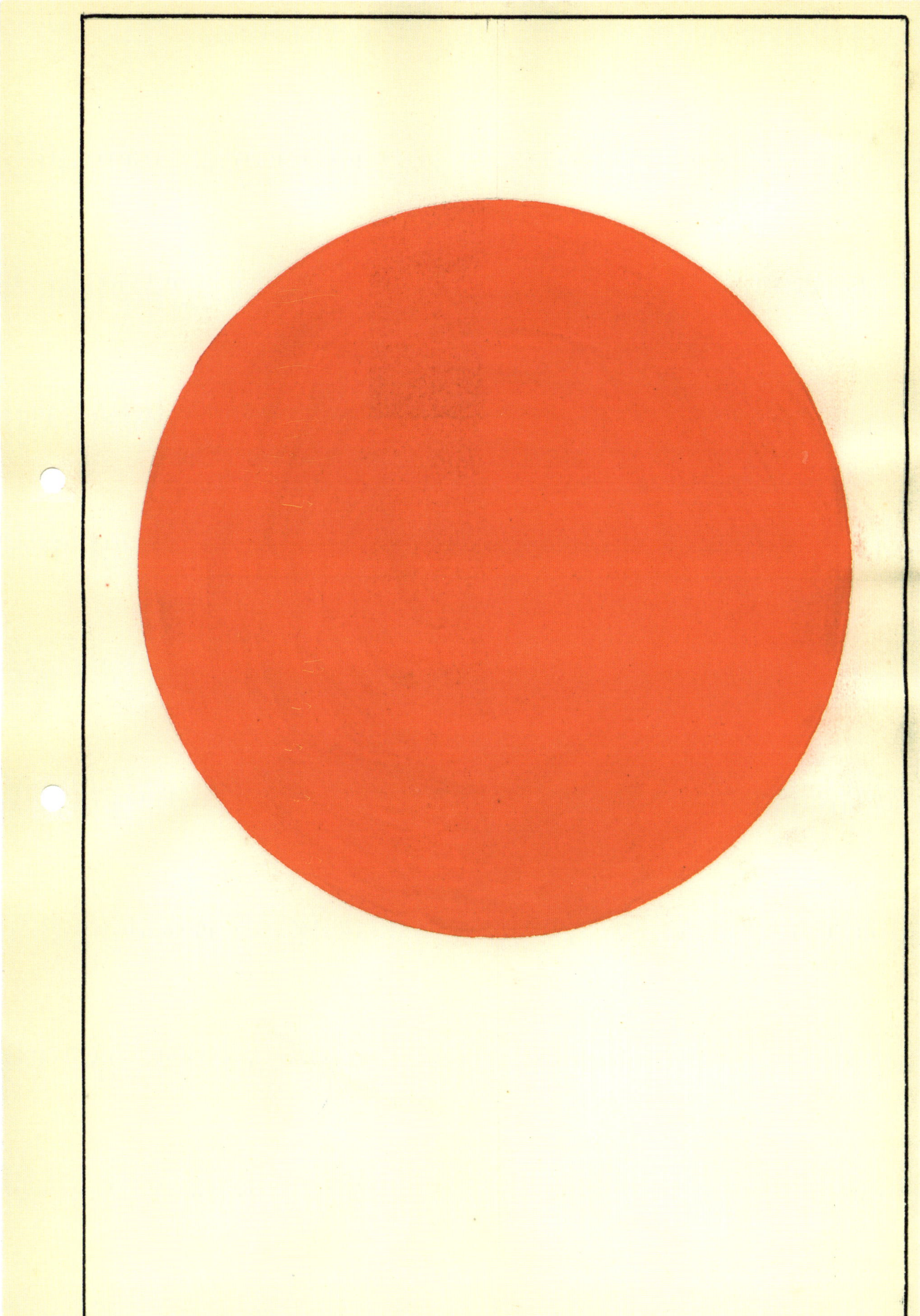

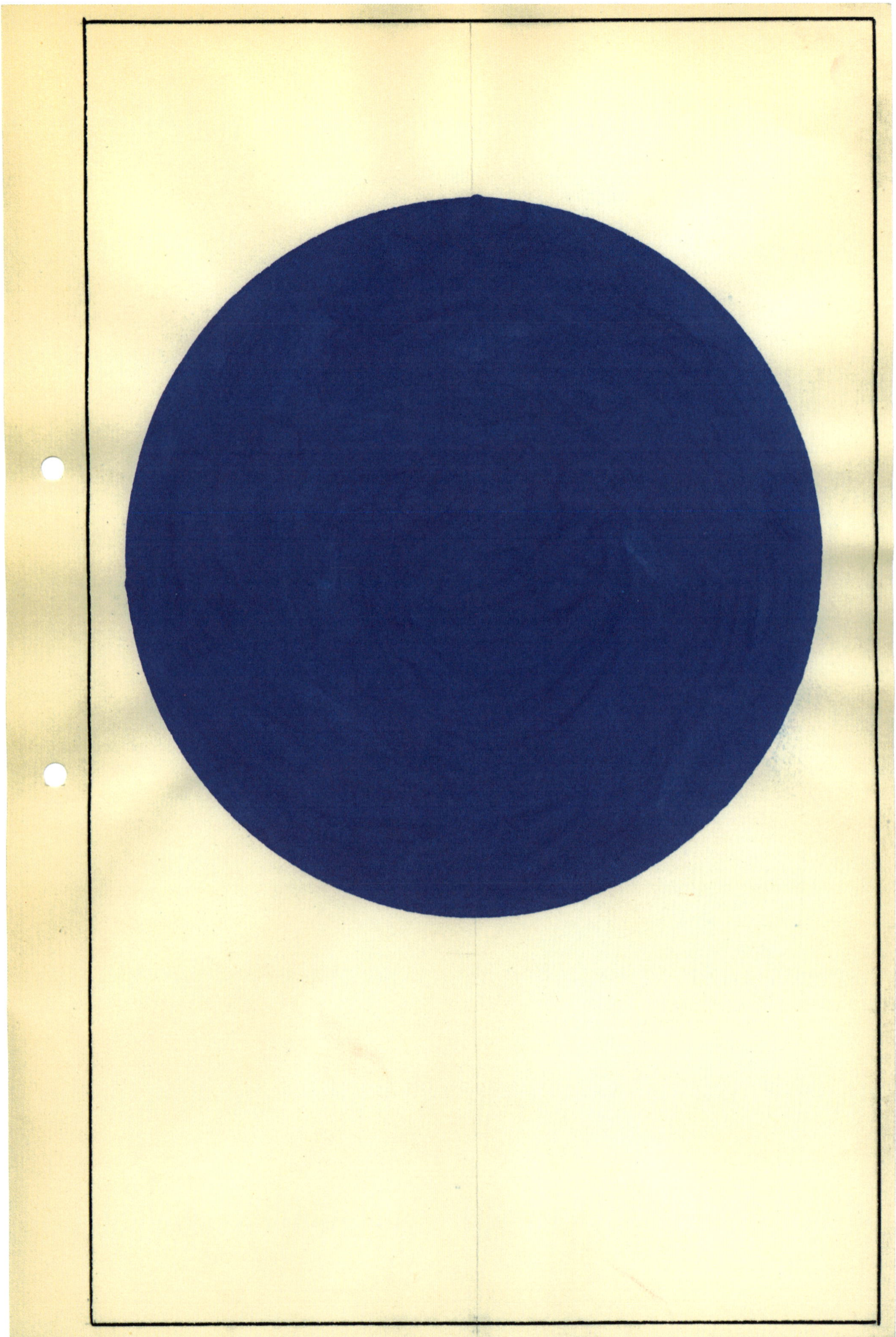

175 PÉTER TÜRK

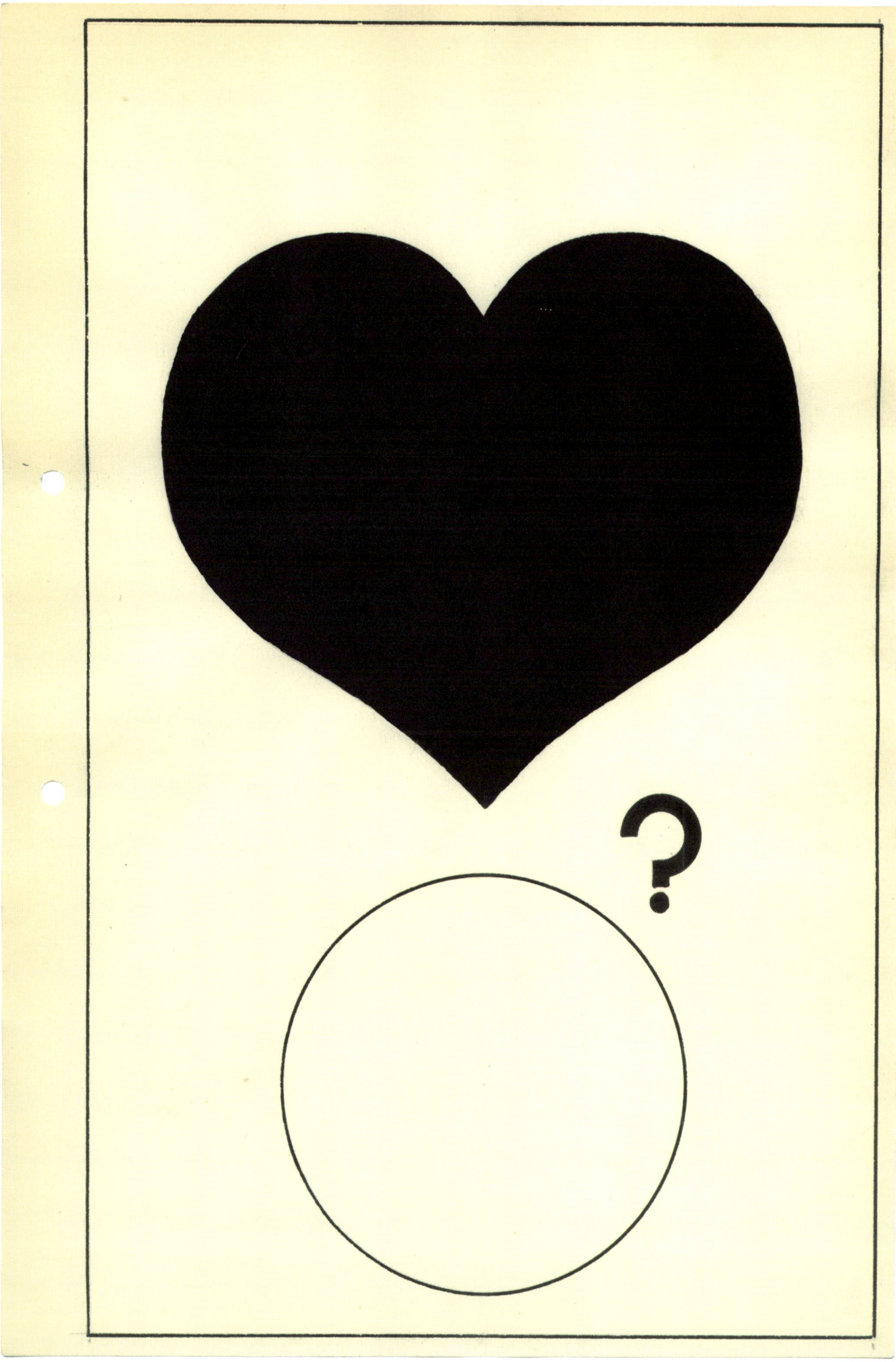

PÉTER TÜRK 176

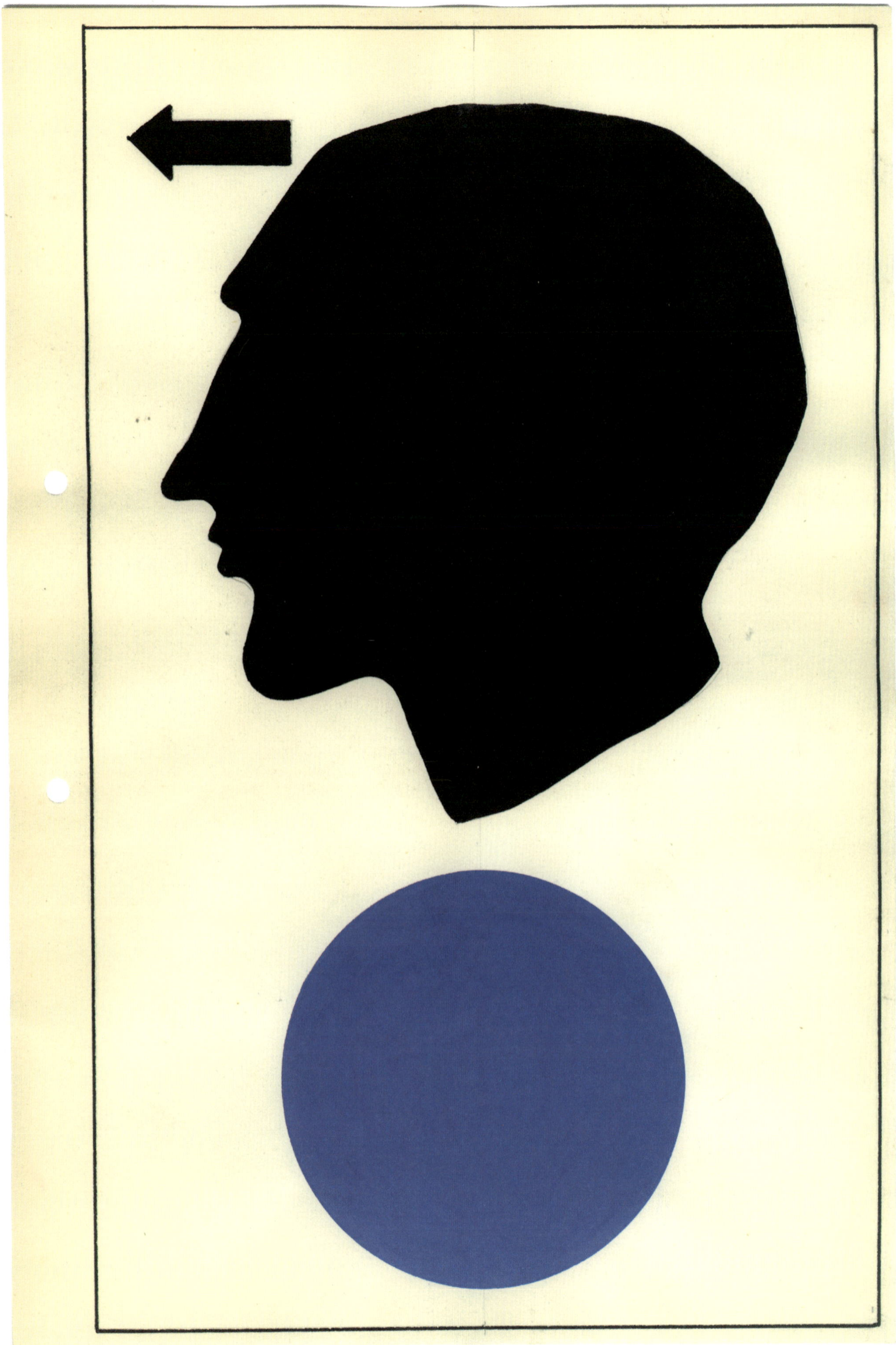

177 PÉTER TÜRK

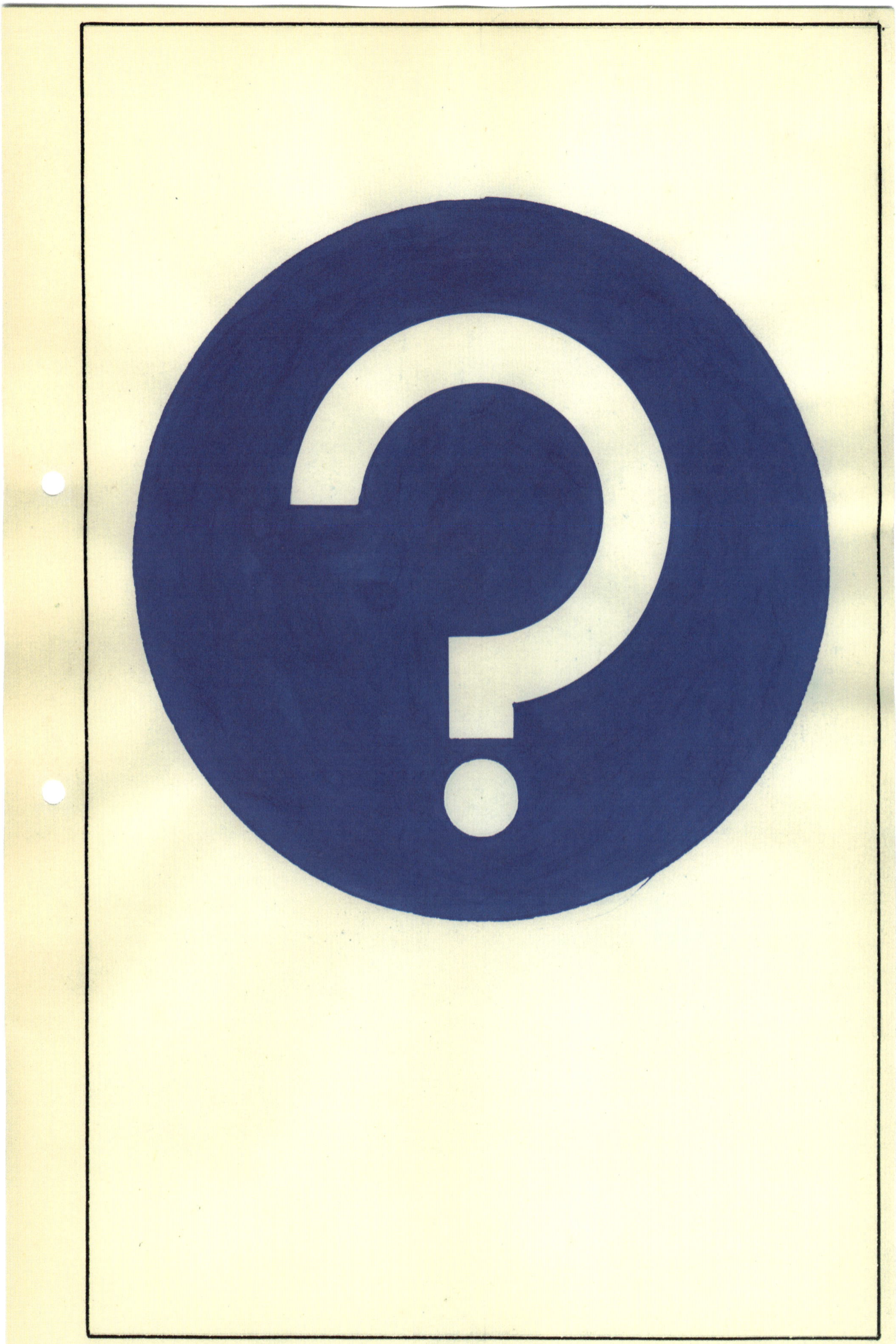

179 PÉTER TÜRK

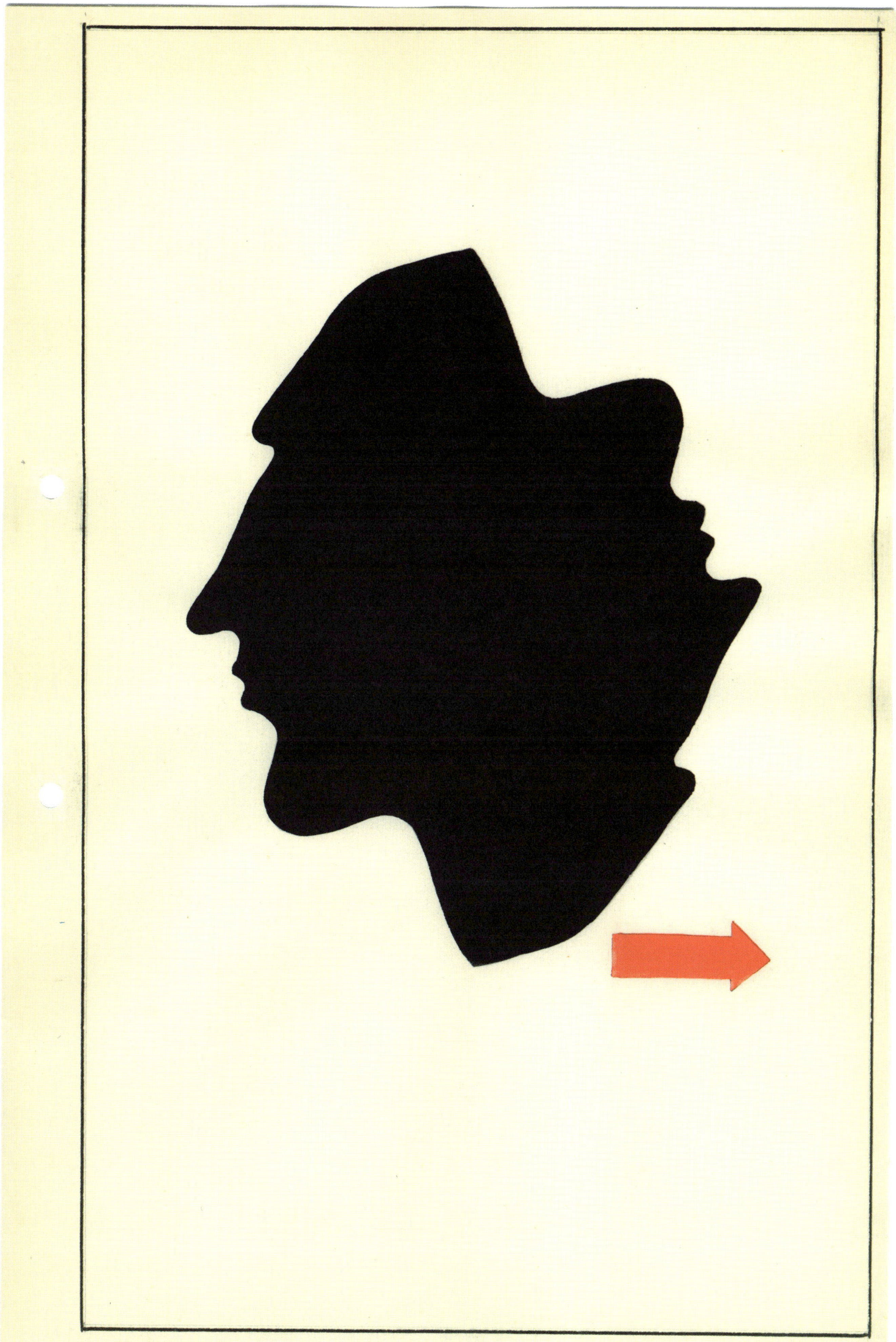

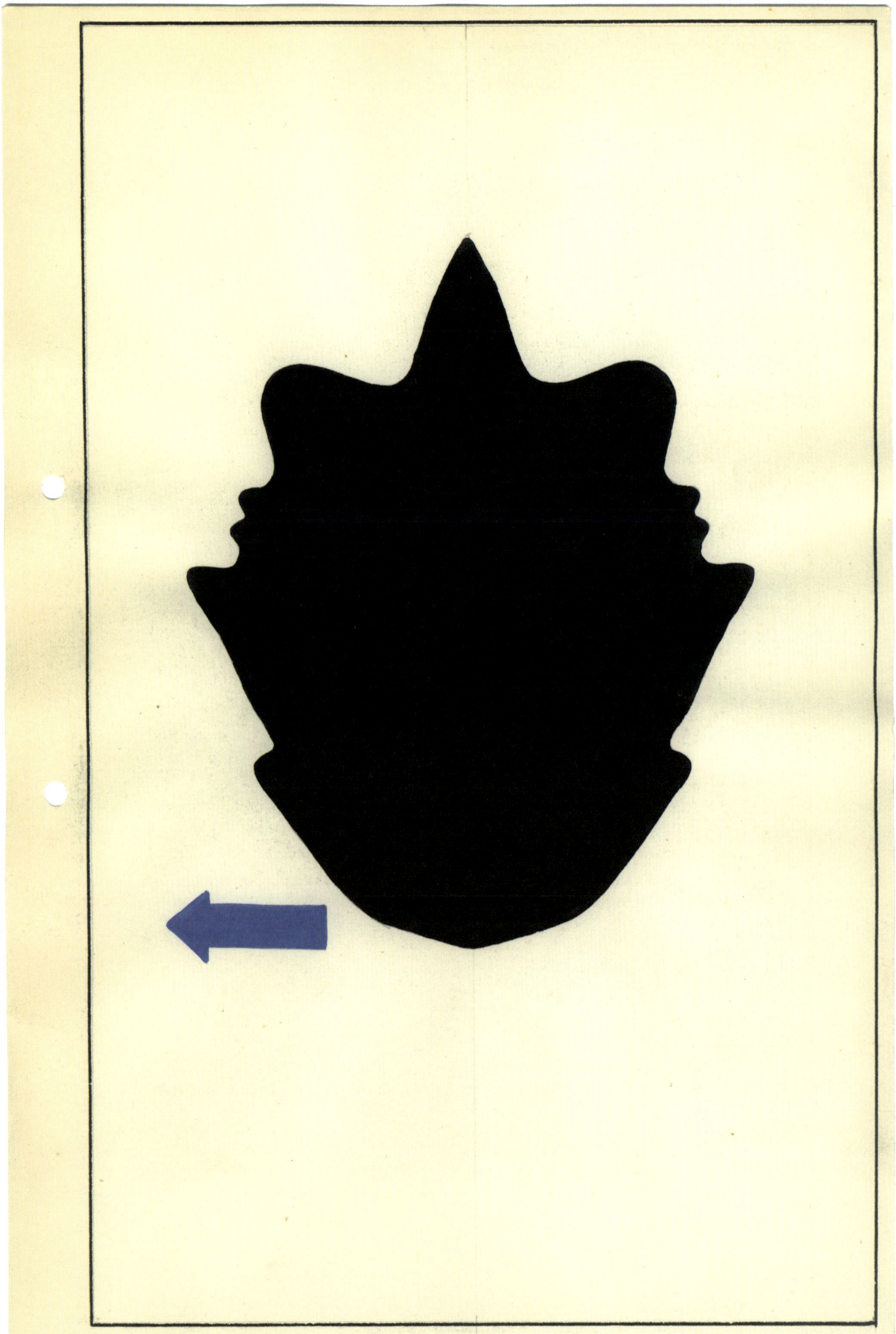

181 PÉTER TÜRK

PÉTER TÜRK 182

THE COLLECTION OF GYULA PAUER

Kedves Barátom !

Elhatároztam, hogy műgyüjtési akciót inditok.
Tekintettel sajátos helyzetemre / helyszűke, anyagi nehézségek, antimateriális orientáció, stb. / a gyüjtés akadémista módszereit el kellett vetnem.
Gyüjteményemet 16 magyar művész egy-egy legjobb művével kivánom megalapozni, és minthogy

A KARTOTÉK AZ EGYETLEN OLYAN OKMÁNY, AMELY A MŰTÁRGY LÉTEZÉSÉT, AZONOSSÁGÁT HITELTÉRDEMLŐEN IGAZOLJA ! –

arra kérlek, hogy egy általad legjobbnak tartott műved adatait a mellékelt Kartoték aláhuzott rovataiba irógéppel, pontosan / a valóságnak megfelelően / ird be, és 3 napon belül juttasd vissza hozzám.

Egyéb kéréseim :

1. Muzeumokban v. más intézményeknél őrzött művek Kartotékjai nem érdekelnek. Ezekről az illető közület nem mondana le, kópiára v. másolatra pedig nem tartok igényt. Gyüjteményemben csak eredeti példányok szerepelhetnek.
2. Elképzelhető, hogy az elajándékozott dokumentáció tárgyát idővel valamely intézmény megvásárolja. Ez esetben a gyüjteményemben tárolt Kartotékot fotókópia v. másolat készités céljaira az illető közületnek készséggel átengedem, természetesen közölnöd kell a vásárló intézménnyel, hogy ujabb Kartotékot / hiteles másolatot / nem készithet.

3. Amennyiben az ajándékozásra szánt adatok tárgya magángyüjtőnél van, ugy az ő engedélyét is ki kell kérni.

Bár a Kartoték tárgya nem tartozik érdeklődési körömbe, bizonyos adminisztrativ kötöttségek kényszeritenek, hogy egyáltalán figyelmet szenteljek neki :

1. Fontos, hogy kizárólag meglévő műtárgy adatait ird le.
2. Akadhat, aki a Kartoték elolvasása után puszta kiváncsiságból érdeklődni kezd a műtárgy iránt.
3. Szeretném elkerülni hamis adatok gyüjteményembe kerülését, ezért a Kartotékok tárgyát szurópróba-szerüen ellenőrizni fogom.
4. Amennyiben a Kartoték tárgyán változtatást eszközölsz / alakitás, átfestés, stb. / vagy megrongálódik, ugy azt rövid időn belül közölnöd kell, hogy az adatok közé bejegyezhessem.
5. Lehetséges viszont / bejelentened sem kell ! / olyan változtatás, amely a műtárgyat a Kartotékon szereplő leiráshoz hasonlatosabbá teszi.
6. Ha a Kartoték tárgya nem kép v. szobor, hanem valamilyen régebbi akció / happening, envirement /, kérlek ügyelj arra, hogy az bármikor – pontosan a leirásnak megfelelően – rekonstruálható legyen.
/ Ezzel kapcsolatos baráti tanácsom : tekintettel a nehézségekre, ilyesmit ne csinálj ! /

Kedves Barátom, kétségtelen, hogy ezen ajándékozás részedről bizonyos áldozatokkal jár, hiszen nevezett műved Kartoték hiányában elveszti „személyazonosságát". Erkölcsi vigaszul szolgáljon azonban, hogy gyüjteményem iránt máris többen érdeklődnek és kiállitást is tervezek a kiemelkedőbb Kartotékokból.
Kérlek tehát segitsd elő munkámat ajándékoddal.

Baráti üdvözlettel :

Budapest, 1971. X. 20.

/ PAUER GYULA /

AZ ÉN KÖRLEVELEM
KELT: 1971 X. 20

183 GYULA PAUER

183 GYULA PAUER

Dear Friend,

I have decided to start an art collection action.
Considering my unique situation (limited space, financial difficulties, anti-materialistic orientation, etc.), the academic methods of collection had to be dismissed as an option.
I intend to base my collection on the best artwork of 16 Hungarian artists, and as
THE MUSEUM INDEX CARD IS THE ONLY DOCUMENT THAT RELIABLY PROVES THE EXISTENCE AND THE IDENTITY OF AN ART OBJECT!
I ask you to fill in the underlined sections of the attached index card with the data of what you regard your best work of art. Please provide the information in a precise manner (in accordance with the real facts), using a typewriter, and return the index card to me within three days.

Further requests:

1. I am not interested in index cards held in museums or other institutions. The relevant public body would not surrender these documents, and copies are not what I need. My collection can only contain the originals.
2. It is conceivable that the subject of the documentation donated is bought by an institution at some point in the future. In that case, I shall be happy to release the index card stored in my collection for the purposes of copying to the public body in question. Of course, you are obliged to inform the institution that they cannot produce a new index card (certified copy).

3. If the subject of the index card to be donated belongs to a private collector, his or her permission must also be requested.

Although the subject of the index card is of no interest to me, I am obliged by certain administrative restrictions to give it some consideration:

1. It is important that you provide me with data that refers to an existing work of art.
2. It may happen that, after reading the index card, someone may inquire about its subject out of sheer curiosity.
3. As I would like to avoid the introduction of false data into the collection, I will be randomly checking the subjects of the index cards.
4. In case you should alter the subject of the index card in any way (modifications, repainting, etc.) or if it becomes damaged, you must inform me within a short time of this occurrence, so that I can adjust the data.
5. It is also possible, however, that an alteration makes the subject of the index card fit the description on the index card even more. In this case, there is no need for notification.
6. If the subject of the index card is not a painting or a sculpture, but some other action (happening, environment), please make sure that it is possible to reconstruct it precisely, in accordance with the description, at any time. (My friendly advice regarding this point: considering the difficulty, avoid such things.)

Dear friend, there is no doubt that in presenting me with this gift, you will need to make certain sacrifices, as your chosen work of art, in the absence of an index card, will lose its "identity."
It should serve as some consolation, however, that there have already been quite a few people interested in my collection, and I am also planning an exhibition that will feature my most outstanding index cards.
Please support my work through making this gift.

Warm regards,

Budapest, 10/20/1971

Gyula Pauer

[handwritten] MY CALL FOR PARTICIPATION, DATED 10/20/1971

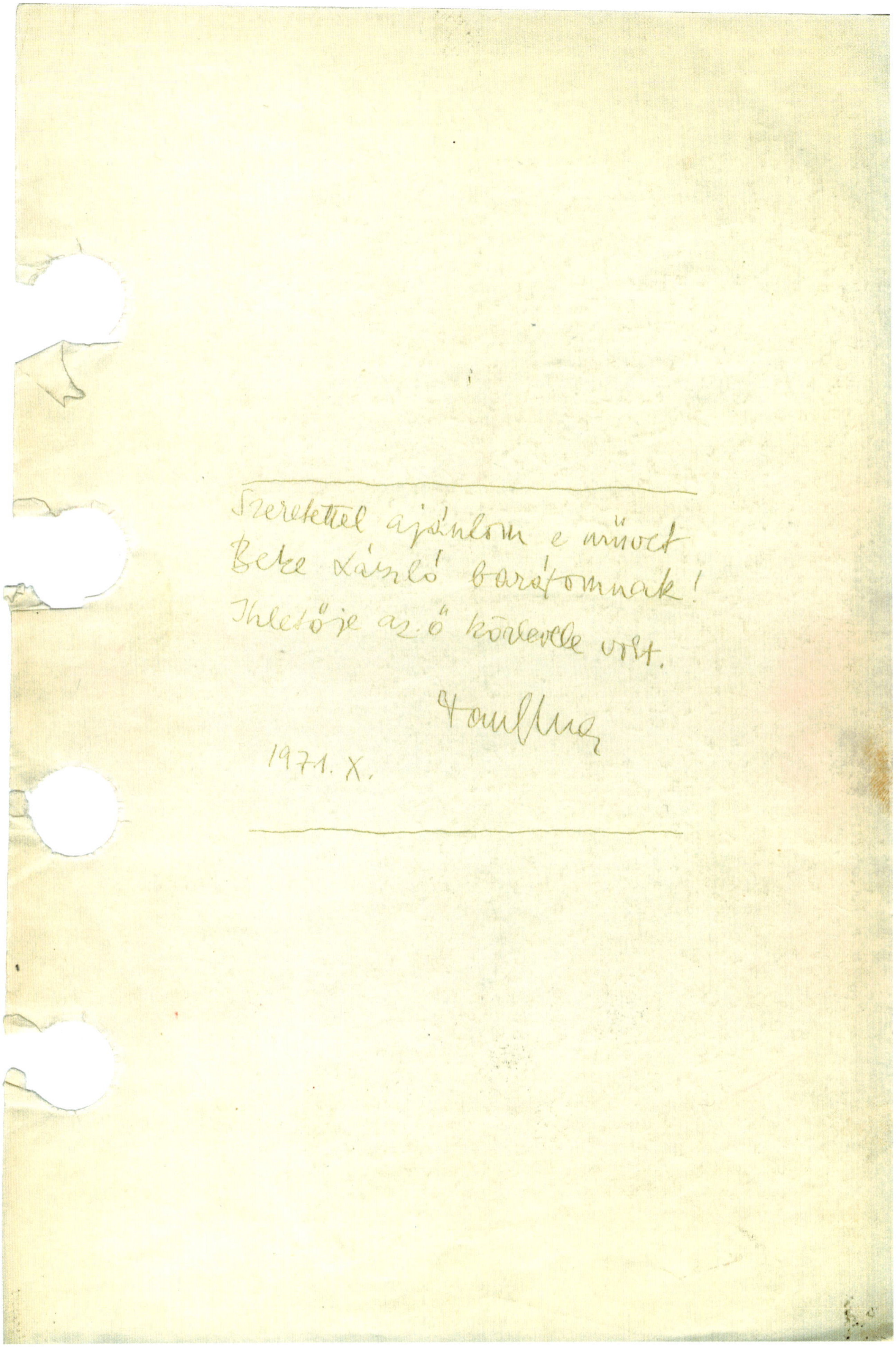

Szeretettel ajánlom e művet
Beke László barátomnak!
Ihletője az ő körlevele volt.

Pauer Gyula

1971. X.

EZ A KIADVÁNY EGY PSZEUDO KIÁL-
LÍTÁS KARTOTÉK-ANYAGÁT TARTALMAZ-
ZA ÉS EGYBEN MŰGYŰJTEMÉNYEMET
IS MAGÁBAN FOGLALJA.
EZÚTON MONDOK KÖSZÖNETET A KOL-
LEKTÍV MUNKÁBAN RÉSZTVEVŐ MŰ-
VÉSZEKNEK. KÖSZÖNÖM ADOMÁNYAIKAT
ÉS AZT, HOGY.. ~~[crossed out]~~

BUDAPEST 1971. X.

A KARTOTÉKOLT MŰVEK MEGTEKINTHETŐK:

AZ EGÉSZ FÖLDGOLYÓN (HENCZE) (?)
N.SZ.K. ESSEN MUSEUM VOLKWANG (BAK)
CH-1006 LAUSANNE ILL. BÁRHOL (URBÁN)
SEHOL (TÓT)
BUDAPEST MEGJELÖLT KERÜLETEIBEN AZ ALÁBBI CÍMEKEN: (ATTALAI, JOVÁNOVICS, MAJOR, SZENTJÓBY, BEKE, CSIKY, LEGÉNDY, PAUER, TÜRK, DONÁTH, GULYÁS) *ITT E KÖNYVBEN: (CSÁJI)
**A/I. SZERZŐNÉL ILL. A/II. PÉLDÁNY, IX. KER. RENDŐRKAP. (SZENTJÓBY)

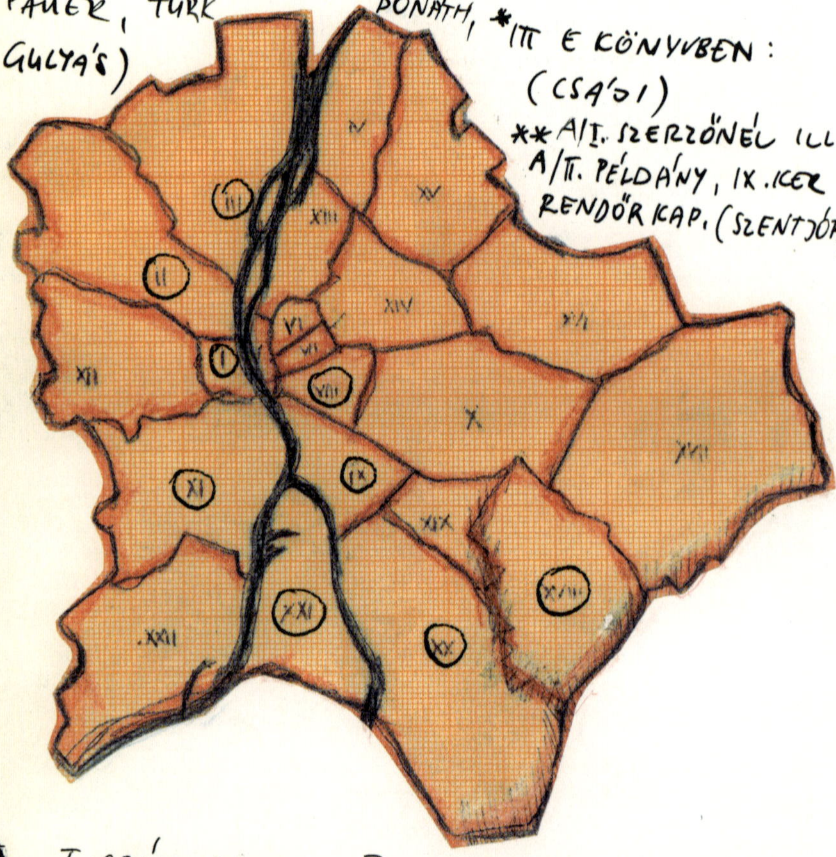

I. GRÓZA RKP. 11. II. VIRÁGÁROK 6/B.
III. KERÉK U. 10. VIII. KUN U. (TŰZOLTÓSÁG)
IX. FERENC KRT. 23** IX. THALI KÁLMÁN U. 56*
XI. ZENTA U. 5. XVIII. ÁLLAMI TELEP 162/2
XVIII. KESZŐCE E. ÚT 3. XX. KNÉZICH U. 15/B
XXI. LIGETI KÁROLY U. 35 I. ATTILA ÚT 33.

184 GYULA PAUER

I dedicate this work to my friend László Beke. It was inspired by his call for participation.
[signature]

10/1971

185

This publication contains the index cards of a pseudo-exhibition, which is my art collection.
I would hereby like to thank the artists who participated in the collective work. I thank them for their donations and for ...[canceled writing]

[signature]

Budapest, 10/1971

186

THE WORKS ON THE INDEX CARD CAN BE SEEN:

ON THE ENTIRE PLANET (HENCZE) (?)
FEDERAL REPUBLIC OF GERMANY, ESSEN MUSEUM VOLKWANG (BAK)
CH-1006 LAUSANNE OR ANYWHERE (URBÁN)
NOWHERE (TÓT)
IN THE SPECIFIED DISTRICTS OF BUDAPEST AT THE FOLLOWING ADDRESSES: (ATTALAI, JOVÁNOVICS, MAJOR, SZENTJÓBY, BEKE, CSIKY, LEGÉNDY, PAUER, TÜRK, DONÁTH, GULYÁS)

* Here in this book (CSÁJI)
** The A/1 copy at the author, and the A/2 at the 9th district police station (SZENTJÓBY)

[Figure: Map of Budapest]

I. GRÓZA RKP. 11.	II. VIRÁGÁROK 6/B
III. KERÉK. U. 10.	VIII. KUN U. (FIRE STATION)
IX. FERENC KRT. 23.**	IX. THALY KÁLMÁN U. 56*
XI. ZENTA U. 5.	XVIII. ÁLLAMI TELEP 162/C
XVIII. KESZŐCE E. U. 3.	XX. KNÉZICH U. 15/B
XXI. LIGETI KÁROLY U. 37.	I. ATTILA U. 33.

822 Leltári szám | Helye: Budapest I. Gróza rkp. 11. | Múzeum | osztály

Műtárgy címe és tárgya: CSAVART PLASZTIKA III. /1970/

Anyag: vörös és kék filc.

Méret: 11,4x 14,9x 21,1 cm.

Művész neve és kora: Attalai Gábor /1934.XI.20/

Technika: csavarás

Leírás:

A kiválasztott filcet az elképzelés szerinti szélességben, s hosszban csikokra szeleteltem. Ezután xxxxxx xxxxxxxxxx az ily módon nyert szalagokat két kék kiinduló "pontról" csavarni kezdtem. Amikor az előre levágott szalagok elfogytak, az utolsó szalag végét varrással önmagához erősitettem, rögzités céljából. A plasztika bronz talapzaton nyugszik.
A plasztika kisérleti jellegü, s azzal a célzettal jött létre, hogy választ kapjak a következő kérdésre. Lehetséges e a négyzet illetve a kubus rendszerrel azonos öntörvényértékü formarendszer?
A kisérlet az irányba mutat, hogy nem lehetséges.

A TÁRGYFOTÓ! Exacta VX 1000 kamerával, Pancolar 2/50 objektivvel készült, Kodak Ektachrome filmre, 1971 ben.

Szerzés:

Érték: 10.000 Ft.

Származás:

Állapot: kielégitő

Fénykép száma: | Lemez száma:

Irodalom (hátlapon, pótlapon).

A pontos információ végett még azt is közölni szeretném, hogy "legjobbnak tartott" müvem nincs, mert sem a legjobb sem a besorolással rokon értelmü tartott szavaknak számomra nincs jelentésük.

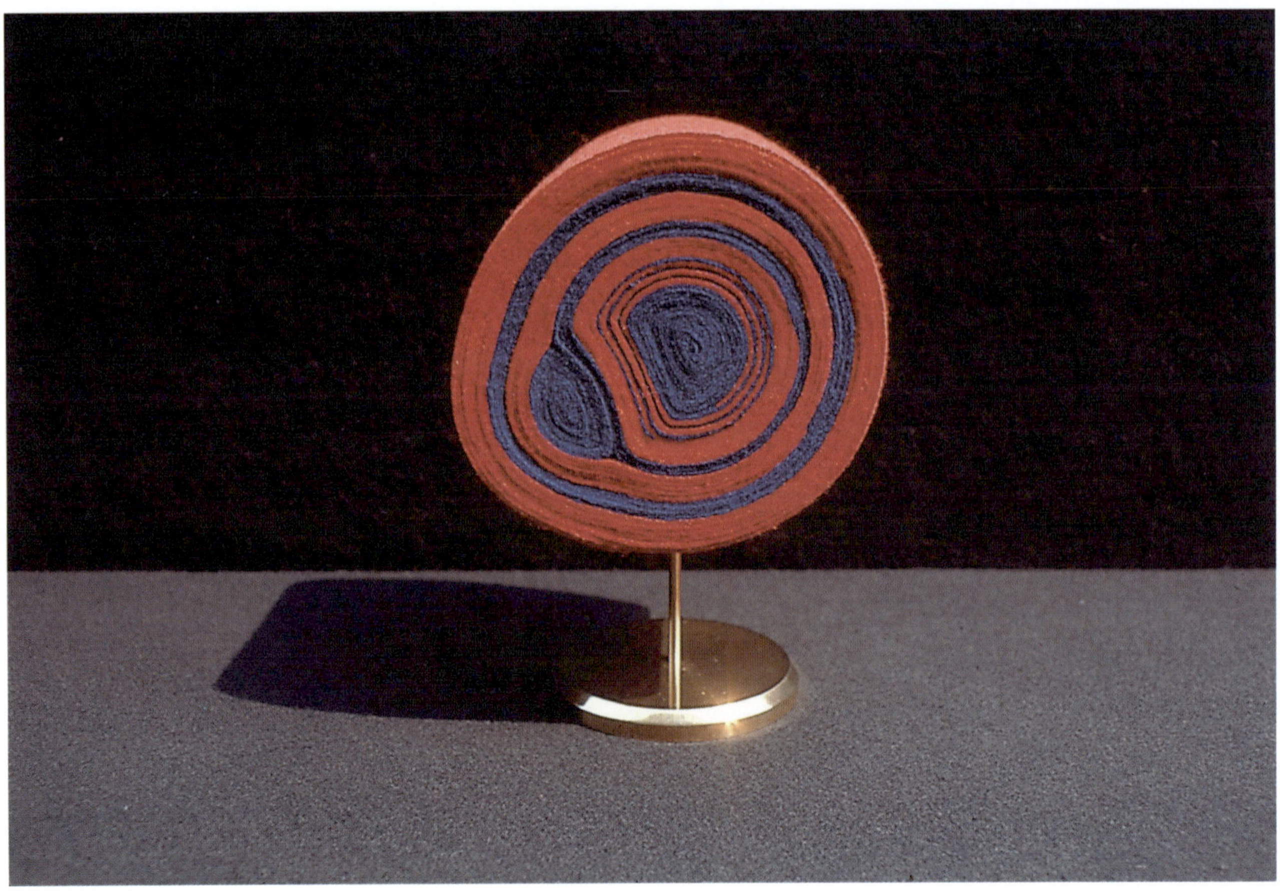

187 GÁBOR ATTALAI

INVENTORY NUMBER: 822
LOCATION: Budapest I. Gróza rkp. 11.
MUSEUM:
DEPARTMENT:
THE TITLE AND SUBJECT OF THE ARTWORK: Twisted Sculpture III (1970)
THE NAME AND AGE OF THE ARTIST: Gábor Attalai (20/11/1934)
MATERIALS USED: red and blue felt
TECHNIQUE: twisting
SIZE: 11,4 x 14,9 x 21,1 cm
DESCRIPTION: I cut the chosen pieces of felt into strips of the desired length and width. Afterwards, I began to twist the thus fashioned strips from two blue "points" of origin. When I ran out of pre-cut strips, I fixed the end of the last strip to itself by sewing. The sculpture rests on a bronze base.
The sculpture is an experimental piece and was created with the aim of getting an answer to the following question: is there a possibility that an autonomous, self-subsistent system that is identical to that of the square and the cube could exist? The experiment suggests that it is not possible.
ACQUISITION:
VALUE: HUF 10,000
[handwritten] A PHOTO OF THE OBJECT! It was taken with an Exacta VX 1000 camera, Pancolar 2/50 lens, on Kodak Ektachrome film, in 1971.
ORIGIN:
CONDITION: satisfactory
PHOTO NUMBER:
DISC NUMBER:
LITERATURE (on verso, on extra page): In the interest of precision, I would also like to state that I have no "supposed best work," as neither the word best, nor the word supposed has any meaning to me.

1527 Leltári szám | Helye: Múzeum Muzeum Folkwang, Essen, N.Sz.K. | osztály

Műtárgy címe és tárgya: KÉPZELŐERŐ GYAKORLAT | Anyag: Kötél, térkép | Méret: 11x6m

Művész neve és kora: BAK IMRE 32 év | Technika: Csomózás

Leírás: A munka három részből áll: 1/.Németország térképe, melyen a lo legszebb középkori templom helye egy ráragasztott vékony spárga segitségével ki van jelölve és egymással összekötve, ugy hogy mindegyik mindegyikkel kapcsolatba legyen. 2/ Az igy keletkezett 1:1ooo.ooo léptékü hálórendszer a kiállitási teremben fel van nagyitva./Mérete:11x6m.A kötél felnagyitott teljes hosszusága megkapható, ha a megfelelő léptékü térképen a megadott lo várost összekötjük és a legnagyobb hosz-

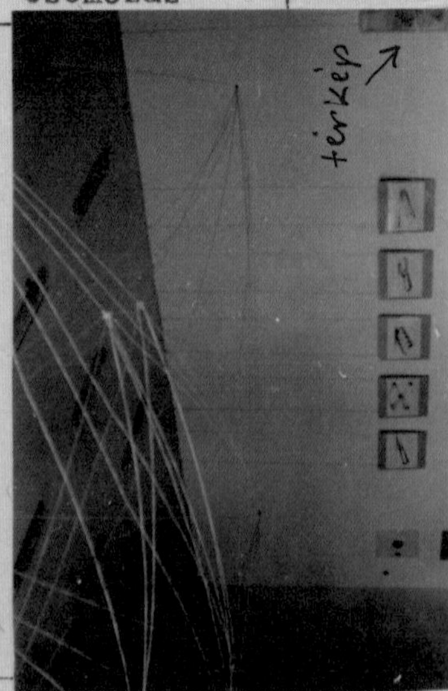

Szerzés | Érték 15ooDM

Származás:

Állapot: A kiállitás után elpusztitva

Fénykép száma | Lemez száma:

Irodalom (hátlapon, pótlapon). szuságot/11m/ figyelembe veszem.A lo város: Aachen, Augsburg, Köln, Lübeck, München, Münster, Nürnberg, Regensburg, Soest. A városok kiválasztásánál Dr Honisch és Dr Rickman müvészettörténészek voltak segitségemre./ 3./A nézőnek el kell végezni a hálórendszer további felnagyitását és a valóságos méretben egy hálótetőt a tiz dóm fölött elképzelni. A kötélhálózat falbaerősitett kampókon függ.Először a háló kerületét hosszát, szélességét meghatározó kötél került felfüggesztésre. A további kötelek egyenként a térképre ragasztott spárgarendszer után haladva történt.Három létráról dolgoztam du 1/2 3- 11 óráig, mig az 5m magas kiállitóterem mennyezete alá a hálót befüggesztettem. A fokozódó suly hatására mindig változó feszességü kötelek ujbóli meghuzásokat igényeltek. A munka folyamatának egyetlen tanuja az időnként terembe lépő muzeumőr volt.

Budapest 1971 november2

Bak Imre

Bak Imre

188 IMRE BAK

INVENTORY NUMBER: 1527
LOCATION: Museum Folkwang, Essen, Federal Republic of Germany
MUSEUM:
DEPARTMENT:
THE TITLE AND SUBJECT OF THE ARTWORK: Imagination Exercise
THE NAME AND AGE OF THE ARTIST: Imre Bak, age 32
MATERIALS USED: Rope, map
TECHNIQUE: Knotting
SIZE: 11 x 6m
ACQUISITION:
VALUE: DM 1500
ORIGIN:
PHOTO NUMBER:
DISC NUMBER:
CONDITION: Destroyed after the exhibition
DESCRIPTION: The work consists of three parts: 1) A map of Germany, on which the locations of the 10 most beautiful medieval churches are marked and connected with the help of thin, yellow rope that has been fixed by glue, so that each of the locations is linked with all of the others. 2) The network thus created on a scale of 1:1,000,000 is enlarged in the exhibition hall. (Size: 11 x 6 cm. One can get the full, large-scale length of the rope by connecting the ten given cities on a properly scaled map and considering the largest length (11 m). The 10 [9] cities: Aachen, Augsburg, Cologne, Lübeck, Munich, Münster, Nuremberg, Regensburg, and Soest. Dr. Honisch and Dr. Rickman, art historians, assisted me in the process of selecting the cities.) 3) Viewers must undertake the task of further enlarging the network and imagining it stretching in its real size above the ten domes. The rope network hangs on hooks fixed in the wall. First, the rope that determines the circumference, length, and width of the net was suspended. The rest of the ropes were hung individually following the system of ropes glued to the map. I worked using three ladders from 2:30 PM to 11:00 PM, until I finished suspending the network below the 5-m high ceiling of the exhibition hall. As a result of the increasing weight, the tautness of the ropes kept changing and, thus, required readjustment. The only witness to the working process was the museum guard, who entered the hall from time to time.

Budapest, November 2, 1971 — Imre Bak

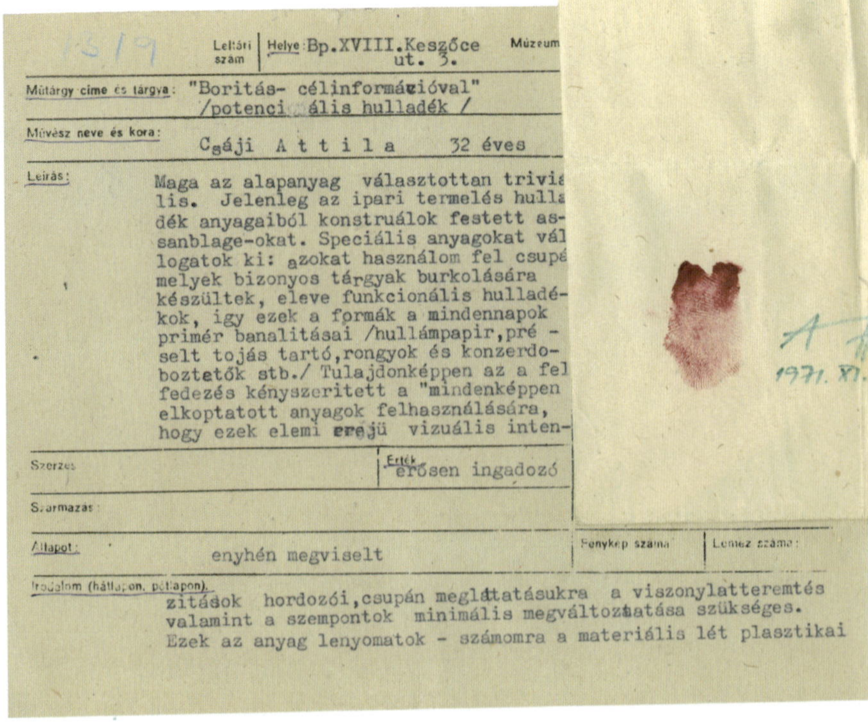

k3/19

Leltári szám	Helye: Bp.XVIII.Keszőce út. 3.	Múzeum

Műtárgy címe és tárgya: "Boritás- célinformációval" /potenciális hulladék /

Művész neve és kora: Csáji Attila 32 éves

Leirás: Maga az alapanyag választottan trivia lis. Jelenleg az ipari termelés hulla dék anyagaiból konstruálok festett as- sanblage-okat. Speciális anyagokat vál logatok ki: azokat használom fel csupá melyek bizonyos tárgyak burkolására készültek, eleve funkcionális hulladé- kok, igy ezek a formák a mindennapok primér banalitásai /hullámpapir,pré - selt tojás tartó,rongyok és konzerdo- boztetők stb./ Tulajdonképpen az a fel fedezés kényszeritett a "mindenképpen elkoptatott anyagok felhasználására, hogy ezek elemi erejü vizuális inten-

Szerzés: | Érték: erősen ingadozó

Származás:

Állapot: enyhén megviselt | Fénykép száma: | Lemez száma:

Irodalom (hátlapon, pótlapon): zitások hordozói,csupán meglátatásukra a viszonylatteremtés valamint a szempontok minimális megváltoztatása szükséges. Ezek az anyag lenyomatok - számomra a materiális lét plasztikai

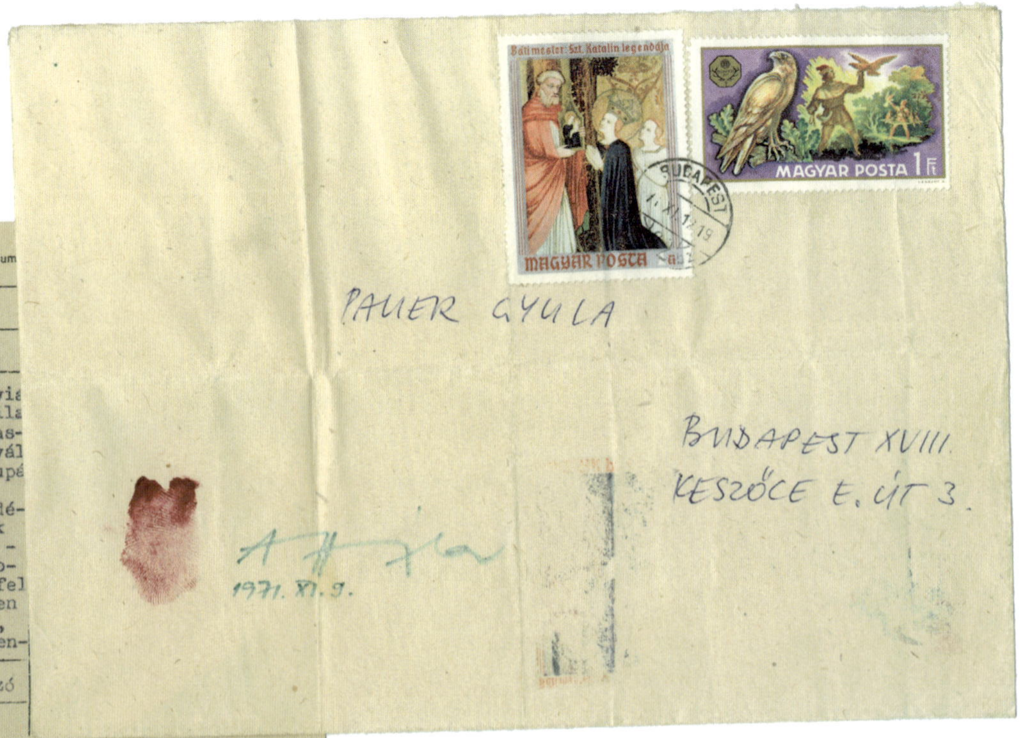

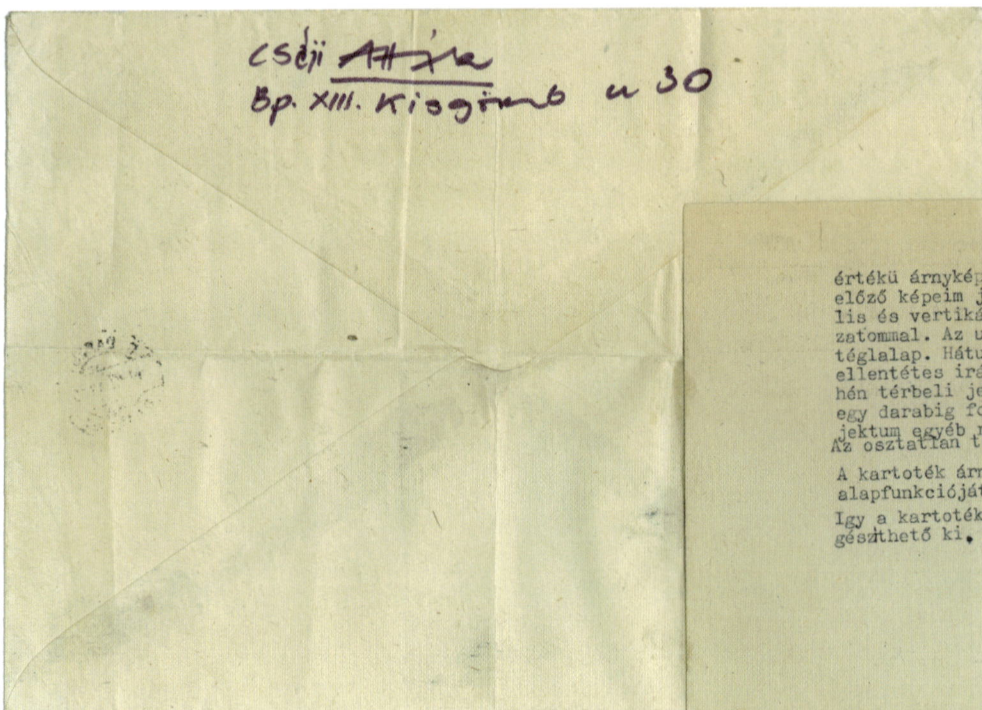

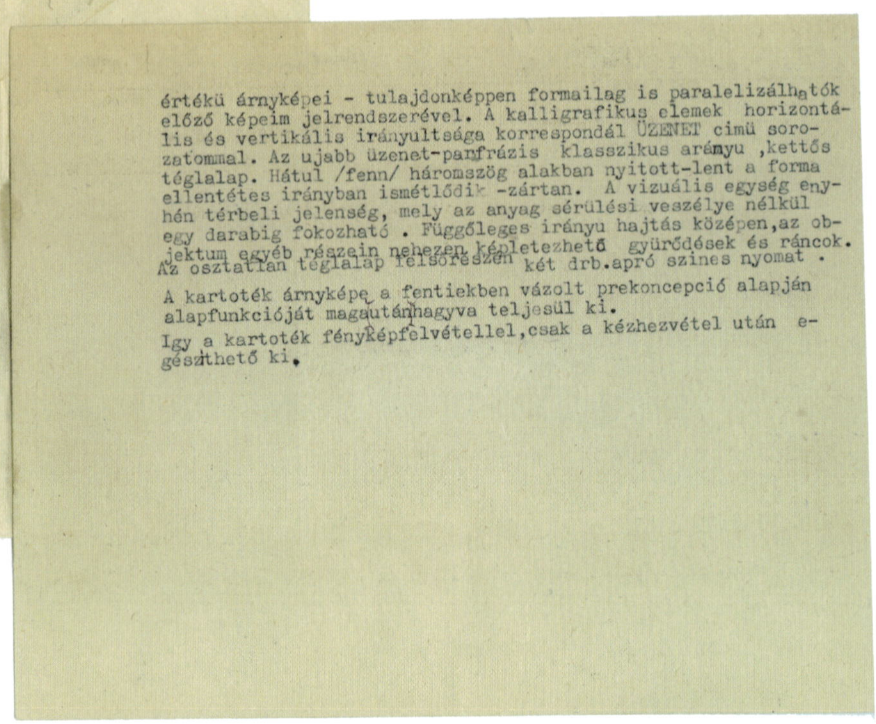

értékü árnyképei - tulajdonképpen formailag is paralelizálhatók előző képeim jelrendszerével. A kalligrafikus elemek horizontális és vertikális irányultsága korrespondál ÜZENET cimü sorozatommal. Az ujabb üzenet-parafrázis klasszikus arányu ,kettős téglalap. Hátul /fenn/ háromszög alakban nyitott-lent a forma ellentétes irányban ismétlődik -zártan. A vizuális egység enyhén térbeli jelenség, mely az anyag sérülési veszélye nélkül egy darabig fokozható . Függőleges irányu hajtás középen,az objektum egyéb részein nehezen képletezhető gyürődések és ráncok. Az osztatlan téglalap felsőrészén két drb.apró szines nyomat .

A kartoték árnyképe a fentiekben vázolt prekoncepció alapján alapfunkcióját magautánhagyva teljesül ki.

Igy a kartoték fényképfelvétellel,csak a kézhezvétel után egészithető ki.

189 ATTILA CSÁJI

INVENTORY NUMBER: 1319
LOCATION: Budapest XVIII. Keszőce út 3.
MUSEUM:
THE TITLE AND SUBJECT OF THE ARTWORK: "Covering—With Target Information" (Potential Waste Material)
THE NAME AND AGE OF THE ARTIST: Attila Csáji, age 32
DESCRIPTION: The raw material itself is trivial by choice. At present, I am constructing painted assemblages from industrial waste. I select specific materials: I only use those which were made for covering or wrapping certain objects, and, therefore, comprise functional waste from the outset. Thus, these forms are the primary banalities of everyday life (corrugated cardboard, compressed egg cartons, rags, tin can lids, etc.). In effect, what urged me to use “definitely worn materials” was the discovery that these are carriers of visual intensities of elemental power, and the mere act of rendering them visible requires the creation of a context and a minimal alteration of vantage points. These material imprints—to me, the plastic shadow images of material existence—can actually be parallelized with the system of signs used in my former works. The horizontal and vertical orientation of the calligraphic components corresponds to my series entitled MESSAGE. This latest message paraphrase is a classically oriented double rectangle. In the back (on top), it is triangularly open, on the bottom, the shape repeats in the reverse direction, in a closed way. Visual unity is a slightly spatial phenomenon that can be increased to some extent without risk of damage to the material. A vertical fold in the middle, in other parts of the object, irregular creases and wrinkles. On the top part of the undivided rectangle, there are two small color prints. Based on the preconception outlined above, the shadow image of the index card reveals its purpose after leaving its basic function behind.
In this way, the index card can only be supplemented with a photograph after its receipt.
ACQUISITION:
VALUE: strongly fluctuating
ORIGIN:
CONDITION: slightly worn
PHOTO NUMBER:
DISC NUMBER:

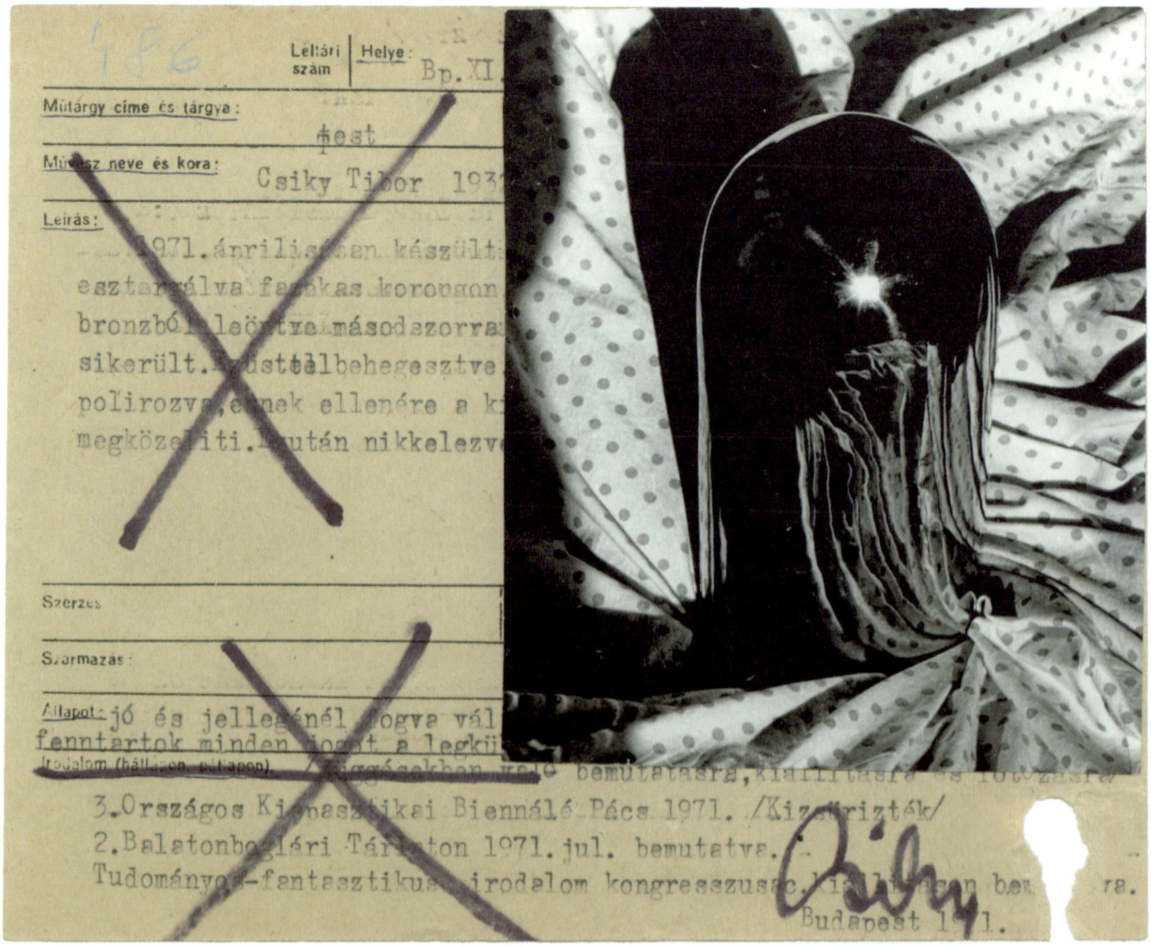
486 Leltári szám | Helye: Bp.XI.
Műtárgy címe és tárgya: Test
Művész neve és kora: Csiky Tibor 193
Leírás: 1971.áprilisában készülte
esztergálva fazekas korongon
bronzból leöntve másodszorra
sikerült. Ezüsttel behegesztve
polírozva, ennek ellenére a k
megközelíti. Azután nikkelezve
Szerzés
Származás:
Állapot: jó és jellegénél fogva vál
fenntartok minden jogot a legkü
Irodalom (hátlapon, pótlapon): ggésekben való bemutatásra, kiállításra és fotózásra
3.Országos Kisplasztikai Biennálé Pécs 1971. /Kizsűrizték/
2.Balatonboglári Tárlaton 1971.jul. bemutatva.
Tudományos-fantasztikus irodalom kongresszusán kiállításon bemutatva.
Csiky
Budapest 1971.

190 TIBOR CSIKY

INVENTORY NUMBER: 486
LOCATION:
THE TITLE AND SUBJECT OF THE ARTWORK: Body
THE NAME AND AGE OF THE ARTIST: Tibor Csiky, 1932
DESCRIPTION: made in April 1971, cast from bronze and lathed on a potter's wheel, [part of the text is covered by the photo]
ACQUISITION:
ORIGIN:
CONDITION: good, and due to its nature, I reserve all rights to present, exhibit, and photograph it in various contexts
LITERATURE (on verso, on extra page): 3rd National Biennial of Small Sculptures, Pécs, 1971. (Rejected)
2nd Balaton Show July 1971 exhibited.
In the exhibition of the Science-Fiction Literature Congress

Budapest, 1971
[signed]

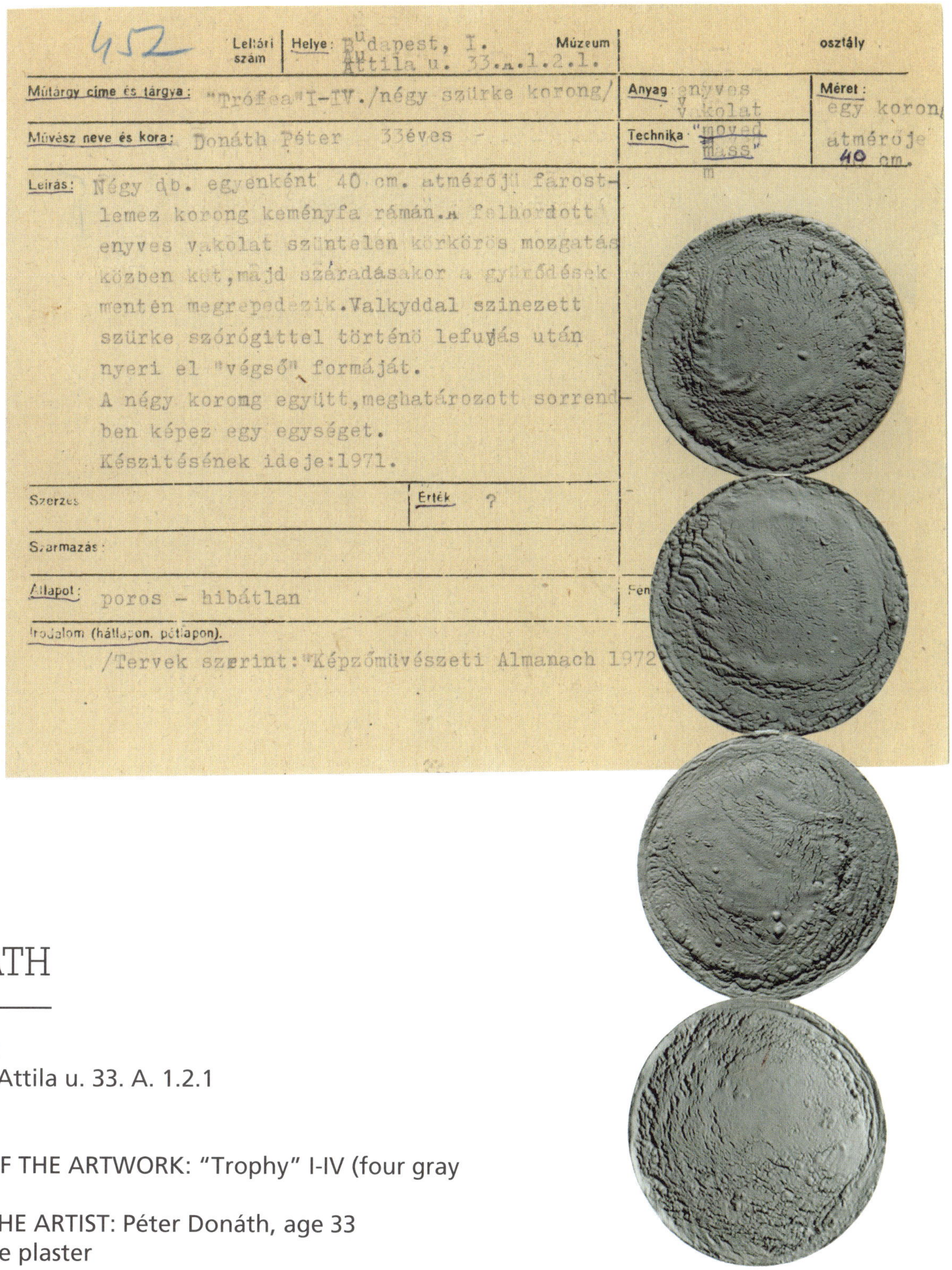

452 Leltári szám | Helye: Budapest, I. Attila u. 33.A.1.2.1. | Múzeum | osztály

Műtárgy címe és tárgya: "Trófea"I-IV./négy szürke korong/

Anyag: enyves vakolat

Méret: egy korong átmérője 40 cm.

Művész neve és kora: Donáth Péter 33éves -

Technika: "moved mass"

Leírás: Négy db. egyenként 40 cm. átmérőjü farostlemez korong keményfa rámán. A felhordott enyves vakolat szüntelen körkörös mozgatás közben köt, majd száradásakor a gyűrődések mentén megrepedezik. Valkyddal szinezett szürke szórógittel történő lefuvás után nyeri el "végső" formáját.
A négy korong együtt, meghatározott sorrendben képez egy egységet.
Készitésének ideje:1971.

Szerzés: | Érték: ?

Származás:

Állapot: poros - hibátlan

Irodalom (hátlapon, pótlapon).
/Tervek szerint:"Képzőművészeti Almanach 1972

191 PÉTER DONÁTH

INVENTORY NUMBER: 452
LOCATION: BUDAPEST, I., Attila u. 33. A. 1.2.1
MUSEUM:
DEPARTMENT:
THE TITLE AND SUBJECT OF THE ARTWORK: "Trophy" I-IV (four gray discs)
THE NAME AND AGE OF THE ARTIST: Péter Donáth, age 33
MATERIALS USED: adhesive plaster
TECHNIQUE: "moved mass"
SIZE: diameter of one disc 40 cm
DESCRIPTION: Four wood-fibre discs of 40 cm diameter on hardwood frames. The applied glue and plaster mix hardens while continuously moved in a circular motion, and then, while hardening, it cracks along the creases. The discs acquire their "final" form after being sprayed down by gray putty colored with resin.
The four discs create a unit together, in accordance with a certain predetermined order.
The work was made in 1971.
ACQUISITION:
VALUE: ?
ORIGIN:
CONDITION: dusty – perfect
LITERATURE (on verso, on extra page): (As planned: *Fine Art Almanac* 1972)

223 Leltári szám | Helye: Múzeum | osztály

Műtárgy címe és tárgya: Plasztika 71. szobor

Anyag: vas, gipsz

Méret: 1mx1m

Művész neve és kora: Gulyás Gyula 27 év

Technika: vegyes

Leírás: Vasból és gipszből készült fehér szinü 1m x 1m-es plasztikai vonulat, amely egy zárt négyzeten belül történő dinamikus mozgást és feszültséget hoz létre

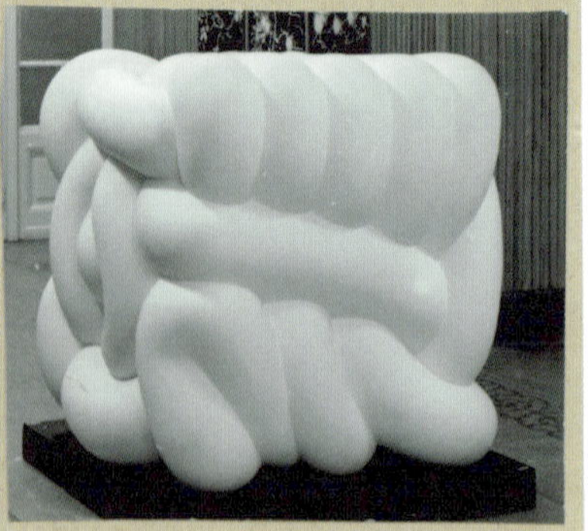

Szerzés

Érték: nem tudni

Származás:

Állapot: tökéletes

Fénykép száma | Lemez száma:

Irodalom (hátlapon, pótlapon).

Végletes feszültség egy eleve adott téri formában.

192 GYULA GULYÁS

INVENTORY NUMBER: 223
LOCATION:
MUSEUM:
DEPARTMENT:
THE TITLE AND SUBJECT OF THE ARTWORK: Plastics Sculpture No. 71
THE NAME AND AGE OF THE ARTIST: Gyula Gulyás, age 27
MATERIALS USED: iron, plaster
TECHNIQUE: mixed
SIZE: 1 m x 1 m
DESCRIPTION: white plastic form of 1m x 1m, made from iron and plaster, which creates dynamic movement and tension within a closed square.
ACQUISITION:
VALUE: not known
ORIGIN:
CONDITION: perfect
PHOTO NUMBER:
DISC NUMBER:
LITERATURE (on verso, on extra page): Extreme tension in a specific spatial form.

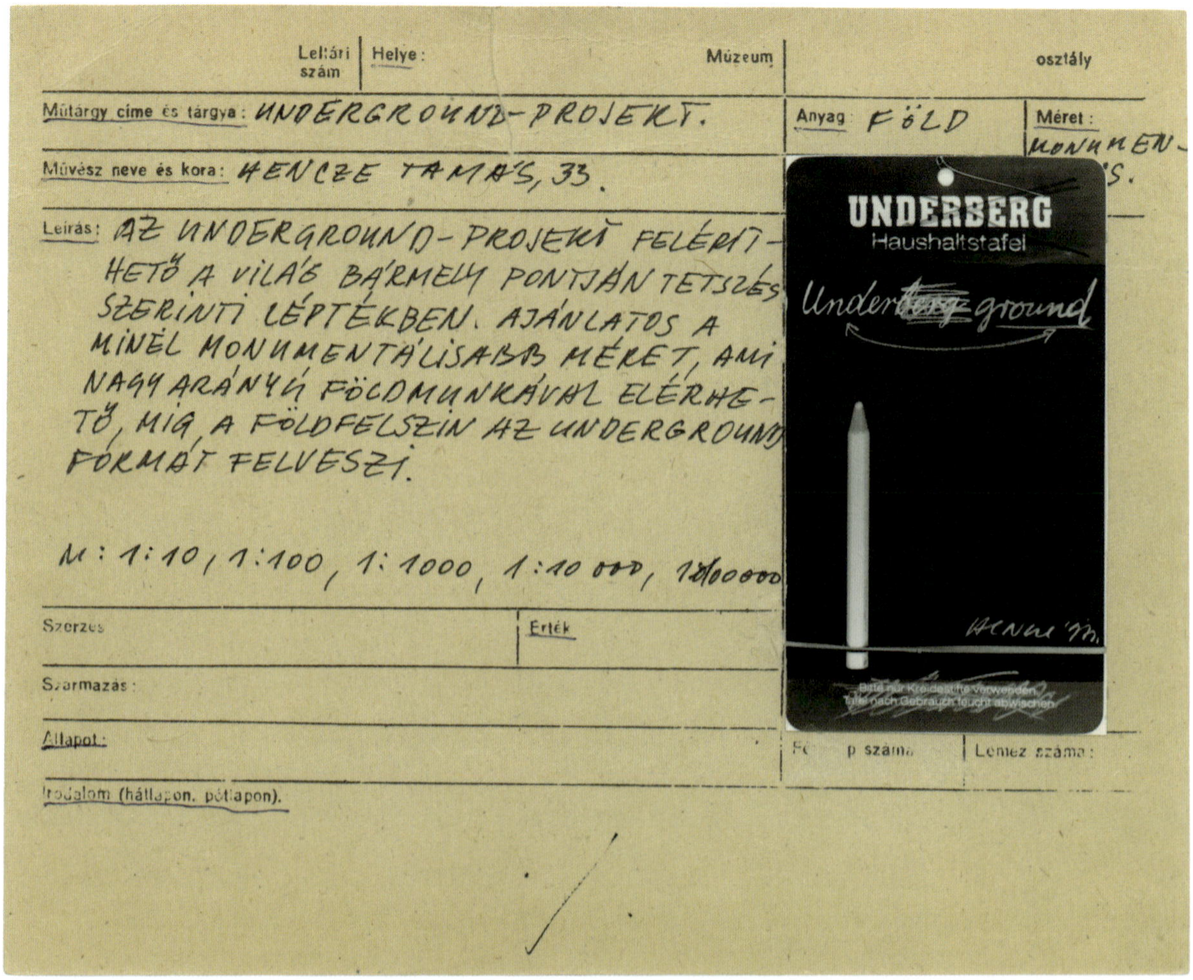

Leltári szám | Helye: | Múzeum | osztály

Műtárgy címe és tárgya: UNDERGROUND-PROJEKT.

Anyag: FÖLD

Méret: MONUMEN-[TÁLI]S.

Művész neve és kora: HENCZE TAMÁS, 33.

Leírás: AZ UNDERGROUND-PROJEKT FELÉPÍT-HETŐ A VILÁG BÁRMELY PONTJÁN TETSZÉS SZERINTI LÉPTÉKBEN. AJÁNLATOS A MINÉL MONUMENTÁLISABB MÉRET, AMI NAGYARÁNYÚ FÖLDMUNKÁVAL ELÉRHE-TŐ, MÍG A FÖLDFELSZÍN AZ UNDERGROUND FORMÁT FELVESZI.

M: 1:10, 1:100, 1:1000, 1:10 000, 1:100000

Szerzés | Érték

Származás:

Állapot: | Fénykép száma | Lemez száma:

Irodalom (hátlapon, pótlapon).

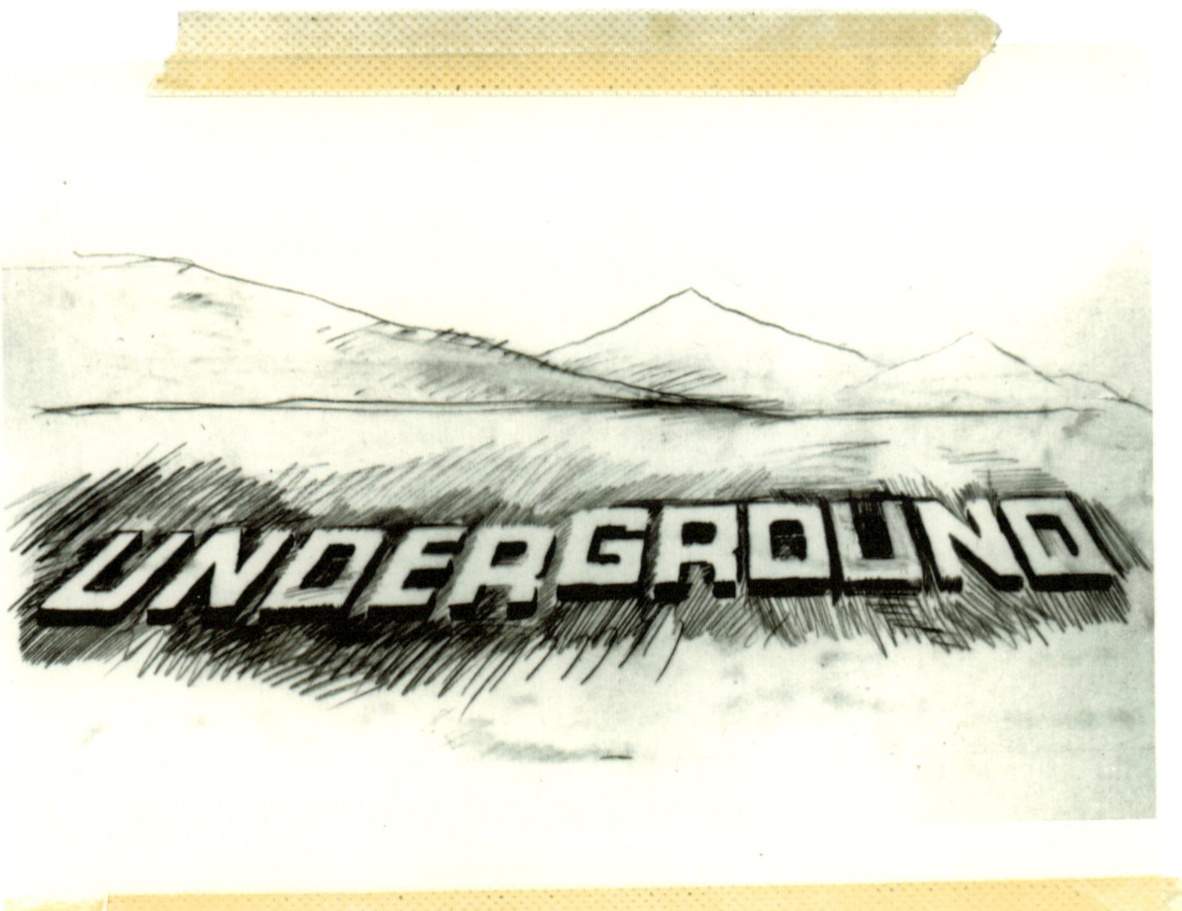

193 TAMÁS HENCZE

INVENTORY NUMBER:
LOCATION:
MUSEUM:
DEPARTMENT:
THE TITLE AND SUBJECT OF THE ARTWORK: Underground project
THE NAME AND AGE OF THE ARTIST: Tamás Hencze, 33
MATERIALS USED: Earth
SIZE: Monumental
DESCRIPTION: The Underground project can be constructed in any part of the world on whatever scale is preferred. The recommended size is "as monumental as possible." This can be achieved through a great amount of earthwork until the ground surface takes the shape of underground.
SIZE: 1:10, 1:100, 1:1000, 1:10000, 1:100000
ACQUISITION:
VALUE:
ORIGIN:
CONDITION:
PHOTO NUMBER:
DISC NUMBER:
LITERATURE (ON VERSO, ON EXTRA PAGE):

481

Leltári szám | Helye: Bp. II. Virág-árok u. 6/b | Múzeum | osztály

Műtárgy címe és tárgya: CIM NÉLKÜL

Anyag: gipsz

Méret: 6x3x0,9m

Művész neve és kora: Jovánovics György 32 év

Technika: öntve

Leírás:
1970 májusában a Fényes Adolf teremben kiállitott objekt. Alaprajzában megegyezik a Fényes Adolf terem belső, szabálytalan terének alaprajzával. Minden szöge és oldala pontosan követi a falakat. Magassága 90 cm, legnagyobb hosszusága 6 m, szélessége 3 m. A nagy és a kis rész külső kerülete összesen 16 m. Anyaga enyhén rózsaszinűre öntött gipsz, mely fokozatosan vesztette el szinét, végül teljesen kifehéredett.

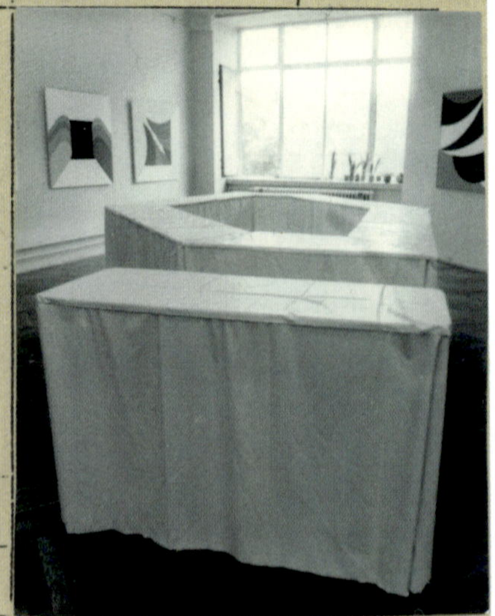

Szerzés | Érték

Származás:

Állapot: fokozatosan tönkremenőben

Fénykép száma | Lemez száma:

Irodalom (hátlapon, pótlapon).

194 GYÖRGY JOVÁNOVICS

INVENTORY NUMBER: 481
LOCATION: Bp., II. Virágárok u. 6/b.
MUSEUM:
DEPARTMENT:
THE TITLE AND SUBJECT OF THE ARTWORK: Without Title
THE NAME AND AGE OF THE ARTIST: György Jovánovics, age 32
MATERIALS USED: plaster
TECHNIQUE: cast
SIZE: 6 x 3 x 0.9 m
DESCRIPTION: Object exhibited in May 1970 in the Adolf Fényes Hall. Its ground plan is identical to the ground plan of the irregular inner space of the Adolf Fényes Hall. Every one of its angles and walls precisely follows the walls. Its height is 90 cm, its greatest length is 6 m and its width is 3 m. The total outer circumference of the large and small parts is 16 m. The work is made of plaster that was cast with a light pink color, which was gradually lost and finally turned completely white.
ACQUISITION:
VALUE:
ORIGIN:
CONDITION: gradually deteriorating
PHOTO NUMBER:
DISC NUMBER:
LITERATURE (on verso, on extra page):

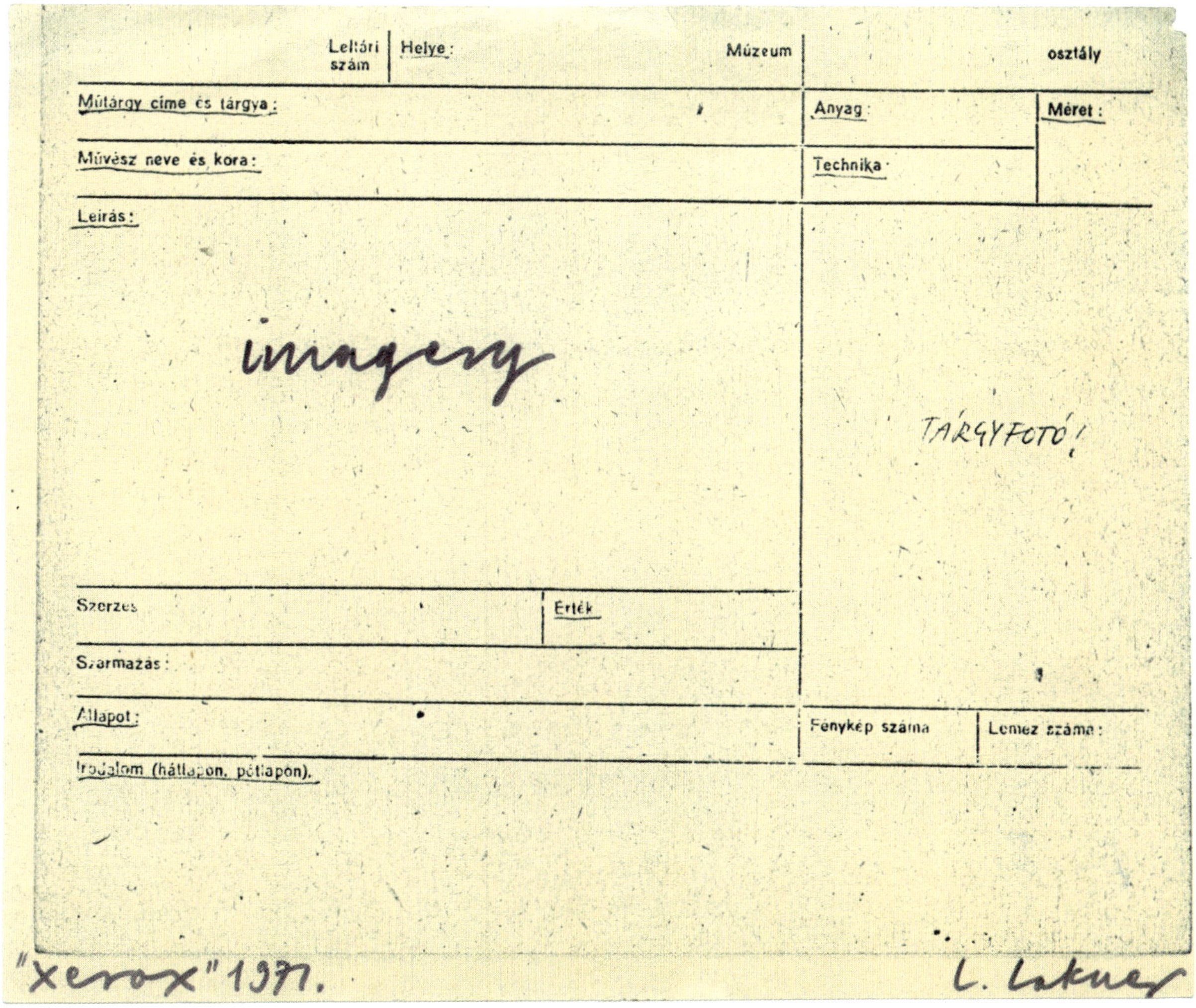

Leltári szám | Helye: | Múzeum | osztály
Műtárgy címe és tárgya: | Anyag: | Méret:
Művész neve és kora: | Technika:
Leírás:
imagery
TÁRGYFOTÓ!
Szerzés | Érték
Származás:
Állapot: | Fénykép száma | Lemez száma:
Irodalom (hátlapon, pótlapon).
"xerox" 1971.
L. Lakner

195 LÁSZLÓ LAKNER

INVENTORY NUMBER:
LOCATION:
MUSEUM:
DEPARTMENT:
THE TITLE AND SUBJECT OF THE ARTWORK:
THE NAME AND AGE OF THE ARTIST:
MATERIALS USED:
TECHNIQUE:
SIZE:
DESCRIPTION: Imagery
A PHOTO OF THE OBJECT!
ACQUISITION:
VALUE:
ORIGIN:
CONDITION:
PHOTO NUMBER:
DISC NUMBER:
LITERATURE (on verso, on extra page):

"Xerox" 1971. [Signed]

Kedves PAUER Gyula !

Szeretném megköszönni, hogy az én müveim egyikével is szeretnéd szaporitani gyüjteményedet.

Sok sikert kivánok ! Gyüljön össze minnél több !- annál jobb !

Igazán zavarba ejtő volt amit az erkölcsi vigaszról nyomtattál /remélem csak nekem !/, de öreg konceptesek mondják, hogy azért egészen fer csak akkor lesz az ügy, ha te viszont - cserébe a KARTOTÉKÉRT - válaszolsz egy rövid kérdőiv kérdéseire, és azt elküldöd nekem a mellékelt válaszboriték igénybevételével.

Kedves Barátom, kétségtelen, hogy ez részedről bizonyos áldozatokkal jár, de erkölcsi vigaszul szolgáljon, hogy a fent nevezett kérdőivet - miután már kitöltötted - nem mutatom meg az általad esetleg jelzett személyek egyikének sem.

Kérlek tehát segitsük egymást.

Baráti üdvözlettel :

Budapest, 1971. X. 27.

196 PÉTER LEGÉNDY

Dear Gyula Pauer,

I would like to thank you for deciding to add one of my works to your collection.
I wish you a lot of success. The more you are able to collect, the better.
What you printed out (I do hope only for me!) about moral consolation was very perplexing. However, according to old Concept artists, things will only be fair if you—in exchange for the INDEX CARD—answer the questions of a short questionnaire and send it back to me in the enclosed reply envelope.
My dear friend, this, no doubt, demands some sacrifices on your part, but, as moral consolation, I can assure you that I will not show the above mentioned questionnaire—once you have filled it in—to any of the persons you may mention.
Thus, let us help each other out.

Warm greetings:
[signature]

Budapest, 10/27/1971

A. -1- 7574 Leltári szám | Helye: magángyüjtemény Múzeum | osztály B.

Mütárgy cime és tárgya: KARTOTÉK - KARTOTÉK | Anyag: kartoték-szürke karton | Méret: mm-ben A-B 197. C-D 199. A-C 158,5. ~~B-D 157~~,1.

Müvész neve és kora: LEGÉNDY PÉTER 23. év. | Technika: Nyomda

Leirás: Az adott méretre vágott kartonlapon 17 Rovatot különböztetünk meg, amelyeknek mindegyike egyenes vonalak segitségével van kijelölve a sikból.

A Rovatok megoszlása :

Mind a 17 Rovat a kartonlap egyik oldalára esik /első oldal/; a másik oldal /hátsó oldal/ a 17. Rovatba történő bejegyzések esetleges folytatására szolgál, és ennek megfelelően üresen /vonalak nélkül/ van hagyva.

Szükség esetén tetszőleges számu pótlap füzhető hozzá, de ezeknek leirása itt szükségtelen. /Egy külön a PÓTLAPÓKKAL foglalkozó KARTO-

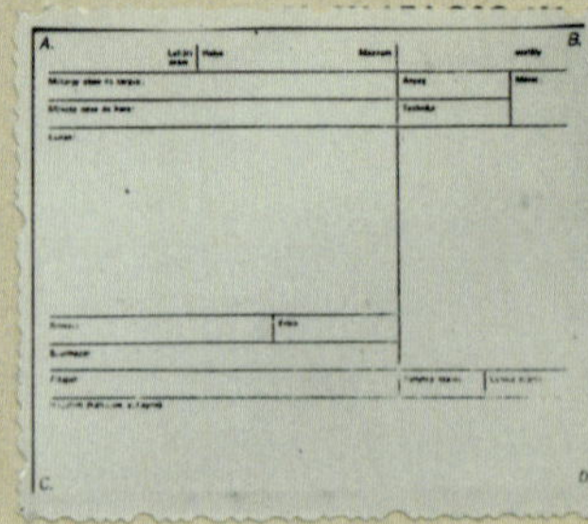

Szerzés: | Érték: 12 fillér.

Származás:

Állapot: Helytelen nyomás, foltos, pontatlan | Fénykép száma: 02-A/1971 | Lemez száma: 02/1971

Irodalom (hátlapon, pótlapon). TÉKON megtalálhatók./

Az első oldalon levő különféle Rovatok bejelölés szerinti megoszlása :

/Az adott kartonlapot ugy helyezzük magunk elé, hogy az A-B pontok által határolt szakaszt tekintsük a lap felső szélének, s ez lehetőleg ./.

C. D.

párhuzamos vonalat alkosson a vizszintessel./ -2-

1./ A lap felső szélétől lefelé mérve 14mm. távolságban fekszik az első vizszintes vonal, amely 158mm. hosszu és oly módon van elhelyezve, hogy a lap bal oldali szélétől 5mm. , a jobb oldali szélétől pedig 6,1mm. távolságban ér véget. A lap felső széle és az első vizszintes vonal által bezárt területet két függőleges vonal 3 részre osztja. Az első függőleges, amely a lap szélétől 5mm. távolságra kezdődik, a vizszintes vonalat érintőleg és arra merőlegesen 9mm. hosszan halad;a lap A-C pontok által határolt szélétől 59mm. távolságra helyezkedik el.
Az igy kihatárolt Rovat jobb oldalán „Leltári szám" felirat található.

2./ A második függőleges vonal az elsőtől 71mm. távolságban, szintén merőlegesen a vizszintes vonalra 121mm. hosszan, a lap felső szélétől 5mm. távolságra kezdődően halad. A második függőlegessel két részre osztott terület bal oldali Rovatában bal oldalon „Helye:" , ugyanennek a Rovatnak jobb oldalán pedig a „Muzeum" felirat olvasható.

3./ A harmadik /a jobb oldali, az előző kettővel elvágólag fekvő/ Rovat jobb oldalán az „Osztály" felirat látható.

4./ A második vizszintes vonal az elsőtől 9,5mm. távolságban, avval párhuzamosan és a második függőlegesre merőlegesen halad. Szintén 5mm. távolságra kezdődik a lap bal oldali szélétől és 165mm. hosszu. A lap jobb oldali szélétől 26,5mm. távolságra ér véget, a harmadik függőleges vonalat érintőleg, amely az első vizszintes vonaltól arra merőlegesen 19mm. hosszan halad. A második vizszintessel kijelölt két Rovat közül a bal oldali Rovatban - amelynek jobb oldali záróvonala a második függőleges - bal oldalon a „Mütárgy cime és tárgya" felirás található.

5./ A jobb oldali rovatban, amely az előző /4./ Rovattal elvágólag fekszik, bal oldalon az „Anyag" felirat olvasható.

6./ A harmadik vizszintes vonal az előző kettővel párhuzamosan, a második vizszintes vonaltól 9,5mm.-re halad. 158mm. hosszu és a lap bal ./.

197 PÉTER LEGÉNDY

INVENTORY NUMBER: 7574
LOCATION: private collection
MUSEUM:
DEPARTMENT:
THE TITLE AND SUBJECT OF THE ARTWORK: Index Card – Index Card
THE NAME AND AGE OF THE ARTIST: Péter Legéndy, age 23
MATERIALS USED: index card - gray cardboard
TECHNIQUE: Printing
SIZE: in mm
A-B 197
C-D 199
A-C 158.5
B-D 157.1
ACQUISITION:
VALUE: 12 Fillér [one-hundredth subdivision of Forint]
ORIGIN:
CONDITION: incorrect printing, stained, inaccurate
PHOTO NUMBER: 02-A/1971
DISC NUMBER: 02/1971
DESCRIPTION: On the given cardboard sheet cut to size, we distinguish 17 rubrics, each of which are marked on the plane by straight lines.

The distribution of the rubrics:

All 17 rubrics are located on one side of the card (front); the other side (back) provides the surface for a continuation of rubric 17, if needed, and, thus, is left blank (without lines).

If required, a desired number of supplementary cards can be added. However, it is not necessary to describe these here (they can be found in the INDEX CARD that deals specifically with SUPPLEMENTARY CARDS.)

The distribution of various rubrics on the front side in accordance with the markings:

(The given card should be placed in front of us, so that the section between points A and B is regarded as the top part of the card, and, if possible, creates a line parallel to the horizontal plane.)

1) Measured from the upper part of the card, the first horizontal line is at 14 mm. It is 158 mm in length and is positioned so that it ends 5 mm from the left edge of the card and 6.1 mm from the right edge. The area enclosed by the upper edge of the card and the first horizontal line is partitioned into 3 sections by two vertical lines. The first vertical line, which begins at 5 mm measured from the edge of the card, connects with the horizontal line and is perpendicular to it with a length of 9 mm. It is located at a distance of 59 mm from the section enclosed by points A and C.

On the right side of the rubric that has thus been isolated, it reads "Inventory number."

2) The second vertical line lies at a distance of 71 mm from the first. It originates 5 mm from the upper edge and is also perpendicular to the horizontal line with a length of 121 mm. In the left rubric of the area enclosed by the second vertical line, to the left, it reads: "Location." The right side of the same rubric bears the word "Museum."

3) The right side of the third rubric (on the right, in alignment with the previous two) is marked "Department."

4) The second horizontal line runs at a distance of 9.5 mm from the first horizontal line, parallel to it, and, thus, in a perpendicular position to the second vertical line. It is also 5 mm from the left edge of the card and is 165 mm long. It ends at 26.5 mm from the right edge of the card, connecting with the third vertical line (which is 19 mm long) to which it is perpendicular. Of the two rubrics marked by the second horizontal line, the left rubric— which is closed off on the right by the second vertical line —reads "The title and subject of the artwork."

5) The right rubric, which runs in alignment with the previous (fourth) rubric, reads "Materials used".

6) The third horizontal line is parallel to the previous two, running at a 9.5 mm distance from the second horizontal line. It is 158 mm long, ending at 5.5 mm from the left edge and 7 mm from the right edge of the card. On the right side of the card, it connects with the endpoint of the third vertical line, thus bordering the sixth rubric, which, in its upper left side, is marked "Size."

oldali szélétől 5,5mm. , jobb oldali szélétől pedig 7mm. távolságot tart. A lap jobb oldalán érinti a harmadik függőleges végpontját és ezzel lehatárolja a 6-dik Rovatot, amelynek bal felső szélén a „Méret:" felirat látható.

7./ A harmadik vízszintessel kijelölt további két Rovat közül /amelyeket a második vízszintes vonaltól balra, ill. jobbra különböztethetünk meg/ a bal oldali Rovat bal oldalán a „Müvész neve és kora :" felirat van elhelyezve.

8./ A második függőlegestől jobbra - az előzővel /7./ elvágólag/ fekvő Rovat bal oldalán a „Technika·" felirat olvasható.

9./ A negyedik vízszintes vonal a harmadik vízszintes vonaltól 64,4mm. távolságra, a lap alsó /C-D pontok által határolt/ szélével párhuzamosan helyezkedik el.
/Nem feltétlenül merőleges a második függőlegesre !/
A lap bal oldali szélétől 6mm. távolságra kezdődve 124,1mm. hosszan, a második függőleges vonalig halad. A negyedik vízszintes által bezárt /hozzávetőlegesen, mivel enyhén trapéz alaku területről van szó/ 130mm. X 64,4mm.-es Rovat bal felső részén a „Leirás:" szót találjuk.

10./ Az ötödik vízszintes vonal a negyedikkel párhuzamosan és azonos hosszuságban - a második függőlegessel bezárólag - halad. A negyedik vízszintestől mért távolsága 9,5mm. A negyedik és ötödik vízszintes vonalat egy rövid szakasz, a negyedik függőleges két részre osztja. Ez a függőleges 9,5mm. hosszu és a lap A-C pontok által határolt szélével párhuzamos. A negyedik függőleges és az ötödik vízszintes vonal döféspontja a második függőlegestől 44,9mm. távolságra van ; a negyedik vízszintessel alkotott döféspontja ugyanattól a mérőponttól 44,8mm. távolságban van.
Az igy lehatárolt ujabb két Rovat közül a bal oldali bal oldalán á „Szerzés" felirat,

11./ a jobb oldali bal oldalán pedig az „Érték" felirat olvasható.

12./ A hatodik vízszintes vonal az ötödikkel párhuzamosan, attól 9,5mm. távolságban, a második függőlegest keresztezve halad 184,6mm. hosszan, ugy, hogy a lap bal oldali szélétől 6mm. , a jobb oldali szé-

./.

létől pedig 8mm. távolságot tart. Ez a vízszintes vonal ismét két Rovatot határol le, amelyek a második függőlegestől balra, ill. jobbra helyezkednek el.
A bal oldali Rovat bal oldalán a „Származás:" feliratot láthatjuk.

13./ A jobb oldali Rovat, amely a „Leirás:" Rovattal nagyrészt szomszédos, de annál valamivel kisebb méretü, felirat nélkül áll.
Lehetségesnek tartom, hogy valamilyen fotó /talán tárgy-fotó ?/ beragasztására szolgáló területről van szó. Természetesen ez a következtetés csak egy erősen szubjektiv hipotézis.

14./ A hetedik és egyben utolsó vízszintes vonal a hatodikkal párhuzamosan és azonos hosszuságban, a második függőleges alsó pontját érintőleg halad, oly módon, hogy a lap bal oldali szélétől 7mm.-re kezdődik és a lap jobb oldali szélétől 8mm.-es távolságban ér véget. A hatodik és hetedik vízszintes vonal közötti távolság 9,5mm.
A hatodik és hetedik vízszintes által bezárt területet a második függőleges két részre osztja. A bal oldali rész bal oldalán olvashatjuk az „Állapot" feliratot.

15./ A második függőlegestől jobbra eső részt egy rövid - 9,5mm. hosszu - szakasz, az ötödik függőleges vonal ujabb két részre osztja. Ennek az ötödik függőleges vonalnak a hatodik és hetedik vízszintes vonallal alkotott döféspontja a második függőlegestől mérve 31mm. távolságra van.
E két ujabb Rovat közül a bal oldali a „Fénykép száma" ,

16./ a jobb oldali pedig a „Lemez száma:" feliratot viseli.

17./ A hetedik vízszintes vonal és a lap C-D pontok által határolt alsó széle közé eső Rovat bal oldalán az „Irodalom /hátlapon, pótlapon/." feliratot találjuk.
Ez a Rovat esetleg folytatása lehet a „Leirás" Rovatnak, vagy a fejszöveg szerinti bejegyzések helyéül szolgálhat.

BUDAPEST. 1971. X. 27.

7) Of the further two rubrics marked out by the third horizontal line (which can be distinguished to the right and left of the second horizontal line), the left side of the rubric located to the left contains the words "The name and age of the artist."

8) The left side of the horizontal rubric located to the right of the second vertical line—in alignment with the previous one (seventh)—reads "Technique."

9)The fourth horizontal line is parallel to the bottom of the card (marked by points C and D) at a distance of 64.4 mm from the third horizontal line.
(It is not necessarily perpendicular to the second vertical line!)
It starts at 6 mm from the left edge of the card and, with a length of 124.1 mm, terminates by reaching the second vertical line. The upper left portion of the 130 mm x 64.4 mm rubric, bordered by the fourth horizontal line (approximately, as it is a slightly trapezoid area), displays the word "Description."

10) The fifth horizontal line is drawn parallel—and is of equal in length—to the fourth and closed off with the second vertical line. It is at a 9.5 mm distance from the fourth horizontal line. The fourth and fifth lines are divided in two parts by a short segment—the fourth vertical line, which is 9.5 mm long and parallel to the edge of the card bordered by points A through C. The fourth vertical line intersects the fifth horizontal line at a distance of 44.9 mm from the second vertical line. Its point of intersection with the fourth horizontal line is located at 44.8 mm from the same measuring point.
Of the subsequent two rubrics thus created, the left one bears on its left side the designation "Acquisition."

11) The right one on its left portion reads "Value."

12) The sixth horizontal line runs parallel to—and at a distance of 9.5 mm from—the fifth, with a length of 184.6 mm, intersecting the second vertical line, so that it is 6mm from the left edge of the card and 8 mm from the right edge. This horizontal line borders two more rubrics, which are located to the left and right of the second vertical line.
On the left side of the left rubric, the word "Origin" is visible.

13) The right rubric—which is for the most part adjacent to the "Description" rubric but is somewhat smaller in size—is left blank.
I imagine this may be an area for attaching some kind of photograph (perhaps of the object?). Of course, this is only a conjecture based on a highly subjective hypothesis.

14) The seventh—and last—horizontal line runs in parallel with the sixth and is of the same length. It connects with the bottom of the second vertical line, originating at 7 mm from the left edge and terminating at 8 mm from the right edge of the card. The distance between the sixth and seventh horizontal line is 9.5 mm.
The area enclosed by the sixth and seventh horizontal lines is divided into two parts by the second vertical line. The left side of the left portion reads "Condition."

15) The section to the right of the second vertical line is divided into two further compartments by a 9.5 mm long segment—the fifth vertical line. The points where this fifth vertical line pierces the sixth and seventh horizontal lines are 31 mm from the second vertical line. Of these two new rubrics, the one on the left reads "Photo number."

16) and the one on the right is marked "Disc number."

17) The left side of the rubric located between the seventh horizontal line and the section of the card enclosed by points C-D is marked "Literature (on verso, on extra page)."
This rubric can be the continuation of the "Description" rubric, or, alternatively, it can provide space for notes directly pertaining to the marking.

BUDAPEST, 10/27/1971

-5-

<u>Egyéb megjegyzések</u> :

1./ A KARTOTÉKOT gyürni, félbehajtani nem szabad !

2./ A KARTOTÉKOT irógéppel kell kitölteni ! -

3./ amennyiben ez nem áll módunkban, ugy az adattároló Rovatokat nyomtatott nagybetüvel, a „Leirás" és az „Irodalom /hátlapon, pótlapon/" Rovatokat pedig olvasható kézirással illik kitölteni.

4./ A KARTOTÉK hátoldalára, vagy pótlapra történő szövegátvitelnél a 17. Rovat jobb alsó sarkába, ill. a hátsó lap jobb alsó sarkába /esetleg a pótlapokra is hasonló helyre/ egy fordits-jelet - •/. - illik tenni, de ennek elmulasztása sem okoz zavart.

5./ A szöveg alá minden esetben irjunk dátumot és

6./ lássuk el kézjegyünkkel, hogy a dokumentáló személyazonosságát meg lehessen állapitani a Kézjegyfelvételi-lap segitségével.

7./ A fénykép felragasztásánál /?/ vigyázzunk, nehogy a ragasztó a KARTOTÉKRA csöppenjen, vagy a kitüremlett ragasztóanyag bármiféle rongálódást idézzen elő, mert az a dokumentáció értékének csökkenését

•/.

-6-

vonja magaután.

8./ A KARTOTÉKOT a lehetőségekhez képest egy nekik legjobban megfelelő száraz, közepes hőmérsékletü, pormentes helyen, a rágcsálóktól és egyéb kártevőktől védve tároljuk.

9./ Ugy vigyázzunk rá, mint az emberiség kulturéletének többi kis morzsájára, mert a

KARTOTÉK = MÜALKOTÁS

Budapest. 1971. X. 27.

/ LEGÉNDY PÉTER /

199 PÉTER LEGÉNDY

Other notes:

1) The INDEX CARD should not be wrinkled or folded.

2) The INDEX CARD must be filled in using a typewriter

3) if this is not possible, the data-holding rubrics should be filled in using capital letters. The "Description" and "Literature (on verso, on extra page)" rubrics should be filled in by hand, using legible handwriting, as is proper in such cases.

4) When entering text on the verso of the INDEX CARD or on an additional card, it is appropriate to place a "turn page" sign - ˙/. - in the lower right corner of rubric 17 or in the lower right corner of the back of the card. Failing to do this, however, does not necessarily result in confusion.

5) At the bottom of the text, the date should be marked in all cases and

6) a signature should also be given, so that the person making the documentation can be identified with the aid of the signature card.

7) When pasting the photo (?), special care should be taken, so that the glue does not drip on the INDEX CARD or protrude from the edges and cause damage, as this would result in diminishing the value of the documentation.

8) The INDEX CARD should be stored under dry conditions, moderate temperatures, and in a dust-free environment, protected from rodents and other pests.

9) We should take care of the INDEX CARD just as we do with all other morsels of cultural history, because

INDEX CARD = WORK OF ART

Budapest, 10/27/1971

(Péter Legéndy)

LEGÉNDY PÉTER :

1004. nyomtatvány

Milyen jegyeket rendeltél ?

Milyen előadásokra ?

Milyen szinészekkel ?

Milyen időpontra ?

Milyen árban ?

Milyen kezdettel ?

Milyen közjátékkal ?

Milyen megoldással ?

Milyen hangulatban szeretnél lenni az adott időpontban ?

Milyen ruhában szeretnél megjelenni ?

Milyen széken szeretnél ülni ?

Milyen élőlények között ?

Milyen megvilágitásban ?

PÉTER LEGÉNDY:

Form 1004

What tickets did you order?
For what shows?
With which actors?
For what date?
For how much?
With what interlude?
With what approach?

What mood would you like to be in at the stated time?
What clothes would you like to appear in?
Which seat would you like to sit in?
With what kind of lighting?

205	Leltári szám	Helye: Bp. VIII. Kun u.	Múzeum	osztály

Műtárgy címe és tárgya: A kun-utcai tüzoltóság tornya.	Anyag: papir	Méret: 6o x4o cm
Művész neve és kora: Major János /1934- /	Technika: ceruzarajz	

Leírás:

Távlati rajz a neogótikus toronyról, és a tornyon lévő ötágu vörös csillagról.

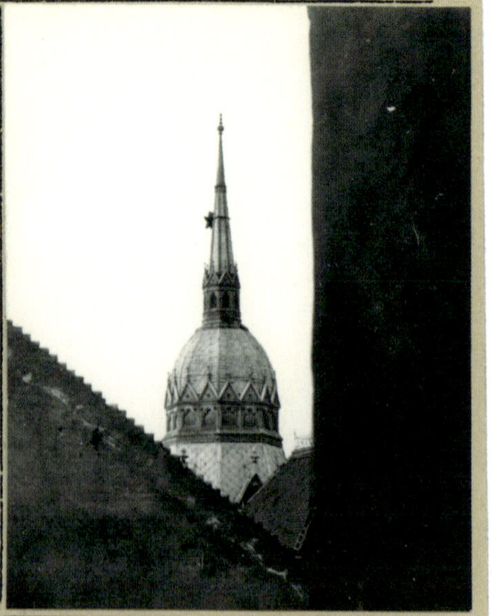

Szerzés	Érték 25oo Ft
Származás: ~~izr. kispolg.~~	
Állapot: jó.	Fénykép száma / Lemez száma:

Irodalom (hátlapon, pótlapon).

Perneczky Géza: Magyar Pop-müvészet ? /Élet és Irodalom XIII. évf. 4o./

201 JÁNOS MAJOR

INVENTORY NUMBER: 205
LOCATION: Bp. VIII. Kun u.
MUSEUM:
DEPARTMENT:
THE TITLE AND SUBJECT OF THE ARTWORK: The Tower of the Kun Street Fire Station
THE NAME AND AGE OF THE ARTIST: János Major (1934–)
MATERIALS USED: paper
TECHNIQUE: pencil drawing
SIZE: 60 x 40 cm
DESCRIPTION: Perspective drawing depicting the Neo-gothic spire with the five-pointed red star on top.
ACQUISITION:
VALUE: HUF 2500
ORIGIN: [canceled] Isr. middle-class
CONDITION: good
PHOTO NUMBER:
DISC NUMBER:
LITERATURE (on verso, on extra page):
Géza Perneczky: "Hungarian Pop Art?"
(*Élet és Irodalom*, Vol. XIII, 40.)

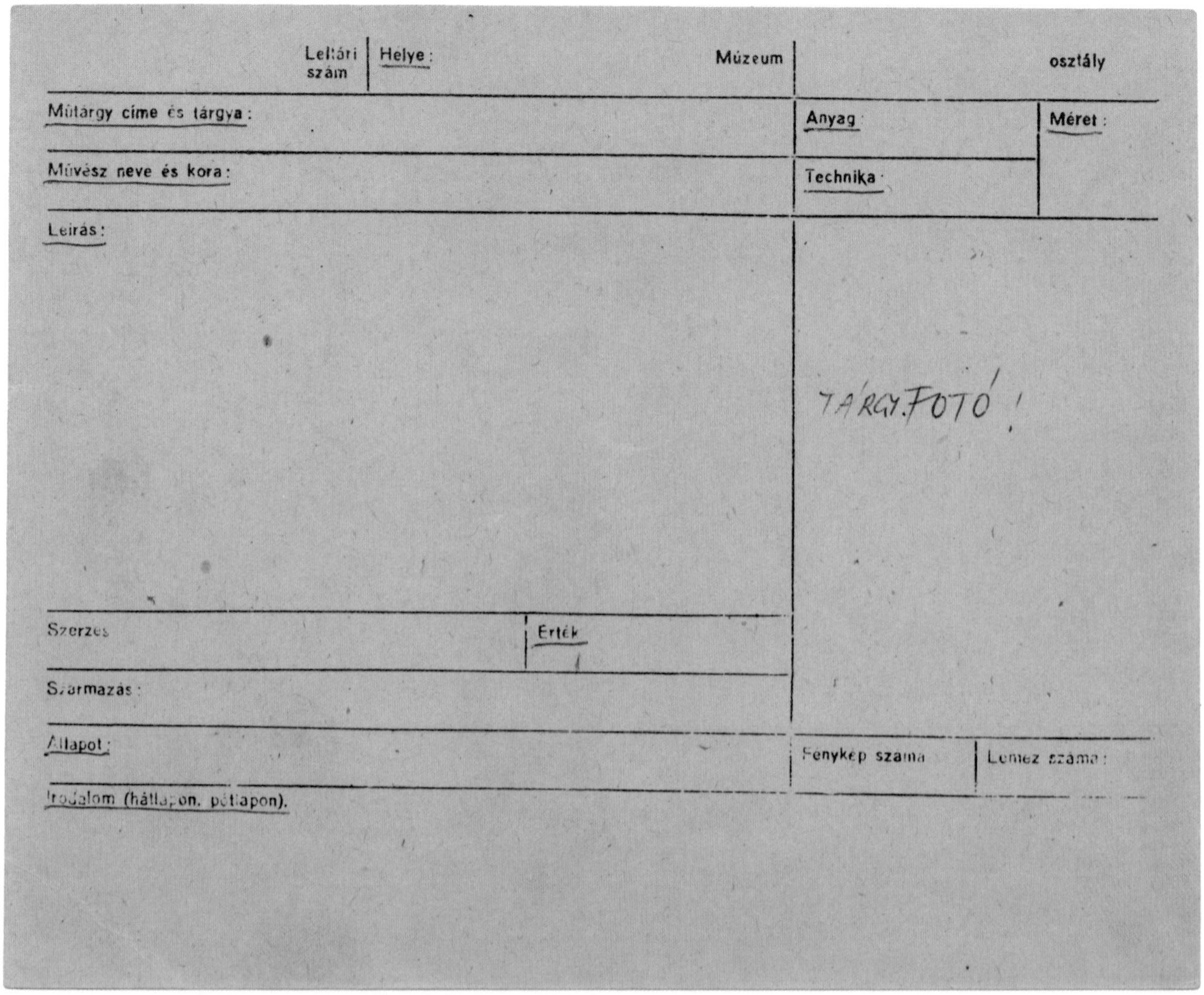

Leltári szám | Helye: | Múzeum | osztály

Műtárgy címe és tárgya: | Anyag: | Méret:

Művész neve és kora: | Technika:

Leírás:

TÁRGY.FOTÓ !

Szerzés | Érték

Származás:

Állapot: | Fénykép száma | Lemez száma:

Irodalom (hátlapon, pótlapon).

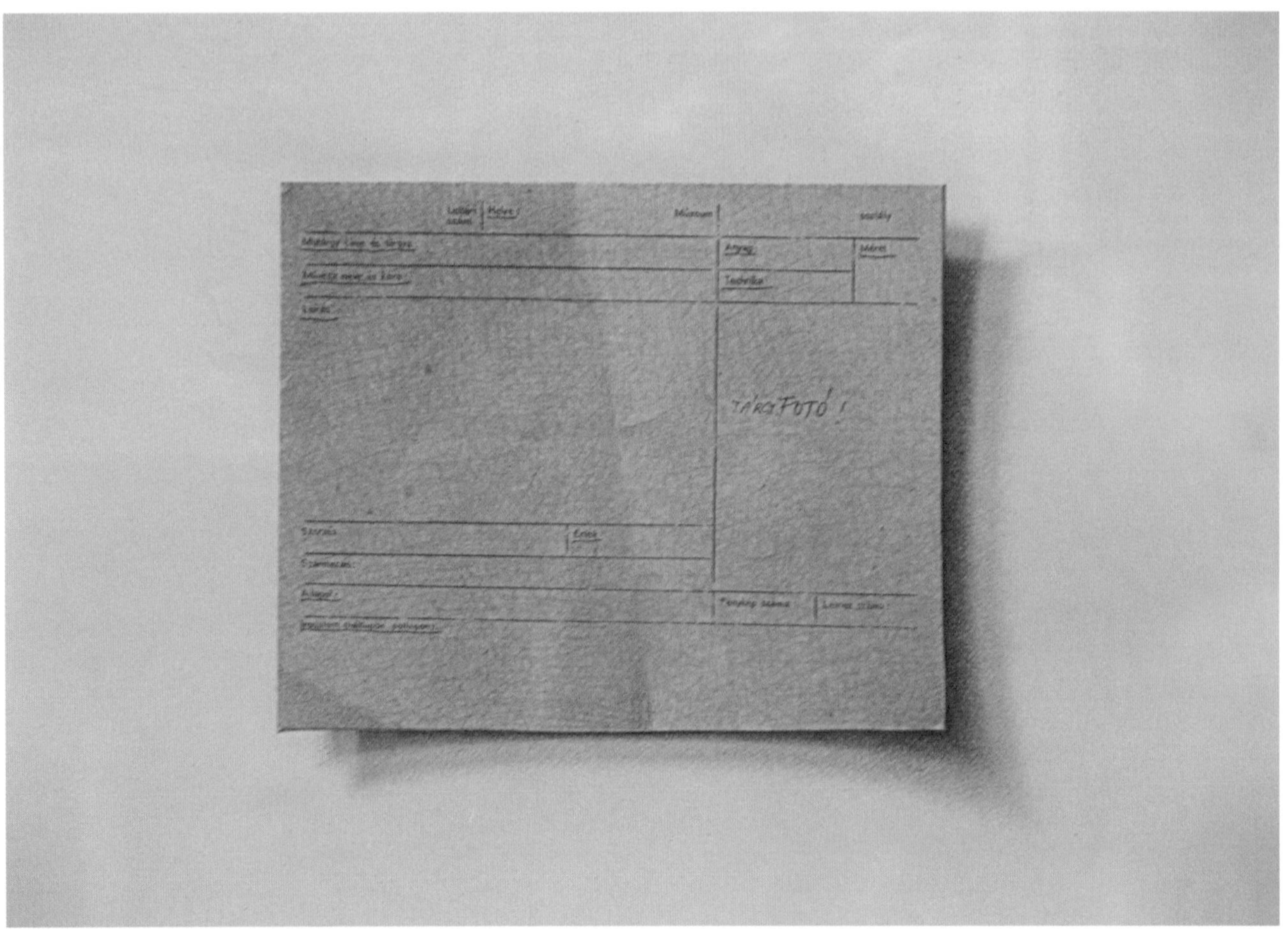

202 LÁSZLÓ MÉHES

INVENTORY NUMBER:
LOCATION:
MUSEUM:
DEPARTMENT:
THE TITLE AND SUBJECT OF THE ARTWORK:
THE NAME AND AGE OF THE ARTIST:
MATERIALS USED:
TECHNIQUE:
SIZE:
DESCRIPTION:
A PHOTO OF THE OBJECT!
ACQUISITION:
VALUE:
ORIGIN:
CONDITION:
PHOTO NUMBER:
DISC NUMBER:
LITERATURE (on verso, on extra page):

7443

Leltári szám | Helye: Bp., IX. Ferenc krt. 23. IV. e. 2., ill.: a/kartoték állandóan szerzőnél | Múzeum ARTPOOL-BEKE osztály

Műtárgy címe és tárgya: KARTOTÉK-AKCIÓ BŰNRE ÉS ELJÁRÁSRA | Anyag: papir, vászon | Méret: a/15X12 b/2oX12 c/2oX12

Művész neve és kora: STjAUBy Tamás, 27., – lásd: kartoték | Technika: kevert

Leirás: Ready-made – a/készült a belügyi szervek által személyazonossági igazolvány készitésével megbizott nyomdában illetve a IX. kerületi rendőrkapitányságon. b/ és c/készült a Papirellátó által franciakockás jegyzettömb készitésével megbizott papirgyárban illetve az Ofotért Rákóczi út 8o. sz. alatti Fotoáruházában.
a/ready-made-et hitelesitette Szász Andrásné,/r.ő
b/ és c/ ready-made-et hitelesitette .... Zsuzsa /pénztárosnő/
a/leirása: bordó viaszkosvászonkötésben 3o számozott rózsaszin pénzpapir oldalai a tulajdonos adatait és fényképét valamint az a/ready-made kiállitására és használatára vonatkozó szabályokat tünteti

Szerzés | Érték: +6 Ft

Származás:

Állapot: KEZDETI

Irodalom (hátlapon, pótlapon). fel. a/ready-made ún. kinetikus ready-made, mert tartalma és formája tulajdonosának sorsa /szerző sorsa/ szerint változik. Ezen változásokat a különböző változás-tipusokkal foglalkozó szervek vezetik be a megfelelő rovatokba. a/ready-made legkésőbb 1980. augusztus 31-én érvényét veszti mint a/ready-made. Akkor a/1 ready-made-é változik belső kinetikus törvényei értelmében. FOLYTATÁS: ./.

Az a/1 ready-made a belügyi szervek birtokában lesz, megtekintését akkor már nem áll módomban biztositani, hacsak az a/ready-made adatainak változása szerint nem alakul szerző sorsa ugy, hogy a mü megtekintése fölött disponálhat /pl.: rendőri pályára lép, vagy a/r.m-et elveszti és 1980. aug. 31. után megtalálja – ez esetben is csak rövid idő áll rendelkezésre a megtekintéshez, ugyanis mint a vegyes rendelkezések 16. bekezdése előirja: 24 órán belül be kell szolgáltatni/. Felmerül annak a lehetősége, hogy a mü a/ darabja, belső kinetikus törvényeiből következően 1980. aug. 31. előtt a/1 -é változik. Ebben az esetben megtekintésére ugyanaz áll, mint előbb. Nem szükséges kifejtenem, hogy a mü a/ darabja belső kinetikus törvényeinek változása olyan távlatokat nyit meg, melyről előre csak sejtés-szinten nyilatkozhatunk. A mü tehát nem kiván számot vetni azokkal a lehetőségekkel, melyekre a mü jelenlegi potenciája nem ad lehetőséget. A mü a/ darabja 1980. aug. 31. előtti megtekintésével kapcsolatban meg kell még jegyezni a következőket: azon tulmenően, hogy a mü a/ darabja belső rendje szerint -mint azt a 29. oldalon Az igazolvány érvényessége cimü fejezetben kifejezésre jut – igen sok alkalmat ad a visszaszolgáltatásra a gyártó szerveknek, még egy nehézséget kell számba venni. Azt, hogy a/r.m. megmutatására csak a rendőri illetve ügyészi szervek kötelezhetnek. Természetesen, mint minden egyéb müvemet, készséggel bocsátom az érdeklődők rendelkezésére ezt is, ám szükségesnek látom ezt a megjegyzést, különös tekintettel a gyüjtési akciót meginditó levél II/3. bekezdésére.
A b/ és c/ready-made-ek leirása: két pecséttel és golyóstollal irt adatokkal ellátott bizonylat /blokk, kartoték/. A b/r.m. az a/r.m.-ről készitett fénymásolat bizonylata. A c/r.m. a b/r.m.-ről készitett fénymásolat bizonylata.

A Kartoték-akció bünre és eljárásra cimü mü leirása: egy illetve két büneset, ezen bünesetek lappangási ideje a bünüldöző szervek előtt, továbbá a lelepleződést követő eljárás és büntetés, valamint szerző belső gyötrődése és lelkiismeretfurdalása. Tekintettel arra, hogy eleddig csupán a két büneset ismerete áll rendelkezésünkre s szerző belső gyötrődése és lelkiismeretfurdalása a bünesetek óta eltelt idő rövidsége miatt csekély és alig kifejezhető, csak a büneset leirására szoritkozunk s a lehetőségeket vázoljuk föl.
Mint a bünesetek bázisaként szolgáló a/, b/ és c/ ready-made-ek bizonyitják

(FOLYTATÁS 3. old.)

203 TAMÁS SZENTJÓBY

INVENTORY NUMBER: 7443
LOCATION: Bp. 9th District, 23 Ferenc krt., 4th floor 2., and the a) index card always on the author
MUSEUM:
DEPARTMENT:
THE TITLE AND SUBJECT OF THE ARTWORK: Index Card Action for Crime and Process
THE NAME AND AGE OF THE ARTIST: Tamás STjAUBy, 27 – see: index card
MATERIALS USED: paper, canvas
TECHNIQUE: mixed
SIZE: a) 15x12, b) 20x12, c) 20x12
ACQUISITION:
VALUE: + HUF 6
ORIGIN:
CONDITION: [handwritten] Initial
DESCRIPTION: Ready-made a) made at the printing press commissioned by the authority of internal affairs for producing identification documents and the Police Division of the 9th District. b) and c) made at the paper factory commissioned by Papírellátó [tr: paper supplier] for producing gridded notepads and at the Photostore of Ofotért (Rákóczi út 80.).
Ready-made a) was validated by Mrs. András Szász (police officer), Ready-made b) and c) was validated by Zsuzsa .... (cashier).
Description of a): in maroon waxed canvas cover, 30 numbered pink banknote paper pages featuring the owner's personal data and photo, as well as rules for exhibiting and using ready-made a). Ready-made a) is a so-called kinetic ready-made, because its content and form change in accordance with the fate of the owner (the author's fate). These changes are entered into appropriate rubrics by the various authorities dealing with different types of changes. Ready-made a) will lose its validity as ready-made a) at the latest on August 31,1980. At this point, it will become ready-made a)1, in accordance with its internal kinetic laws. Ready-made a)1 will be in the possession of the internal affairs authorities. At this point, I will no longer be able to ensure its accessibility for viewing, unless, in accordance with changes in the data of Ready-made a), the author's life unfolds, so that he may dispose of its accessibility for viewing (for example: he enters the police force, or he loses RM a) and finds it again after August, 31, 1980—in which case, also, there is only a very limited time for viewing, as it is stated in the 16th paragraph of the "Decrees on Miscellaneous Matters," it must be surrendered within 24 hours). It may also happen that the piece a) of the artwork, as result of its internal kinetic laws, will turn into a)1 prior to August, 31, 1980. In this case, the same rules apply in reference to its viewability as before. There is no need for me to elaborate on the fact that changes in the internal kinetic laws of piece a) of the work will open up new vistas the nature of which we can only speculate on at this point. Thus, the work does not wish to reckon with possibilities that are not accommodated by its present potential. In reference to viewing piece a) before August, 31, 1980 there is one additional point to consider: beyond that the piece a) of the work, in accordance with its internal order—as is articulated on page 29 in the chapter entitled "The validity of the identification document"—offers the authorities of its production plenty of opportunities for its return, there is one more difficulty to be taken into account. It is that only police or legal authorities can demand that RM a) be presented to them. Naturally, as with all my other works, I will gladly make this one available to those interested. I feel it is important to make this point, however, especially in light of Paragraph 2/3 of the letter which initiated the collection effort.
Description of Ready-made b) and c): two receipts bearing stamps and data recorded with a ballpoint pen (receipt, index card). RM b) is a receipt of the photocopy of RM a). RM c) is the receipt of the photocopy of RM b).

The description of the work entitled "Index Card Action for Crime and Process:" one, that is, two criminal cases, the time period of their dormancy before the criminal authorities, the criminal procedure and penalty following exposure, as well as the author's inner struggles and guilty conscience. Considering the fact that up until now, we only have information about the two criminal acts and, as a result of the shortness of time, that has passed since the crimes, the

[handwritten] Continued on p. 3.

/folytatás a Kartoték 2. oldaláról/

1971. október 27-én az a/r.m. 30. oldalán a Vegyes rendelkezések rovatban sze-
replő 15. bekezdés tiltó rendelkezését szerző előre megfontolt szándékkal megsze-
te. A tiltó rendelkezés szövege: A személyi igazolványról vagy annak adatairól
hiteles másolatot késziteni tilos.
Szerző az emlitett nap délutánján a Rákóczi ut 80. szám alatti Ofotért Fotoáru-
ház fénymásoló berendezésén egy ismeretlen személyazonosságu bolti alkalmazott
közreműködésével az AU – IV. 914887 számu személyazonossági igazolványának
2. és 3. oldalát lemásolta. Ezzel a tettével egyfelől a Vegyes rendelkezések
15. bekezdése által tiltott bünt megvalósitotta, másfelől a kiszolgáló személyt
– kihasználva annak jóhiszeműségét – bünrészesévé tette. Ezt bizonyitja az a
tény, hogy a másolat elkészitése előtt szerző a kiszolgáló személytől többizben
is megkérdezte, hogy a fénymásoló készüléken történt másolat hitelesnek tekint-
hető e s erre ő igenlő választ kapott.
Az eseménysor további leirása, mely tárgyalja a második bünesetet:
Szerző az a/r.m.-ről készült fénymásolat árát /6 Ft./ az emlitett kiszolgálósze-
mély utasitására az üzlethelyiség egy távolabbi pontján felállitott kasszánál be-
fizette, majd elismervényt kért. Szerző ezen elismervényt – Közületi blokk, 7500-
as sorszámmal – b/r.m.-nek tekinti. Ezen b/r.m.-del szerző visszatért a fény-
másoló berendezéshez és egy másolatot készittetett róla./mellékelve/Szerző a
b/r.m.-ről készült fénymásolat árát /6Ft/ a kiszolgáló személy felszólitására
a kasszánál befizette, majd egy elismervényt kért. Szerző ezen elismervényt –
Közületi blokk, 7504-es sorszámmal – c/r.m.-nek tekinti. Ezen c/r.m.-del szer-
ző visszatért a fénymásoló berendezéshez és erről is készittetett egy másolatot
/xxxxxxxxxxx/ olyan módon, hogy a b/r.m.-ről készült másolat mellé helyezte s igy
egy közös papirra került azzal/mellékelve/./Szükséges megjegyezni, hogy ez az
az effektus, ami bizonyitja azt, hogy a mellékelt másolatok nem tisztán a b/és
c/ready-made-ről készültek, hiszen az a melléklet, melyen a 7504-es sorszámu
Közületi blokk,xxxxxxxx a b/r.m. másolata szerepel, nem a c/r.m. másolata mellett
van, hanem a c/r.m. másolatának másolata mellett; tehát ez azt szándékozik jelez
ni, hogy a mellékletek a Kartoték-akció bünre és eljárásra cimü műhöz csak mint
alap járulnak hozzá vagy egyszerűen melléktermékek. A mű maga a büneset és annak
következményei./ Tehát a b/r.m. másolatáról és a c/r.m.-ről készült fénymásolat
kifizetésére került a sor. Szerző azonban kihasználva a kiszolgáló személyzet
figyelmetlenségét, azt még lazitva olló-kéréssel és kisebb babrálási aktusokkal,
anélkül, hogy a harmadik másolat diját kifizette volna, kiment az üzlethelyiségből
Ezzel valósitotta meg a fentebb jelzett második büncselekményt.
A Kartoték-akció bünre és eljárásra cimü mű folytatását szerző a belső életében
realizálja. Tekintettel azonban arra a tényre, hogy szerző minden egyes másolat
alkalmával kifogásokat emelt az elkészült másolatok minősége ellen s igy a se-
lejt példányok a leltár követelményei szerint az üzlet tulajdonában maradtak, szer
ző számolhat azzal, hogy az xxxxx Ofotért Fotoáruház vizsgálatot indit a pénztár
hiánya miatt. Ekkor a sorszámmal ellátott Közületi blokk pénztári indigós másola
tai jó nyomra vezethetik az Ofotért alkalmazottait s nem lesz nehéz megtalálni
szerzőt, hiszen az a/r.m.-ről készült fénymásolás során 4 kevéssé jó minőségü
példány is készült, melyeket szerző nem vett át s igy az üzlet birtokában marad-
tak.
Abban az esetben, ha vizsgálatot inditanak, az első bűntény is lelepleződik. Szá-
molni lehet azonban azzal is, hogy a leltári ellenőrzés során olyan személy ke-
zébe kerülnek az a/r.m.-ről készült másolatok, aki tisztában van az erre vonatk-
kozó tiltó rendelkezéssel. Igy tehát az első büneset kiderülésére kétszer akkora
lehetoség van, mint a másodikra, hiszen az elsőhöz két uton, a másikhoz csak egy
uton lehet eljutni. /Ez természetesen csak akkor igaz, ha mindkét utat azonos lép
tékünek, értékünek vesszük./
A Kartoték-akció bünre és eljárásra cimü mű tehát a leleplezésig illetve az elé-
vülésig érvényes, beleértve a lelkiismeretfurdalás és önvád elévülését is.
A szerző által a benső életben realizált folytatást az teszi különösen kinzóvá,
hogy képtelen eldönteni, hogy az első büneset mikor évül el. A büneset elköveté-
sét követő meghatározott időben e, vagy az a/r.m. érvényét vesztését követő meg-
határozott időben? Szerző azonban mindenképp kötelezettséget vállal arranézve, h
ogy az esetleges eljárás dokumentumait e mű tartozékainak

204 TAMÁS SZENTJÓBY

(continued from p. 2. of the index card)

author's inner struggles and sense of guilt are mild and barely expressible, we restrict our discussion to describing the criminal occurrences and outlining the possibilities.
As is attested to by Ready-made a), b) and c), which comprise the basis of the crimes, on October 27, 1971, the author deliberately violated the prohibitive decree in Paragraph 15 of the "Miscellaneous Matters" section on page 30 of RM a). The prohibitive decree states: It is forbidden to make a certified copy of the identification document or its data.
The author, in the afternoon of the aforementioned day, copied pages 2 and 3 of his identification document (no. AU-IV. 914887) with the help of a store assistant of unknown identity, using the photocopy machine of the Ofotért Photo Store (Rákóczi út 80). By this act, he, on the one hand, committed the crime prohibited by Paragraph 15 of the "Decree on Miscellaneous Matters," and, on the other, made the unsuspecting shop clerk—taking advantage of her helpfulness offered in good faith —his accomplice. This is also evidenced by the fact that the author, prior to making the copy, asked the store assistant whether the replica made with the help of the photocopy machine could be considered a valid and certified copy. The answer he received was positive.
Subsequent descriptions of the events that took place describe the second criminal incident:
The author, as instructed by the above-mentioned assistant, paid the price of the photocopy of RM a) (HUF 6) at a cashier station located in a more remote area of the store, and also asked for a receipt. The author regards this receipt—Public Sector Receipt no. 7500—as RM b). The author then returned to the photocopy machine with RM b), and made a copy of this as well (attached). As instructed by the assistant, the author paid the price of the photocopy of RM b) (HUF 6) at the cashier station and asked for a receipt. The author regards this document—Public Sector Receipt no. 7504—as RM c). The author returned to the photocopier with RM c), and made a copy of it, placing it next to the copy of RM b), so that they were on the same page (attached). (It is important to note that this is the effect that proves that the appended copies are not actual copies of ready-made b) and c), as the attachment that features the copy of Public Sector Receipt no. 7504, RM b) is not next to the copy of RM c), but the copy of a copy of RM c). Thus, this serves to signify that the appendices only contributed to the work entitled "Index Card Action for Crime and Procedure" as a basis—or, they are simply by-products. The artwork is constituted by the actual crime and its consequences.) Thus, the photocopy of RM b) copy and of RM c) were paid for. Taking advantage of the inattention of the staff—and causing further distractions by asking for scissors and pottering around—the author left the store without paying for the third copy. With this act, he committed the second crime referred to above.
The continuation of the artwork entitled "Index Card Action for Crime and Process" is realized by the author through his inner life. Taking into account the fact, however, that the author raised objections regarding the quality of the photocopy in all three instances, and, thus, the substandard copies, in accordance with the requirements of inventory, remained the property of the store, the author can expect that, due to the missing sum, the Ofotért Photo Store will initiate an inquiry. At this point, the cashier's copy of the Public Sector Receipt may lead the employees of Ofotért right to the author, as in the process of photocopying RM a) 4 copies of lesser quality were also produced. These the author did not take and, thus, they remain in the possession of the store.
In case of an inquiry, the first crime will also be exposed. It is also possible, however, that, during inventory, the copies of RM a) will end up in the hands of a person who is aware of the relevant prohibitive decree. Therefore, the chance that criminal act number one will be discovered is twice as great as it is for criminal offence number two, as there are two ways to get to the former, while there is only one way to get to the latter. This is, of course, only true if we take both paths to be of the same pace and measure.
Thus, the work entitled "Index Card Action for Crime and Process" is valid until exposure or expiry, including the expiration of guilty feelings and self-accusation.
The continuation by the author in his inner life is made especially painful by his inability to figure out what the statutory limitation on the first criminal offence is. Is it a predetermined length of time counted from the date the criminal act was committed or from the expiration date of RM a)?

tekintse, azokat ready-made-ekként fogja fel és fénymásolásukhoz, a mellékelt kiegészitése céljából, ragaszkodik.
Abban az esetben, hogy ha a Kartoték ~~xxxxxxxxxxx~~-akció bünre és eljárásra mü dokumentumai az eljárás elmaradása vagy elévülés miatt nem csatolhatók, szerző a mü címének megváltoztatásához való jogát fenntartja.

Szentjóby Tamás

Budapest
1971. okt.27.

Szentjóby Tamás
AU-IV. 914887

LÉGY TILOS!

ARTPOOL-BEKE

205 PAUER–SZENTJÓBY

205 TAMÁS SZENTJÓBY

The author, however, assumes all relevant obligations to regard the documents of the possible criminal proceedings as comprising part of the artwork, and, as he will consider these ready-mades, he insists on his right to photocopy these in an effort to make the appendices complete.
In case the documents of the work entitled "Index Card Action for Crime and Process" cannot be appended because the criminal proceedings fail to occur or on account of expiry, the author reserves the right to alter the title of the work.

Budapest
Oct. 27, 1971

Tamás Szentjóby
AU-IV. 914887

[handwritten] BE FORBIDDEN!

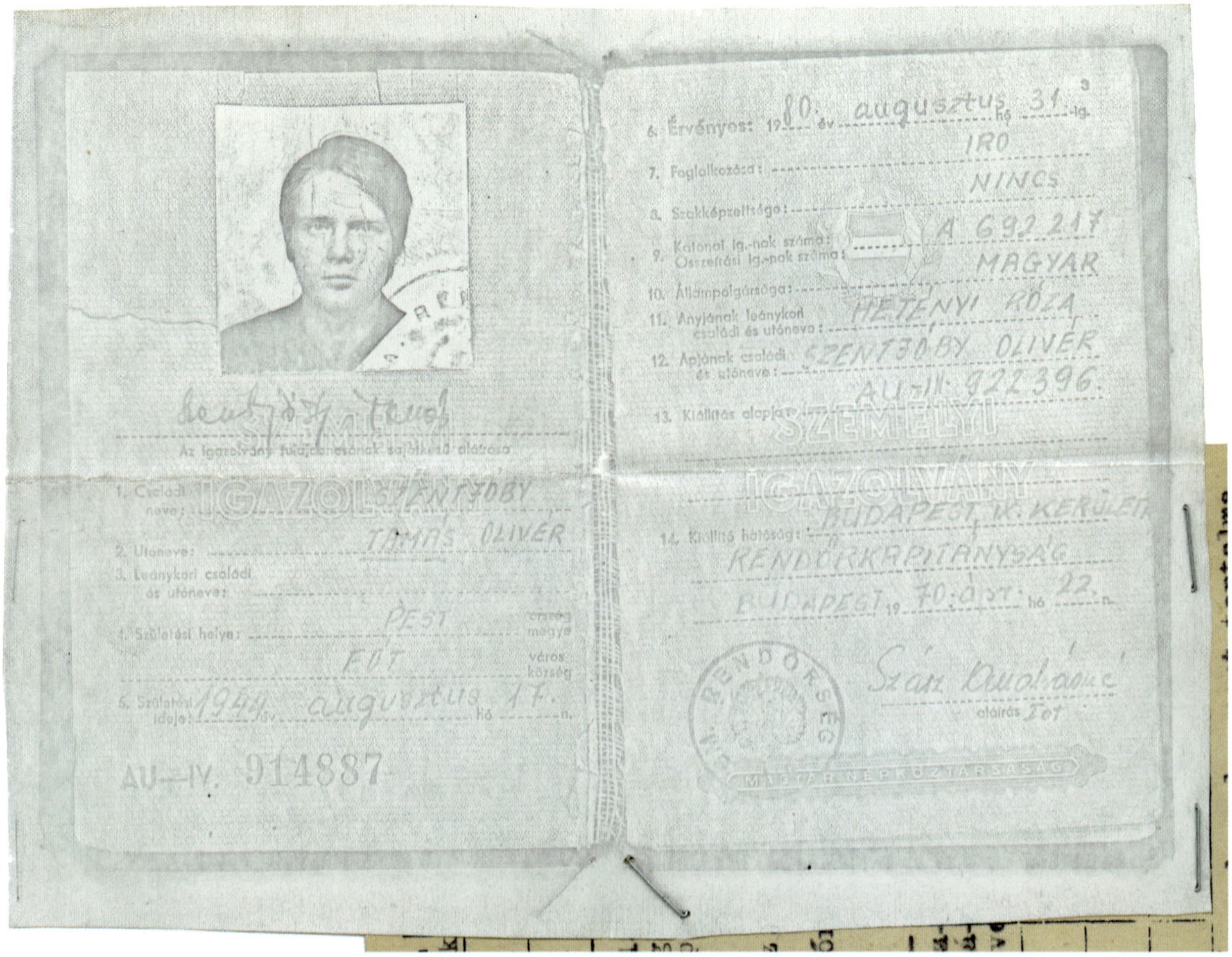

6. Érvényes: 1980. év augusztus hó 31. ig.
7. Foglalkozása: IRO
8. Szakképzettsége: NINCS
9. Katonai ig.-nak száma: Összeírási ig.-nak száma: A 692 217
10. Állampolgársága: MAGYAR
11. Anyjának leánykori családi és utóneve: HETÉNYI RÓZA
12. Apjának családi és utóneve: SZENTJÓBY OLIVÉR
AU-IV. 922396.
13. Kiállítás alapja:
SZEMÉLYI IGAZOLVÁNY
14. Kiállító hatóság: BUDAPEST, V. KERÜLETI RENDŐRKAPITÁNYSÁG
BUDAPEST 1970. ápr. hó 22. n.
aláírás
RENDŐRSÉG
MAGYAR NÉPKÖZTÁRSASÁG

Az igazolvány tulajdonosának sajátkezű aláírása
IGAZOLVÁNY
1. Családi neve: SZENTJÓBY
2. Utóneve: TAMÁS OLIVÉR
3. Leánykori családi és utóneve:
4. Születési helye: PEST ország megye
FÓT város község
5. Születési ideje: 1944. év augusztus hó 17. n.
AU-IV. 914887

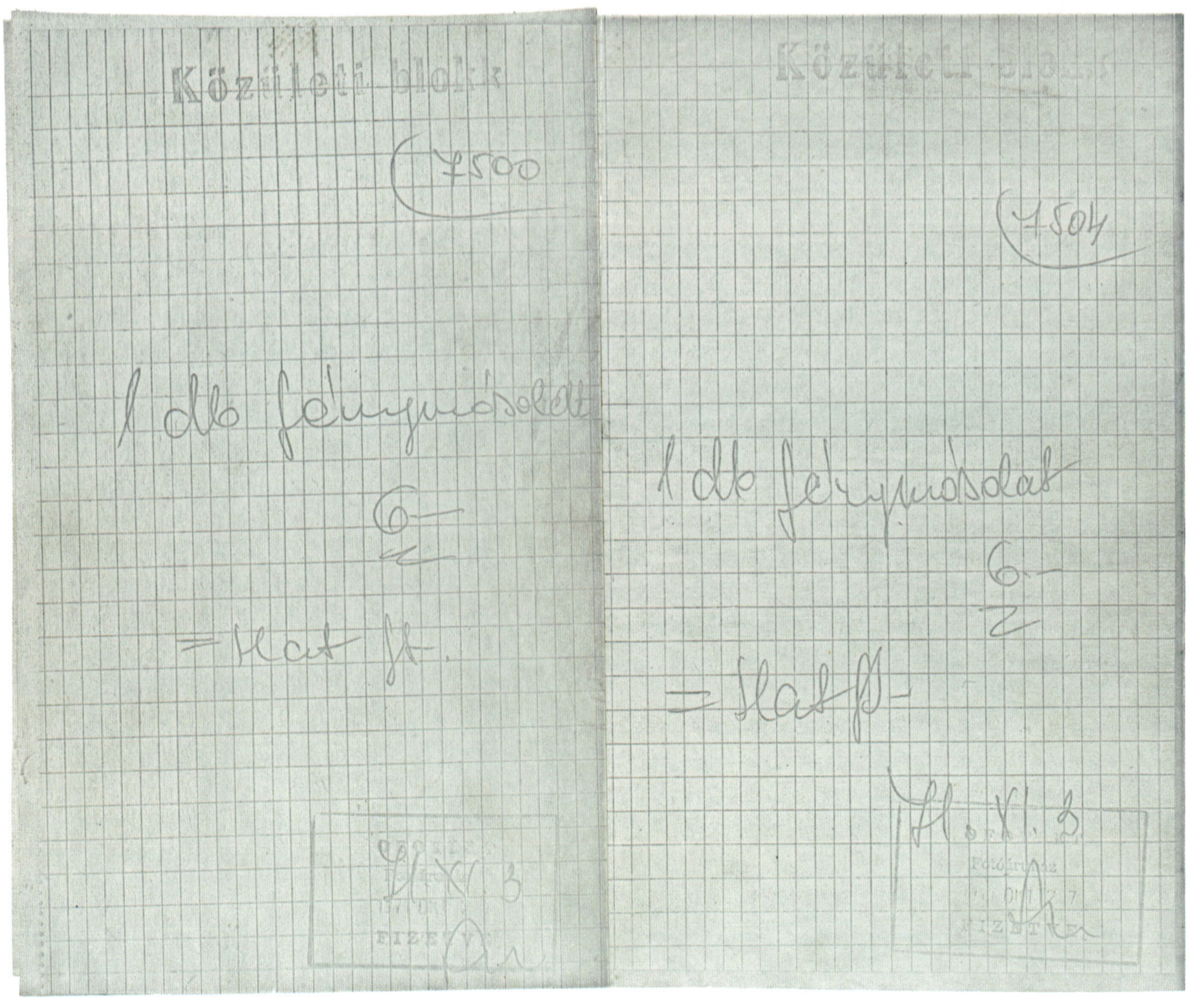

Közületi blokk
(7500)
1 db fénymásolat
6.-
=Hat Ft.
71. XI. 3.
FIZETVE

Közületi blokk
(7504)
1 db fénymásolat
6.-
=Hat Ft-
71. XI. 3.
FIZETVE

The autograph signature of the document's owner
1. Surname: SZENTJÓBY
2. Forename: TAMÁS
3. Maiden surname and forename:
4. Place of Birth: PEST county, FÓT city
5. Date of Birth: August 17,1944
6. Valid: August 31, 1980
7. Occupation: WRITER
8. Training: NONE
9. Military document No.: Census document No.: A 692217
10. Nationality: HUNGARIAN
11. Mother's maiden surname and forename: RÓZA HETÉNYI
12. Father's surname and forename: OLIVÉR SZENTJÓBY
13. Issued on the basis of: AU-III. 922396.
14. Issued by: POLICE DIVISION OF THE 9TH DISTRICT
BUDAPEST, APRIL 22,1970

Mrs. András Szász
signature

[stamped] Community receipt

1 photocopy
6, -
HUF Six

[stamped]
OFOTÉRT
Photo Store
PAID

[handwritten] 11/03/71

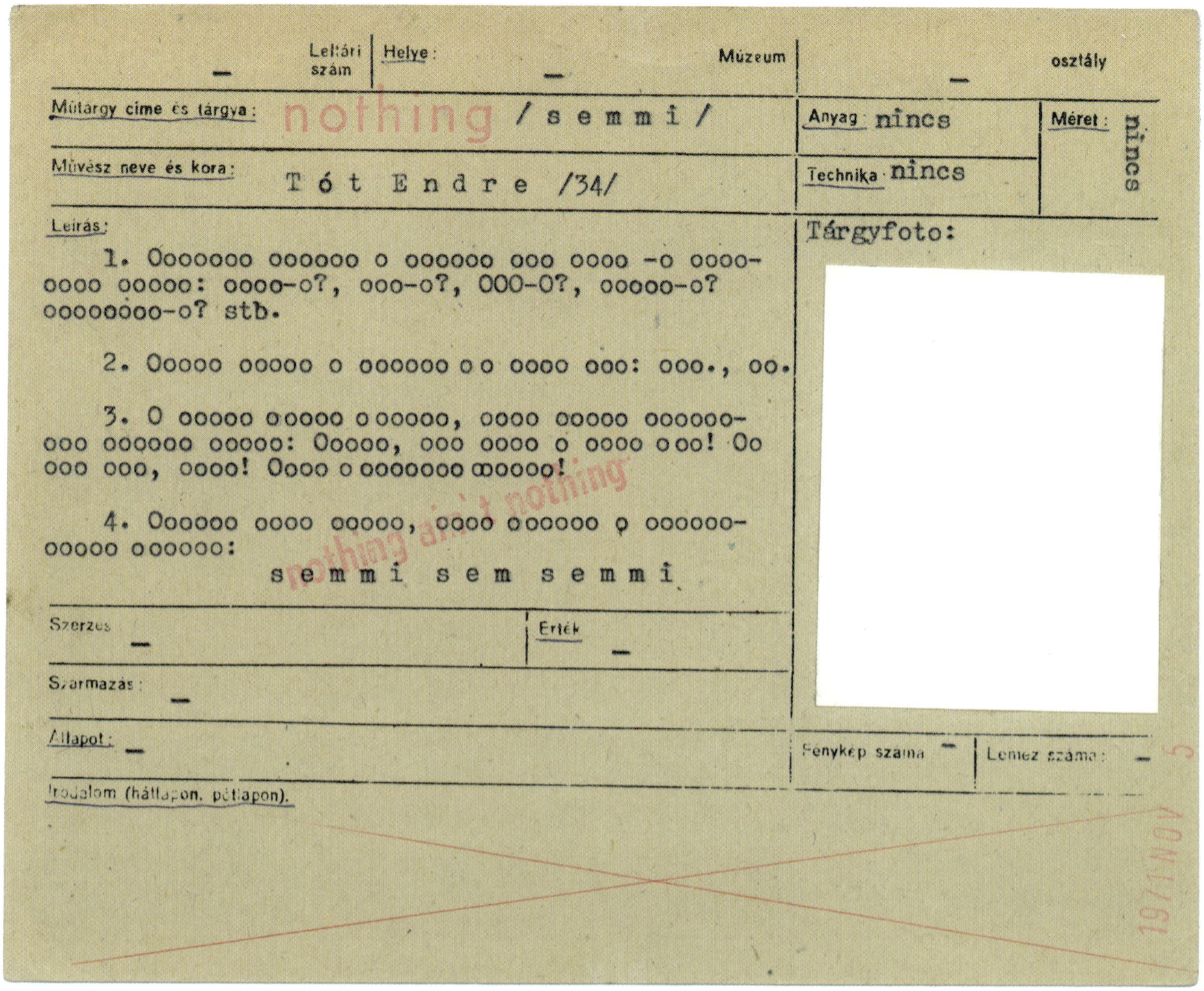

Leltári szám — | Helye: — Múzeum | — osztály

Műtárgy címe és tárgya: nothing /semmi/

Anyag: nincs

Méret: nincs

Művész neve és kora: Tót Endre /34/

Technika: nincs

Leírás:

1. Ooooooo oooooo o oooooo ooo oooo -o oooo-oooo ooooo: oooo-o?, ooo-o?, OOO-O?, ooooo-o? oooooooo-o? stb.

2. Ooooo ooooo o oooooo o o oooo ooo: ooo., oo.

3. O ooooo ooooo o ooooo, oooo ooooo oooooo-ooo oooooo ooooo: Ooooo, ooo oooo o oooo o oo! Oo ooo ooo, oooo! Oooo o ooooooo oooooo!

4. Oooooo oooo ooooo, oooo oooooo o oooooo-ooooo oooooo:

semmi sem semmi

nothing ain't nothing

Tárgyfoto:

Szerzés —

Érték —

Származás: —

Állapot: —

Fénykép száma —

Lemez száma: —

Irodalom (hátlapon, pótlapon).

1971 NOV 5

207 ENDRE TÓT

INVENTORY NUMBER: –
LOCATION: –
MUSEUM: –
DEPARTMENT: –
THE TITLE AND SUBJECT OF THE ARTWORK: (nothing)
THE NAME AND AGE OF THE ARTIST: E n d r e T ó t (34)
MATERIALS USED: none
TECHNIQUE: none
SIZE: none
DESCRIPTION:

1. Ooooooo oooooo o oooooo ooo oooo -o oooo-oooo ooooo: oooo-o? ooo-o?, OOO-O?, ooooo-o? oooooooo-o? etc.

2. Ooooo ooooo o oooooo o o oooo ooo: ooo., oo.

3. O ooooo ooooo o ooooo, oooo ooooo oooooo-ooo oooooo ooooo: Ooooo, ooo oooo o oooo o oo! Oo ooo ooo, oooo! Oooo o ooooooo oooooo!

4. Oooooo oooo ooooo, oooo oooooo o oooooo-ooooo o ooooo:

n o t h i n g a i n ' t n o t h i n g

[with red rubber stamp: nothing ain't nothing]
ACQUISITON: –
VALUE: –
ORIGIN: –
CONDITION: –
PHOTO NUMBER: –
DISC NUMBER: –
LITERATURE (on verso, on extra page):

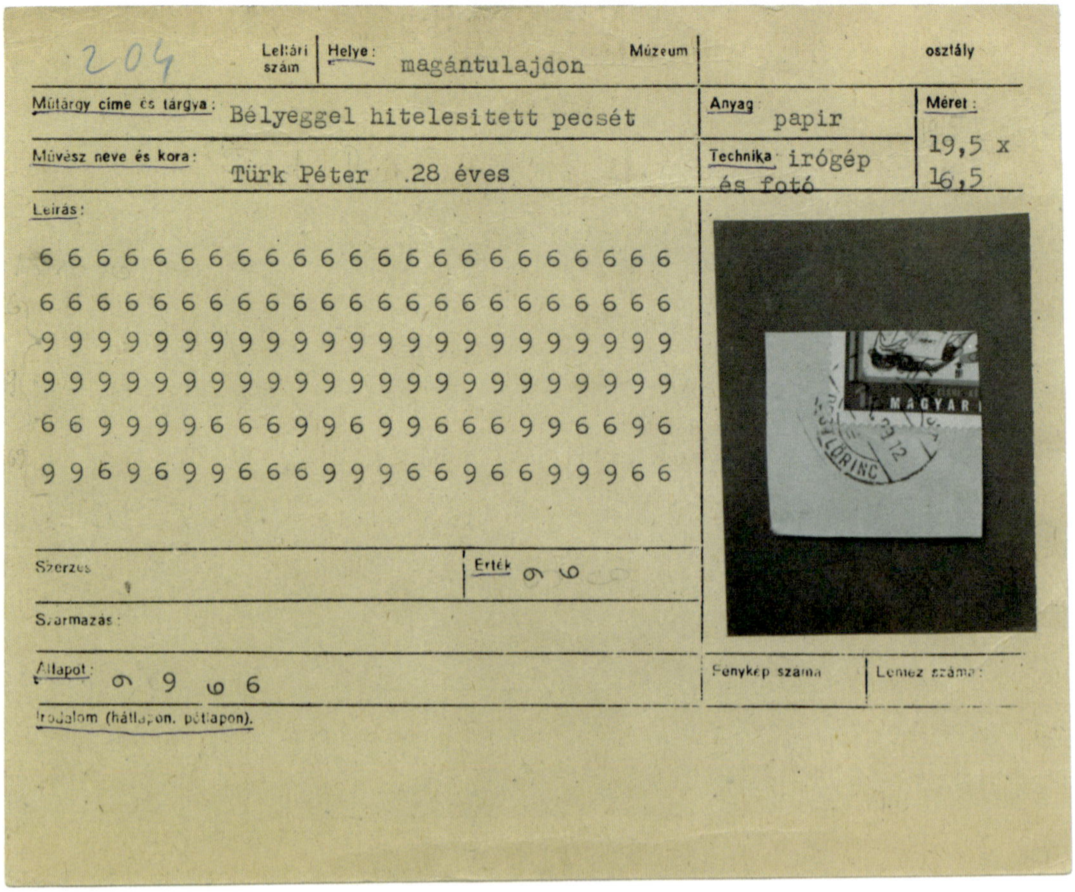

204 Leltári szám | Helye: magántulajdon Múzeum | osztály

Műtárgy címe és tárgya: Bélyeggel hitelesitett pecsét

Anyag: papir

Méret: 19,5 x 16,5

Művész neve és kora: Türk Péter .28 éves

Technika: irógép és fotó

Leírás:

6 6 6 6 6 6 6 6 6 6 6 6 6 6 6 6 6 6 6 6 6 6 6
6 6 6 6 6 6 6 6 6 6 6 6 6 6 6 6 6 6 6 6 6 6 6
9 9 9 9 9 9 9 9 9 9 9 9 9 9 9 9 9 9 9 9 9 9 9
9 9 9 9 9 9 9 9 9 9 9 9 9 9 9 9 9 9 9 9 9 9 9
6 6 9 9 9 9 6 6 6 9 9 6 9 9 6 6 6 9 9 6 6 9 6
9 9 6 9 6 9 9 6 6 6 9 9 9 6 6 9 6 6 9 9 9 6 6

Szerzés | Érték 9 6

Származás:

Állapot: 9 9 6 6 | Fénykép száma | Lemez száma:

Irodalom (hátlapon, pótlapon).

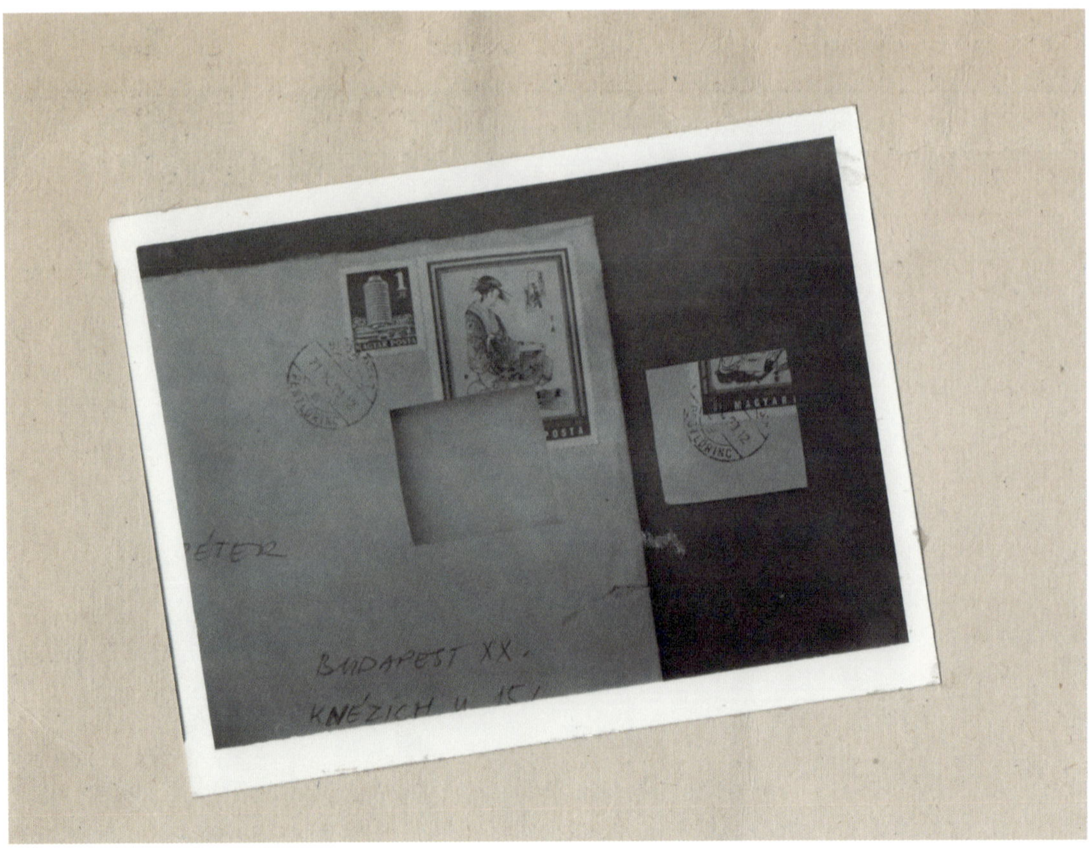

208 PÉTER TÜRK

LOCATION: private collection
MUSEUM:
DEPARTMENT:
THE TITLE AND SUBJECT OF THE ARTWORK: Postmark validated by stamp
THE NAME AND AGE OF THE ARTIST: Péter Türk, age 28
MATERIALS USED: paper
TECHNIQUE: typewriter and photo
SIZE: 19.5 x 16.5
DESCRIPTION:
6 6 6 6 6 6 6 6 6 6 6 6 6 6 6 6 6 6 6 6 6 6 6
6 6 6 6 6 6 6 6 6 6 6 6 6 6 6 6 6 6 6 6 6 6 6
9 9 9 9 9 9 9 9 9 9 9 9 9 9 9 9 9 9 9 9 9 9 9
9 9 9 9 9 9 9 9 9 9 9 9 9 9 9 9 9 9 9 9 9 9 9
6 6 9 9 9 9 6 6 6 9 9 6 9 9 6 6 6 9 9 6 6 9 6
9 9 6 9 6 9 9 6 6 6 9 9 9 6 6 9 6 6 9 9 9 6 6
VALUE: 9 6
CONDITION: 6 9 9 6
ACQUISITION:
ORIGIN:
PHOTO NUMBER:
DISC NUMBER:
LITERATURE (on verso, on extra page):

273

Leltári szám | Helye: VARIOUS | Múzeum | osztály

Műtárgy címe és tárgya: POCKET SCULPTURE WITH LIGHT

Anyag: BETA-LIGHT

Méret: LOOK ↓

Művész neve és kora: JANOS URBAN, 37

Technika: GLASS

Leírás:

THIS VERY SMALL-SIZED, SCULPTURE-LIKE THING WILL EMIT AUTONOMOUS LIGHT FOR TWENTY-YEARS OR MORE. THE PHOSPHOR IT CONTAINS IS EXCITED BY TRITIUM-GAS. IT IS USUALLY NAMED "BETA-LIGHT

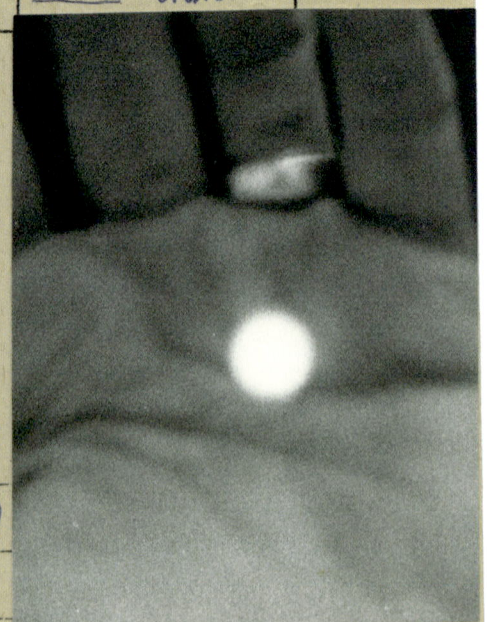

Szerzés

Érték: SWISS FR. 240

Származás:

Állapot: QUIET NICE

Fénykép száma | Lemez száma:

JANOS URBAN
1, CH. de PRÉ-FLEURI
TÉl. (021) 26 99 81
CH-1006 LAUSANNE

Irodalom (hátlapon, bal lapon).

TAGES ANZEIGER MAGAZIN No1. ZÜRICH. 77
"PAGES". LONDON No. 3. /TO BE PUBLISHED SOON
RECHERCHES + EXP. LAUSANNE. MUSÉE CANT. '77

209 JÁNOS URBAN

Nyomtatvány

Leltári szám 971.1/a;L.b,c,d. Hely Aknai Tamás magán Múzeum komplex XX.századi osztály

Tárgy Szabályosan kezelt gyorsvonati jegy,pótjegy-gyel

Elhelyezés 1.sz.szürke kamgarn.farz

Revizió 71.nov.2o. REV 72

Leírás

REV 6.

Fent vastag vízszintes vonal felett váltakozó vastagságu függőleges rovátkák, melyek között két-két karikácska, és növekedő értékü arab számok vannak. Több betütipus, vastag groteszk, Cleukens antikva és kurziv.Közben indigókék vonalháló, amely a mechanikus fekete columnákon át meg áthatol.
Jelzés balra lent: o16-414.SZ.szig.elszámolási minta - 7o.7763 Mj.G/"
CIM: "Utánfizetési ürjegy"+variációk erre a témára

~~Fénykép~~ /EREDETI MÜTÁRGY/ VARIÁCIÓKKAL/

REV 72

Származás Szücs Jen ő konduktortól Hird és Hetény közt

Állapot többé nem használható, csak muzeológiai ért.

Beszerzés fent m.jel.Szücs Jenő Vételár 2.8.- Ft

Irodalom Petőfi Sándor: Vasut,"Ezek a föld erei/Bennök árad a müveltség/Ezek által ömlenek szét/az életnek nedvei"
Hiv,Menetrend XXXVIII.évf.63 sz. /szerk.: Erdész István f.ü./

Méret
szélesség 11,9 cm
hosszúság
mélység
átmérő
magasság 9,99 cm

2287 FNyV. 1 sz. telep

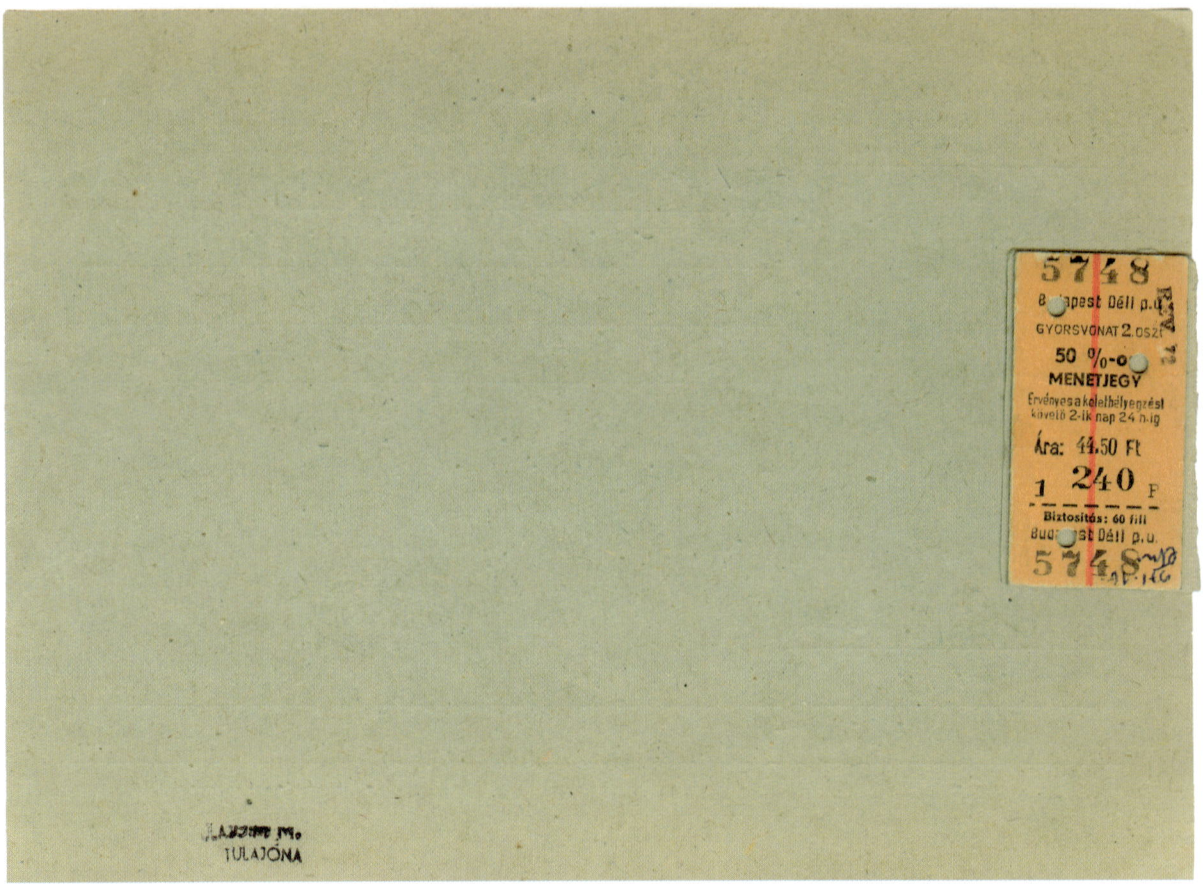

210 TAMÁS AKNAI

[stamped] Printed Matter
INVENTORY NUMBER: 971.1/a; L.b,c,d.
LOCATION: Tamás Aknai
MUSEUM: private
DEPARTMENT: complex 20th century
SUBJECT: Regularly validated ticket for express train with extra ticket
PLACEMENT: no. 1 gray worsted back pocket
[stamped] REV 6
DESCRIPTION: Above horizontal line on top, vertical groves of varying width between which there are two circles and Arabic numerals of increasing value. A number of fonts are represented: bold grotesque, Cleukens Antiqua, and cursive. In between, there is an indigo blue grid of lines, which penetrates the mechanical black columns over and over again.
Marking on bottom left: "accounting sample for ID no. 016-414 – 70.7763 Mj.G/"
TITLE: "Blank ticket for subsequent payment" + variations on the theme
REVISION: November 20, 1971 REV 72
[canceled] Photo: (ORIGINAL ARTWORK WITH VARIATIONS) REV 72
ORIGIN: from controller Jenő Szücs, between Hird and Hetény
COST: HUF 2.80
CONDITION: no longer valid for use, only of museological value
ACQUISITION: from above mentioned Jenő Szücs
LITERATURE: Sándor Petőfi: Railway, "These are the blood vessels of the earth / Through them knowledge flows / Through these disperse / the fluids of life."
Official train schedule, volume 38, issue no. 63 (ed. István Erdész)
SIZE:
Width:11.9 cm
Height: 9.99 cm

[railway ticket on the back side]

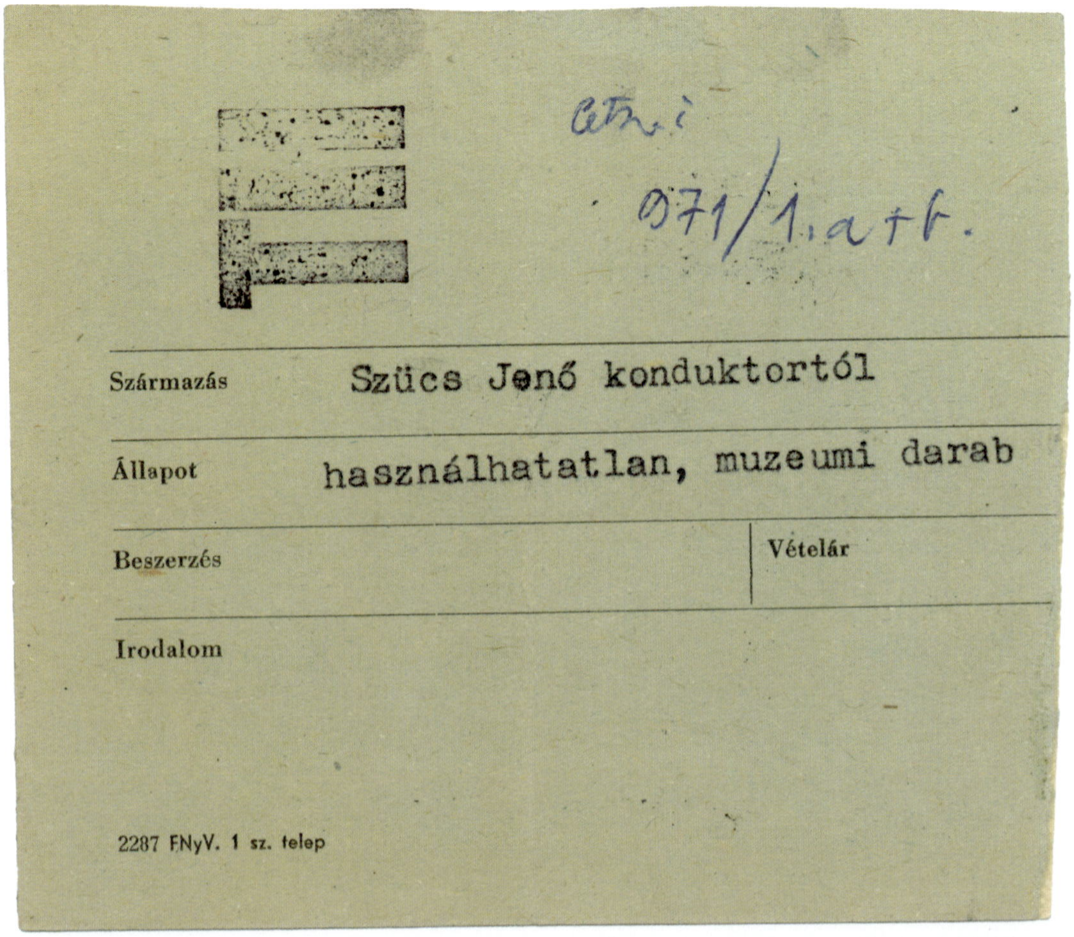
ltsz. 071/1.a+b.

Származás Szücs Jenő konduktortól

Állapot használhatatlan, muzeumi darab

Beszerzés

Vételár

Irodalom

2287 FNyV. 1 sz. telep

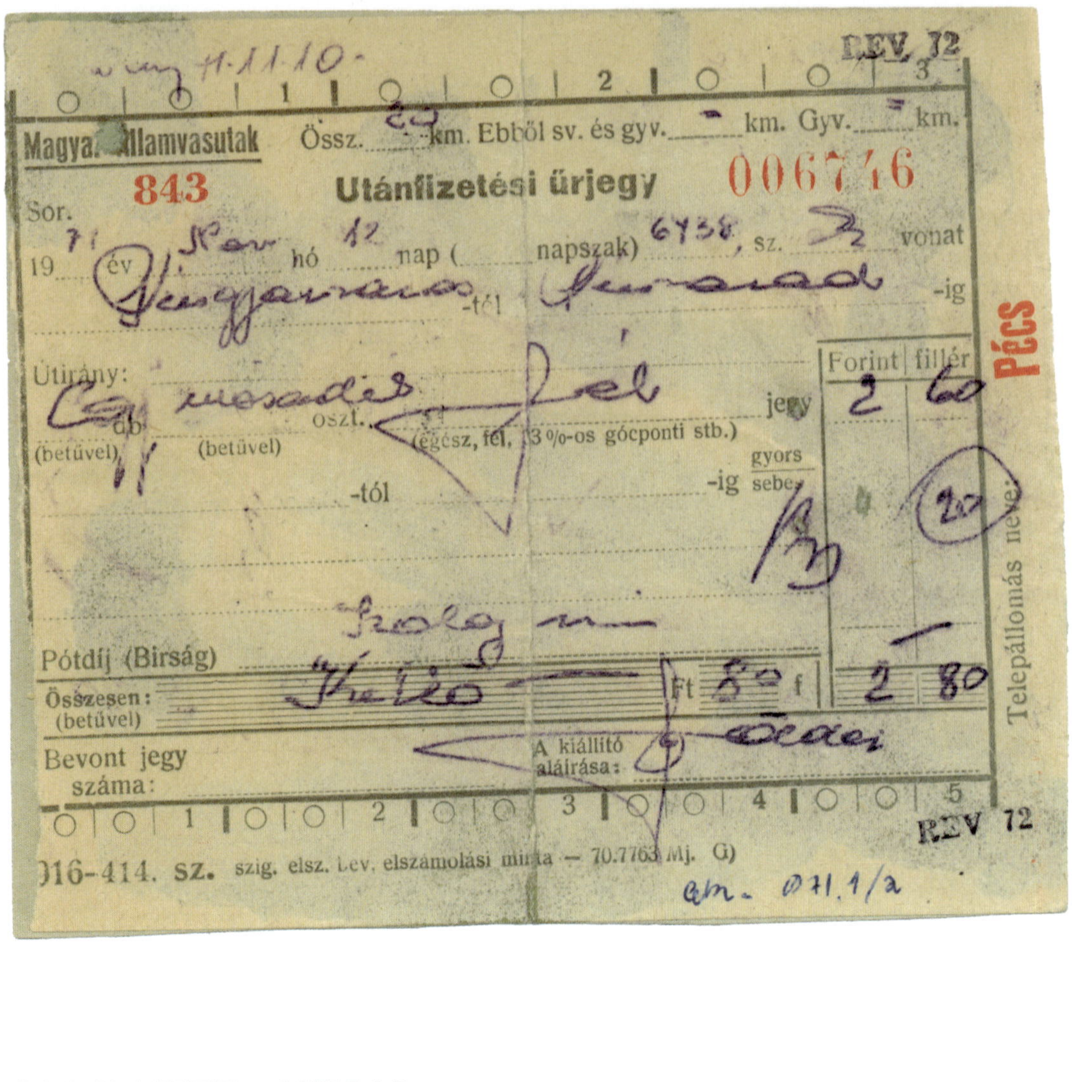
REV 72

1 2 3

Magyar Államvasutak Össz. km. Ebből sv. és gyv. – km. Gyv. – km.

843 Utánfizetési űrjegy 006746

Sor.

19 71 év Nov hó 12 nap (napszak) 6738 sz. vonat

-tól -ig

Útirány:

db oszt. jegy

(betűvel) (betűvel) (egész, fél, 3%-os gócponti stb.)

-tól -ig gyors sebes

Forint	fillér
2	60
	20
2	80

Pótdíj (Birság)

Összesen: (betűvel) Kettő Ft 80 f

Bevont jegy száma: A kiállító aláírása:

PÉCS

Telepállomás neve:

1 2 3 4 5

REV 72

016-414. sz. szig. elsz. Lev. elszámolási minta – 70.7763 Mj. G)

ltsz. 071.1/a

211 PAUER–AKNAI

211 TAMÁS AKNAI

[top image]

ORIGIN: From Jenő Szücs, ticket inspector
CONDITION: Not valid for use, museum object
ACQUISITION:
PURCHASE PRICE:
LITERATURE:

[railway ticket on the back side]

[bottom image]
Hungarian National Railways

Extra ticket

Series no.: 843
Year: 1972 Month: November Day: 12
Train no.: 6438
Place of departure: illegible Destination: illegible
Direction: —
No. of tickets: one Class: second Category: half-price
Fine: illegible
Total: HUF: 2.80
Signature of issuer of ticket: illegible

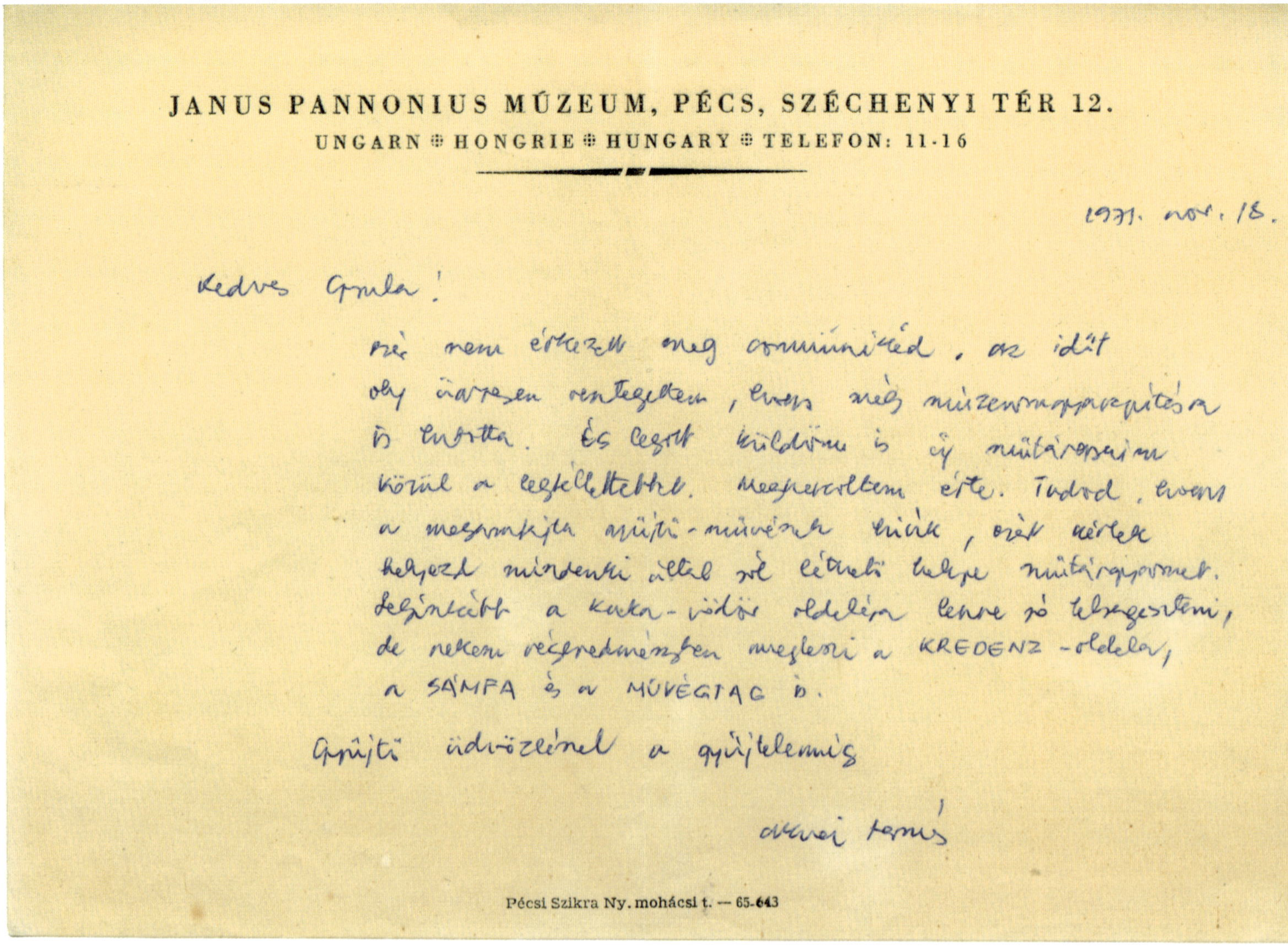

JANUS PANNONIUS MÚZEUM, PÉCS, SZÉCHENYI TÉR 12.

UNGARN ⁜ HONGRIE ⁜ HUNGARY ⁜ TELEFON: 11-16

1971. nov. 18.

Kedves Gyula!

Még nem érkezett meg communikéd, az időt
oly [illegible] vesztegettem, hogy még múzeumnapzárás
is lekötötte. És legott küldöm is új műtárgyaim
közül a legkiemelkedőbbet. Megszerettem érte. Tudod, hogy
a megcsonkított gyűjti-művészet híve, ezért kérlek
helyezd mindenki által jól látható helyre műtárgyaimat.
Legjobban a kocka-vödör oldalára lenne jó felragasztani,
de nekem végeredményben megfelel a KREDENZ-oldala,
a SÁMFA és a MŰVÉGTAG is.

Gyűjtő üdvözlettel a gyűjteményig

Aknai Tamás

Pécsi Szikra Ny. mohácsi t. — 65-643

212 TAMÁS AKNAI

[heading] Janus Pannonius Museum, Pécs, Széchenyi tér 12, Hungary, Telephone: 11-16.

Nov. 13, 1971

Dear Gyula,

While I was waiting for your communiqué, I was able to kill time so cleverly that I have even managed to expand the museum's collection. Of the new artworks, I am sending you my most treasured piece. I have fought hard for it. As you well know, artists who are also connoisseurs-artists like me are rather vain. Thus, I ask you to place this artwork in a place of high visibility, where it can be admired by everyone. It would be best to paste it on the rubbish bin-bucket page, but I suppose the CUPBOARD side will do too, as well as the SHOE TREE and the PROSTHETIC LIMB page.

Greetings from a collector:

Tamás Aknai

ARTISTS AND ARTWORKS

Where the size is not specifically indicated, it is A/4 (210 x 297 mm), or in the case of index cards 15 x 21 cm. Where no date is given, it is unknown.

Gábor Attalai (Budapest, 1934 – Budapest, 2011), one of the innovators of contemporary Hungarian textile art from the end of the 1960s, who participated in various Avant-garde movements (Concept art, Land art, Body art, etc.). He has been a significant writer on art from the 1980s. He was a professor at the Hungarian Academy of Applied Arts (currently called MOME, Moholy-Nagy University of Art and Design Budapest).

Groh, Klaus (ed.) *Aktuelle Kunst in Osteuropa: CSSR, Jugoslawien, Polen, Rumänien, UDSSR, Ungarn.* (exh. cat.) Cologne: DuMont, 1972.
Works and Words. International Art Manifestation Amsterdam. (exh. cat.) Amsterdam: De Appel, 1980.
Melis, Wim (ed.) *Behind Walls. Eastern Europe Before and Beyond 1989.* (exh. cat.) Groningen: Stichting Aurora Borealis – Noorderlicht, 2008.
Maurer, Dóra (ed.) *Koncept koncepció, szemelvények/Concept Conception, Extracts.* (exh. cat.) Budapest: Open Structures Art Society, 2008.
Attalai Gábor Konceptuális művek, 1969–85/Gábor Attalai: Conceptual Works 1969–85. Budapest: Vintage Galéria, 2013.

Imre Bak (Budapest, 1939), painter, he started in the mid-1960s with Lyrical Abstraction and then simultaneously explored the formal possibilities of folk art and Hard-Edge painting. After a short conceptualist detour, he constructed his compositions from strictly confined fields of color. He is a recipient of the Herder Prize.

Groh, Klaus (ed.) *Aktuelle Kunst in Osteuropa: CSSR, Jugoslawien, Polen, Rumänien, UDSSR, Ungarn.* (exh. cat.) Cologne: DuMont, 1972.
Neue ungarische Konstruktivisten. (exh. cat.) Bonn: Städtisches Kunstmuseum, 1975.
Frank, János. "From Iris Print to Idols. Exhibitions of Tamás Hencze - Imre Bak - Pál Veress." *The New Hungarian Quarterly* Vol. 18. No. 68 (Winter 1977): 190–193.
Néray, Katalin – Bak, Imre (eds.) *Bak, Birkás, Kelemen, Nádler. XLII. La Biennale di Venezia Ungheria 1986.* (exh. cat.) Budapest: Műcsarnok/Kunsthalle, 1986.
Hajdú, István (ed.) *Les ateliers de Budapest/The Studios in Budapest.* Paris: Editions Enrico Navarra, 1990.
Identity today. The Contemporary Czech, Hungarian, Polish, Slovak Art/Identité d'aujourd'hui. L'art contemporain Hongrois, Polonais, Slovaque, Tchèque. (exh. cat.) Bruxelles: Commission des Communautés Européennes, 1993.
Hegyi, Lóránd (ed.) *Aspects/Positions: 50 Years of Art in Central Europe 1949–1999.* (exh. cat.) Vienna: Museum Moderner Kunst Stiftung Ludwig Wien, 1999.
Geometrisch-konstruktive Kunst aus Ungarn im Arithmeun. Reale und virtuelle Räume. (exh. cat.) Bonn: Arithmeum im Forschungsinstitut für Diskrete Mathematik, 2007.

Czubak, Bożena, Jarosław Kozłowski (eds.) *Beyond Corrupted Eye: Akumulatory 2 Gallery, 1972–1990.* (exh. cat.) Warsaw: Zacheta National Gallery of Art, 2012/Krakow: MOCAK Museum of Contemporary Art in Krakow, 2013.

Process Object, typewritten text, 2 pasted in photos, 4 x 2.8 cm and 11.8 x 15.5 cm, marking on bottom right: "Bak 1971" 11
Imagination Exercise, 1971, index card with 1 pasted black and white photo. The typewritten description is continued on the verso of the card. (part of the "Pauer collection") 188

István Bálint (Budapest, 1943 – Budapest, 2007), poet, actor, director, writer. He was the son of Hungarian painter Endre Bálint. He was a founding member of the important alternative theatre company of the 1970s, Kassák Lajos Studio, led by Péter Halász. In 1977, he emigrated and settled down in New York where he was active (as Stephan Bálint) in the Squat Theater for two decades, and then, after returning home, worked in the Hungarian theatre scene.

Buchmüller, Éva and Anna Koós. *Squat Theatre*. New York: Artists Space, 1996.
Cohen, Patricia L. "Stephan Balint, 64, a Founder of the Squat Theater, Dies." *nytimes.com. The New York Times* 2 Dec 2007. Web. 17 Apr 2013.

From Memory III, 1971, typewritten text, 2 pages 12

András Baranyay (Budapest, 1938), acquired a degree in graphic arts in 1965 at the Hungarian Academy of Fine Arts, and, following the political change of 1989, he became a teacher in this field. His most characteristic works are photo-based, traced, colored as well as portraits and still lives of multiple exposures.

Künstler aus Ungarn. (exh. cat.) Wilmhelmshaven: Kunsthalle, 1980.
Hajdú István (ed.) *Les ateliers de Budapest/The Studios in Budapest.* Paris: Editions Enrico Navarra, 1990.
Erőss, Nikolett (ed.) *Média model. Intermédia, új képfajták, interaktív technikák/Media Modell. Intermedia, New Image Genre, Interactive Techniques.* (exh. cat.) Budapest: Műcsarnok/Kunsthalle, 2001.

Cut Out, 1969–1971, photos mounted on 6 pieces of cardboard sheets, with typewritten data of the works the photo-reproductions were made of
1) *Cut Out from a Hand*, 1969, 3 photos, each 9 x 9 cm 14
2) *Cut Out*, 1970; 3 photos, each 8.5 x 8.5, and 9 x 9 cm 15
3) *Detail*, 1970, 2 photos, each 8.8 x 8.8 cm 16
4) *Cut Out*, 1971, photo, 18.5 x 12.8 cm 17
5) *Lithography*, 1969, photo, 18 x 12.8 cm 18
6) *Cut Out*, 1971, photo, 16.5 x 13 cm 19

László Beke (Szombathely 1944,) art historian, former director, then senior research fellow of the Institute of Art History of the Research Center for Humanities of the Hungarian Academy of Sciences (Budapest), professor at the Hungarian University of Fine Arts. He was chief curator of the 19th- and 20th-century collections at the Hungarian National Gallery (from 1988 to 1995) and director of Műcsarnok/Kunsthalle in Budapest (1995–2000). He curated the Hungarian Pavilion at the Venice Biennial in 1996. Chevalier de l'Arts et Lettres de la République Française, Doctor Honoris Causa of Univerity of Fine Arts (Bucharest), Széchenyi-Prize holder in Hungary. Initiator of the IMAGINATION project in 1971, now editor of this volume.

Expozíció—Fotó/művészet / Exposure—Photo/Art. (exh. cat.) Hatvan: Hatvany Lajos Múzeum, 1976.
Beke, László. *Für ein "musée imaginaire" des Spiegels.* (exh. cat.) Duisburg: Wilhelm-Lehmbruck-Museum Duisburg, 1982.

Global Conceptualism: Points of Origin, 1950s–1980s. (exh. cat.) New York: Queens Museum of Art, 1999.
Hoptman, Laura J. (ed.) *Beyond Belief: Contemporary Art from East Central Europe.* (exh. cat.) Chicago: Museum of Contemporary Art, 1995.
Beke, László. "Postmoderne Phänomene und New Art History." Belting, Hans and Heinrich Dilly, Wolfgang Kemp, Willibald Sauerländer Martin Warnke (eds.) *Kunstgeschichte. Eine Einführung.* Berlin: Dietrich Reimer Verlag, 2003 (6. edition),
Beke, László. *Képkorbácsolás. Hajas Tibor Vető Jánossal készített fotómunkái/Image Whipping. Tibor Hajas' Photo Works with János Vető.* Budapest: MTA Művészettörténeti Kutatóintézet/ Research Institute for Art History of the Hungarian Academy of Sciences, 2004.

Attila Csáji (Szepsi/Moldava nad Bodvou, 1939), painter, founder of the "Szürenon" (the fusion of the Hungarian words Surrealism and Non-Figurative) group (1969), the first one to introduce the use of laser technology for art in Hungary. He is currently the leader of the Kepes Society and the deputy head of the Hungarian Academy of Arts (MMA).

Baranyi, Judit (ed.) *Csáji Attila. Festmények, hologramok, fényművészet, lézer/Paintings, Holograms, Light Art, Laser.* (exh. cat.) Budapest: Műcsarnok/Kunsthalle, 1988.

Pneumatic Object with Inward Expansion, typewritten text and collage, 3 pages,
a copy from around the years it was made, from the original in an unknown location 20
Covering—With Target Information (Potential Waste Material), index card with envelop.
The envelope is signed: "Attila 8/11/1971," with red fingerprint. The typewritten
description is continued on the verso of the card (part of the "Pauer collection") 189

Tibor Csiky (Olaszliszka, 1932 – Budapest, 1989), self-taught sculptor, had a teacher's degree in Hungarian literature and linguistics. He studied mathematics, physics, and history. His interest in the natural sciences inspired structural friezes, conceptual photos as well as texts, and then geometric, even minimal art. Before becoming a professional sculptor he worked as a teacher and as a schoolmaster from 1957–1972.

Frank, János. "From the Geometric to the Organic. Tibor Csiky, Nyrom (Mária Piszer), Tamás Lossonczy." *The New Hungarian Quarterly* Vol. 28. No. 107 (Autumn 1987): 190–193.
Százados, László (ed.) *Csiky Tibor 1932-1989 szobrászművész életmű-kiállítása/Tibor Csiky 1932-1989 sculptor life-work exhibition.* (exh. cat.) Budapest: Magyar Nemzeti Galéria, 1994.
Százados, László. *Csiky Tibor. Fotómunkák/Photoworks 1973–1975.* (exh. cat.) Budapest: Vintage Galéria, Budapest, 2007.

Structures of Objective Reality III, filled in, but invalidated lottery ticket, 16 x 25 cm,
marked on bottom right: "Csiky, 23 Nov. 1971" 23
Structures of Objective Reality II, a page from a teacher's dairy on the activities with the
students 28.5 x 40.2 cm, marked on bottom right: "Nov. 1971, Csiky"
(Photo by Zsuzsa Bokor) 24
Structures of Objective Reality IV, one page from the printout of a computer program,
30.5 x 41.6 cm, marked on bottom right: "Csiky, Nov. 1971" (Photo by Zsuzsa Bokor) 25
Structures of Objective Reality I, photo, 24 x 16.3 cm, with an EKG strip glued across it,
on the strip, on the right: "Csiky, Nov. 1971", property of the Hungarian National Gallery,
inventory no.: MM.98.5. (Photo by Zsuzsa Bokor) 26
Structures of Objective Reality, index card with a black and white photo, titled *Body*.
Photo reproduction of the sculpture titled *Body* (polished bronze)
(part of the "Pauer collection") 190

Péter Donáth (Budapest, 1938 – Budapest, 1996), self-taught artist, worked with the theatre of Péter Halász, scenographer of the Theatre of Kaposvár.

Sasvári, Edit (ed.) *Donáth Péter 1938–1996.* (exh.cat.) Székesfehérvár: Szent István Király Múzeum, 1998.

Wonderland, Monument of a Dead Man, 1971, postcard to László Beke, with a photo collage on the verso, 10.5 x 14.8 cm 27
Letter to László Beke, 1971, typewritten text, 7 pages 28
Situation Overview, 1971, dark gray paint collage (5.5 x 6 cm) on a sheet of paper with typewritten data 35
Gray Spatial Figure, 1971, photo collage on paper 17 x 8.5 cm, with typewritten data 36
Gray Spatial Figure, 1971, photo collage on paper 15 x 13 cm, with typewritten data 37
Four Gray Discs – Four Gray Boards, 1971, photo collages on paper, four circles glued to each other, each Ø 11 cm, (can be folded out), and four rectangles glued to each other, each 14.2 x 9 cm (can be folded out), with typewritten data 38
Trophy I-IV/Four Gray Discs, index card with a foldable photo reproduction of the four discs pasted in the space reserved for a photo, Ø 5 cm (part of the "Pauer collection") 191

Miklós Erdély (Budapest, 1928 – Budapest, 1986), an influential figure of the Hungarian Avant-garde, poet, actionist, filmmaker, visual artist. He studied sculpture and architecture. From 1975 until his death he ran three experimental courses in art, *Creativity Exercises* (in 1975–76, together with artists Dóra Maurer and György Galántai), *Fantasy Developing Exercises* (FAFEJ), and *Inter-disciplinary Thinking* (InDiGo). In his conceptual works he used idiosyncratic materials with symbolic meaning, often in relation to his Jewish, Christian, and spiritist family background.

Groh, Klaus (ed.) *Aktuelle Kunst in Osteuropa: CSSR, Jugoslawien, Polen, Rumänien, UDSSR, Ungarn.* (exh. cat.) Cologne: DuMont, 1972.
Works and Words. International Art Manifestation Amsterdam. (exh. cat.) Amsterdam: De Appel, 1980.
Stefania, Piga (ed.) *Miklós Erdély: opere dagli anni '50 al 1986.* (exh. cat.) Roma, Spicchi dell'Est galleria d'arte, 1992.
Hegyi, Lóránd (ed.) *Aspects/Positions: 50 Years of Art in Central Europe 1949–1999.* (exh. cat.) Vienna: Museum Moderner Kunst Stiftung Ludwig Wien, 1999.
Global Conceptualism: Points of Origin, 1950s–1980s. (exh. cat.) New York: Queens Museum of Art, 1999.
Badovinac, Zdenka and Peter Weibel (eds.) *2000+ Arteast Collection: The Art of Eastern Europe. A Selection of Works for the International and National Collections of Moderna galerija Ljubljana.* (exh. cat.) Bolzano and Vienna: Folio Verlag, 2001.
Hoptman, Laura and Tomáš Pospiszyl (eds.) *Primary Documents—A Sourcebook for Eastern and Central European Art Since the 1950s.* New York: Museum of Modern Art – Cambridge, MA: MIT Press, 2002.
IRWIN (ed.) *East Art Map.* London: Afterall, 2006.
Petra Stegmann (ed.) *Fluxus East. Fluxus Networks in Central Eastern Europe.* (exh. cat.) Berlin: Künstlerhaus Bethanien, 2007.
Szőke, Annamária (ed.) *Miklós Erdély.* Vienna: Georg Kargl Fine Arts – Budapest: Kisterem – Budapest: tranzit.hu – Miklós Erdély Foundation (EMA), Budapest, 2008.
Christ, Hans D. and Iris Dressler (eds.) *Subversive Praktiken—Kunst unter Bedingungen politischer Repression: 60er-80er/Südamerika/Europa / Subversive Practices—Art Under Conditions of Political Repression: 60s-80s/South America/Europe.* (exh. cat.) Stuttgart: Württembergischer Kunstverein – Ostfildern: Hatje Cantz, 2010.
Macel, Christine and Nataša Petrešin-Bachelez (eds.) *Promises of the Past—A Discontinuous History of Art in Former Eastern Europe.* (exh. cat.) Zürich: JRP Ringier – Paris: Centre Pompidou, 2010.
Hegyi, Dóra et al. (eds.) *Art Always Has Its Consequences—Artists' Texts from Croatia, Hungary, Poland, Serbia, 1947–2009.* Berlin: Sternberg Press, 2011.
Hegyi, Dóra, Sándor Hornyik, and Zsuzsa László (eds.) *Parallel Chronologies. "Other" Revolutionary*

Traditions, How Art becomes Public—An Exhibition in Newspaper Format. Budapest: tranzit.hu, 2011.

Cotton with Goose Lard, 1971, cotton with goose lard on a paper with the typed text: "Do not separate! Do not isolate!" in plastic bag 40

János Fajó (Orosháza, 1937), visual artist, student of Lajos Kassák, member of the artist collective and publishing house Pest Workshop (1973–1988), one of the most consistent followers of new geometrical tendencies built on Constructivist traditions.

Neue ungarische Konstruktivisten. (exh. cat.) Bonn: Städtisches Kunstmuseum, 1975.
Hajós, Ágnes (ed.) *Fajó János retrospektív/Retrospective.* (exh. cat.) Budapest: Műcsarnok/Kunsthalle, 1990.

Open Work, 1971, typewritten text 41
1) ink drawing on paper, 29.5 x 25 cm 42
2) tempera on paper, 29.5 x 25 cm 43
3) tempera painting on 29.5 x 25 cm paper and typewritten ratio calculations on glued-on silk paper (10.7 x 19 cm) 44
4) ink drawing on 29.5 x 25 cm paper, color slide frame (24 x 36 mm) and black and white photo (10.7 x 11.5 cm) glued 45

Ferenc Ficzek (Pécs, 1947 – Pécs, 1987), visual artist, one of the founders of the Pécs Workshop (*Pécsi Műhely*). His most important works are probably his "stretched canvases" and his pieces combining two- and three-dimensional representation. Between 1974 and 1984, he worked at the Pannonia Film Studio as an animation film designer, and then he worked for two years in Cologne.

Pécsi Műhely/The Workshop of Pécs 1970–1980. (exh. cat.) Székesfehérvár: István Király Múzeum, 1980.
Várkonyi, György (ed.) *Ficzek Ferenc emlékkiállítása.* (exh. cat.) Budapest: Budapest Galéria, 2001.
Maurer, Dóra (ed.) *Koncept koncepció, szemelvények/Concept Conception, Extracts.* (exh. cat.) Budapest: Open Structures Art Society, 2008.

Placing "Volume" in Space is not My Intention, project description, 1971, pink paper with red typewriting, 2 pages and 9 pieces of cardboard paper (30 x 21 cm), with mounted black and white photos and handwritten explanations. 46
1) 1969, photo, 18 x 24 cm 48
2) *Cube as Space Formed by Three Planes,* 4 photos, 9.5 x 6.5 cm 48
3) (cont.) 6 photos, each 6.5 x 5 cm 49
4) (cont.) 4 photos, each 9 x 11 cm 50
5) (cont.) 6 photos, each 9.3 x 6.8 cm 50
6) (cont.) 6 photos, each 9.5 x 5.8 cm 51
7) (cont.) 6 photos, each 6.5 x 9.5 cm 52
8) (cont.) 6 photos, each 6 x 4.5 cm 51
9) *Ellipse-circle Distortions,* 3 photos, each 9 x 12 cm 53
10) 2 photos enlarged on photo paper, 20.4 x 29.5 cm 54

Gyula Gulyás (Miskolc, 1944 – Budapest, 2008), self-taught sculptor, creator of abstract compositions. He became the student of sculptor Tibor Vilt, and later worked together with him. In his new artistic period, which began in the 1980s, he made colored plaster sculptures and bronze portraits.

Gulyás Gyula 1996–1999—Acqua et Helios. (exh. cat.) Ludwig Museum – Museum of Contemporary Art Budapest, 1999.
Frank, János. *Marilyn Monroe. Gulyás Gyula szobrászművész kiállítása.* (exh. cat.) Budapest: Műcsarnok/Kunsthalle, Budapest, 1990.

Letter to László Beke, 1971, typewritten text 55
Stitching the Mountain, 1971, black and white photo and a reproduction of a photo stitched through with thread, each 21.3 x 14.7 cm (photo by Károly Szelényi) 56
Plastic no. 71 sculpture, index card with 1 pasted in black and white photo (part of the "Pauer collection") 192

Gyula Gulyás (Budapest, 1944), film director, art historian. With his brother, János Gulyás (Budapest, 1946) he created a number of critical documentaries. From the beginning of the 1960s, they were active in the amateur film movement. They also made films about fine art and visual artists, and this is how they came into contact with artist Erzsébet Schaár. The film script, which was written by Gyula Gulyás for Schaár, would have placed the artist's sculptures in the area surrounding the castle of Máré.

Máré (with Erzsébet Schaár), typewritten text, 2 pages 152

István Haraszty (Harasztÿ) (Pestszentimre, 1934), self-taught Kinetic artist, the most prominent representative of the genre in Hungary. He started to create mobiles and interactive sculptures in the 1960s, often with humorous or ironic references to the social-political system.

Neue ungarische Konstruktivisten. (exh. cat.) Bonn: Städtisches Kunstmuseum, 1975.
Frank, János. "Motion, Space, Kinetics. Tamás Hencze, Mária Lugossy, István Haraszty." *The New Hungarian Quarterly* Vol. 23. No. 85 (Spring 1982): 173–176.
Dobay, Ágnes and Gabriella Nagy (eds.) *Harasztÿ István. Retrospektív kiállítás/A Retrospective Exhibition 1963–1998.* (exh. cat.) Budapest: Műcsarnok/Kunsthalle, 1998.
Maurer, Dóra (ed.) *Koncept koncepció, szemelvények/Concept Conception, Extracts.* (exh. cat.) Budapest: Open Structures Art Society, 2008.

An Exhibition. Play Art, 1971, 14 pages, handwriting, stamps, drawings with pencil and ink. Plans no. 7, 8, and 11 are missing. 58
The Floor Plan of the Exhibition. 1-3. *Button Series*; 4. *Roly-Poly Toy;* 5. *Do not Touch!;* 6. *Fig-pitter*, 1970, with 2 pasted photos, 9 x 12 cm and 18 x 13 cm; 9. *Narrow-gauge*, 1969; 10. *Recurring Dream*; 12. *(Obstacle at the Entrance)* Mental Bath

Tamás Hencze (Szekszárd, 1938), painter, working in gestural, geometric and calligraphic styles. His works featured here (in addition to a few "fire painting" actions) offer a rare example of Conceptualism.

Neue ungarische Konstruktivisten. (exh. cat.) Bonn: Städtisches Kunstmuseum, 1975.
Frank, János. "From Iris Print to Idols. Exhibitions of Tamás Hencze - Imre Bak - Pál Veress." *The New Hungarian Quarterly* Vol. 18. No. 68 (Winter 1977): 190-193.
La Biennale di Venezia. Settore Arti visive. Catalogo Generale. (exh. cat.) Venezia: La Biennale di Venezia, 1980.
Frank, János. "Motion, Space, Kinetics. Tamás Hencze, Mária Lugossy, István Haraszty." *The New Hungarian Quarterly* Vol. 23. No 85. (Spring 1982): 173–176.
Hajdú, István. *Les ateliers de Budapest/The Studios in Budapest.* Paris: Editions Enrico Navarra: 1990.
Hencze Tamás. Festmények/Paintings 1963–1997. (exh. cat.) Műcsarnok, Budapest, 1997.
Hegyi, Lóránd (ed.) *Aspects/Positions: 50 Years of Art in Central Europe 1949–1999.* (exh. cat.) Vienna: Museum Moderner Kunst Stiftung Ludwig Wien, 1999.

Underground (Project), 1971, photo reproductions of 2+2 drawings 7.8 x 18 cm, 11.5 x 18 cm, 10.5 x 18 cm, 11.5 x 18 cm + 1 photo reproduction of an altered "Underberg Haushaltstafel" pasted onto paper, 19.5 x 11.3 cm 72
Underground Project, index card with 1 pasted in black and white photo on the verso, which is a reproduction of a drawing by the same title (part of the "Pauer collection") 193

György Jovánovics (Budapest, 1939), sculptor, prominent member of the Hungarian Avant-garde. His work has been deeply influenced by his studies and scholarships in Vienna, Paris, Essen, and Berlin (1980–1983, 1988). He mostly uses plaster for his minimalist, conceptual sculptures and installations, and he has also created seminal public monuments. His works are characteristic for their symbolic use of metrical measurements, enigmatic allegories of perception, and perceptual illusions created by molded surfaces, reflections and projections. The motif of chess appears in his major work *Holos Graphos.* He has been teaching at the Hungarian University of Fine Arts since 1991.

Groh, Klaus (ed.) *Aktuelle Kunst in Osteuropa: CSSR, Jugoslawien, Polen, Rumänien, UDSSR, Ungarn.* (exh. cat.) Cologne: Du Mont, 1972.
Bonito Oliva, Achille. *8e biennale de Paris, Italia.* (exh. cat.) Florence: Centro Di, 1973.
Künstler aus Ungarn. (exh. cat.) Wilmhelmshaven: Kunsthalle, 1980.
Works and Words. International Art Manifestation Amsterdam. (exh. cat.) Amsterdam: De Appel, 1980.
Kovalovszky, Márta, Erika Lakat, and Sándor Pinczehelyi. *György Jovánovics. XLVI Biennale di Venezia 1995, Ungheria.* (exh. cat.) Székesfehérár: Szent István Király Múzeum, 1995.
György, Jovánovics. *Liza Wiathruck: Holos Graphos.* Pécs: Jelenkor, 1999.
Hegyi, Lóránd (ed.) *Aspects/Positions: 50 Years of Art in Central Europe 1949–1999.* (exh. cat.) Vienna: Museum Moderner Kunst Stiftung Ludwig Wien, 1999.
IRWIN (ed.) *East Art Map.* London: Afterall, 2006.
Serexhe, Bernhard and Peter Weibel (eds.) *Wolfgang von Kempelen. Man-(in the)-Machine.* (exh. cat.) Karlsruhe: ZKM, Zentrum für Kunst und Medientechnologie and Berlin: Matthes & Seitz, 2007.
Köb, Edelbert (ed.) *Painting: Process and Expansion.* (exh. cat.) Vienna: Museum Moderner Kunst Stiftung Ludwig - MUMOK and Cologne: Walther König, 2010.
Hegyi, Dóra et al. (eds.) *Art Always Has Its Consequences—Artists' Texts from Croatia, Hungary, Poland, Serbia, 1947–2009.* Berlin: Sternberg Press, 2011.
Hegyi, Dóra, Sándor Hornyik, and Zsuzsa László (eds.) *Parallel Chronologies. "Other" Revolutionary Traditions, How Art becomes Public—An Exhibition in Newspaper Format.* Budapest: tranzit.hu, 2011.

György Kemény (Budapest, 1936), graphic artist, the designer of important posters, books, covers, and magazines. In the 1960-70s he was committed to Pop art. He also participated in fine art exhibitions with installations and environments.

Ilona Keserü Ilona (Pécs, 1933), painter, important member of the generation of young artists who appeared at an influential group exhibition *Iparterv* in 1968, and who renewed Avant-garde tendencies in Hungary. Since 1970, she has been involved in color-research and the topics of refraction, colors of the human skin, afterimages, color-möbius, Cangiante color system. In the beginning of the 1970s, her Land art work in the quarry pit in Villány, at the Sculpture Park Villány, was significant. In 1991, she became the founder of the Faculty of Music and Visual Art at the University of Pécs.

Danuvius 1968—Biennale Internationale des Jeunes Artistes. (exh. cat.) Bratislava: Dom Umenia, 1968.
La Biennale di Venezia. Settore Arti visive. Catalogo Generale. (exh. cat.) Venezia: La Biennale di Venezia, 1980.
Franz, Erich (ed.) *Das offene Bild: Aspekte der Moderne in Europa nach 1945.* (exh. cat.) Westfälisches Landesmuseum, Münster. Stuttgart: Edition Cantz, 1992.

Keserü, Ilona (ed.) *Keserü Ilona: A Glimpse Into Time*. Budapest: Szinyei Szalon, 1999.
Hegyi, Lóránd (ed.) *Aspects/Positions: 50 Years of Art in Central Europe 1949–1999*. (exh. cat.) Vienna: Museum Moderner Kunst Stiftung Ludwig Wien, 1999.
Baksa-Soós, Vera (ed.) *Ilona Keserü Ilona: Approach, Tangle, Stream—An Investigation of Causes and Effects in Ilona Keserü Ilona's Oeuvre*. (exh. cat.) Budapest: Ludwig Museum Budapest—Museum of Contemporary Art, 2004.
Keserü Ilona (ed.) *Ilona Keserü Ilona. Művek 1982-2008/Ilona Keserü Ilona Works 1982–2008*. Debrecen: MODEM, 2009.
Bojana Pejić (ed.) *Gender Check: Femininity and Masculinity in the Art of Eastern Europe*. (exh. cat.) Cologne: Walther König and Vienna: Museum Moderner Kunst Stiftung Ludwig –MUMOK, 2009.

Károly Kismányoky (Pécs, 1943), visual artist, one of the founders of the Pécs Workshop (*Pécsi Műhely*). He later became one of the leaders of animation film production in Pécs. (In his last name, the i-ending is also in use, in this publication, we followed what is in the original texts.)

Pécsi Műhely/The Workshop of Pécs 1970–1980. (exh. cat.) Székesfehérvár: István Király Múzeum, 1980.

87–88: photos, 18 x 24 cm; 89–90, 92: photo reproductions of drawings, sketches, and graphics, various sizes; 91: photo reproduction of sketches and graphics, various sizes, on the back of the bottom one, written by hand: "August 4–11, 1971 (Mecseknádasd–Bonyhád). The enamel that first connected the process (2 pieces of 97 x 97 cm); color = base = white, main motif = red – blue; connecting, combining units = black, gray."; 93: offset, 14.3 x 19.7 cm; 94: on the back of the photo written by hand: "The experience of a shaped environment (antecedent) planning-improvisation (attitude problem);" 95: silkscreen print, 21 x 30 cm.
In the interest of conserving space, 7 sketches and a silkscreen print (a version of the silkscreen print on 95) have been left out.

Dezső Korniss (Beszterce/Bistrita, 1908 – Budapest, 1984), painter, printmaker, collagist, photographer, teacher and animator, at the time, one of the doyens of Hungarian Avant-garde. In 1930s, he worked at the Szentendre colony, fusing modern Hungarian art with local tradition and Western Modernism (Surrealism and Constructivism), inspired by the musical theory of Béla Bartók. After the war, he co-founded Hungary's European School (*Európai Iskola*), which was modeled after Ecole de Paris. During the 1970s, he participated in a number of exhibitions with young Avant-garde artists.

Radice, Barbara and Franco Raggi (eds.) *La Biennale di Venezia 1976: Environment, Participation, Cultural structures. General catalogue.* (exh. cat.) Venice: Alfieri, 1976.
Hegyi, Lóránd (ed.) *Aspects/Positions: 50 Years of Art in Central Europe 1949–1999*. (exh. cat.) Vienna: Museum Moderner Kunst Stiftung Ludwig Wien, 1999.
Köb, Edelbert (ed.) *Painting: Process and Expansion*. (exh. cat.) Vienna: Museum Moderner Kunst Stiftung Ludwig – MUMOK and Cologne: Walther König, 2010.

László Lakner (Budapest, 1936), visual artist, in the 1960s, he was one of the founders of the so-called "Surnaturalist" school. He later created Pop art, Hyperrealist, and Conceptual works. Since 1974, he has lived in Essen and Berlin.

Groh, Klaus (ed.) *Aktuelle Kunst in Osteuropa: CSSR, Jugoslawien, Polen, Rumänien, UDSSR, Ungarn.* (exh. cat.) Cologne: DuMont, 1972.
Radice, Barbara and Franco Raggi (eds.) *La Biennale di Venezia 1976: Environment, Participation, Cultural structures. General catalogue.* (exh. cat.) Venice: Alfieri, 1976.
Ruhrberg, Karl. *Lakner László I-IV.* (exh. cat.) Berlin: Neue Berliner Kunstverein, 1975.
Joachim Diederichs et al. *Documenta 6.* (exh. cat.) Kassel: Paul Dierichs, 1977.
Deecke, Thomas and László Lakner. *László Lakner. Malerei 1974–1979: Eine Auswahl von Bildern und Objekten.* (exh. cat.) Münster: Westfälischer Kunstverein Kunstverein, 1979.
Lakner, László and Bertha Urdang. *László Lakner: Paintings and Objects.* (exh. cat.) New York: Bertha Urdang Gallery, 1983.
Hegewisch, Katherina. "Lakner László." In: Gervasoni, Marie-George (ed.) *Ambiente Berlin. XLIV Biennale di Venezia.* (exh. cat.) Milan: Fabbri, 1990.
László Lakner: Papierarbeiten, Objekte & 3 Skulpturen, 1976–1990. (exh. cat.) Berlin: Daadgalerie, 1991.
László Lakner: Konzepte & Texte. Budapest 1968–1973. Budapest : Goethe-Institut, 1994.
Deecke, Thomas and Christian Köhle (eds.) *Originale echt falsch.* (exh. cat.) Bremen: Neues Museum Weserburg, 1999.
Hegyi, Lóránd (ed.) *Aspects/Positions: 50 Years of Art in Central Europe 1949–1999.* (exh. cat.) Vienna: Museum Moderner Kunst Stiftung Ludwig Wien, 1999.
Hirsch, Thomas and Katalin Néray (eds.) *László Lakner: Metamorphosis.* (exh. cat.) Budapest: Ludwig Museum – Museum of Contemporary Art, Budapest, 2004.
Czubak, Bożena, Jarosław Kozłowski (eds.) *Beyond Corrupted Eye: Akumulatory 2 Gallery, 1972–1990.* (exh. cat.) Warsaw: Zacheta National Gallery of Art, 2012/Krakow: MOCAK Museum of Contemporary Art in Krakow, 2013.

Ferenc Lantos (Pécs, 1929), one of the first teachers of the Secondary School of Fine Arts in Pécs, whose pedagogical work influenced generations. The members of the Pécs Workshop were also his students. His oeuvre is geometric abstraction derived from natural laws and regularities, the principles of which he put to practice through paintings, public plastic art, and mural works.

Fábián, László (ed.) *Lantos Ferenc 1948 és 1970 között készült művei/Ferenc Lantos. Works 1948–1970.* (exh. cat.) Budapest: Ernst Museum, 2004.
Keserü, Katalin: *Lantos.* Pécs: Pécsi Galéria, 2010.

Péter Legéndy (Budapest, 1948), self-taught Conceptual artist. He appeared at the beginning of the 1970s with his humorous conceptual text works and objects. Following the political change of 1989, he worked in the art market and journalism.
Works and Words. International Art Manifestation Amsterdam. (exh. cat.) Amsterdam: De Appel, 1980.

Index card - index card, 3 index cards, with typewritten text on both sides
A photograph of the empty index card pasted in place of a photo
(part of the "Pauer collection") 197

János Major (Budapest, 1934 – Budapest, 2008), graphic artist, he started his path to Conceptual art from a grotesque, caricatural, surreal approach to representation, often in self-ironical reference to his Jewish origin. He prepared archaeological drawings for the Budapest History Museum.

Groh, Klaus (ed.) *Aktuelle Kunst in Osteuropa: CSSR, Jugoslawien, Polen, Rumänien, UDSSR, Ungarn.* (exh. cat.) Cologne: DuMont, 1972.
Global Conceptualism: Points of Origin, 1950s-1980s. (exh. cat.) New York: Queens Museum of Art, 1999.
Fabényi, Júlia (ed.) *Elhallgatott holocaust/The Hidden Holocaust.* (exh. cat.) Budapest: Műcsarnok/Kunsthalle, 2004.
Hegyi, Dóra, Sándor Hornyik, and Zsuzsa László (eds.) *Parallel Chronologies. "Other" Revolutionary Traditions, How Art becomes Public—An Exhibition in Newspaper Format.* Budapest: tranzit.hu, 2011.
Véri Dániel (ed.) *A halottak élén. Major János világa/Leading the Dead. World of János Major.* Budapest: Magyar Képzőművészeti Egyetem/Hungarian University of Fine Arts, 2013.

Tomb Stone of Lajos Kubista, 1971, typewritten text and Docubrom photo, 2 x 21 x 15 cm 130
The Tower of the Kun Street Fire Station, at "photo of the object," instead of a photo reproduction of a drawing, a photo of the tower itself is pasted (part of the "Pauer collection") 201

László Méhes (Budapest, 1944), painter. He began to paint first in the "Surnaturalist," then in the Hyperrealist style. From 1979 onwards, he has lived in Paris and in Torcy (France).

Groh, Klaus (ed.) *Aktuelle Kunst in Osteuropa: CSSR, Jugoslawien, Polen, Rumänien, UDSSR, Ungarn.* (exh. cat.) Cologne: DuMont, 1972.
Erőss, Nikolett (ed.) *Édentől keletre – Fotórealizmus – Valóságváltozatok/East of Eden – Photorealism – Versions of Reality.* (exh. cat.) Budapest: Ludwig Museum – Museum of Contemporary Art, Budapest, 2012.

Paragraph, photo sequence, 12 black and white photos, each 5.9 x 8.7 cm (Gáyor-Maurer Archive, Artpool) 132
Without Title, color pencil on paper, 80 x 59 cm, marking on bottom left: "1971", marking on bottom right: "László Méhes," in a box frame, under glass, 122 x 83 x 9 cm (part of the "Pauer collection") 202
Méhes did not fill in the index card sent by Pauer, instead he made a pencil copy of it using a hyperrealist technique.

Gyula Pauer (Budapest, 1941–Budapest, 2012), sculptor, elaborator of the principles of Pseudo art—an artistic exercise based on the illusion created by wrinkled surfaces—and distributor of this practice to various fields, including monuments, theatre, film, and video art. His theatre and motion picture scenography work has also been of great significance.

Crowley, Kerry and Nick Waterlow (eds.) *European Dialogue: The Third Biennale of Sydney 1979.* (exh. cat.) Sydney: Biennale of Sydney, 1979.
Works and Words. International Art Manifestation Amsterdam. (exh. cat.) Amsterdam: De Appel, 1980.
Künstler aus Ungarn. (exh. cat.) Wilmhelmshaven: Kunsthalle, 1980.
Global Conceptualism: Points of Origin, 1950s–1980s. (exh. cat.) New York: Queens Museum of Art, 1999.
Hegyi, Lóránd (ed.) *Aspects/Positions: 50 Years of Art in Central Europe 1949–1999.* (exh. cat.) Vienna: Museum Moderner Kunst Stiftung Ludwig Wien, 1999.
Szőke, Annamária and László Beke (eds.) *Pauer.* Budapest: MTA Művészettörténeti Kutatóintézet/Research Institute for Art History of the Hungarian Academy of Sciences, 2005.
IRWIN (ed.) *East Art Map.* London: Afterall, 2006.

Perneczky, Géza: *Héj és lepel. Pauer Gyula művészetéről/Shell and Veil. On the Art of Gyula Pauer.* Budapest: Noran, 2008.
Christ, Hans D. and Iris Dressler (eds.) *Subversive Praktiken—Kunst unter Bedingungen politischer Repression. 60er-80er/Südamerika/Europa / Subversive Practices—Art Under Conditions of Political Repression: 60s-80s/South America/Europe.* (exh. cat.) Stuttgart: Württembergischer Kunstverein – Ostfildern: Hatje Cantz, 2010.
Hegyi, Dóra, Sándor Hornyik, and Zsuzsa László (eds.) *Parallel Chronologies. "Other" Revolutionary Traditions, How Art becomes Public—An Exhibition in Newspaper Format.* Budapest: tranzit.hu, 2011.

Call for participation, copy of the original letter, with handwritten marking 183
Dedication, handwritten text, 1 page 184
Introduction and statement of thanks, handwritten text, 1 page 185
Map indicating the location where the indexed works can be found, handwritten text with pasted in map of Budapest drawn on graph paper 186
Pauer responded to the call of *Imagination* with a new action: he sent index cards used in museum inventories to the majority of the addressed artists and returned the filled in cards as his own works, comprising a "pseudo-collection."

Géza Perneczky (Keszthely, 1936), studied to be a composer, then, in 1962, acquired a degree in art history from the Eötvös Loránd University in Budapest. His self-published notebooks, composed of colored papers from the end of the 1960s, are regarded as precursors of Hungarian Conceptual art. Until 1970, the time of his departure from Hungary, he was considered the most prominent Hungarian critic. A number of his books and studies were published, primarily on the topics of 19-20th century and contemporary art. He lives in Cologne and Budapest.

Perneczky, Géza. *The Magazine Network: The Trends of Alternative Art in the Light of Their Periodicals 1968–1988.* Cologne: Soft Geometry, 1993.
Perneczky, Géza. *Network Atlas: Works and Publications by the People of the First Network.* Cologne: Soft Geometry, 2000.
Perneczky, Géza. *Selected Concepts, Actions and Rubber Stamp Projects in Form of Artists' Books and Other Publications 1970–1984.* Cologne: Soft Geometry, 2003.
Perneczky, Géza. *Assembling Magazines, 1969–2000.* Budapest: Árnyékkötők Foundation, 2007.
Maurer, Dóra (ed.) *Koncept koncepció, szemelvények/Concept Conception, Extracts.* (exh. cat.) Budapest: Open Structures Art Society, 2008.

dialectical experience, 1971, Docubrom photo 133
yes and no, photo 134
dialectics, and möbius and möbius², photo, on verso of yes and no 135
identification – program, 1971, photo book, 6 pages + covers 136

Sándor Pinczehelyi (Szigetvár, 1946), visual artist, one of the founders of the Pécs Workshop (*Pécsi Műhely*). He became internationally known because of his emblematic work entitled *Self-Portrait with Sickle and Hammer* (1973). He engaged and worked with the Hungarian national and international totalitarian symbols in his "PFZ" (*piros–fehér–zöld*/red-white-green—the colors of the Hungarian flag) series, realist paintings, photos, and objects. He was the head of the Pécs Gallery for decades (1977–1999).
Pécsi Műhely/The Workshop of Pécs 1970–1980. (exh. cat.) Székesfehérvár: István Király Múzeum, 1980.
Works and Words. International Art Manifestation Amsterdam. (exh. cat.) Amsterdam: De Appel, 1980.
Néray, Katalin and Péter Pócs, Péter (eds.) *Imre Bukta, Sándor Pinczehelyi, Géza Samu. XLIII. Biennale di Venezia 1988.* (exh. cat.) Budapest: Műcsarnok/Kunsthalle 1988.
Hegyi, Lóránd (ed.) *Aspects/Positions: 50 Years of Art in Central Europe 1949–1999.* (exh. cat.) Vienna: Museum Moderner Kunst Stiftung Ludwig Wien, 1999.
Vinzent, Jutta (ed.) *Overcoming Dictatorships—Contemporary East and West European Visual Inquiries.* (exh. cat.) Bielefeld: Kerber Art, 2008.
Márta Kovalovszky, *Sándor Pinczehelyi.* Pécs: Pécsi Galéria, 2010.
The Creation of a Motif from a Given Element, 1971 140

typewritten text with ink drawing, 1 page 140; 2 silkscreen print collage 141, 148; 7 photo montages 142-4, 146-7, 149-151, 1 photo , 24 photos copied onto an A/4 sheet of Docubrom photo paper 145

Erzsébet Schaár (Budafok, 1908 – Budapest, 1975) was a prominent Hungarian sculptor from the second half of the 20th century. In the 1960s, she appeared on the art scene with small plastics, reminiscent of Giacometti, and then she became known for her life-sized, Pop art-like plaster and white polystyrene sculptures.

Erzsébet Schaár, Tibor Vilt. (exh. cat.) Duisburg: Wilhelm Lehmbruck Museum, 1977.
Kunst in Ungarn 1900–1950: Erzsébet Schaár. (exh. cat.) Luzern: Kunstmuseum Luzern, 1975.
Erzsébet Schaár, Ungheria: XL. Biennale di Venezia, 1982. (exh. cat.) Budapest: Műcsarnok/Kunsthalle, 1982.
Schaár Erzsébet: Emlékkiállítás/Gedächtnisausstellung. (exh. cat.) Budapest: Magyar Nemzeti Galéria/ Ungarische Nationalgalerie, 1983.
Hegyi, Dóra, Sándor Hornyik, and Zsuzsa László (eds.) *Parallel Chronologies. "Other" Revolutionary Traditions, How Art becomes Public—An Exhibition in Newspaper Format.* Budapest: tranzit.hu, 2011.

Máré (together with Gyula Gulyás), typewritten text, 2 pages 152

Tamás Szentjóby (St. Auby, St. Turba) (Fót, 1944), non-art artist. He began his career as a poet, then, in the second half of the 1960s, he matured into a Fluxus-related happening, action, object, and conceptual artist. In 1968, he founded the International Parallel Union of Telecommunication (IPUT). In 1975, he organized his retrospective exhibition at the Club of Young Artists. That year he emigrated to Switzerland where he developed the Subsist.Ence Level St.Andard Project in 1984 and returned to Hungary in 1991. In 2001, he opened NETRAF (Neo-Socialist. Realist. IPUT's Global Counter-Arthist.Ory-Falsifiers Front), which established the Portable Intelligence Increase Museum (Pop art, Conceptual art, Actionism in Hungary during the 1960s-1956-1976) in 2003.

Groh, Klaus (ed.) *Aktuelle Kunst in Osteuropa: CSSR, Jugoslawien, Polen, Rumänien, UDSSR, Ungarn.* (exh. cat.) Cologne: DuMont, 1972.
Bonito Oliva, Achille. *8e biennale de Paris, Italia.* (exh. cat.) Florence: Centro Di, 1973.
Künstler aus Ungarn. (exh. cat.) Wilmhelmshaven: Kunsthalle, 1980.
Global Conceptualism: Points of Origin, 1950s–1980s. (exh. cat.) New York: Queens Museum of Art , 1999.
IRWIN (ed.) *East Art Map.* London: Afterall, 2006.
Petra Stegmann (ed.) *Fluxus East. Fluxus Networks in Central Eastern Europe.* (exh. cat.) Berlin: Künstlerhaus Bethanien, 2007.
What, How and For Whom/WHW and Ilkay Baliç (eds.) *What Keeps Mankind Alive? 11th International Istanbul Biennial. The Guide.* (exh. cat.) Istanbul: Istanbul Kültür Sanat Vakfı, 2009.
Christ, Hans D. and Iris Dressler (eds.) *Subversive Praktiken—Kunst unter Bedingungen politischer Repression. 60er-80er/Südamerika/Europa / Subversive Practices—Art Under Conditions of Political Repression: 60s-80s/South America/Europe.* (exh. cat.) Stuttgart: Württembergischer Kunstverein – Ostfildern: Hatje Cantz, 2010.
Macel, Christine and Nataša Petrešin-Bachelez (eds.) *Promises of the Past—A Discontinuous History of Art in Former Eastern Europe.* (exh. cat.) Zürich: JRP Ringier – Paris: Centre Pompidou, 2010.
Hegyi, Dóra et al. (eds.) *Art Always Has Its Consequences—Artists' Texts from Croatia, Hungary, Poland, Serbia, 1947–2009.* Berlin: Sternberg Press, 2011.
Hegyi, Dóra, Sándor Hornyik, and Zsuzsa László (eds.) *Parallel Chronologies. "Other" Revolutionary Traditions, How Art Becomes Public—An Exhibition in Newspaper Format.* Budapest: tranzit.hu, 2011.
László, Zsuzsa and St. Turba Tamás (ed.) *Az ebéd (In memoriam Batu Kán). Az első magyarországi Happening/ The Lunch (In memoriam Batu Khan). The first Happening in Hungary.* Budapest: tranzit.hu, 2011.
dOCUMENTA (13). Catalogue 1-3. (exh. cat.) Ostfildern: Hatje Cantz, 2012.

Parallel Course/Study Track, 1971, photocopy of the original typewritten text, 1 page 154
Parallel Course/Study Track. Boycott program/3, 1969, photocopy of the original typewritten text, 1 page 155
Index Card Action for Crime and Process, index card with the following appendices:
photocopy of Szentjóby's identification document, "Public Sector Receipt" issued for photocopying, a photocopy of the "Public Sector Receipt." The description of the work continues on the verso of the card and on both sides of a separate A/4 sheet (part of the "Pauer collection") 203
There were many artworks by Szentjóby that he made available to László Beke as a reply to his call "Imagination." As the majority of these were returned to St. Auby, the number and scale of those works which were created for Beke's call are potentially larger.

Kálmán Szíjártó (Szigetvár, 1946), founding member of the Pécs Workshop (*Pécsi Műhely*). He made his way from geometric abstraction to environmental and Land art, as well as conceptual photo sequences.

Pécsi Műhely/The Workshop of Pécs 1970–1980. (exh. cat.) Székesfehérvár: István Király Múzeum, 1980.

Without Title, 1971, Land art documentation, 11 pieces of drawings and photos 156
III. THE PROBLEMATIC /Yellow, Rolling Paper Roll, 1971, photo documents of a Land art action with Károly Kismányoky 164

Endre Tót (Sümeg, 1937), visual artist who has participated in the Fluxus and Mail art movement. In the 1960s, he started to make Informel and Color Field Painting, then in 1970, he turned abruptly to Conceptual art (unpainted canvasses, cards with signs, photos, actions, statements), often dealing with the theme of zero, nothing, abscence. In 1978, he went to Berlin on a DAAD scholarship and then settled down in Germany. After the New Painting wave of the early 1980s, he was probably the last of his generation to return to painting, or, to be more exact, a New Conceptualism realized through the instrument of painting. He lives in Cologne since 1980.

Works and Words. International Art Manifestation Amsterdam. (exh. cat.) Amsterdam: De Appel, 1980.
Friedman, Ken, Peter Frank, and Elizabeth Brown. *Young Fluxus: An Exhibition of Works by John Armleder et al.* (exh. cat.) New York: Artists Space, 1982.
Expanded Mail-Art/Expanding Mail-Art. (exh. cat.) Vienna: Wiener Secession, 1984.
Glew, Adrian and Jon Hendricks. *Fluxbritannica: Aspects of the Fluxus Movement, 1962-73.* (exh. cat.) London: Tate Gallery, 1994.
Tót, Endre. (ed.) *Tót Endre. Semmi sem semmi. Retrospektív/Nothing ain't Nothing. Retrospective 1965–1995.* (exh. cat.) Budapest: Műcsarnok/Kunsthalle, 1995
Global Conceptualism: Points of Origin, 1950s–1980s. (exh. cat.) New York: Queens Museum of Art , 1999.
Hegyi, Lóránd (ed.) *Aspects/Positions: 50 Years of Art in Central Europe 1949–1999.* (exh. cat.) Vienna: Museum Moderner Kunst Stiftung Ludwig Wien, 1999.
Badovinac, Zdenka and Peter Weibel (eds.) *2000+ Arteast Collection: The Art of Eastern Europe. A Selection of Works for the International and National Collections of Moderna galerija Ljubljana.* (exh. cat.) Bolzano and Vienna: Folio Verlag, 2001.
Bordács, Andrea, József Kollár, and Péter Sinkovits. *Endre Tót.* Budapest: Új Művészet Kiadó, 2003.
Petra Stegmann (ed.) *Fluxus East. Fluxus Networks in Central Eastern Europe.* (exh. cat.) Berlin: Künstlerhaus Bethanien, 2007.
Macel, Christine and Nataša Petrešin-Bachelez (eds.) *Promises of the Past—A Discontinuous History of Art in Former Eastern Europe.* (exh. cat.) Zürich: JRP Ringier – Paris: Centre Pompidou, 2010.
Tót, Endre and Nóra Lukács (eds.) *Tót Endre: Nagyon speciális örömök—Retrospektív 1971–2011/Endre Tót: Very Special Joys—Retrospective 1971–2011.* Debrecen: MODEM – Modern és Kortárs Művészeti Központ, 2012.

Czubak, Bożena, Jarosław Kozłowski (eds.) *Beyond Corrupted Eye: Akumulatory 2 Gallery, 1972–1990.* (exh. cat.) Warsaw: Zacheta National Gallery of Art, 2012/Krakow: MOCAK Museum of Contemporary Art in Krakow, 2013.

Letter to Jörg Schwarzenberger, 1971, photocopy, 3 pages 167
nothing, index card with typewritten text and red overprint. At the "Photo of Object" a blank white photo paper is pasted (part of the "Pauer collection") 207

Péter Türk (Pestszenterzsébet, 1943), graduated from the Teacher Training College in Eger as an art teacher. He taught at the Printing Trade School, while, through Geometric art, he arrived at an incredibly strict, linguistically, and semiotically oriented Conceptual art. His interest later turned towards the problematic of the psychology of the senses. From the 1980s, he began to focus his work on theological issues.

Künstler aus Ungarn. (exh. cat.) Wilmhelmshaven: Kunsthalle, 1980.
Fitz Péter (ed.) *Türk Péter, forró vágyam árnyékában ülni.* (exh. cat.) Budapest: Budapesti Történeti Múzeum, Fővárosi Képtár – Kiscelli Múzeum, 1996.

Black-white, 13 pages painted with tempera, aquarelle and ink, bound as a booklet 170
Postmark Validated by Stamp, one of the stamps with the appropriate stamp part has been cut out of the reply envelope and pasted in place of the object photo. (part of the "Pauer collection") 208

Janos Urban (1934), artist of Hungarian origin, lived in Switzerland in the 1970s. It is unknown how he learned about the call.

Pocket Sculpture with Light, beta light, Ø approx. 0.5 cm. The index card bears the circular stamp of Urban's Lausanne address. (part of the "Pauer collection") 209

Tamás Aknai (Budapest, 1945), art historian, he worked at the Janus Pannonius Museum (1970–1982) in Pécs, and was in close affiliation with the members of the Pécs Workshop (*Pécsi Műhely*). He submitted works to Gyula Pauer without invitation.

Validated Ticket for Express Train with Extra Ticket, 1971, index card with stamped letters in place of the object photo. In appendix: a railway ticket, an additional index card, an extra ticket, and the author's letter to Gyula Pauer (part of the "Pauer collection") 210

IMPRINT

The Collection edited by László Beke

The Book edited by Dóra Hegyi, Zsuzsa László, Eszter Szakács

This publication is based on the first edition of the IMAGINATION collection (*Elképzelés. A magyar konceptművészet kezdetei. Beke László Gyűjteménye, 1971*. Budapest: Open Structures Art Society – tranzit.hu, 2008).

PROOFREADING
Reuben Fowkes

TRANSLATION
Szilvia Csanády-Bognár, Zsuzsa László, Zsófia Rudnay, Eszter Szakács, Zsuzsanna Szegedy-Maszák

DESIGN
Zoltán Lonovics

TYPEFACE
Frutiger

PRINT AND BINDING
Mester nyomda

ACKNOWLEDGMENTS
Dóra Maurer, initiator of the Hungarian edition, and Balázs Czeisel, graphic designer of the Hungarian edition

PHOTO CREDITS
Gábor Attalai, Imre Bak, András Baranyay, Zsuzsa Bokor, Tibor Csiky, Balázs Czeisel, Péter Donáth, József Attila Erdődy, Ferenc Ficzek, Gyula Gulyás, István Haraszty, László Molnár, Kemény György, Károly Kismányoky, László Lakner, János Major, László Méhes, Géza Perneczky, Sándor Pinczehelyi, Kálmán Szíjártó, György Jovánovics, Károly Szelényi, Tamás Szentjóby, Péter Türk, János Urbán

tranzit.hu ERSTE Stiftung jrp|ringier

PUBSLISHED
tranzit.hu
Ezredes utca 13.
H-1024 Budapest, Hungary
hu.tranzit.org

Distributed by

JRP|Ringier
Limmatstrasse 270
CH-8005 Zurich
T +41 (0) 43 311 27 50
F +41 (0) 43 311 27 51
E info@jrp-ringier.com
www.jrp-ringier.com

ISBN 978-3-03764-318-1

JRP|Ringier publications are available internationally at selected bookstores and from the following distribution partners:

Switzerland
AVA Verlagsauslieferung AG, Centralweg 16, CH-8910 Affoltern a.A., verlagsservice@ava.ch, www.ava.ch

Germany and Austria
Vice Versa Distribution GmbH, Immanuelkirchstrasse 12, D-10405 Berlin, info@vice-versa-distribution.com, www.vice-versa-distribution.com

France
Les presses du réel, 35 rue Colson, F-21000 Dijon, info@lespressesdureel.com, www.lespressesdureel.com

UK and other European countries
Cornerhouse Publications, 70 Oxford Street, UK-Manchester M1 5NH, publications@cornerhouse.org, www.cornerhouse.org/books

USA, Canada, Asia, and Australia
ARTBOOK|D.A.P., 155 Sixth Avenue, 2nd Floor, USA-New York, NY 10013, orders@dapinc.com, www.artbook.com

For a list of our partner bookshops or for any general questions, please contact JRP|Ringier directly at info@jrp-ringier.com, or visit our homepage www.jrp-ringier.com for further information about our program.